MW01702554

gettyimages

1930s

Decades of the 20th Century
Décadas del siglo XX
Decadi del XX secolo

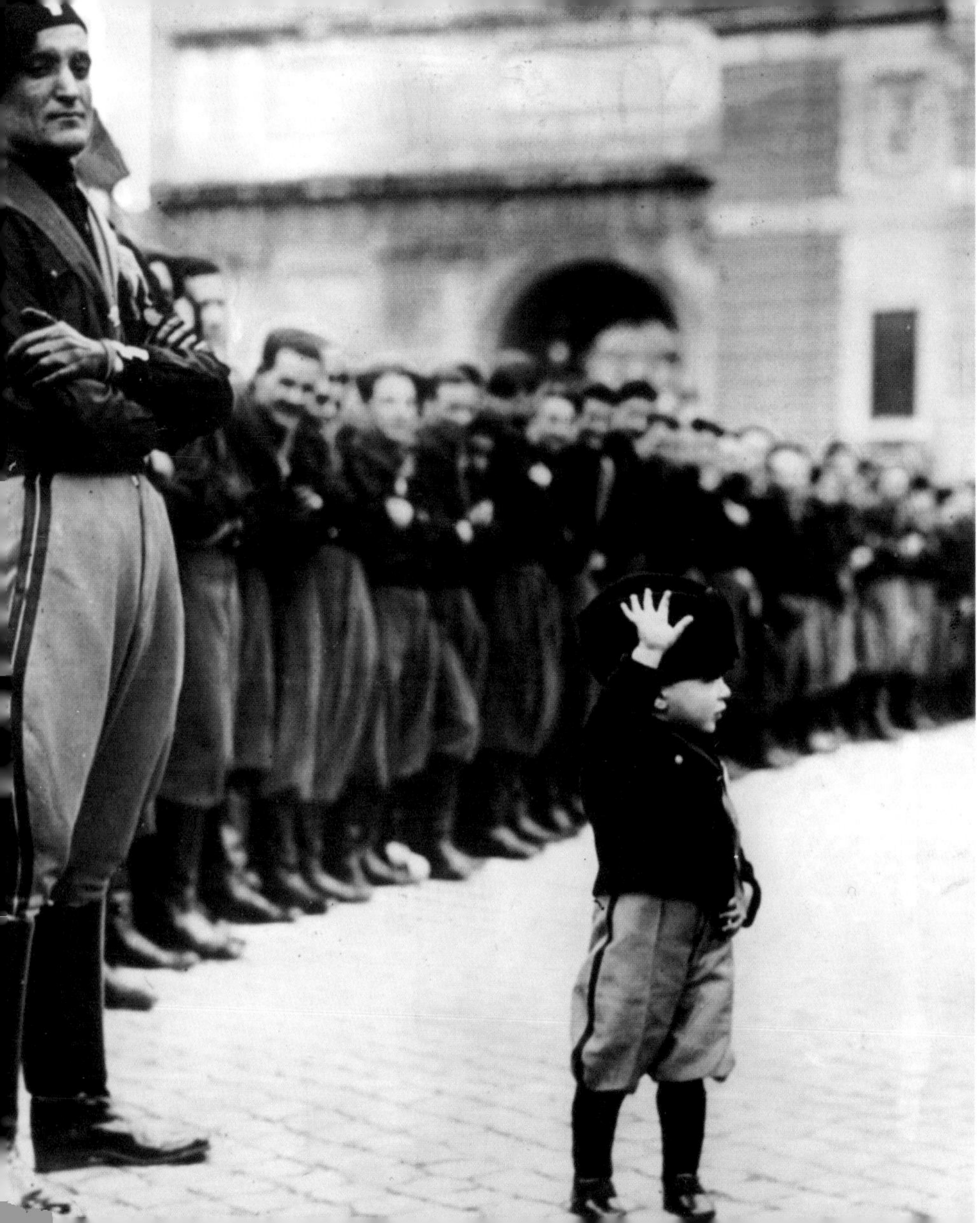

gettyimages

1930s

Decades of the 20th Century
Décadas del siglo XX
Decadi del XX secolo

Nick Yapp

KÖNEMANN

This edition ©Tandem Verlag GmbH
KÖNEMANN is a trademark and an imprint of Tandem Verlag GmbH
Photographs ©1998 Getty Images

All rights reserved. No part of this publication may be reproduced, stored in a retrieval system, or transmitted in any form or by any means, electronic, mechanical, photocopying, recording or otherwise, without prior permission in writing from the publishers.

This book was produced by Getty Images
Unique House, 21–31 Woodfield Road, London W9 2BA

For KÖNEMANN:
Managing editor: Sally Bald
Project editor: Susanne Hergarden

For Getty Images:
Art director: Michael Rand
Design: Ian Denning
Managing editor: Annabel Else
Picture editor: Ali Khoja
Picture research: Alex Linghorn
Editor: James Hughes
Proof reader: Elisabeth Ihre
Scanning: Austin Bryan
Production: Robert Gray
Special thanks: Leon Meyer, Téa Aganovic and Antonia Hille

© 2004 for the trilingual edition in English, Spanish and Italian:
Tandem Verlag GmbH
KÖNEMANN is a trademark and an imprint of Tandem Verlag GmbH
Spanish translation: David Egea Oriol for LocTeam, S.L., Barcelona
Italian translation: Nadine Bortolotti for Ready-made, Milano
Typesetting: Ready-made, Milano
Project editors: Anabel Martín Encinas, Alessandra Provenzano

Printed in China

ISBN 3-8331-1271-9

10 9 8 7 6 5 4 3
X IX VIII VII VI V IV III II I

Frontispiece: 'Fascism is a religion; the twentieth century will be known in history as the century of Fascism' – Benito Mussolini. A very young Fascist proudly salutes Il Duce at a rally in Rome, 1932.

Frontispicio: "El fascismo es una religión; el siglo XX será conocido en la historia como el siglo del fascismo". Benito Mussolini. Un jovencísimo fascista saluda al Duce en un encuentro en Roma, 1932.

Frontespizio: "Il fascismo è una religione; la storia considererà il XX secolo il secolo del fascismo", Benito Mussolini. Un giovanissmo fascista saluta orgogliosamente il Duce nel corso di una manifestazione a Roma, 1932.

Contents / Contenido / Sommario

Introduction

After the wild and weird, joyriding Roaring Twenties, life came down to earth with a bump in the Thirties. As Noel Coward had predicted in his song 'Poor Little Rich Girl', it was a case of 'Cocktails and laughter, but what comes after...?' The capitalist West was hit by the worst depression it had ever known, while the communist East struggled to meet the demands it was imposing on itself through a series of five-year plans. South of the equator, it was very much business as usual: unrest in India, exploitation in South Africa, revolutions in South America. The Japanese Empire flexed its military muscles at the expense of Manchuria and Cina. The British Empire soldiered on, deceiving itself with delusions of permanency.

The bitterest of civil wars gave Spain a foretaste of what fascism was to serve most of Europe in the Forties. The cruel and clumsy General Franco began his purge of democracy, driving progressives, republicans, the International Brigade and Picasso from the Peninsula. Meanwhile, in Abyssinia, an Italian army equipped with poison gas and all refinements of modern war crushed tribesmen who believed their emperor was God. In China, the Last Emperor was installed as puppet ruler by the Japanese, and six months later Mao and his followers began the Long March.

In the United States, biggest was best, except in the case of unemployment figures, which reached over eight million in 1931. Americans marvelled at the Empire State Building, Radio City Music Hall and Rockefeller Center, the Golden Gate Bridge and the Tennessee Valley Authority. Homesteaders from the Dust Bowl, driven from their farms by natural and financial disaster, drove their overloaded Model Ts to the promised land of California. Hobos hopped from one freight car to another in search of non-existent jobs. President Roosevelt promised, and at last delivered, a New Deal.

In a world which had just started to shrink, the times were good for some. It was the last great age of the shipping line and the railway company – the first great age of air travel. There was a new plaything called 'television', and the Hollywood system was in full and glorious production. Somehow or other, performers like Fred Astaire and Ginger Rogers, Benny Goodman and his clarinet, pianist Fats Waller and his mountainous humour, made people forget the mess they were in, if only for a moment.

Like in any other decade, there were heroes and villains. Those who were adored included film stars like Jean Harlow, Greta Garbo and Marlene Dietrich. Others, such as Indian politician Mohandas Gandhi, English fascist Oswald Mosley, and Mrs Wallis Simpson, for whom the British monarch gave up his throne, were seen as heroes by some, villains by others. And there were those who picked out to be victims, with the first sinister moves against the Jews in Central Europe.

Englishman John Cobb smashed the world land speed record. In Australia, cricketer Douglas Jardine's use of 'bodyline' bowling almost smashed relations between England and that country. In America, the Geramn-built *Hindenburg* smashed into its mooring tower in New Jersey and ended the airship age.

But it was still possible to get a decent domestic servant.

Introducción

Después de los extravagantes años veinte, la vida volvió violentamente a la realidad en los años treinta. Como Noel Coward ya había predicho en su canción *Poor Little Girl* (pobre niña rica), todo eran "cócteles y risas, pero ¿y después?". El Occidente capitalista fue alcanzado por la mayor depresión conocida hasta el momento, mientras que el Este comunista luchaba para conseguir que los planes quinquenales que se habia impuesto cubrieran las demandas. Al sur del Ecuador, más de lo mismo: disturbios en India, explotación en Sudáfrica y revoluciones en Sudamérica. El imperio japonés extendió su poder militar sobre Manchuria y China. El Imperio Británico seguía empeñado en engañarse a sí mismo con ilusiones de permanencia.

La más amarga de las guerras civiles dio a España una muestra de lo que sería el fascismo en la Europa de los cuarenta. El cruel y brutal general Franco empezó su purga de democracia expulsando de la Península a los progresistas, republicanos, las Brigadas Internacionales y a Picasso. Mientras tanto, en Abisinia, un ejército italiano equipado con gas tóxico y todos los artilugios de la guerra moderna arrolló a tribus que creían que su emperador era un dios. En China, el último emperador pasó a ser un gobernante dirigido por los japoneses, y seis meses después, Mao y sus seguidores iniciaron la Gran Marcha.

En EE.UU. se seguía el principio de "cuanto más, mejor", siempre que no se tratara de las cifras de desempleo, que sobrepasaron los ocho millones en 1931. Los americanos se maravillaban ante el Empire State Building, el Radio City Music Hall y el Rockefeller Center, el Golden Gate y el valle de Tennessee. Los desastres naturales y económicos obligaron a los campesinos del Medio Oeste a abandonar sus tierras y dirigirse a la tierra prometida de California con vehículos sobrecargados. Los trabajadores temporales saltaban de un vagón de mercancías a otro en busca de empleos inexistentes. El presidente Roosevelt prometía, y pondría en práctica, el New Deal, un programa político totalmente nuevo.

En un mundo que empezaba a hacerse pequeño, algunos vivían buenos tiempos. Era la última gran época de las líneas de transporte marítimas y férreas y la primera de los viajes aéreos. Había un nuevo juguete llamado "televisión" y el sistema de Hollywood funcionaba plenamente con producciones gloriosas. De un modo u otro, artistas como Fred Astaire y Ginger Rogers, Benny Goodman y su clarinete o el pianista Fats Waller y su humor desbordante, conseguían que la gente olvidara los problemas en los que se encontraba aunque sólo fuera por un momento.

Como en cualquier otra década, había héroes y villanos. Se adoraba a estrellas como Jean Harlow, Greta Garbo y Marlene Dietrich. Otras figuras eran más controvertidas, como el político indio Mohandas Gandhi, el fascista inglés Oswald Mosley y Mrs Wallis Simpson, por quien el monarca británico renunció al trono. Por último, también hubo a quien le tocó ser víctima en los primeros siniestros movimientos contra los judíos en la Europa central.

El inglés John Cobb batió todos los récords de velocidad automovilística. En Australia, el jugador de críquet Douglas Jardine y sus movimientos que imitaban el juego de bolos casi ponen en peligro las relaciones entre Inglaterra y su país. En EE.UU., el *Hindenburg*, fabricado en Alemania, se estrelló contra su torre de amarre, hecho que puso fin a la era de los dirigibles.

Al menos, aún era posible conseguir personal de servicio de confianza.

Introduzione

Dopo gli straordinari, folli e ruggenti anni Venti, negli anni Trenta la realtà riprese il sopravvento. Noel Coward l'aveva predetto nella sua canzone *Piccola ragazza ricca*: "Cocktail e risate, ma cosa accadrà poi?". In Occidente la società capitalista fu colpita dalla più grave crisi mai conosciuta, mentre in Oriente il regime comunista tentava di rispettare gli obiettivi dei piani quinquennali che aveva varato. A sud dell'Equatore la situazione era come sempre difficile: disordini in India, sfruttamento in Sud Africa, rivoluzioni in America Latina. L'impero giapponese dispiegava la propria forza militare a spese della Manciuria e della Cina, mentre l'impero britannico si consolidava a dispetto di tutto e di tutti, alimentando le proprie illusioni sulla stabilità della situazione.

La più sanguinosa delle guerre civili offrì alla Spagna un'anteprima di ciò che il fascismo avrebbe imposto all'Europa negli anni Quaranta. Il generale Franco, crudele e brutale, diede inizio alla purga antidemocratica, cacciando dalla penisola iberica le forze progressiste, i repubblicani, le brigate internazionali e Picasso. Contemporaneamente in Abissinia l'esercito italiano, dotato di gas asfissianti e di un equipaggiamento militare moderno e sofisticato, annientava un popolo che venerava il proprio imperatore come un dio. In Cina l'ultimo imperatore era una marionetta insediata sul trono dai giapponesi e, sei mesi dopo, Mao e i suoi seguaci avrebbero iniziato la Lunga Marcia.

Negli Stati Uniti "grande era bello", a eccezione del numero dei disoccupati che superava, nel 1931, gli otto milioni. Gli americani si stupivano alla vista dell'Empire State Building, del Radio City Music Hall, del Rockefeller Center, del Golden Gate Bridge e del programma di sistemazione della Tennessee Valley. Cacciati dalla loro terra da calamità naturali ed economiche, i contadini del Middle West, al volante di Ford stracariche, intrapresero la strada per la California, nuova terra promessa. I lavoratori stagionali saltavano da un treno merci all'altro alla ricerca di lavori inesistenti. Il presidente Roosevelt promise e attuò un nuovo corso – il New Deal.

In un mondo in cui le distanze iniziavano ad accorciarsi, per alcuni furono anche tempi di "vacche grasse". La fine dell'epoca delle compagnie marittime e ferroviarie segnò l'inizio della grande era del trasporto aereo. Un nuovo giocattolo, chiamato "televisione", faceva la sua comparsa, mentre la macchina hollywoodiana sfornava un successo dopo l'altro. A loro modo, l'incredibile humour di artisti come Fred Astaire e Ginger Rogers, il clarinettista Benny Goodman e il pianista Fatz Waller, permettevano alla gente di dimenticare, anche se per un solo istante, il caos imperante.

Questo decennio, come i precedenti, ebbe i propri eroi e i propri traditori. Ci fu chi era adorato, come le stelle del cinema, quali Jean Harlow, Greta Garbo e Marlene Dietrich, e chi era un eroe per alcuni e un traditore per altri, come il politico indiano Gandhi, il fascista inglese Oswald Mosley o Mrs Wallis Simpson, per amore della quale il monarca britannico aveva abdicato. E infine ci fu chi fu scelto quale vittima, e gli ebrei dell'Europa centrale furono i primi a subire le sinistre misure.

L'inglese John Cobb batté il record mondiale automobilistico di velocità. In Australia il giocatore di cricket Douglas Jardine, usando una mossa da giocatore di bowling, per poco non provocò un incidente diplomatico tra la Gran Bretagna e il suo paese. Negli Stati Uniti lo zeppelin tedesco *Hindenburg* si schiantò contro la torre di ormeggio nel New Jersey, ponendo fine all'era dei dirigibili.

Ma, per fortuna, era ancora possibile trovare dei domestici affidabili.

1. Earning a living
Ganarse la vida
Guadagnarsi il pane

A street corner in Wigan, 1939. 'The total population of Wigan is a little under 87,000… at any moment more than one person in three is either drawing or living on the dole' – George Orwell, *The Road to Wigan Pier*.

Una esquina de Wigan, 1939. "La población total de Wigan es algo inferior a los 87.000 habitantes... siempre hay más de un tercio de la población que cobra el subsidio de desempleo o que vive de él". George Orwell, *El camino a Wigan Pier*.

All'angolo di una strada di Wigan, 1939. "La popolazione di Wigan conta un po' meno di 87. 000 abitanti… in ogni momento più di una persona su tre è disoccupata o vive con il sussidio", George Orwell, *Strada di Wigan Pier*.

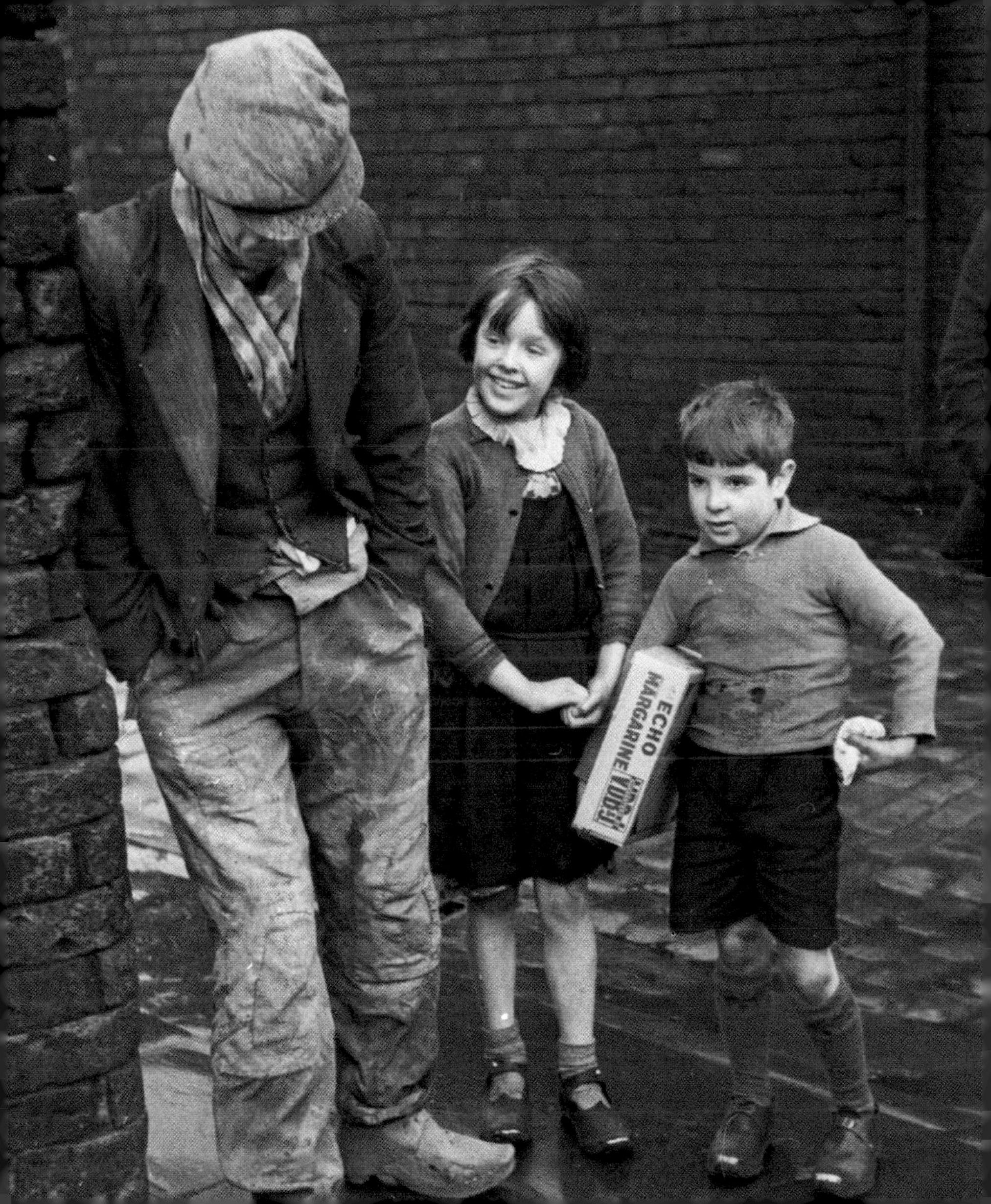
ECHO
MARGARINE

1. Earning a living
Ganarse la vida
Guadagnarsi il pane

'Oh, God, send me some work!' – Walter Greenwood, *Love on the Dole*, 1933.

Those who had work swarmed through the gates of factory and foundry, mine and mill. Those without work clustered on street corners, cloth-capped and mufflered against the cold wind of Depression. Dreams died in the labour exchange and the dole queue. The means test pared living standards down to the barebone minimum.

Men, women and whole families trudged the length and breadth of their homeland, begging for employment. Sometimes they found a few days labour, fruit-picking or other seasonal work. A permanent job remained a dream for most. If you had friends in the right place, you might become a postman or a bus driver. For women, there was domestic service or work in the light industries that were springing up along the new arterial roads.

In the United States, Roosevelt called for a New Deal, a programme of public works that would provide work for millions. In Europe, sooner or later, things began to change. Factories and shipyards reopened. Jobs became available. It seemed that better times lay ahead.

But most of the jobs were created by the race for rearmament, and the better times turned out to be World War II.

"¡Oh, Señor! ¡Dame trabajo!". Walter Greenwood, *Love on the Dole* (amor en el paro), 1933.

Los que tenían trabajo se amontonaban a las puertas de las fábricas y fundiciones, minas y molinos. Los que no tenían, se agrupaban en las esquinas y, con gorras y bufandas, intentaban protegerse del frío viento de la Depresión. Los sueños morían en la oficina de empleo y en la cola del subsidio de desempleo. Los estudios sobre el estatus económico revelaban que el nivel de vida rozaba los mínimos.

Hombres, mujeres y familias enteras vagaban a lo largo y ancho de su país implorando un empleo. A veces encontraban un trabajo que duraba unos días, como la recolección de fruta u otros trabajos de temporada. Para la mayoría, un trabajo fijo era un sueño. Si tenías amigos en el lugar adecuado, quizá podías llegar a trabajar de cartero o de conductor de autobús. Las mujeres podían trabajar en servicios domésticos o en la industria ligera que se extendía a lo largo de las nuevas carreteras.

En EE.UU., Roosevelt prometió un New Deal, un programa de obras públicas que proporcionaría trabajo a millones de personas. En Europa, más tarde o más temprano, las cosas empezaron a cambiar. Las fábricas y los astilleros volvieron a abrir. Volvió a haber trabajo. Parecía que los malos tiempos habían pasado.

Pero muchos de los nuevos empleos fueron consecuencia de la carrera armamentística, y esos tiempos mejores desembocaron en la Segunda Guerra Mundial.

"Signore, fammi trovare un lavoro!", Walter Greenwood, *Love on the Dole* (Amore nella disoccupazione), 1933.

Chi aveva un lavoro si accalcava ai cancelli delle fabbriche e delle fonderie, delle miniere e delle acciaierie. Chi non l'aveva si riuniva agli angoli delle strade incappucciato e imbacuccato per proteggersi dal vento glaciale della crisi. I sogni svanivano all'ufficio di collocamento e nelle fila dei disoccupati, mentre l'accertamento dei redditi riduceva il tenore di vita al minimo indispensabile.

Uomini, donne, intere famiglie percorrevano in lungo e in largo il paese, implorando un posto di lavoro. A volte ne trovavano uno per pochi giorni, la raccolta della frutta o altro. Per la maggior parte un lavoro stabile rimaneva un sogno. Se avevi un amico nei posti giusti, potevi fare il postino o il conducente d'autobus. Le donne potevano lavorare come domestiche o nell'industria leggera che si espandeva lungo le nuove grandi arterie.

Negli Stati Uniti, Roosevelt lanciò il New Deal, un programma d'impiego pubblico che avrebbe procurato un lavoro a milioni di persone. In Europa le cose iniziavano poco a poco a cambiare. Riaprivano le fabbriche e i cantieri navali. Si trovava lavoro. Il futuro sembrava di nuovo sorridere.

Gran parte dei lavori era però legata alla corsa agli armamenti e non ci furono giorni migliori, bensì la seconda guerra mondiale.

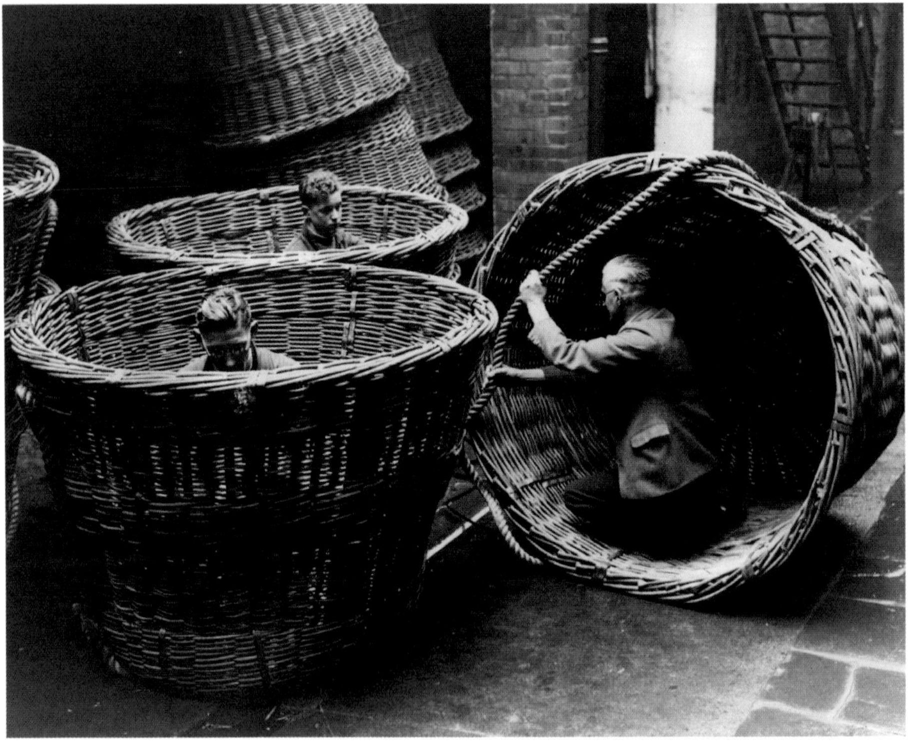

Working for the British Empire, May 1938. Men at the Cardiff Institute weave the huge baskets that will be used to bring oil cake from South Africa.

Trabajando para el Imperio Británico, mayo 1938. Trabajadores del Insituto de Cardiff fabricaban grandes cestos para transportar torta de borujo desde Sudáfrica.

Al servizio dell'impero britannico, maggio 1938. Operai del Cardiff Institute intrecciano enormi cesti destinati al trasporto del panello di sansa proveniente dal Sud Africa.

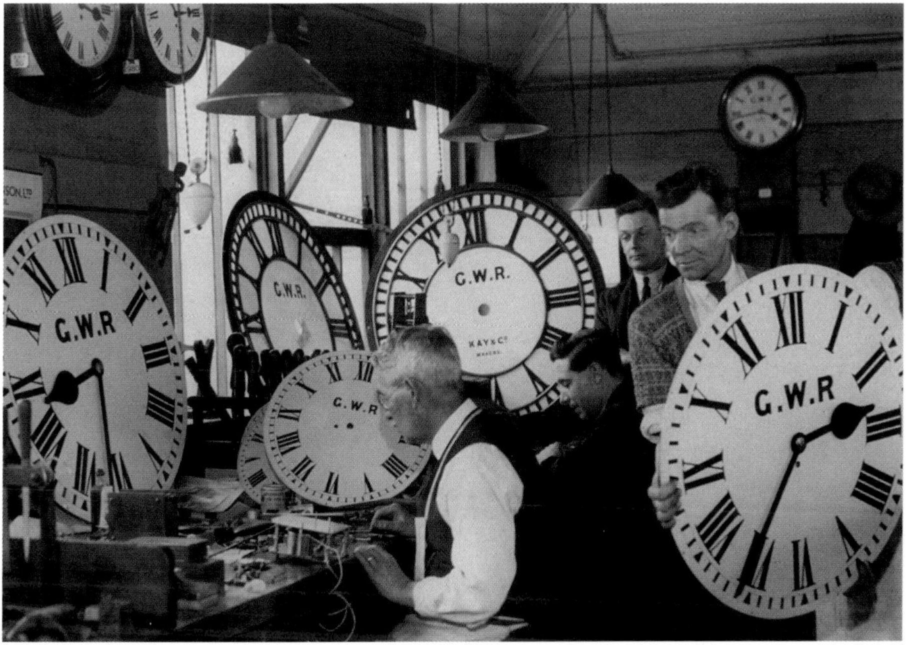

Making the trains run to time – an obsession of the 1930s. Staff working for the Great Western Railway overhaul signal-box and station clocks in the company workshops at Reading, 1934.

La puntualidad de los trenes era una obsesión en los años treinta. Empleados de la compañía británica de ferrocarriles Great Western revisan la señalización y los relojes en los talleres de la compañía en Reading, 1934.

Treni in orario – un'ossessione degli anni Trenta. Impiegati della compagnia ferroviaria Great Western revisionano gli ingranaggi e i quadranti degli orologi nei laboratori di Reading, 1934.

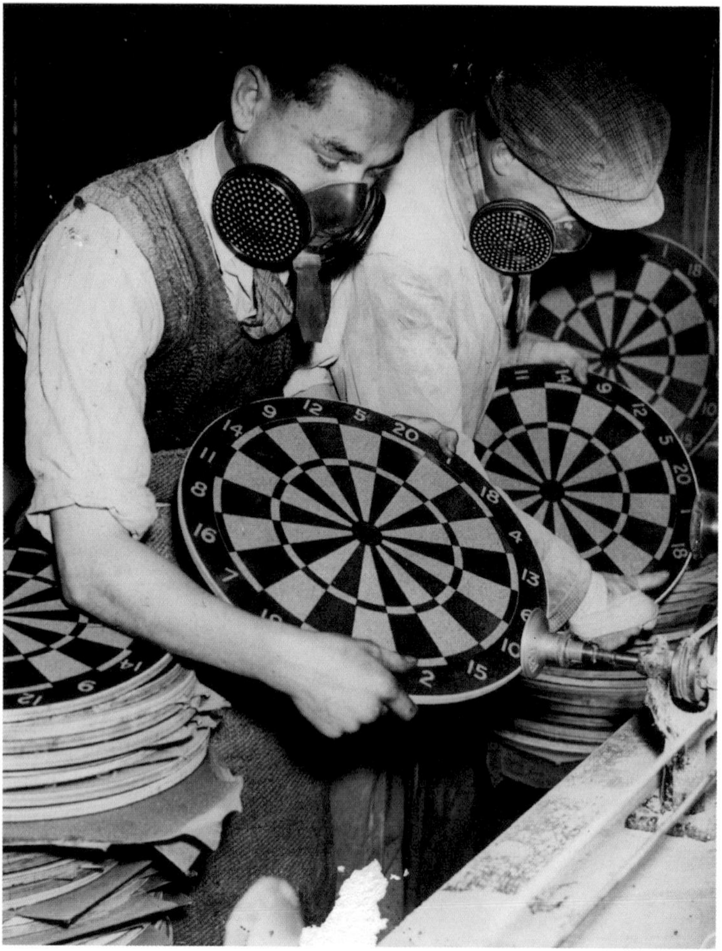

Health and safety at work, 1937 style. Men wear protective masks as they burr and sand dartboards.

Higiene y seguridad en el trabajo al estilo de 1937. Los obreros utilizan máscaras durante el lijado y cepillado de dianas.

Igiene e sicurezza sul posto di lavoro, stile 1937. Operai dotati di maschere protettive mentre fresano e smerigliano i bersagli del tirassegno.

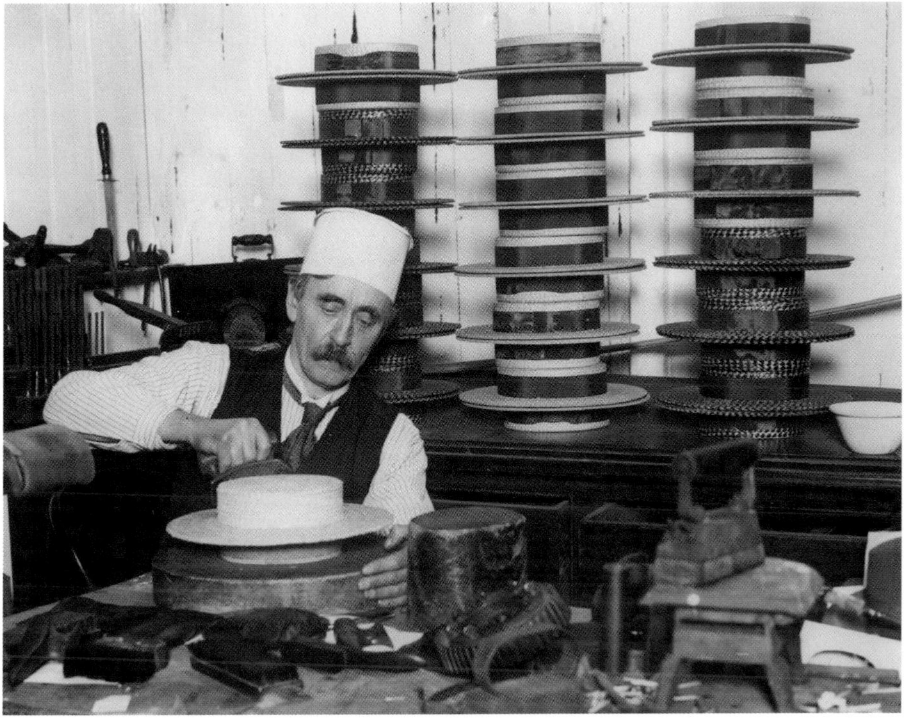

The English straw hat. Mr Burns continues a 100-year-old family tradition, making and supplying 'boaters' for the boys of Harrow School. He was the grandson of the hat's original designer, Mrs Chatham.

El sombrero de paja inglés. Siguiendo una tradición familiar centenaria, Mr Burns confecciona sombreros de paja para los alumnos de la escuela de Harrow. Era el nieto de la diseñadora que creó este tipo de sombrero, Mrs Chatham.

La paglietta inglese. Perpetuando una tradizione familiare secolare, Mr Burns confeziona le paglietta destinate agli studenti della Harrow School. Era il nipote di Mrs Chatham, la stilista che creò questo genere di cappello.

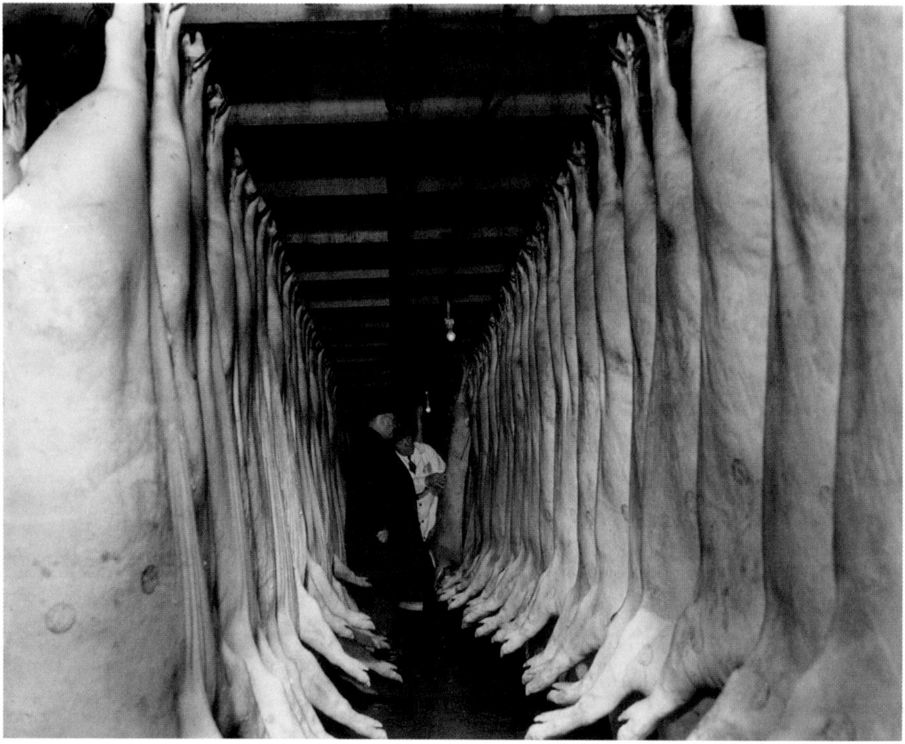

Massacre in Chicago, 1930. Hog carcasses line the walls of a meat-packing plant. Chicago was the centre of the United States meat industry, its enormous stockyards having been developed by the Armour family.

Masacre en Chicago, 1930. Carne de cerdo alineada en un local de embalaje de carne. Chicago era la capital de la industria cárnica de EE.UU.; sus enormes cercados para ganado habían sido construidos por la familia Armour.

Massacro a Chicago, 1930. Carcasse di maiali allineate in una fabbrica di carne in scatola. Chicago era la capitale americana dell'industria della carne e i suoi immensi recinti per il bestiame erano stati costruiti dalla famiglia Armour.

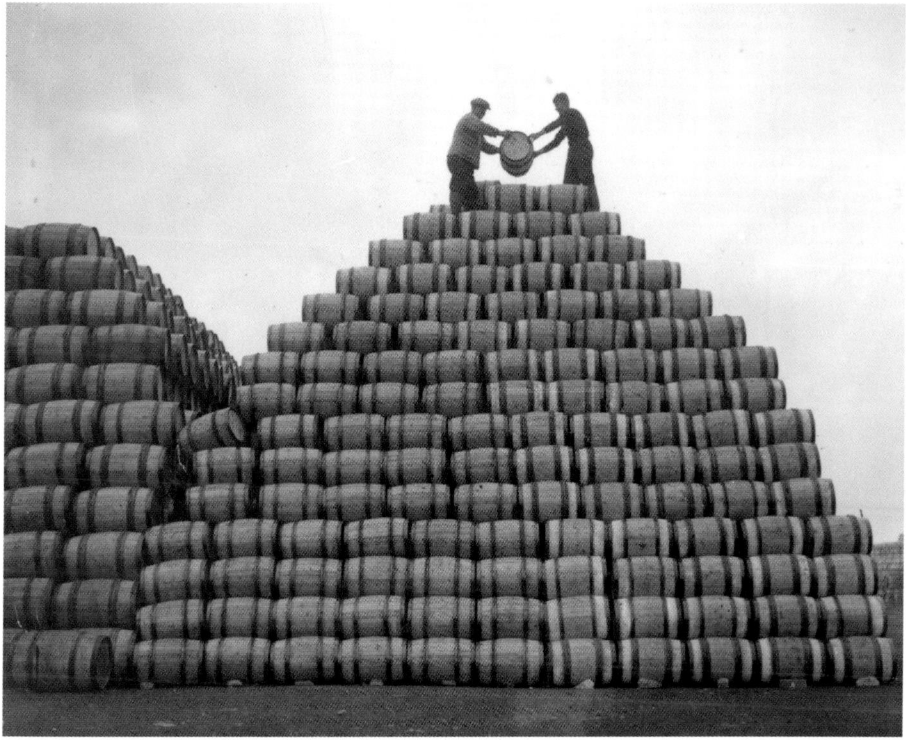

Preparing for the harvest from the sea, 1937. Piles of barrels are stacked, ready for the herring season on the east coast of England. In the Thirties, there were no such things as 'fish quotas'. Fishermen took everything they could get from the sea.

Preparativos para la pesca, 1937. Miles de barriles están apilados, listos para la temporada del arenque en la costa este de Inglaterra. En los años treinta no existían las "cuotas de pesca", sino que los pescadores cogían todo lo que podían del mar.

Preparativi per la pesca in alto mare, 1937. Migliaia di barili vengono impilati in vista della stagione delle aringhe sulla costa orientale inglese. Negli anni Trenta non esistevano ancora le "quote" e i pescatori riportavano tutto ciò che riuscivano a pescare.

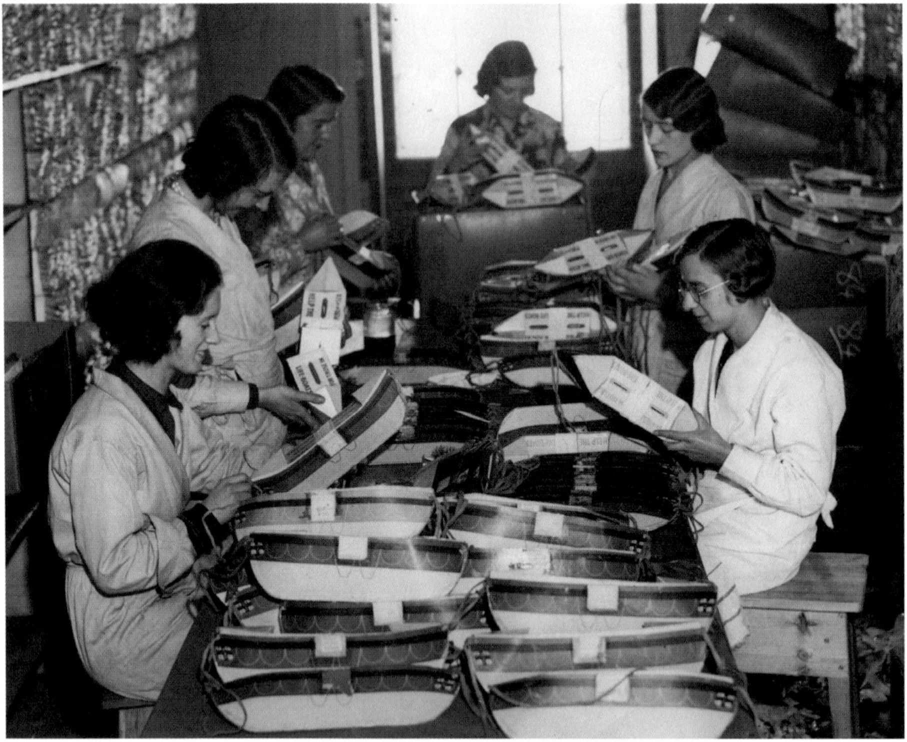

Women assemble 'lifeboat' collection boxes for the Royal National Lifeboat Institution, November 1933. Then as now, the British lifeboat service was financed solely by voluntary contributions.

Mujeres montando botes salvavidas para una colección de la Royal National Lifeboat Institution (real institución nacional de botes salvavidas), noviembre de 1933. Tanto entonces como en la actualidad, este servicio de salvavidas se financia únicamente con donativos voluntarios.

Donne che assemblano modellini delle scialuppe di salvataggio per la Royal National Lifeboat Institution, novembre 1933. Oggi come allora il servizio di salvataggio britannico è finanziato unicamente da donazioni.

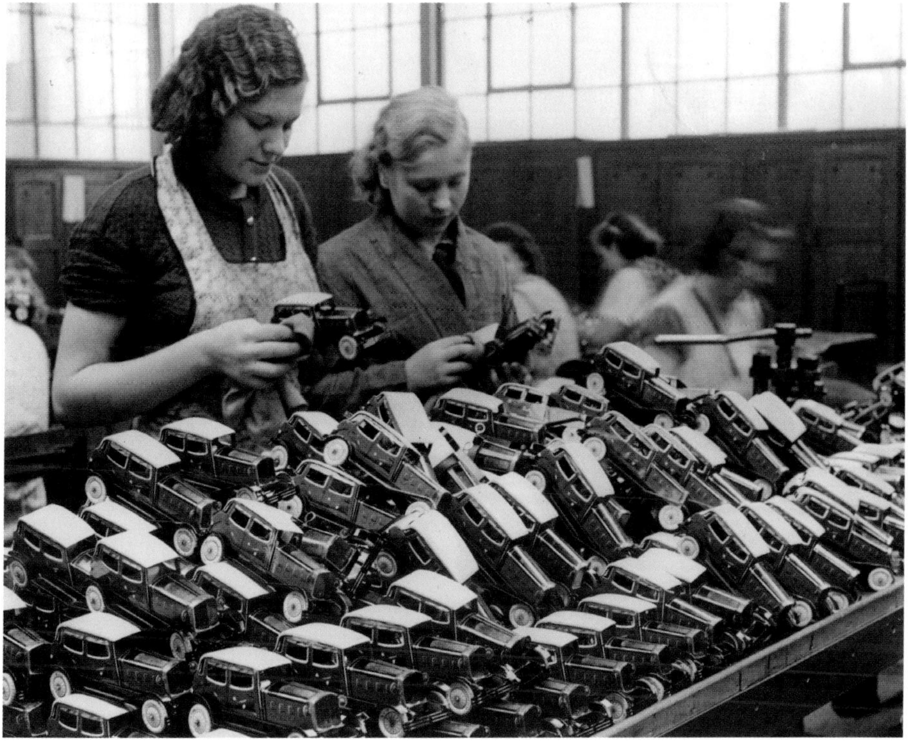

A sight that would have delighted Henry Ford. Workers check the quality of toy cars at a factory in Walthamstow, London. As men lost their jobs in the ailing heavy industries, more and more women found employment in factories like these.

Una imagen que habría encantado a Henry Ford. Obreras comprobando la calidad de automóviles de juguete en una fábrica de Walthamstow, Londres. Mientras los hombres perdían sus empleos en la renqueante industria pesada, cada vez más mujeres conseguían trabajo en fábricas como ésta.

Questa scena avrebbe deliziato Henry Ford. Operaie controllano la qualità delle automobiline nella fabbrica di Walthamstow, Londra. Mentre gli uomini perdevano il posto di lavoro nell'industria pesante in declino, un numero sempre maggiore di donne veniva assunto in fabbriche come questa.

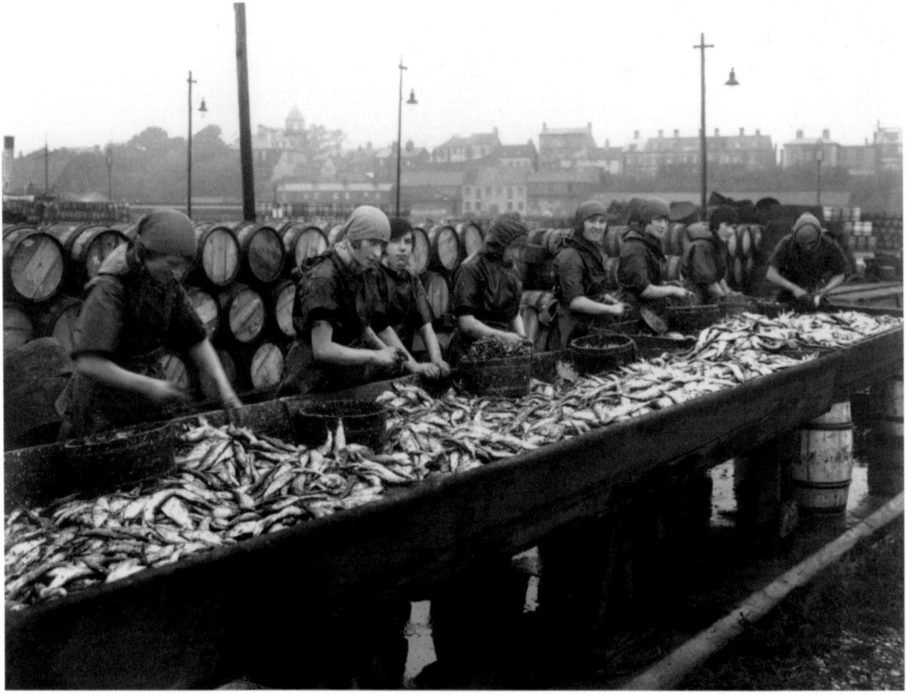

The herring arrive in Great Yarmouth, England, September 1930. The 'herring girls', who gutted, cleaned and packed the fish, worked long hours on the windswept quayside.

Los arenques llegan a Great Yarmouth, Inglaterra, septiembre de 1930. Las "chicas de los arenques", que vaciaban, limpiaban y embalaban el pescado trabajaban durante horas aguantando el viento que soplaba en los muelles.

L'arrivo delle aringhe a Great Yarmouth, Inghilterra, settembre 1930. Le "ragazze delle aringhe", che sventravano, pulivano e confezionavano i pesci, lavoravano per lunghe ore sui moli spazzati dai venti.

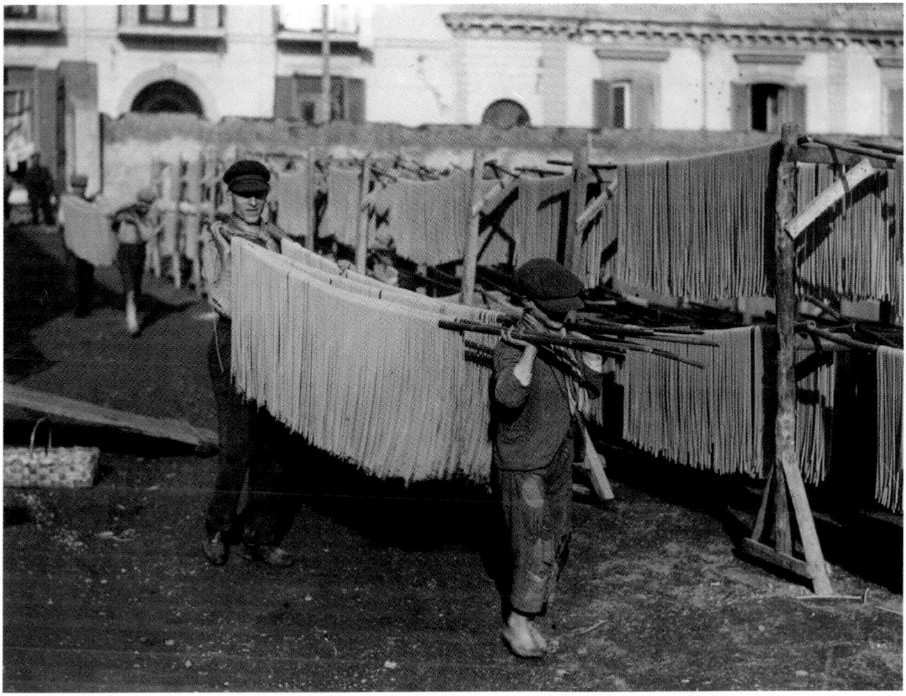

In a sunnier clime, young boys bring out great piles of pasta to dry in the Italian sunshine, 1930.

En un clima más benigno, unos jóvenes dejan secar al sol de Italia tiras de pasta, 1930.

In un clima ben più mite alcuni ragazzini italiani portano lunghi bastoni carichi di pasta a seccare al caldo sole italiano, 1930.

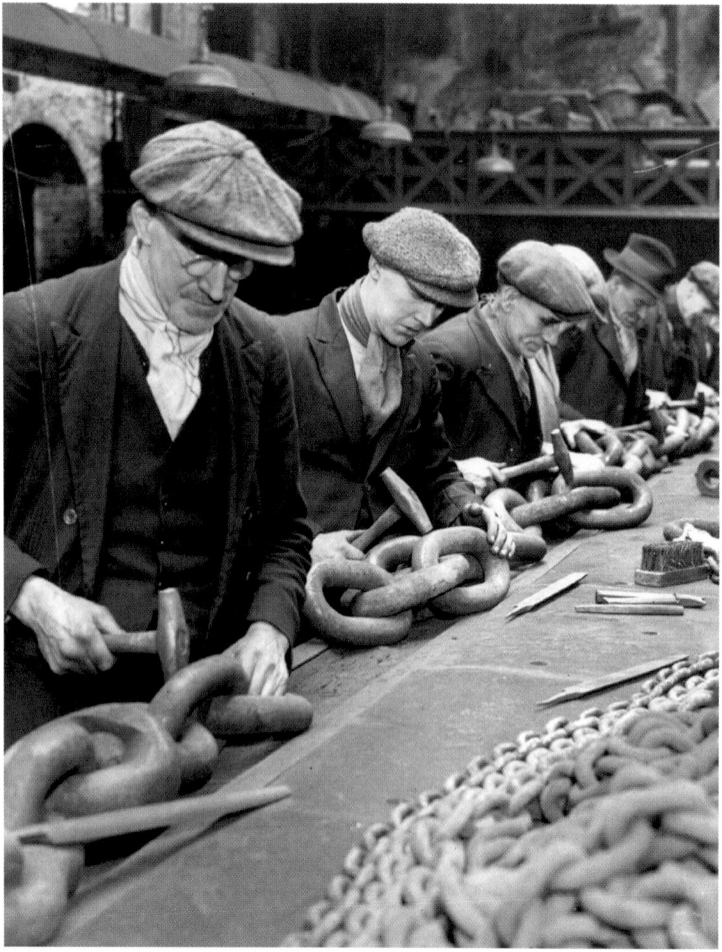

A Welsh chain gang. Men work with hammers and files to make heavy-duty chains at a steel foundry in Pontypridd, March 1937.

Obreros galeses trabajando en cadena. Con martillos y limas se trabajan cadenas de alta resistencia en una acerería de moldeo de Pontypridd, marzo de 1937.

Una squadra di operai gallesi al lavoro con lima e martello per rifinire le catene fabbricate in un'acciaieria di Pontypridd, marzo 1937.

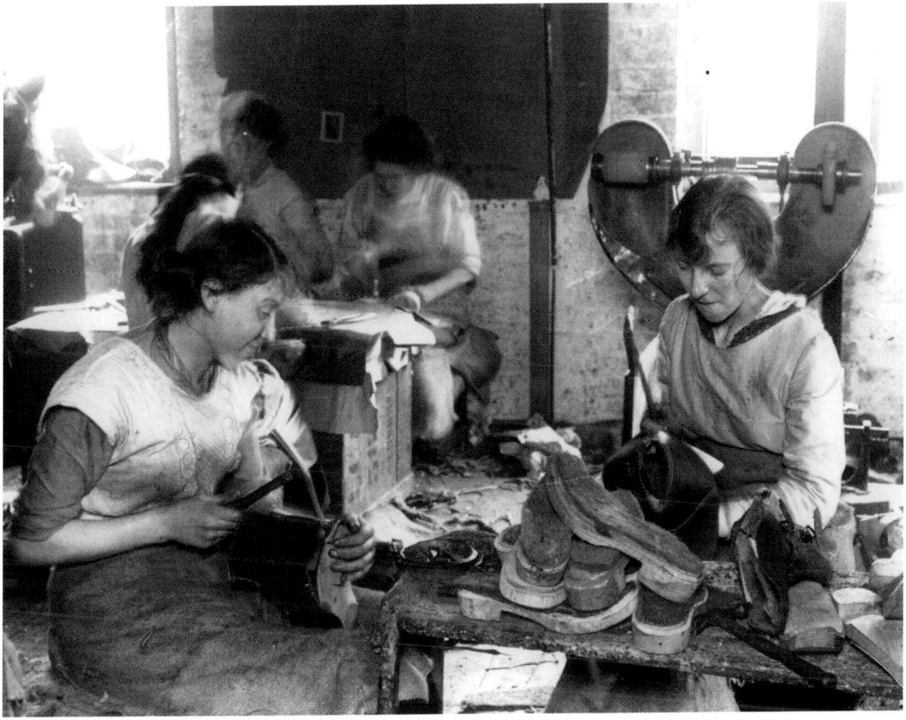

Clog-makers in a London factory, 1932. Many working-class factory hands still preferred clogs, which were hard-wearing and protected the feet far better than ordinary shoes.

Zapateros haciendo zuecos en una fábrica de Londres, 1932. Muchos obreros preferían utilizar zuecos, ya que eran más duraderos y protegían los pies mejor que los zapatos normales.

Fabbricanti di zoccoli in una fabbrica di Londra, 1932. Molti operai preferivano ancora calzare gli zoccoli, che erano solidi e proteggevano i piedi molto meglio delle normali scarpe.

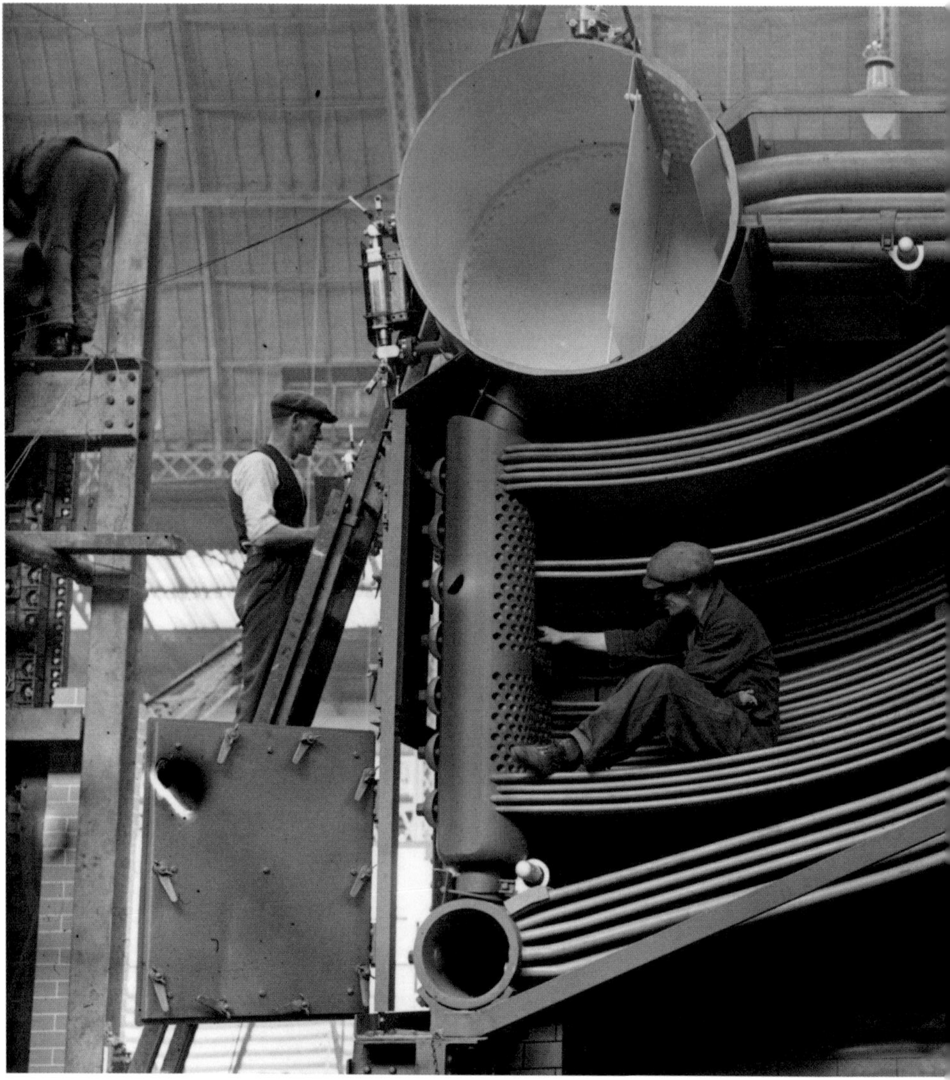

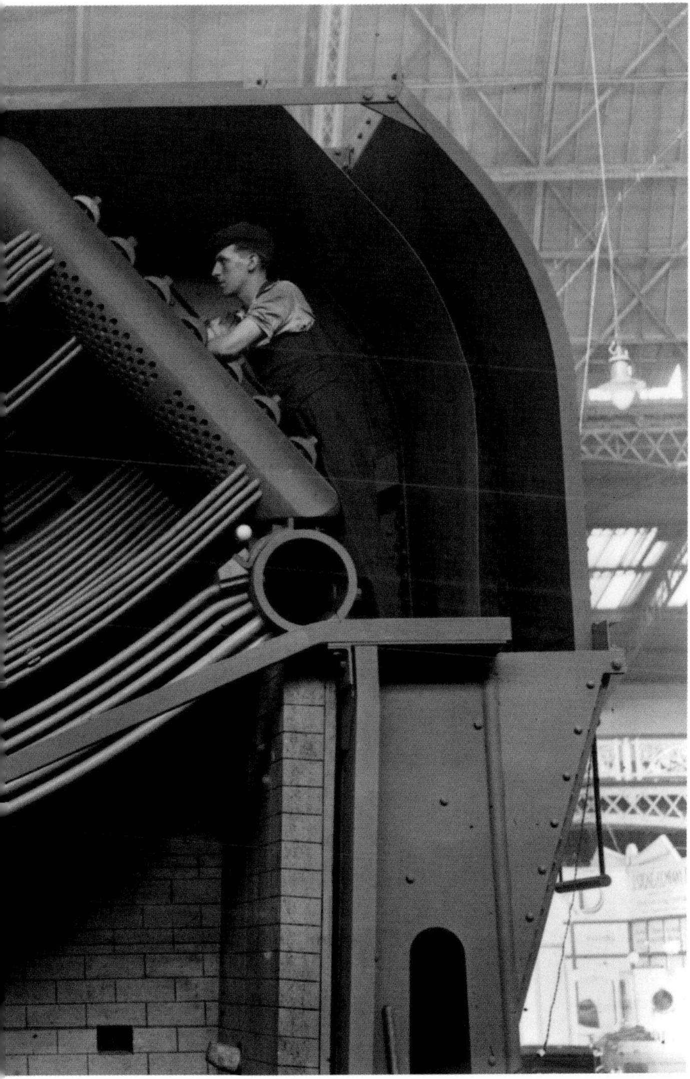

Workmen put the finishing touches to a high-pressure steam boiler for the Shipping, Engineering and Machinery exhibition at Olympia, London, in September 1933. Shows such as this were intended to raise the morale of workers who feared that the end of one job could mean the end of work entirely.

Obreros dando los últimos toques a un generador de vapor de alta presión para la Exposición de Ingeniería y Maquinaria en el Olympia, Londres, septiembre de 1933. Con este tipo de exposiciones se intentaba elevar la moral de los obreros, que temían que la pérdida de un empleo les impidiera encontrar otro trabajo.

Ultimi ritocchi a un motore a vapore ad alta pressione alla Fiera della Navigazione, dell'Ingegneria e della Meccanica a l'Olympia, Londra, settembre 1933. Questo tipo di manifestazione intendeva alzare il morale ai lavoratori che temevano, se perdevano il lavoro, di non poterne più ritovare un altro.

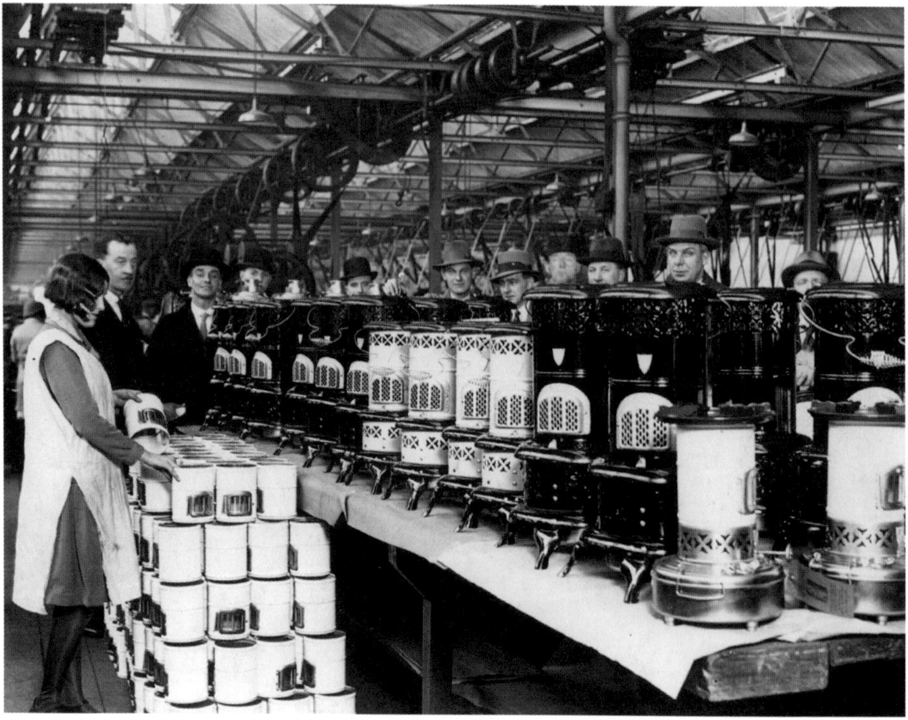

Assembling oil stoves in a Birmingham factory, 1931. It was in this year that thousands of unemployed in Europe and the United States took to the streets and rioted.

Montaje de hornos de aceite en una fábrica de Birmingham, 1931. En ese año, millares de desempleados de Europa y EE.UU. salieron a la calle a manifestarse.

Assemblaggio di stufe a olio in una fabbrica di Birmingham, 1931. In questo stesso anno migliaia di disoccupati in Europa e negli Stati Uniti scesero in piazza a manifestare.

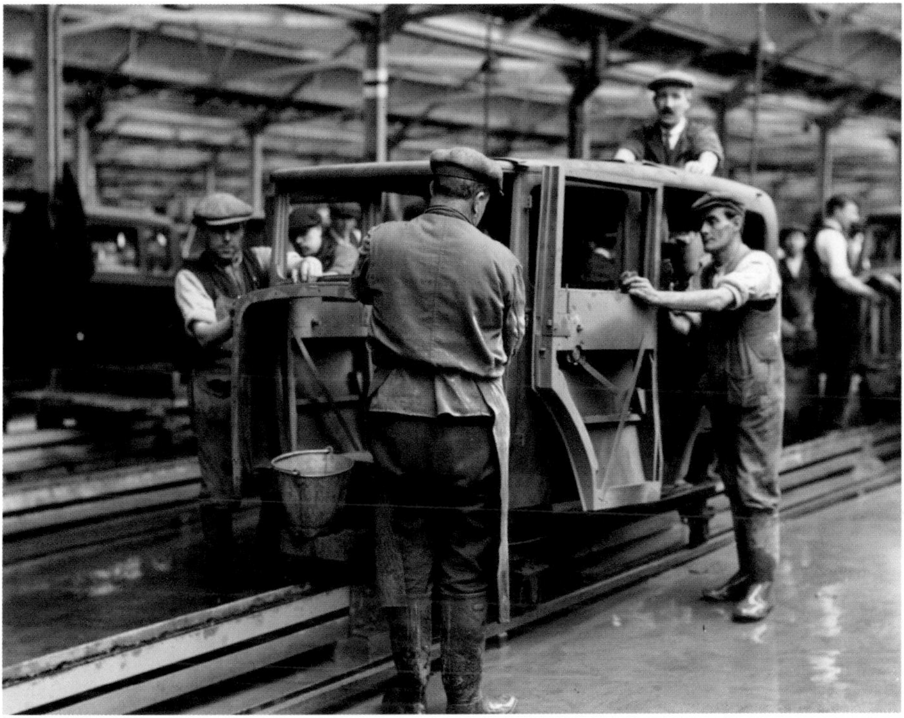

February 1930. The first great age of family motoring. Workmen on the production line at Morris Motors in Cowley, Oxford, rub down the car's bodywork in between coats of paint.

Febrero de 1930. La primera gran época del automóvil familiar. Obreros de la cadena de producción de Morris Motors en Cowley, Oxford, lijando la carrocería de un automóvil entre una y otra capa de pintura.

Febbraio 1930. La prima grande epoca dell'auto familiare. Operai alla catena di montaggio della Morris Motors a Cowley, Oxford, lucidano la carrozzeria di un'auto tra due mani di vernice.

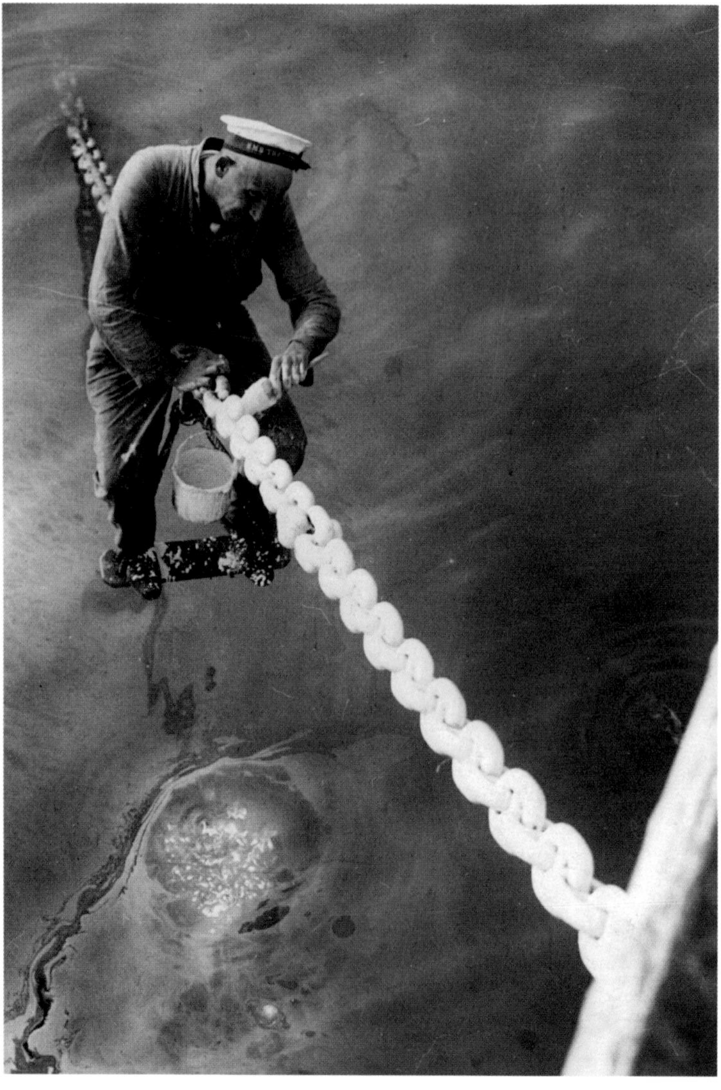

A British sailor paints the anchor chain of HMS *Thruster* in the port of Alexandria, Egypt, February 1936.

Un marino británico pinta la cadena del ancla del barco HMS *Thruster* en el puerto de Alejandría, Egipto, febrero de 1936.

Un marinaio britannico dipinge la catena dell'ancora del HMS *Thruster* nel porto di Alessandria d'Egitto, febbraio 1936.

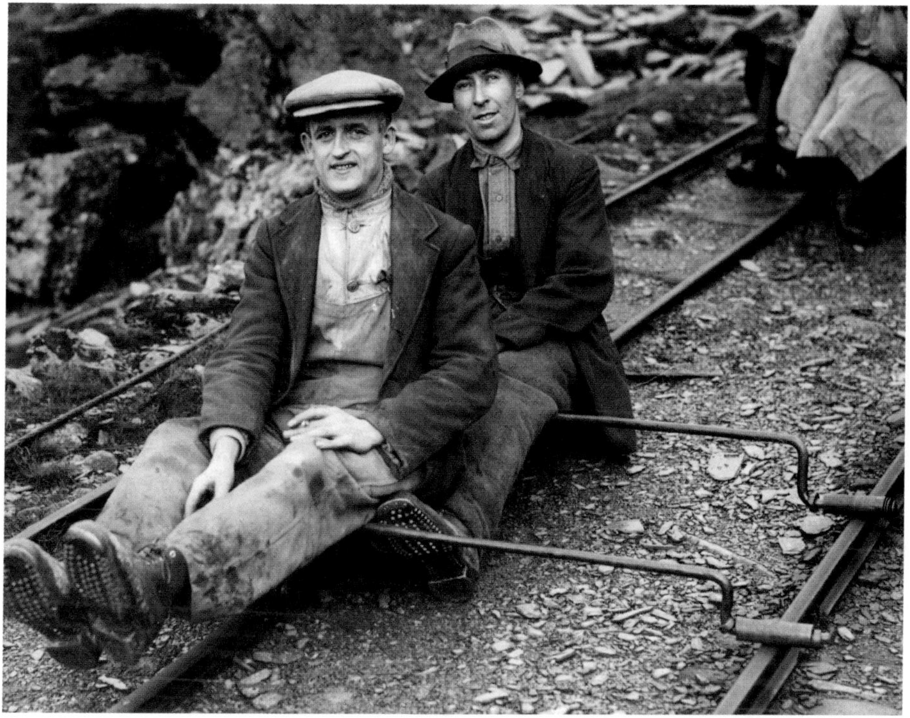

Men working at the Craig-Ddu slate quarry in Merionethshire, Wales, January 1934. The men have finished their shift and are about to roll down the valley to their homes on trolleys known as *car-gwyllts* ('the car that goes').

Obreros de la cantera de pizarra de Craig-Ddu en Merionethshire, Gales, enero de 1934. Han terminado su turno y estaban a punto de bajar por el valle hasta sus casas en un carro llamado *car-gwyllts* (el carro que se mueve solo).

Operai della cava d'ardesia di Craig-Ddu a Merionethshire, Galles, gennaio 1934. Terminata la giornata di lavoro, si apprestano a tornare a valle alle proprie case seduti su un carrello chiamato *car-gwyllts* (la macchina che va da sola).

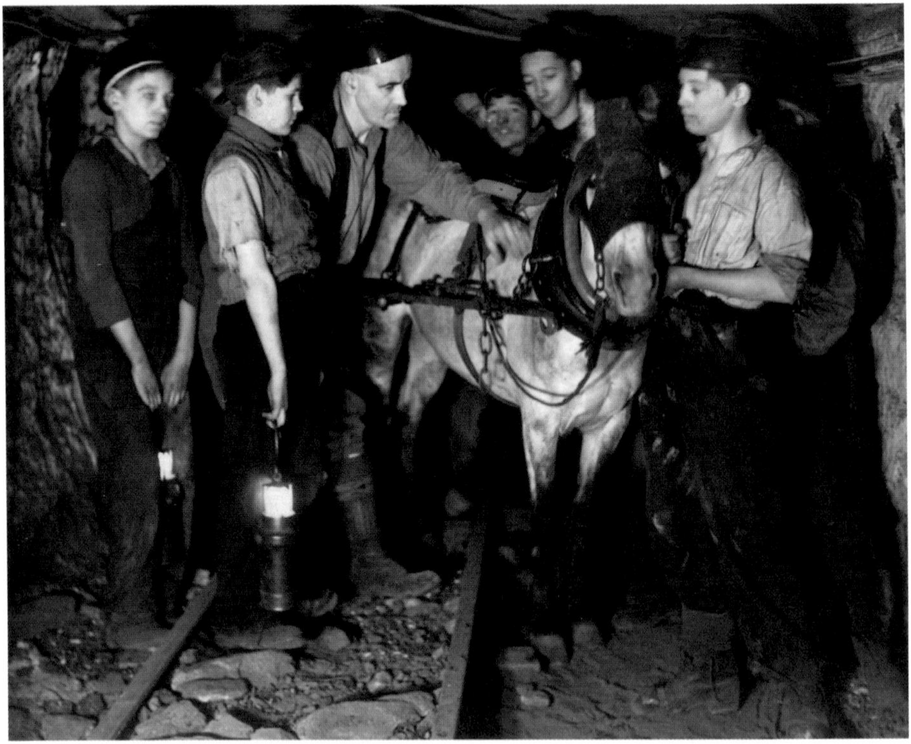

Mexborough, Yorkshire, 1935. Young coalminers learn how to harness and handle pit ponies deep underground at the Manvers main colliery.

Mexborough, Yorkshire, 1935. Jóvenes mineros aprenden a colocar las guarniciones a los ponis y a llevarlos hacia el fondo de la galería principal de Manvers.

Mexborough, Yorkshire, 1935. Giovani minatori imparano a mettere i finimenti e a guidare i cavalli della miniera in fondo alla galleria principale di Manvers.

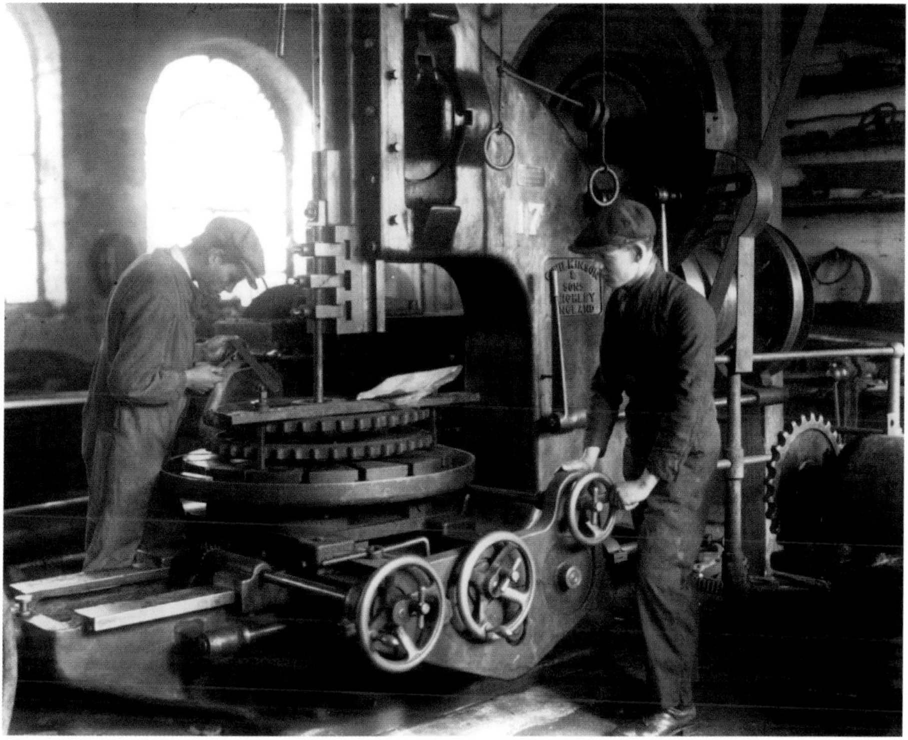

Trainee miners at a colliery school in Ashington, County Durham, 1939. 'If a miner's working life is 40 years the chances are nearly 7 to 1 against his escaping injury and not much more than 20 to 1 against his being killed outright' – George Orwell, *The Road to Wigan Pier*.

Aprendices de minero en la escuela de minas de Ashington, condado de Durham, 1939. "Si la vida laboral de un minero es de 40 años, tiene casi una posibilidad entre siete de no sufrir accidentes laborales y no más de una sobre veinte de no morir en la mina". George Orwell, *El camino a Wigan Pier*.

Apprendisti minatori alla scuola mineraria di Ashington, contea di Durham, 1939. "Se la vita lavorativa di un minatore è di 40 anni, egli ha una probabilità su sette di non essere ferito e non più di una su venti di morire sul colpo" – George Orwell, *Strada di Wigan Pier*.

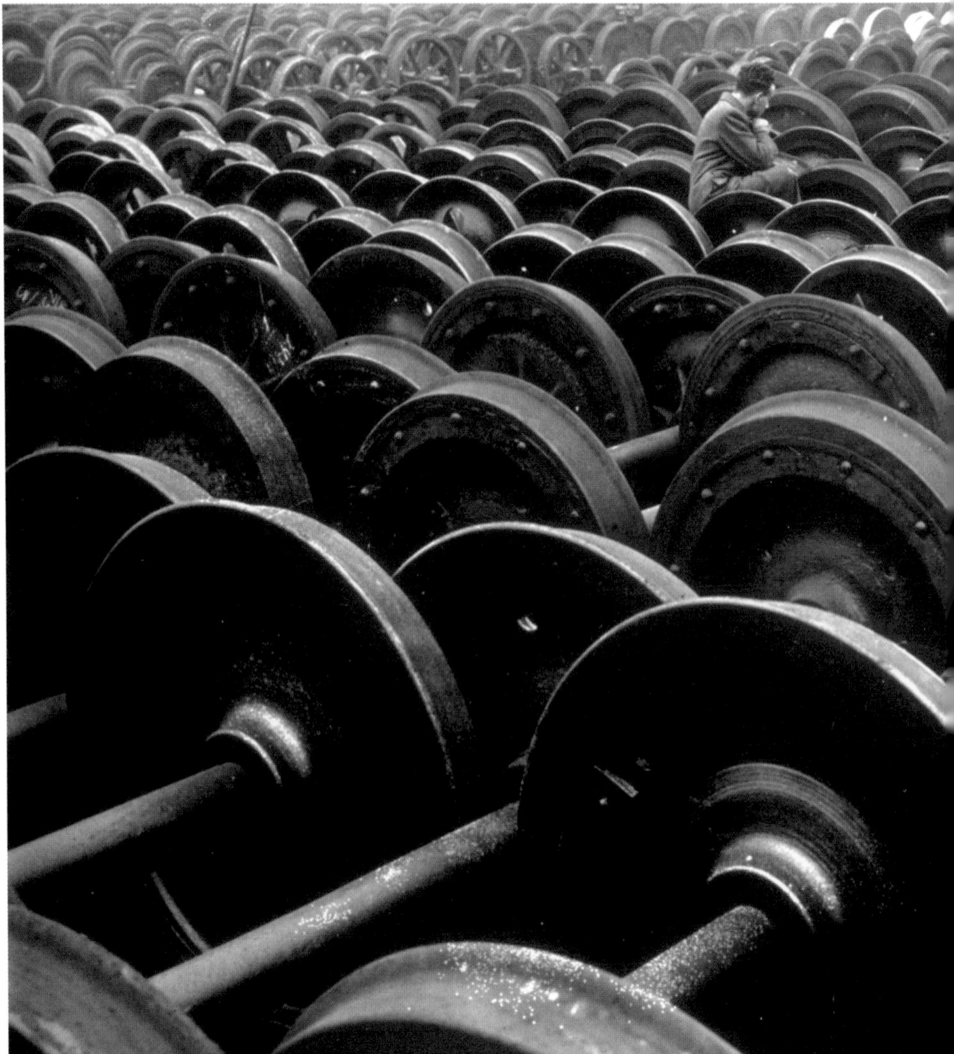

Carriage and wagon wheels in a railway factory, 1935. Across the whole world, railways were the backbone of every transport system. They carried almost all overland freight.

Ruedas y vagones en una fábrica de ferrocarriles, 1935. En todo el mundo, el ferrocarril era la espina dorsal de los sistemas de transportes. Era el medio terrestre más utilizado para mercancías.

Ruote di vagoni in una fabbrica ferroviaria, 1935. In tutto il mondo il treno costituiva la spina dorsale dell'intero sistema dei trasporti e assicurava quasi la totalità del trasporto delle merci via terra.

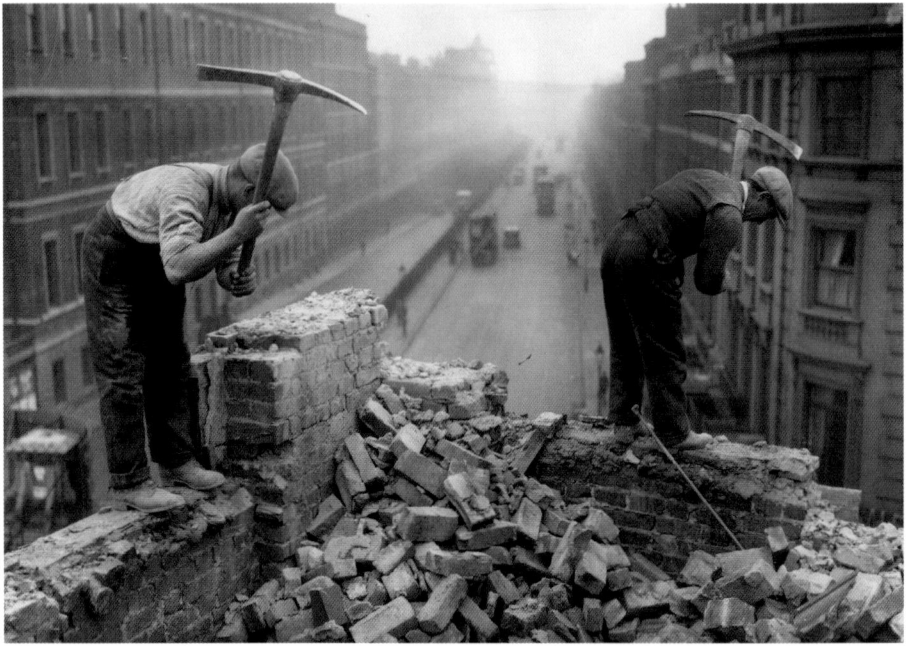

Slum clearance, London 1931. Demolition workers bring down condemned houses in Paddington. Such work was physically tough, dangerous, and unpleasant. The slums that they destroyed were infested with rats, lice and other vermin.

Derribo de una vivienda insalubre, Londres, 1931. Los obreros de demolición derriban casas condenadas en Paddington. Este trabajo era físicamente muy duro, peligroso y desagradable. Las viviendas que destruían estaban infestadas de ratas, piojos y otros parásitos.

Risanamento di un isolato degradato, Londra, 1931. Alcuni operai demoliscono delle case a Paddington: un lavoro duro, pericoloso e spiacevole. Questi isolati erano infestati da topi, pulci e ogni altro genere di parassiti.

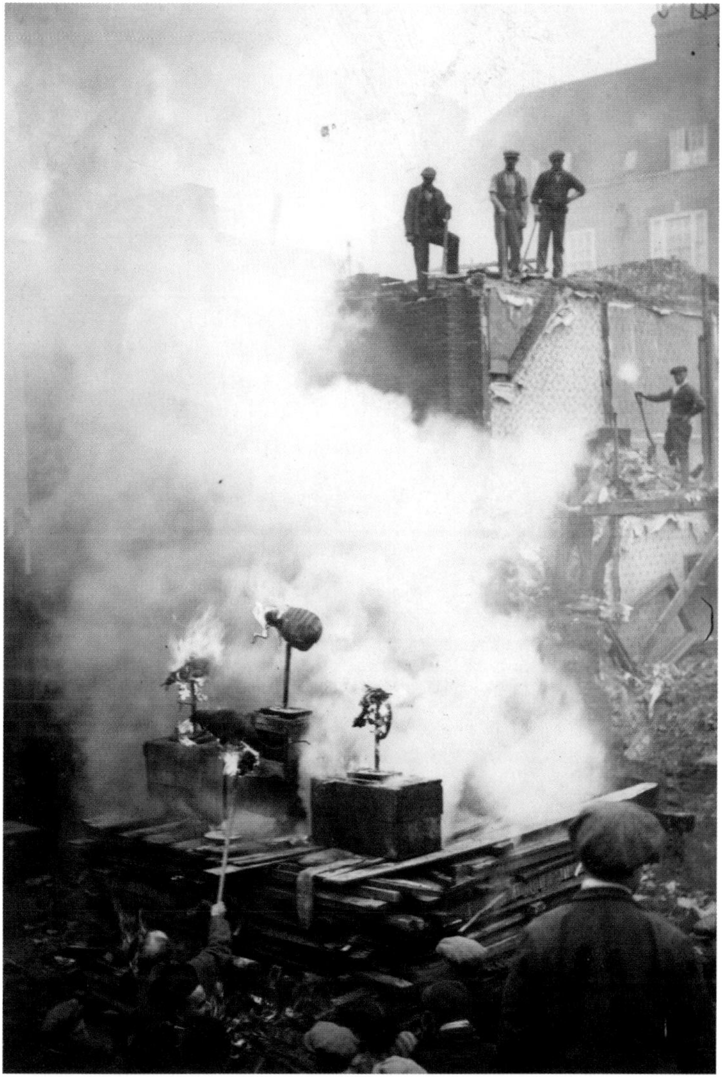

Men burn effigies of vermin to celebrate the destruction of slums in Sidney Street and Clarendon Street in the London borough of St Pancras.

Hombres quemando efigies de parásitos para celebrar la destrucción de las viviendas insalubres de Sidney y Clarendon Streets en el barrio londinense de St Pancras.

Operai nell'atto di bruciare alcune effigi di parassiti per festeggiare la demolizione degli isolati degradati di Sidney Street e di Clarendon Street a St Pancras, un quartiere di Londra.

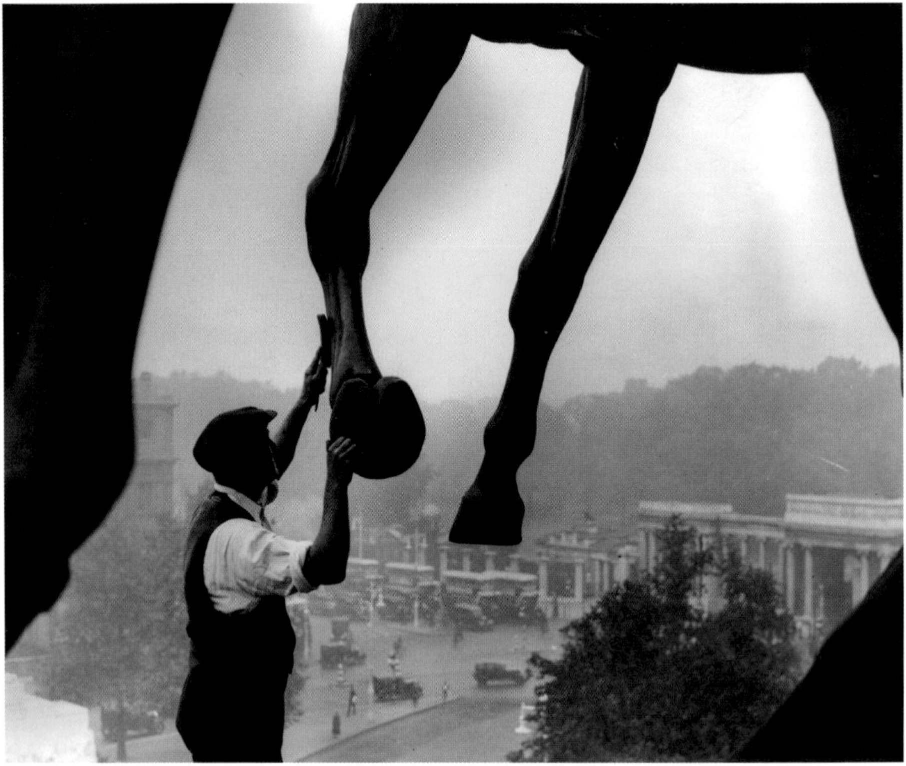

London shoeshine, July 1934. A workman polishes part of the massive Quadriga (four-horsed chariot) bronze statue at Constitution Arch, Hyde Park Corner. Shortly before the statue was finished, Lord Michelham, financier of the project, gave a dinner party for eight people inside one of the horses.

Limpiando los zapatos a Londres, julio de 1934. Un obrero abrillanta parte de la gran Cuádriga del Constitution Arch de Hyde Park Corner. Poco antes de que la estatua estuviera acabada, lord Michelham, mecenas del proyecto, organizó una cena para ocho personas dentro de uno de los caballos.

Londra tirata a lucido, luglio 1934. Un operaio lucida lo zoccolo di uno dei cavalli della quadriga in bronzo sul Constitution Arch, Hyde Park Corner. Quando ancora la statua non era terminata, Lord Michelham, finanziatore del progetto, offrì una cena per otto persone all'interno di uno dei cavalli.

The unusually shaped rudder of the SS *Arctees*, designed by Sir Joseph Isherwood and launched at Haverton-on-Tees, County Durham, 1934.

El timón de forma inusual del SS *Arctees,* diseñado por sir Joseph Isherwood y botado en Haverton-on-Tees, condado de Durham, 1934.

Timone di forma inusuale per la nave SS *Arctees*, progettata da Sir Joseph Isherwood e varata a Haverton-on-Tees, contea di Durham, 1934.

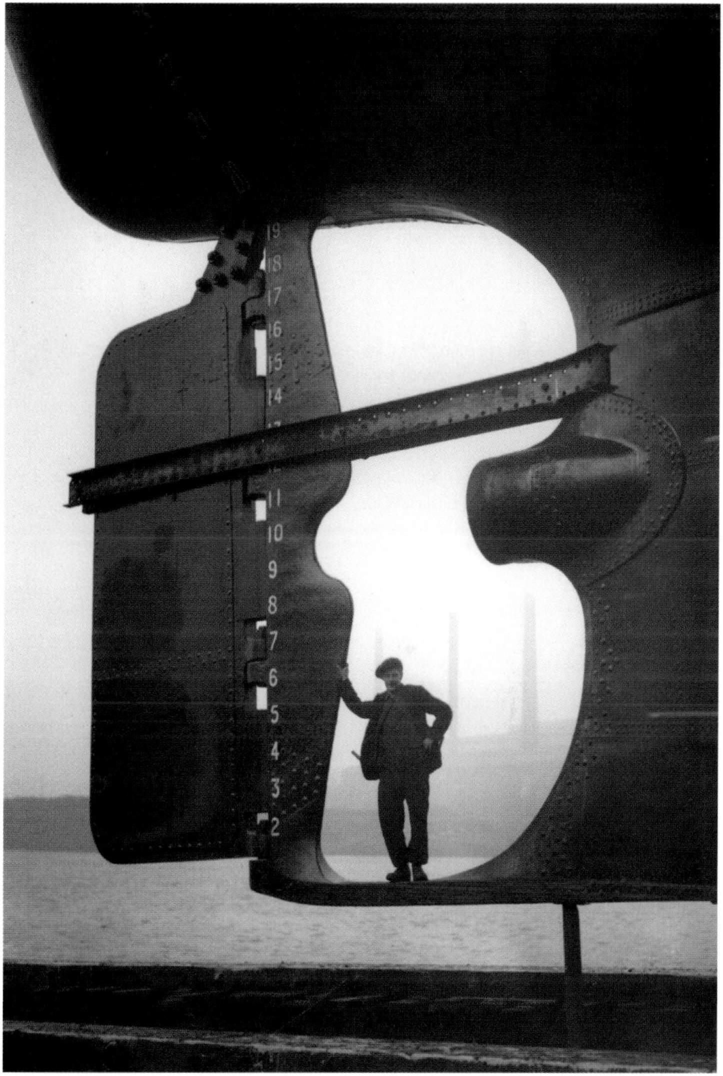

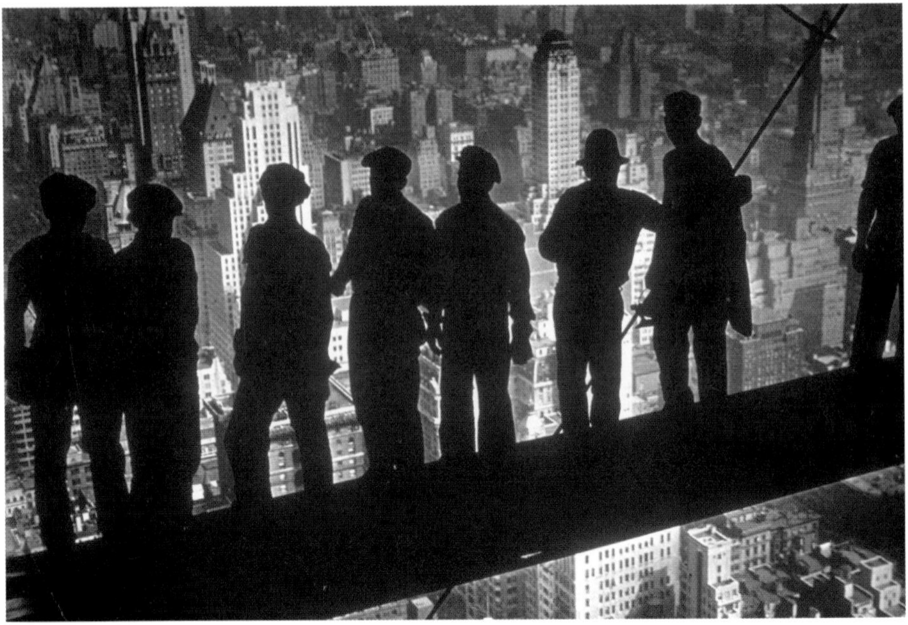

The Manhattan skyline comes of age in the 1930s. Here, steelworkers take a break to admire the city. They are standing on scaffolding at the very top of the 70-storey RCA building in the Rockefeller Center, New York, December 1934.

La silueta de Manhattan se perfila en los años treinta. Estos obreros de la metalurgia hacen una pausa para contemplar la ciudad desde el andamiaje de la parte superior del edificio de RCA, de setenta pisos, en el Rockefeller Center, Nueva York, diciembre de 1934.

Lo skyline di Manhattan si delinea negli anni Trenta. Alcuni metallurgici ammirano in un momento di pausa la città in piedi su un ponteggio in cima al grattacielo di 70 piani del Rockefeller Center, New York, dicembre 1934.

October 1937. Electricians install lights on the Eiffel Tower to illuminate the city during the Paris Exhibition.

Octubre de 1937. Unos electricistas instalan luces en la torre Eiffel para iluminar la ciudad durante la Exposición de París.

Ottobre 1937. Due elettricisti installano delle luci sulla torre Eiffel per illuminare la città durante l'Esposizione di Parigi.

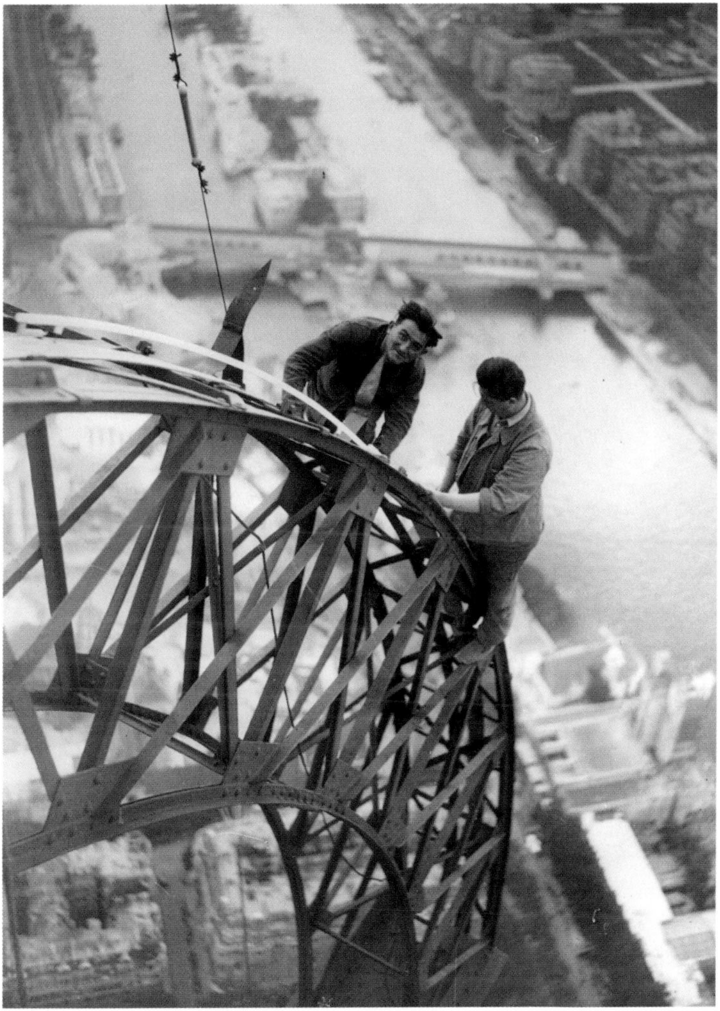

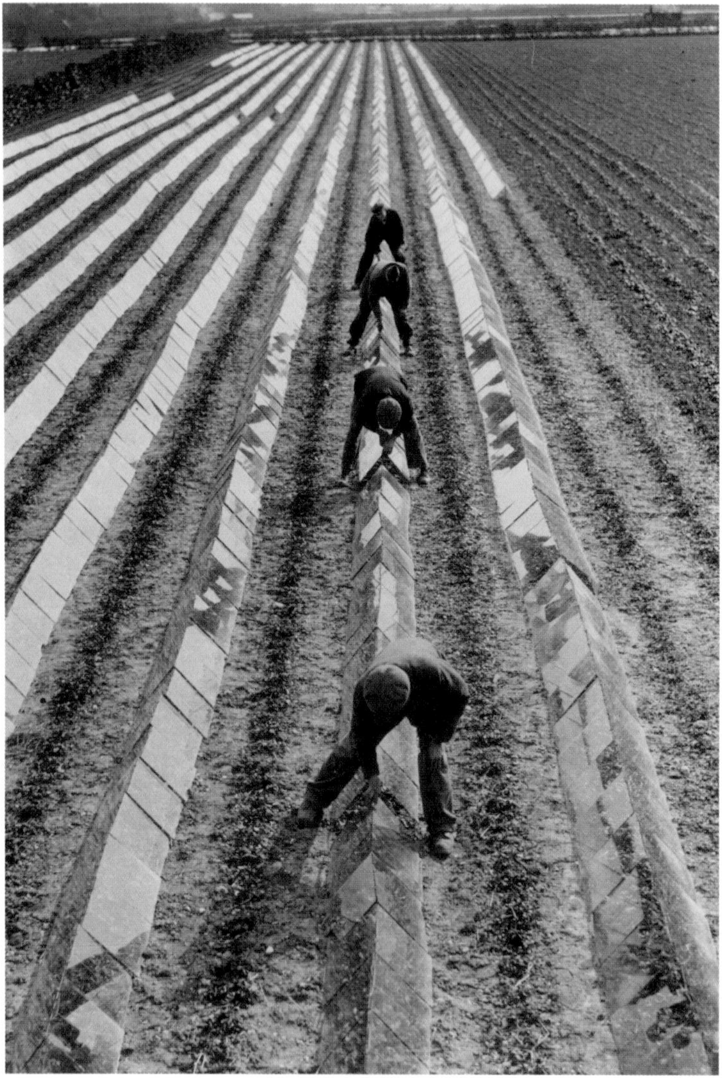

April 1936. Lines of luxury. Agricultural labourers place cloches over rows of strawberry plants near Salisbury.

Abril de 1936. Filas de lujo. Unos agricultores colocan mamparas de cristal sobre hileras de fresas cerca de Salisbury.

Aprile 1936. Filari di primizie. Lavoranti agricoli mentre posizionano delle campane di protezione sui filari di fragole nei pressi di Salisbury.

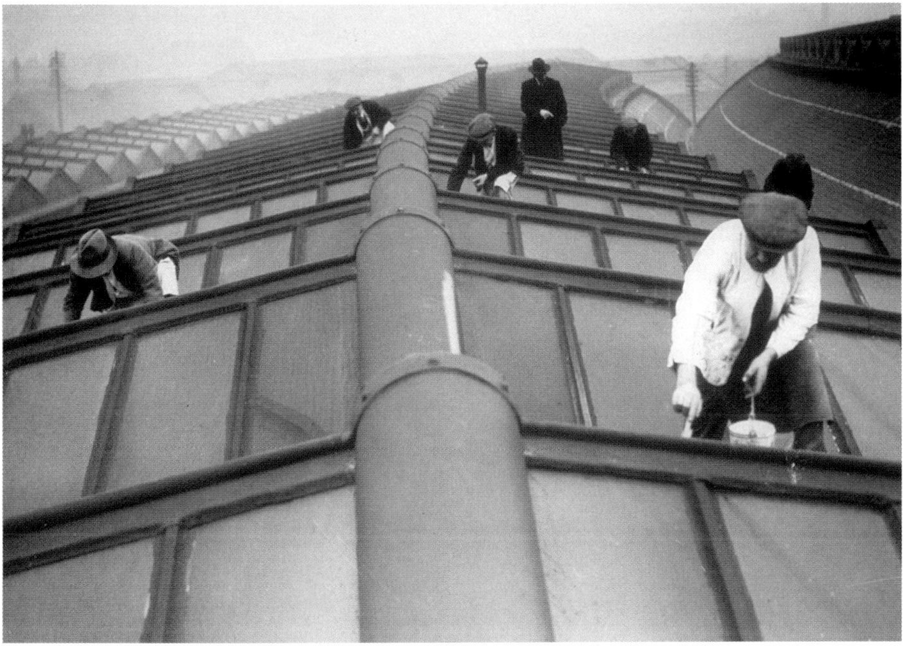

Cleaning and painting the glass roof at York railway station, 1934. In the age of steam locomotives, roofs such as this quickly became covered in dust and grime.

Limpieza y pintura del tejado de cristal de la estación de trenes de York, 1934. En la época de las locomotoras a vapor, un tejado así quedaba rápidamente cubierto de polvo y suciedad.

Pulitura e pittura del tetto di vetro della stazione ferroviaria di York, 1934. All'epoca delle locomotive a vapore, questo tipo di copertura si ricopriva subito di polvere e di sporcizia.

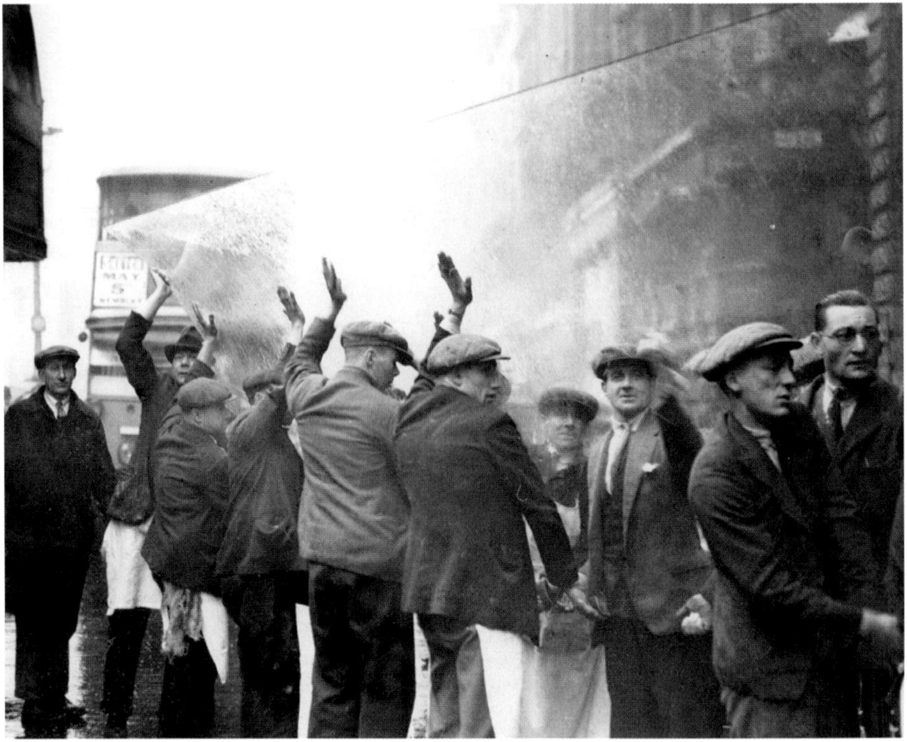

Workmen carefully lift a pane of curved glass into a shop front in Jermyn Street, London, April 1936. The sheet of glass was over 20 feet (7 metres) long and five feet (1.75 metres) high.

Unos obreros levantan con mucho cuidado una placa de cristal convexo para una tienda de Jermyn Street, Londres, abril de 1936. La placa medía 7 metros de ancho y 1,75 metros de largo.

Alcuni operai sollevano con precauzione una lastra di vetro convesso per la vetrina di un negozio di Jermyn Street, Londra, aprile 1936. Questa lastra di vetro era lunga 7 e alta 1,75 metri.

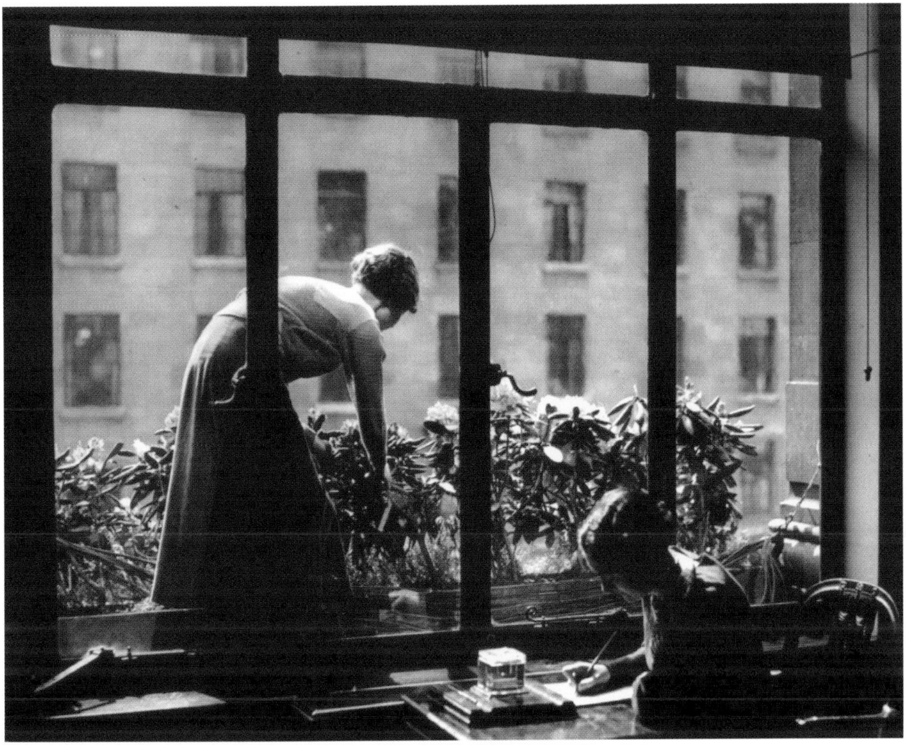

Garden in the sky. A woman waters plants in the window of a typical Thirties high-rise building. For office staff, working conditions had never been better.

Un jardín en el cielo. Una mujer riega las plantas de la ventana de un edificio típico de los años treinta. Para el personal de la oficina, nunca hubo mejores condiciones laborales.

Giardino pensile. Una donna innaffia le piante sul bordo di una finestra di un alto edificio tipico degli anni Trenta. Le condizioni di lavoro degli impiegati di concetto non erano mai state così buone.

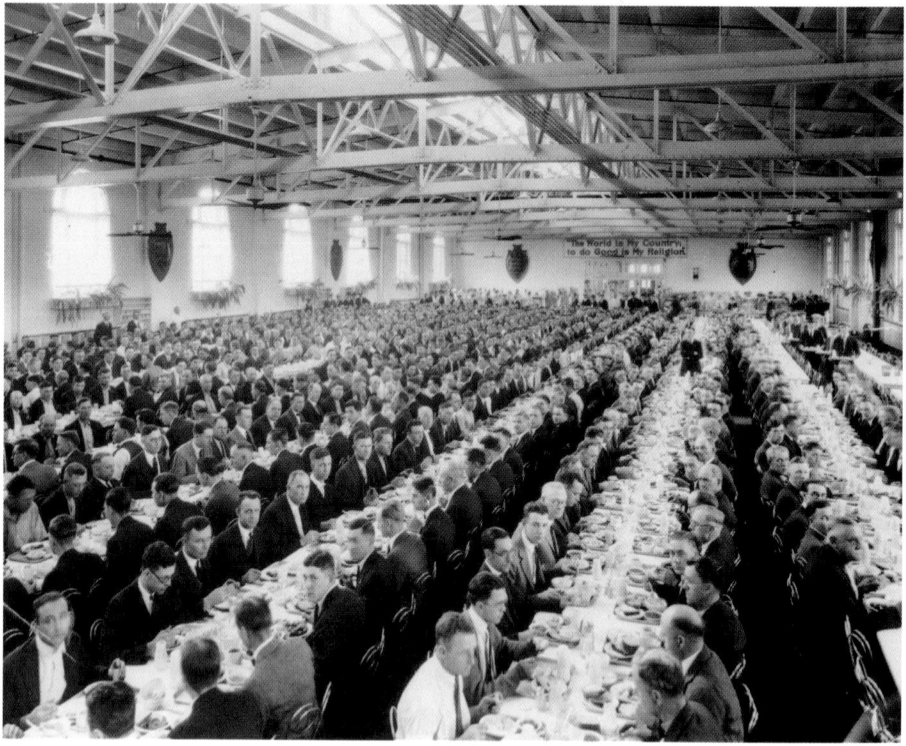

Masses on the munch. Employees of the National Cash Register Company lunch together in the immense staff dining room, 1935.

Masas a la mesa. Empleados de la National Cash Register Company almuerzan juntos en el inmenso comedor de la empresa, 1935.

Ristorazione di massa. Gli impiegati della National Cash Register Company pranzano insieme nella vasta mensa dell'azienda, 1935.

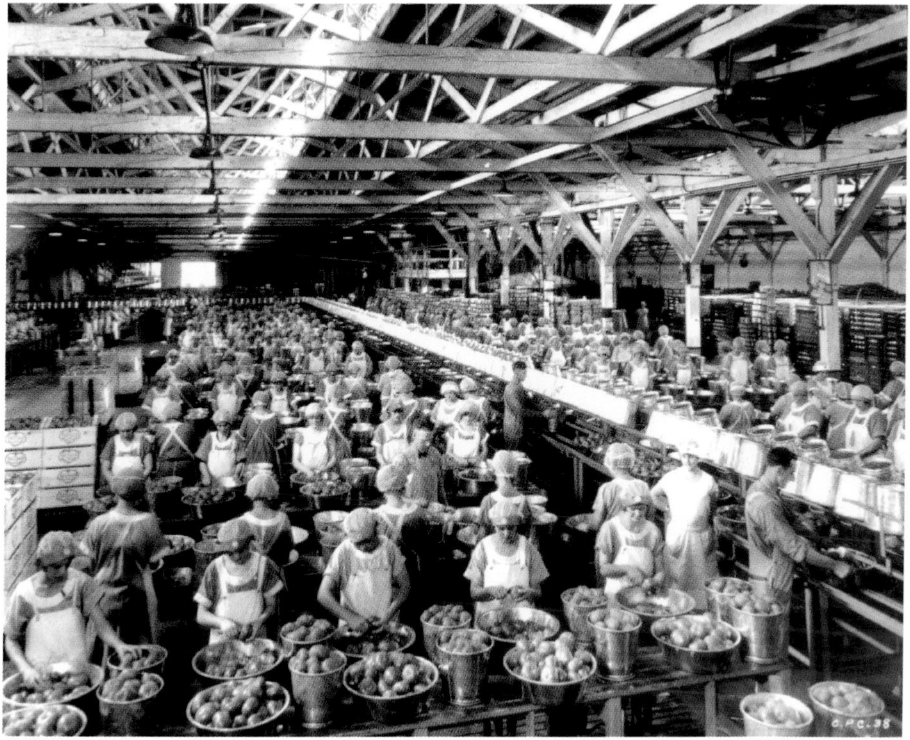

Cannery Row. Women in a United States canning factory peel and prepare tomatoes, February 1930. In an age before freezers, canned food was the main bulk of any larder or food cupboard.

Trabajo en cadena. Mujeres de una fábrica de conservas de EE.UU. pelan y cortan tomates, febrero de 1930. En una época sin frigoríficos, la comida enlatada llenaba las despensas.

Catena di montaggio. Operaie di una fabbrica di conserve negli Stati Uniti pelano e tagliano pomodori, febbraio 1930. Quando non esistevano ancora i congelatori, le dispense erano piene di scatole di conserve.

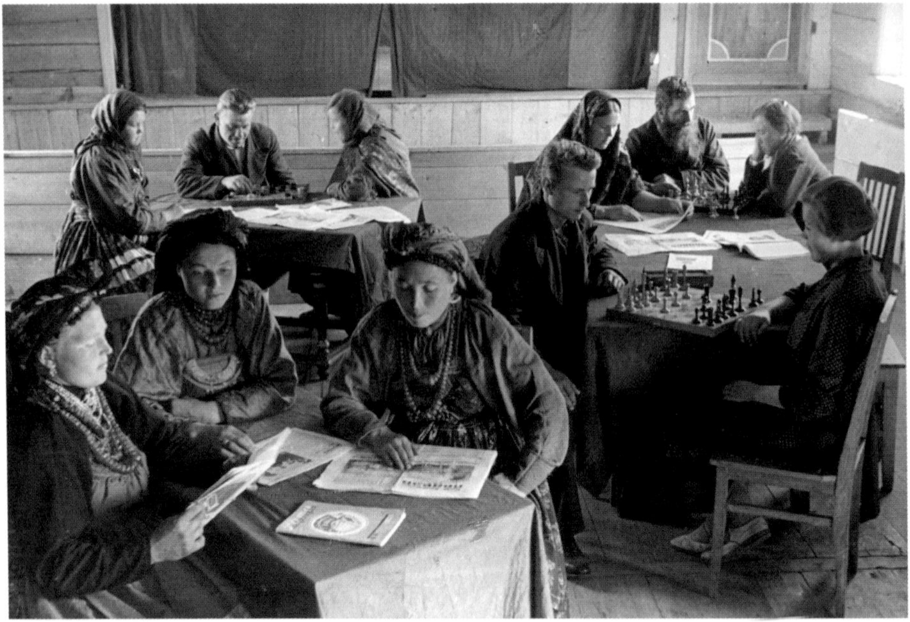

A break from work on a Soviet collective farm – with not a commissar in sight, 1930. Members of the farm's club relax in the Buryat Mongolian Autonomous Republic.

Una pausa durante el trabajo en una granja colectiva —sin superior a la vista—, 1930. Los miembros de la asociación agrícola se relajan en la República Autónoma Mongola de Buryat.

Riposo in una fattoria collettiva sovietica – nessun commissario in vista, 1930. I membri di un'associazione agricola di Buryat, nella Repubblica Autonoma della Mongolia.

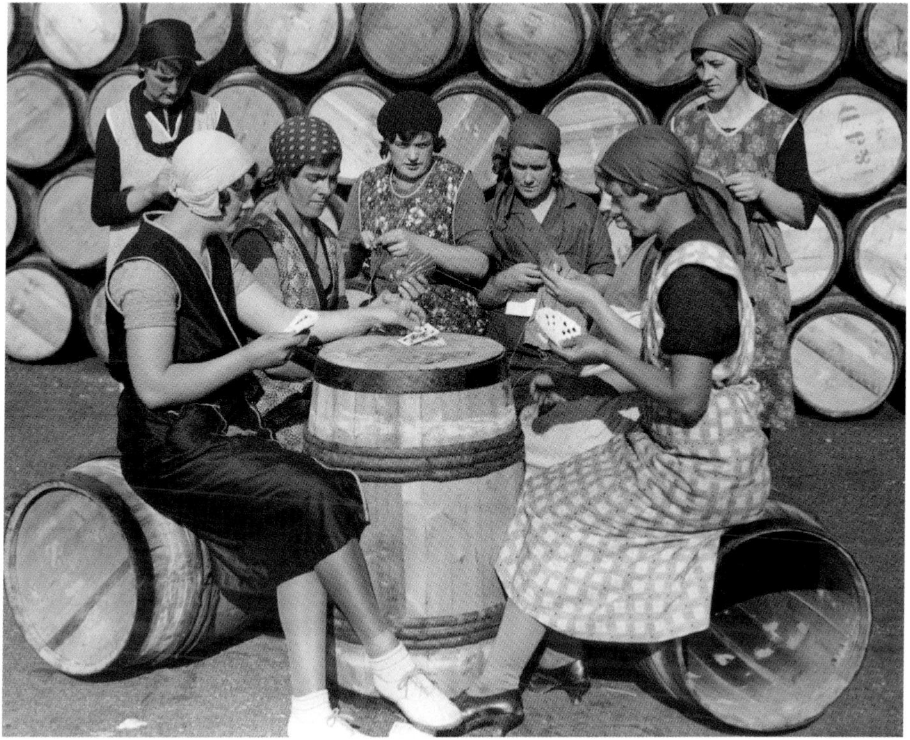

'Herring girls' at Great Yarmouth rest in the late autumn sunshine, 1933. Although they were paid for the amount of work they did, not the time it took, moments like this were precious.

Las "chicas de los arenques" en Great Yarmouth descansan al sol de finales de otoño, 1933. Aunque cobraban según la cantidad de trabajo realizado, momentos así no tenían precio.

Le "ragazze delle aringhe" a Great Yarmouth in una pausa di riposo, fine autunno 1933. Benché pagate a cottimo e non all'ora, momenti come questi non avevano prezzo.

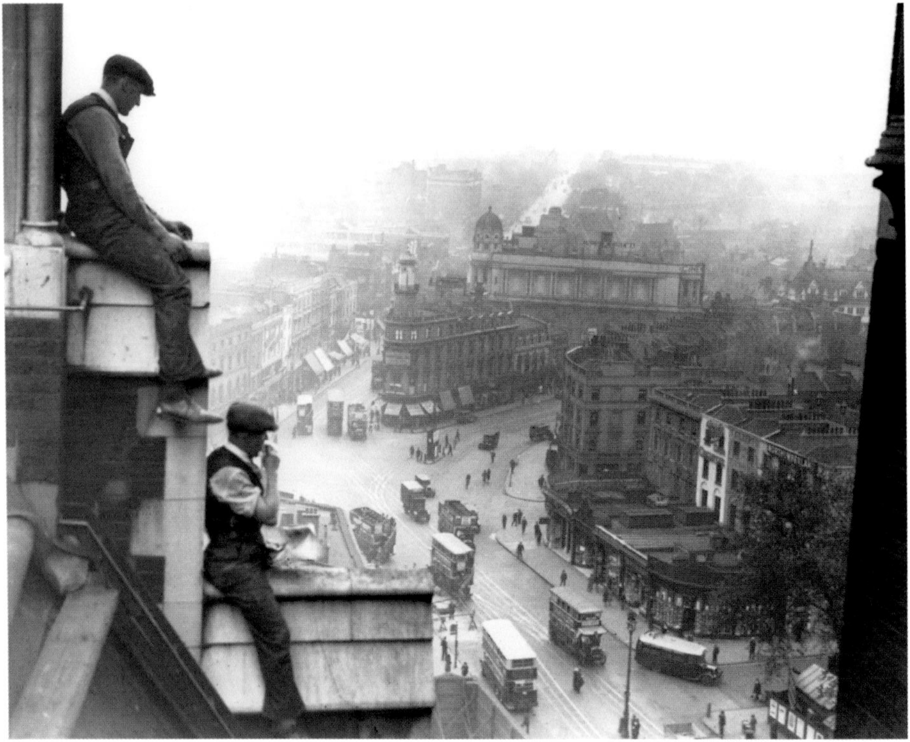

Workmen rest by the clock high up on the Midland Grand Hotel, St Pancras, London, 1931. The clock was 270 feet (85 metres) above street level. In the distance far below is King's Cross.

Los obreros hacen una pausa junto al reloj del Midland Grand Hotel, en el barrio londinense de St Pancras, 1931. El reloj estaba a 85 metros de altura. Abajo y a lo lejos se ve King's Cross.

Operai si riposano accanto all'orologio in cima al Midland Grand Hotel a St. Pancras, Londra, 1931. L'orologio era alto 85 metri. In basso sullo sfondo si distingue King's Cross.

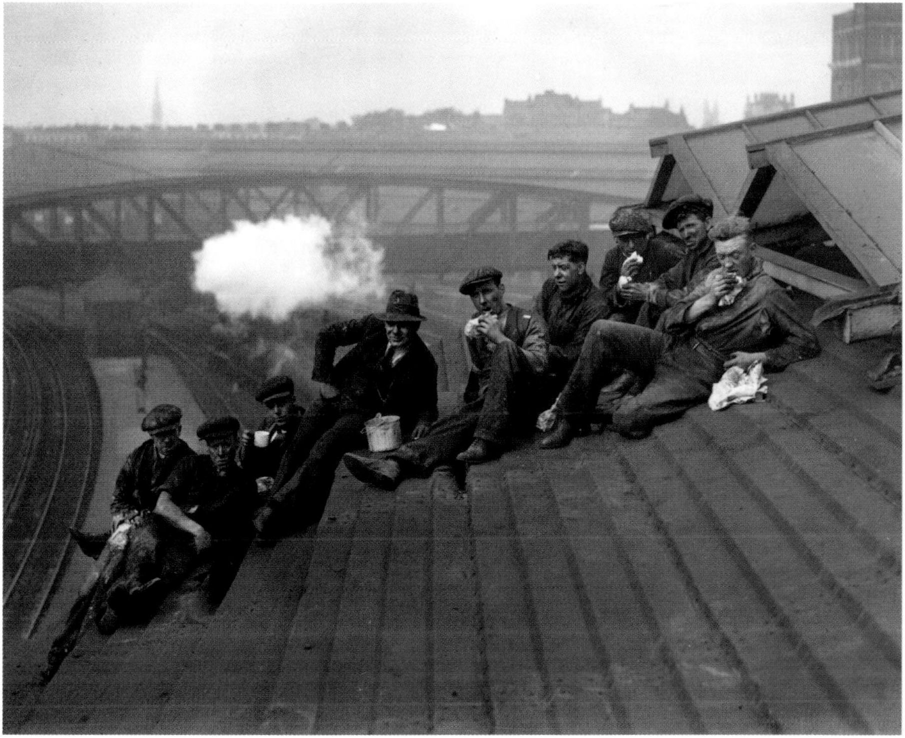

A view from the top. Workmen pause to take refreshment on the glass roof of Paddington station, London, 1930. The roof was made of four arches, with a total span of more than 300 feet (almost 100 metres).

Vista desde lo alto. Unos obreros haciendo una pausa para tomar un refrigerio en el tejado de la estación de Paddington, Londres, 1930. El techo estaba compuesto de cuatro arcos de casi 100 metros.

Vista dall'alto. Alcuni operai prendono il fresco sulla vetrata della stazione di Paddington, Londra, 1930. Il tetto era costituito da quattro arcate e aveva una campata complessiva di quasi 100 metri.

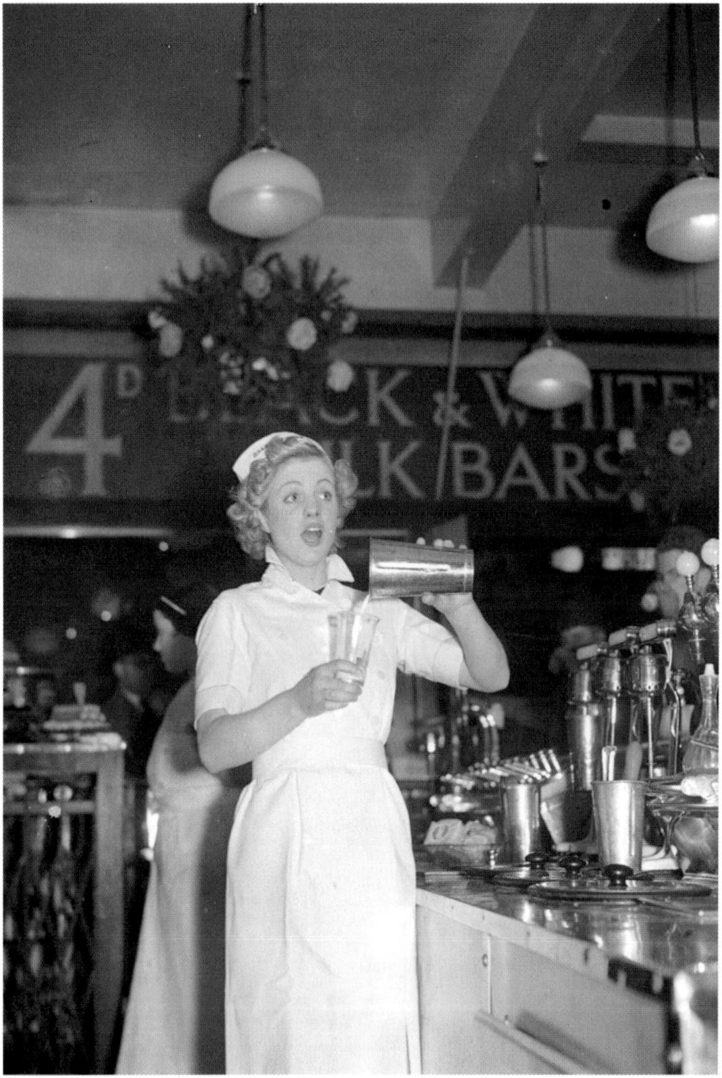

The American milk bar comes to Britain, 1937. American culture in all its forms was lapped up in Europe in the Thirties.

Los *milk bars* americanos llegan a Gran Bretaña, 1937. La cultura americana en todas sus formas tuvo una entusiasta acogida en toda Europa.

Il milk-bar americano arriva in Gran Bretagna, 1937. Negli anni Trenta la cultura americana in tutte le sue forme fu accolta con entusiamo nell'intera Europa.

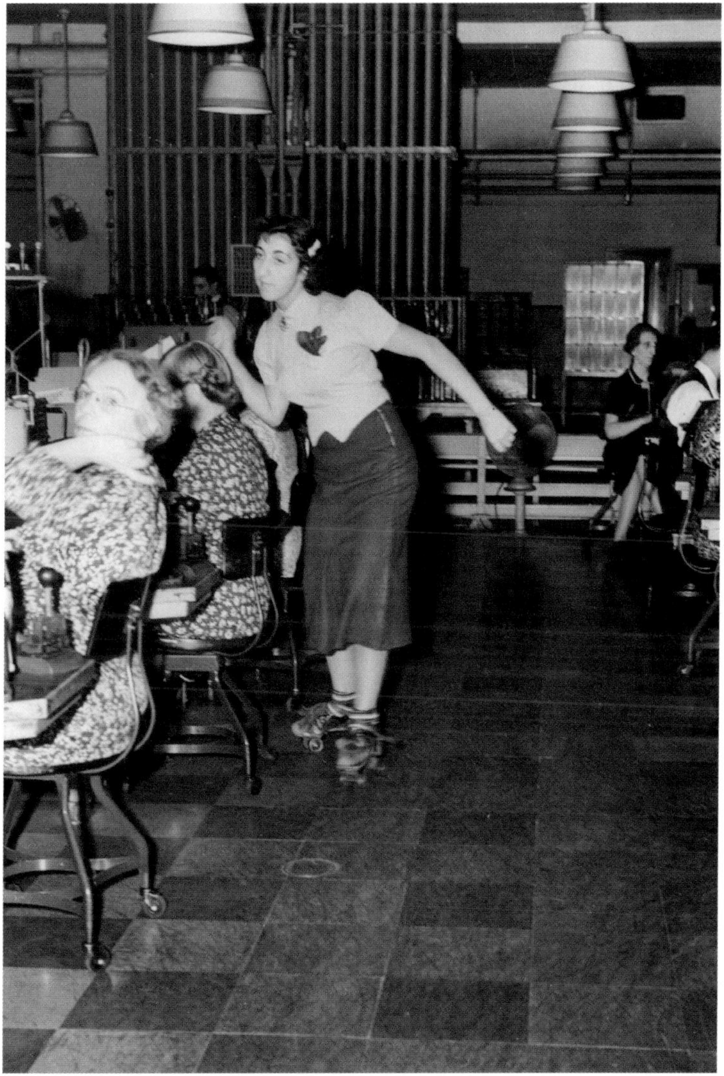

October 1938.
A government messenger at a New York cable company uses skates to speed her message through.

Octubre de 1938.
En una oficina de telégrafos de Nueva York, una mensajera del gobierno se desplaza en patines para hacer llegar más rápidamente su mensaje.

Compagnia delle telecomunicazioni a New York, ottobre 1938. Una postina governativa si sposta in pattini a rotelle per recapitare i telegrammi il più velocemente possibile.

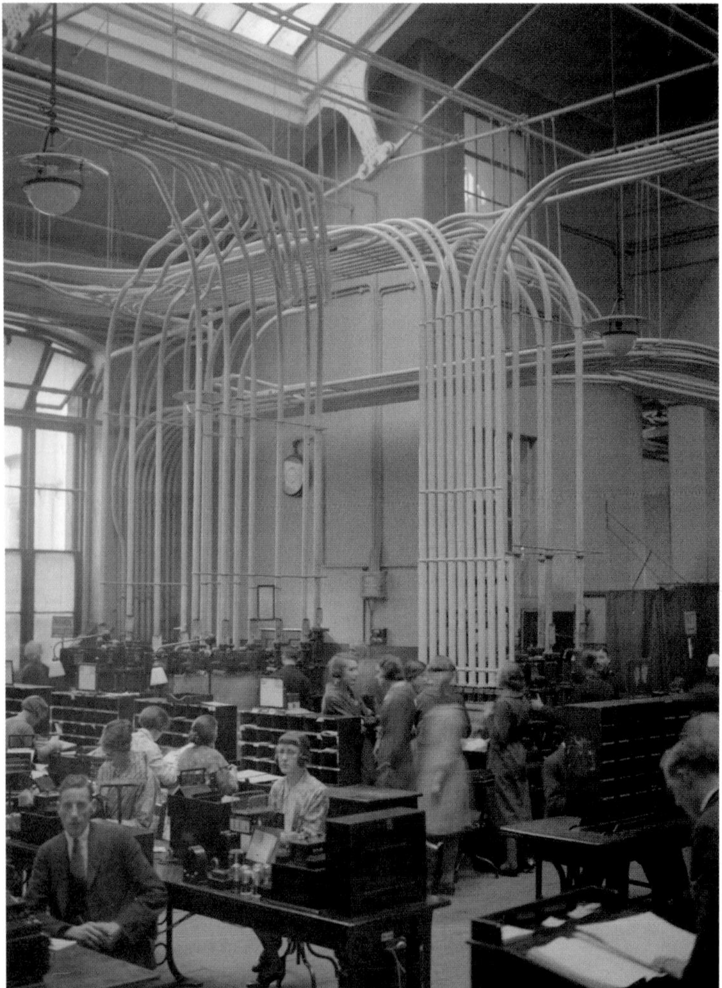

The Central Telegraph Office of the GPO in London, October 1932. At that time it employed 3,000 staff.

La Central del Telégrafo en la oficina principal de correos de Londres, octubre de 1932. En aquella época tenía 3.000 empleados.

L'ufficio Telegrammi alla Posta centrale di Londra, ottobre 1932. All'epoca vi lavoravano 3000 persone.

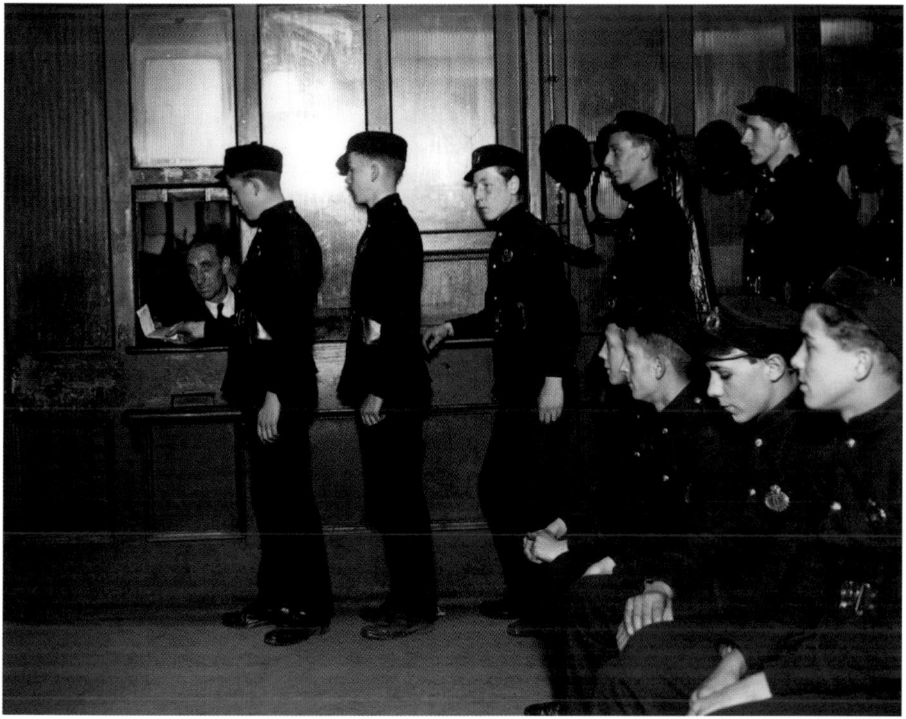

Telegraph boys line up at the Central Telegraph Office. The Office processed and dispatched over 50 million telegrams a year. Internal communication was through 12 miles (19 kilometres) of pneumatic tubes that snaked through the floors and ceilings.

Repartidores de telegramas haciendo cola en la Oficina Central del Telégrafo. La oficina recibía y expedía más de 50 millones de telegramas al año. Las comunicaciones internas se realizaban a través de 19 kilómetros de tubos neumáticos que atravesaban pasillos y tejados.

Giovani postini fanno la fila davanti a uno sportello dell'ufficio Telegrammi della Posta centrale, che riceveva ed emetteva più di 50 milioni di telegrammi all'anno. La distribuzione interna avveniva grazie a 19 chilometri di tubi pneumatici che attraversavano i diversi piani lungo i soffitti.

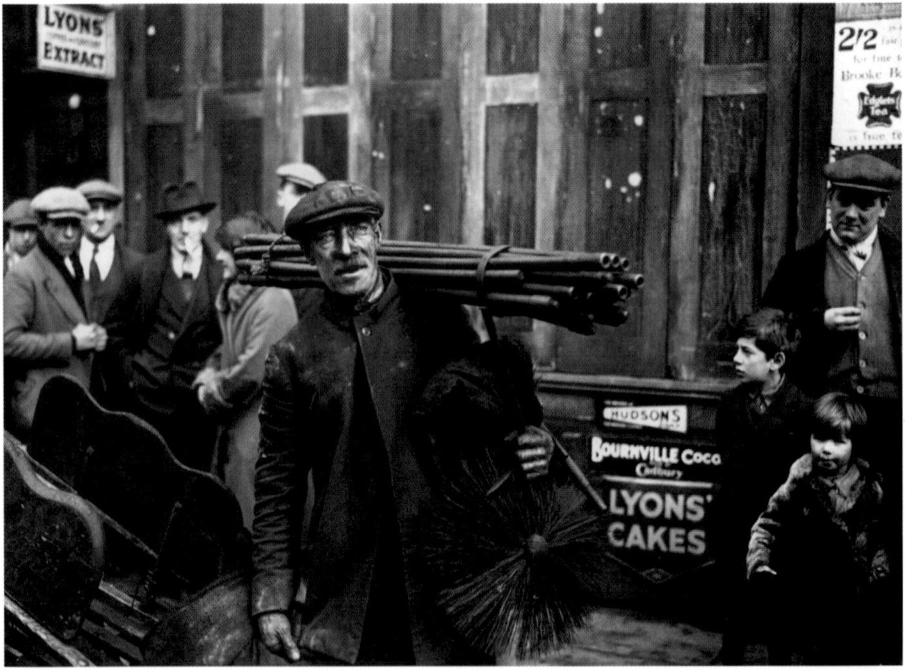

The Mayor of Bethnal Green, London, November 1931. Councillor T Brooks vowed that elevation to such high office would not go to his head, and that he would continue to work as a chimney sweep.

El alcalde de Bethnal Green, Londres, noviembre de 1931. El concejal T. Brooks prometió que su cargo no se le subiría a la cabeza y que continuaría con su trabajo de deshollinador.

Il sindaco di Bethnal Green, Londra, novembre 1931. Il neoeletto T. Brooks giurò che la sua nomina a una carica così importante non gli avrebbe montato la testa e che avrebbe continuato a fare lo spazzacamino.

A lost-property office in Britain, 1932. The crutches had been left on a train at Skegness holiday resort.

Una oficina de objetos perdidos de Gran Bretaña, 1932. Alguien olvidó las muletas en un tren con destino a la localidad turística de Skegness.

Un ufficio oggetti smarriti in Gran Bretagna, 1932. Queste stampelle erano state dimenticate nel vagone di un treno diretto alla stazione balneare di Skegness.

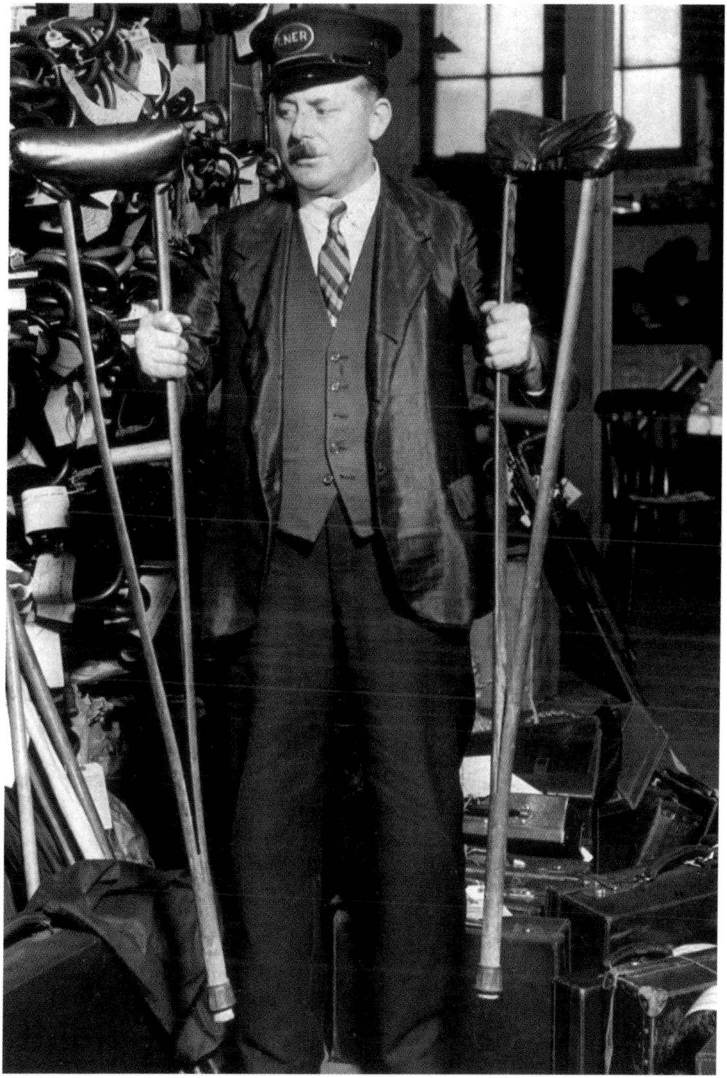

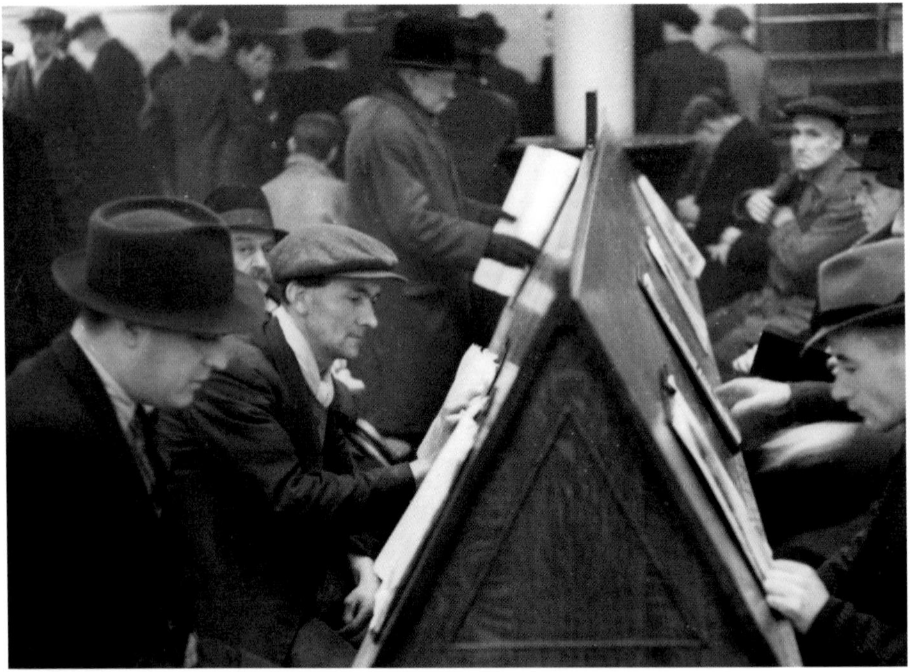

Two views of unemployment in the Thirties. Kurt Hutton's portrait (above) of Alfred Smith and others looking for work in a labour exchange. Smith was 35 years old, had three children and had been out of work for three months. The sign (right) aims at humour, but betrays an underlying desperation. To 'know 3 trades' and 'speak 3 languages' did not guarantee a job.

Dos imágenes sobre el desempleo en los años treinta. Retrato, de Kurt Hutton (superior), de Alfred Smith y otras personas buscando empleo en la bolsa de trabajo. Smith tenía 35 años, era padre de tres hijos y había perdido su trabajo hacía tres meses. En la imagen de la derecha, la pancarta, a pesar de su sentido del humor, refleja la desesperación. "Conocer tres oficios" y "hablar tres idiomas" no era una garantía de empleo.

Due tipiche scene della disoccupazione degli anni Trenta. La foto di Kurt Hutton (in alto) ritrae Alfred Smith e altre persone in cerca di lavoro in un ufficio di collocamento. Smith, 35 anni e padre di tre figli, era disoccupato da tre mesi. Il cartello (a destra) dal tono umoristico rivela una grande disperazione. "Conoscere 3 mestieri" e "parlare 3 lingue" non garantivano un impiego.

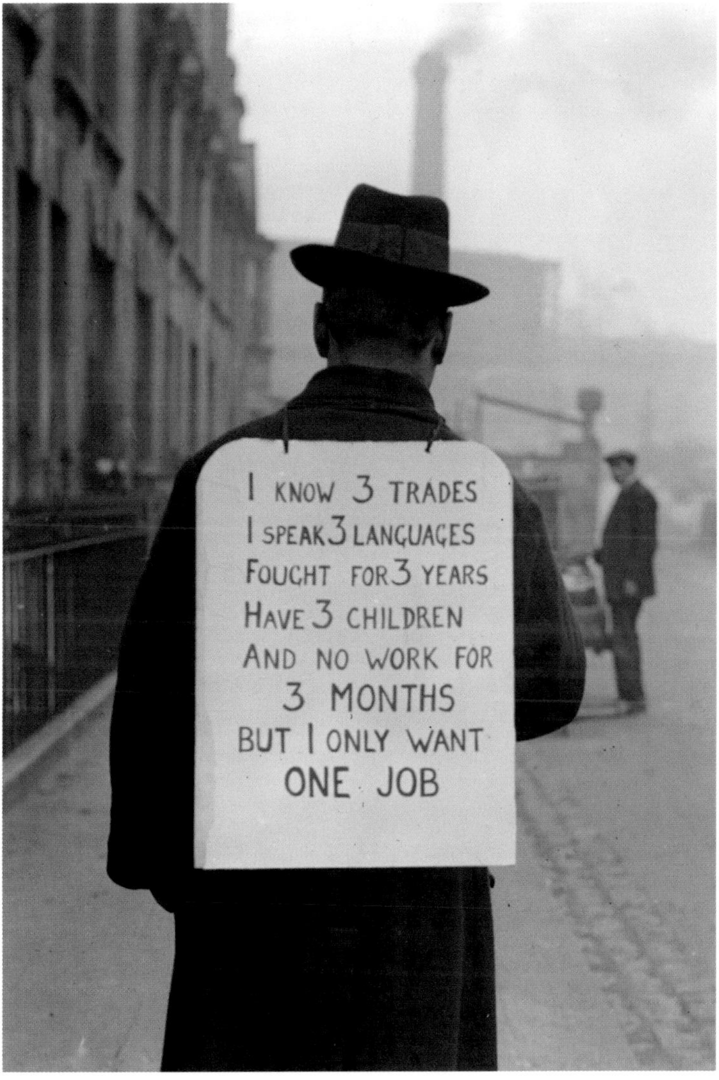
I KNOW 3 TRADES
I SPEAK 3 LANGUAGES
FOUGHT FOR 3 YEARS
HAVE 3 CHILDREN
AND NO WORK FOR
3 MONTHS
BUT I ONLY WANT
ONE JOB

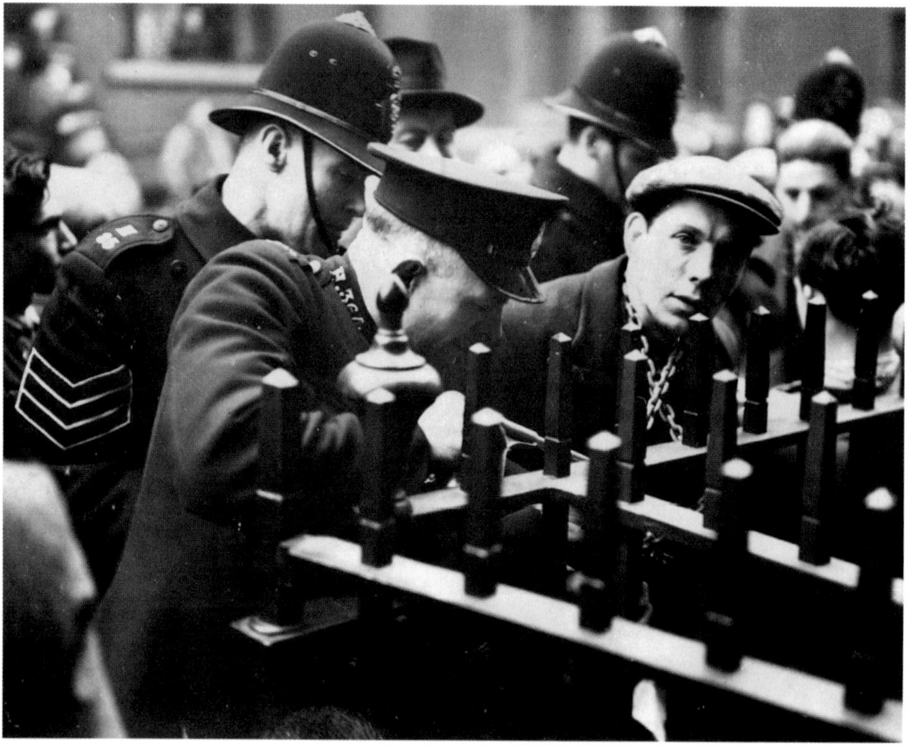

London, January 1939. Police saw through a chain which a member of the National Unemployed Workers Movement has used to fasten himself to the railings of the Stepney employment exchange. He was protesting at the government's refusal to grant extra winter relief.

Londres, enero de 1939. La policía sierra la cadena con la que el miembro del movimiento nacional de trabajadores en paro estaba encadenado a la valla de la oficina de empleo de Stepney. Protestaba contra la negativa del gobierno a conceder una ayuda adicional para el invierno.

Londra, gennaio 1939. Un poliziotto sega la catena di un manifestante del Movimento nazionale dei disoccupati che si è legato all'inferriata dell'agenzia di collocamento di Stepney. Protestava contro il rifiuto del governo di accordare un sussidio supplementare per l'inverno.

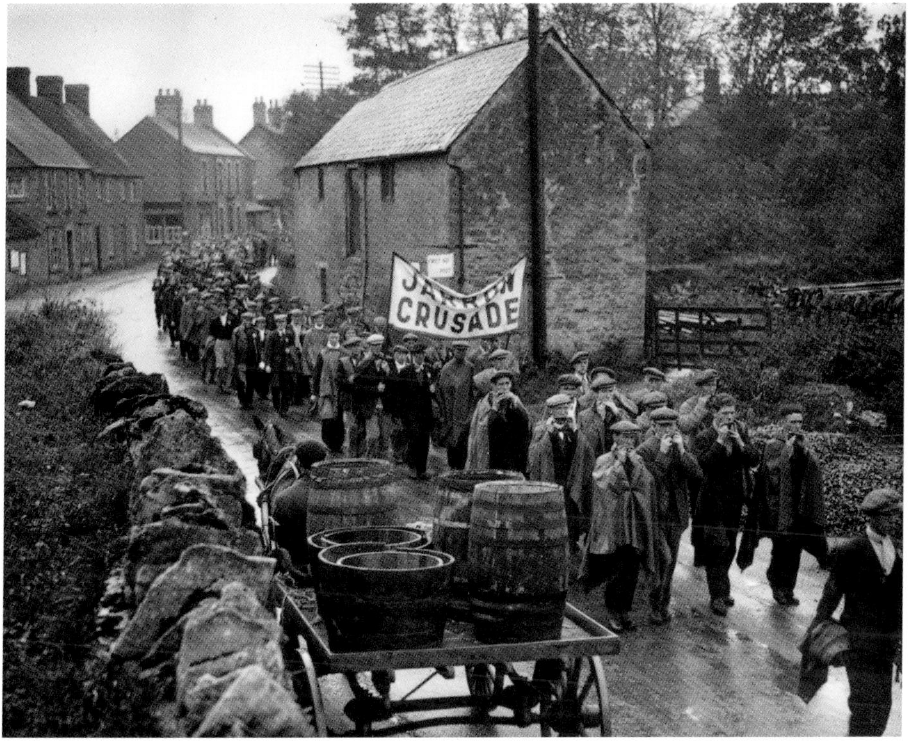

October 1936. The Jarrow March passes through Lavendon, near Bedford. The marchers covered nearly 300 miles (ca. 500 kilometres) in a month, from Jarrow, near Newcastle, to London, in order to highlight the appalling level of unemployment in their home town.

Octubre de 1936. La marcha de Jarrow atraviesa Lavendon, cerca de Bedford. Los manifestantes recorrieron alrededor de 500 kilómetros en un mes, desde Jarrow, cerca de Newcastle, hasta Londres para dar a conocer la tasa de desempleo en su ciudad natal.

Ottobre 1936. La Marcia di Jarrow attraversa Lavendon, vicino a Bedford. I manifestanti marciarono da Jarrow, nei pressi di Newcastle, fino a Londra, percorrendo circa 500 km in un mese, per testimoniare il terrificante tasso di disoccupazione della loro città.

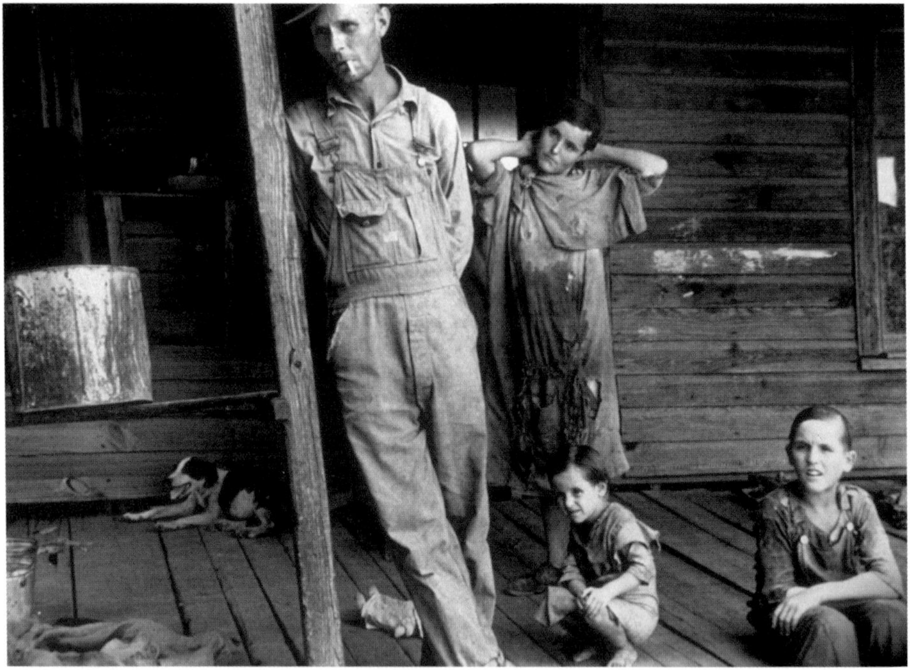

'I see one-third of a nation ill-housed, ill-clad, ill-nourished' – Franklin Delano Roosevelt, President of the United States, 1937. At that time there were 14 million unemployed in the USA.

"Veo un tercio de la nación mal alojado, mal vestido y mal alimentado". Franklin Delano Roosevelt, presidente de EE.UU., 1937. En aquella época, EE.UU. tenía 14 millones de desempleados.

"Vedo un terzo della nazione male alloggiato, malvestito e malnutrito", Franklin Delano Roosevelt, presidente degli Stati Uniti, 1937. All'epoca in USA c'erano 14 milioni di disoccupati.

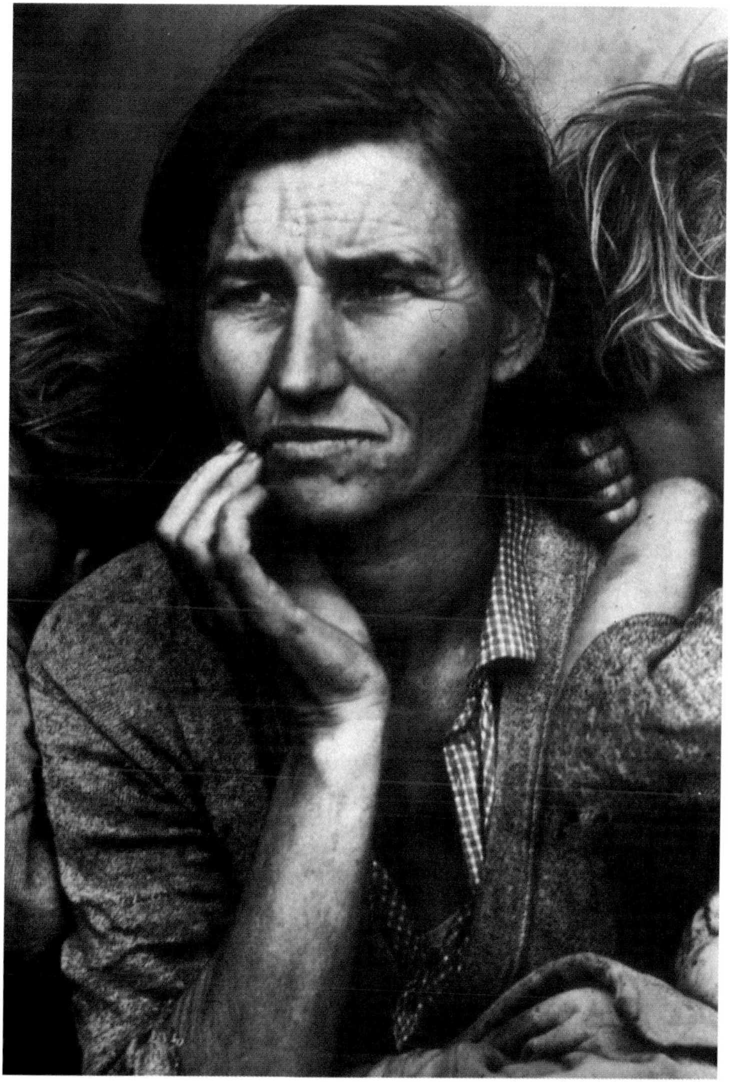

Dorothea Lange's famous portrait of a migrant mother in the depths of the American Depression, 1936. Thousands of families drifted west to California, desperately looking for work.

Una famosa fotografía de Dorothea Lange en la que aparece una madre emigrante en las profundidades de la depresión americana, 1936. Millares de familias se desplazaron al Oeste, a California, buscando trabajo desesperadamente.

Il celebre ritratto di Dorothea Lange di una madre emigrante nel momento più buio della Depressione americana, 1936. Migliaia di famiglie si trasferivano all'Ovest, verso la California, alla ricerca disperata di un lavoro.

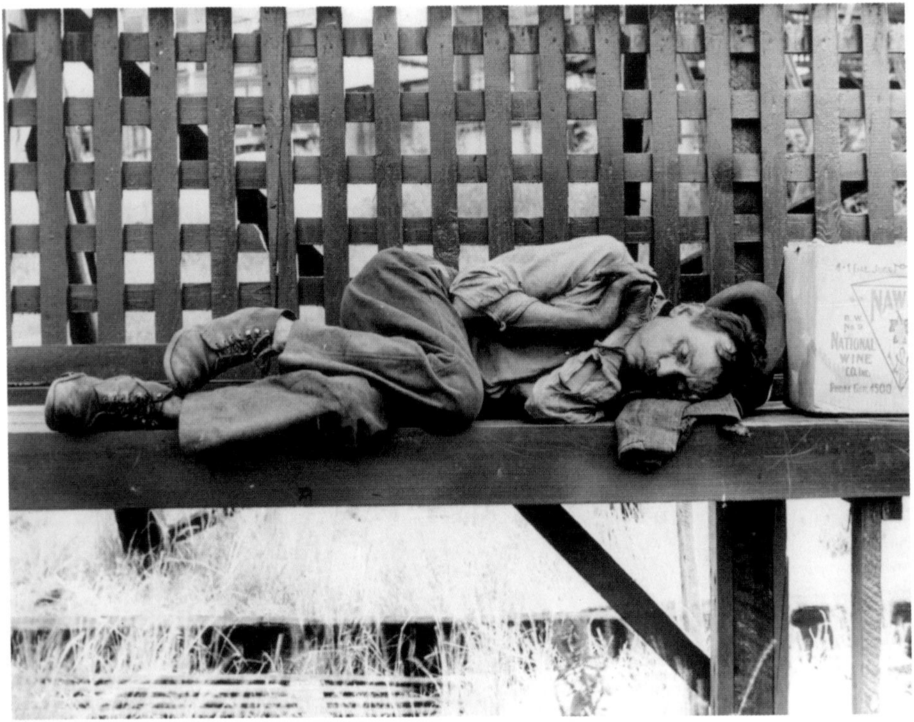

An American 'bum' escapes for a while from the misery of life, 1939. Three years later he may well have been smartly dressed, well fed, with the finest dental and medical treatment – but it took a war to bring about this change.

Un indigente norteamericano escapa momentáneamente de las miserias de la vida, 1939. Tres años más tarde, quizá vestiría elegantemente, estaría bien alimentado y gozaría de una buena asistencia médica, pero para un cambio así fue necesaria una guerra.

Un barbone americano fugge per un momento alla miseria della propria vita, 1939. Tre anni più tardi, sarà ben vestito, ben nutrito e curato dai migliori medici e dentisti – ma ci sarà voluta una guerra per permettere un simile cambiamento.

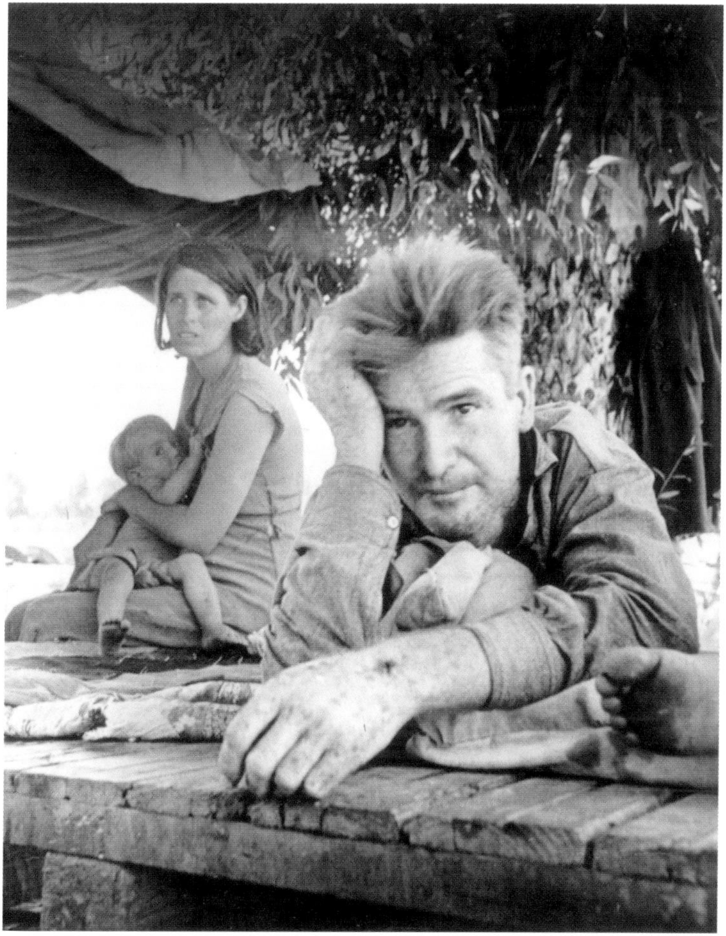

August 1936.
A photograph by Dorothea Lange portrays refugees from drought-stricken Oklahoma sheltering at Blythe, California.

Agosto de 1936.
Una fotografía de Dorothea Lange muestra a refugiados en Blythe, California, que habían huido de Oklahoma, devastada por la sequía.

Agosto 1936. La foto di Dorothea Lange mostra dei rifugiati, fuggiti dall'Oklahoma devastato dalla siccità, in un alloggio di fortuna a Blythe, California.

2. Haves and have-nots
Ricos y pobres
Ricchi e poveri

Gerti Deutsch's portrait of a Cambridge University bedmaker, 1939. The woman's job was to clean the rooms of undergraduates, the vast majority of whom came from the upper and upper-middle classes. The bedmaker and her young gentlemen lived lives that were worlds apart.

Gerti Deutsch fotografió a esta camarera de la Universidad de Cambridge, 1939. El trabajo de esta mujer consistía en limpiar las habitaciones de los estudiantes, que pertenecían en su mayoría a la clase alta y media alta. La camarera y los jóvenes vivían en dos mundos totalmente separados.

Ritratto di Gerti Deutsch di una cameriera dell'Università di Cambridge, 1939. Puliva le camere degli studenti, in gran parte di estrazione aristocratica e altoborghese. La cameriera e i giovani rampolli vivevano in mondi del tutto separati.

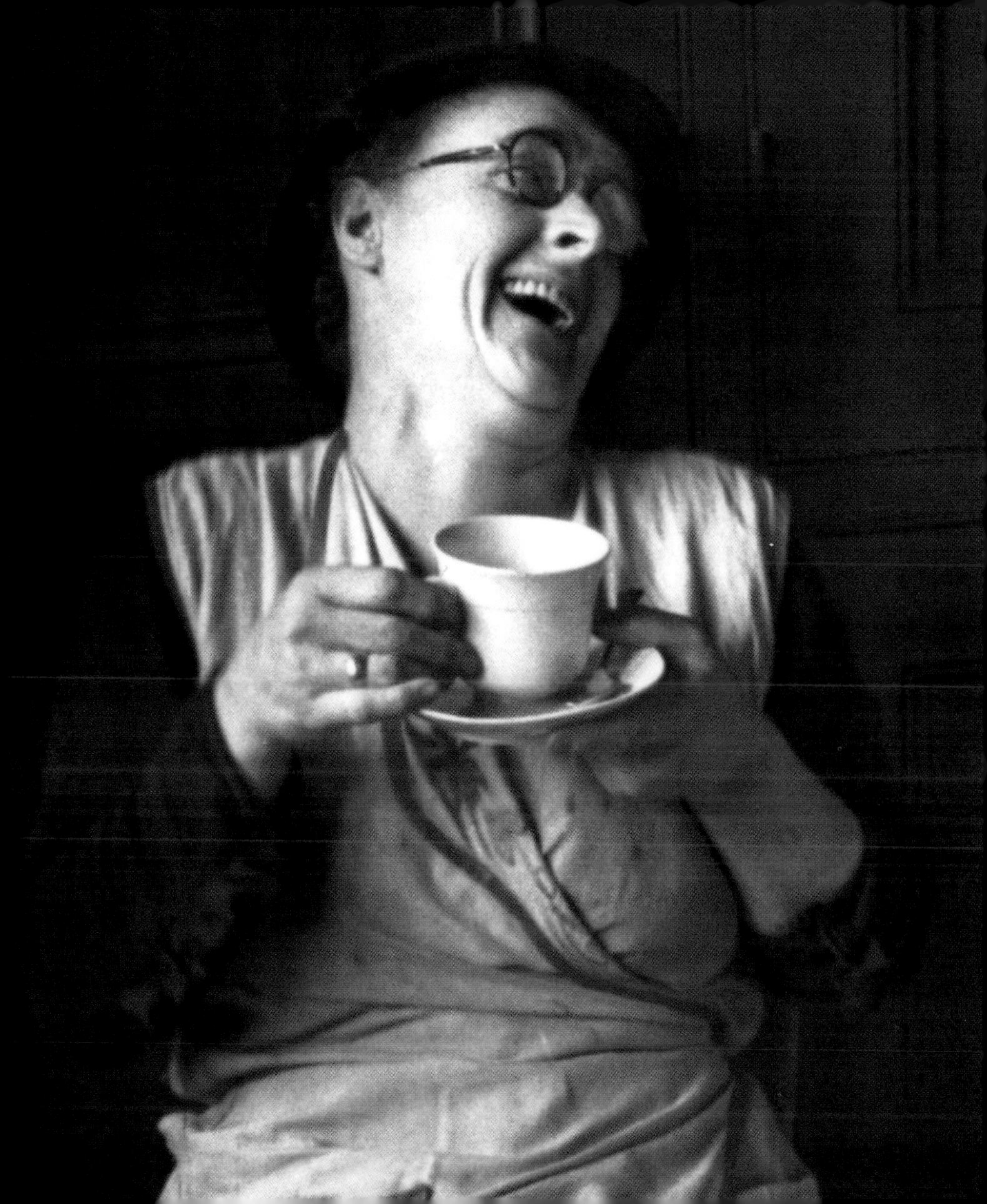

2. Haves and have-nots
Ricos y pobres
Ricchi e poveri

As the Wall Street Crash of 1929 began to take effect, the Western world reeled into the trauma of the Thirties. Everyday life was a hit-or-miss affair. If you still had a job, you could afford to roll back the carpet and quickstep to the best dance bands that popular music has ever known. The middle classes paid ever more attention to daintiness and the niceties of life. The rich did what they always had done – exactly what they wanted to do.

If you were unemployed – and tens of millions were – it didn't matter where you lived, life was hell. On street corners of every town and city in Europe, knots of unemployed gathered to seek what comfort there was in shared misery. In the heartlands of rural America, local banks went bust, dragging down with them farmers whose dust-bowl homesteads were mortgaged to the hilt.

In the Soviet Union, the bliss of post-revolutionary dawn turned to a bitter fight to meet the demands of Stalinism. The response was heroic, the reality heartbreaking.

But the cinema flourished. Instead of having babies, those who could afford to bought baby cars. Policemen dealt with young offenders by means of a cuff on the head. Murderers were executed. Had it not been for all those unemployed, life could have been very pleasant.

El "crack" del 1929 en Wall Street empezó a hacer efecto y el mundo occidental sufrió el trauma de los años treinta. Cada día podía ser un éxito o un fracaso. Los que tenían trabajo fijo podían ir a bailar al son de las mejores orquestas de música popular, las clases medias prestaban cada vez más atención a la elegancia y los placeres; y los ricos seguían haciendo lo mismo de siempre: lo que querían.

Para los desempleados —y había decenas de millones— cualquier sitio era un infierno. En cualquier esquina de cualquier ciudad europea se concentraban grupos de gentes sin empleo que se confortaban compartiendo su pobreza. En el corazón de la América rural los bancos quebraban y causaban la ruina de los granjeros, que habían hipotecado sus tierras.

En la Unión Soviética, la felicidad del amanecer postrevolucionario se había convertido en una lucha para cubrir las exigencias del estalinismo. La respuesta fue heroica, pero la realidad trágica.

Sin embargo, la industria del cine florecía. La gente que se lo podía permitir, compraba carritos de bebé en lugar de tener niños. Los policías conducían hacia el buen camino a los delincuentes mediante golpes y los asesinos eran ejecutados. Si no hubiera habido tanto desempleo, la vida habría sido muy agradable.

Le conseguenze del crack di Wall Street del 1929 cominciavano a farsi sentire e il mondo occidentale annaspava nell'era turbolenta degli anni Trenta. Tutto poteva essere rimesso in discussione dall'oggi all'indomani. Se non avevate perso il lavoro, potevate arrotolare il tappeto e ballare il fox-trot al suono delle migliori orchestre di musica leggera mai esistite. Come non mai la borghesia prestava attenzione agli aspetti belli e piacevoli della vita. Quanto ai ricchi, continuavano, come sempre, a fare ciò che più piaceva loro.

Se eravate disoccupati, e ciò riguardava decine di milioni di persone, poco importa dove abitavate, la vita era un inferno. A ogni angolo di strada di ogni città e villaggio d'Europa i disoccupati, uniti nella miseria, si riunivano in cerca di conforto. Nel cuore dell'America rurale, le banche locali fallivano, trascinando con sé gli agricoltori del Middle West che avevano ipotecato le loro terre.

In Unione Sovietica all'entusiasmo degli albori postrivoluzionari seguì una dura lotta per far fronte alle esigenze dello stalinismo. La risposta fu eroica, la realtà straziante.

Nel frattempo l'industria cinematografica prosperava. Invece di mettere al mondo figli i benestanti preferivano acquistare delle utilitarie. La polizia combatteva i giovani delinquenti a suon di ceffoni, mentre gli assassini erano condannati a morte. Se non ci fossero stati tutti quei disoccupati, la vita avrebbe potuto essere molto piacevole.

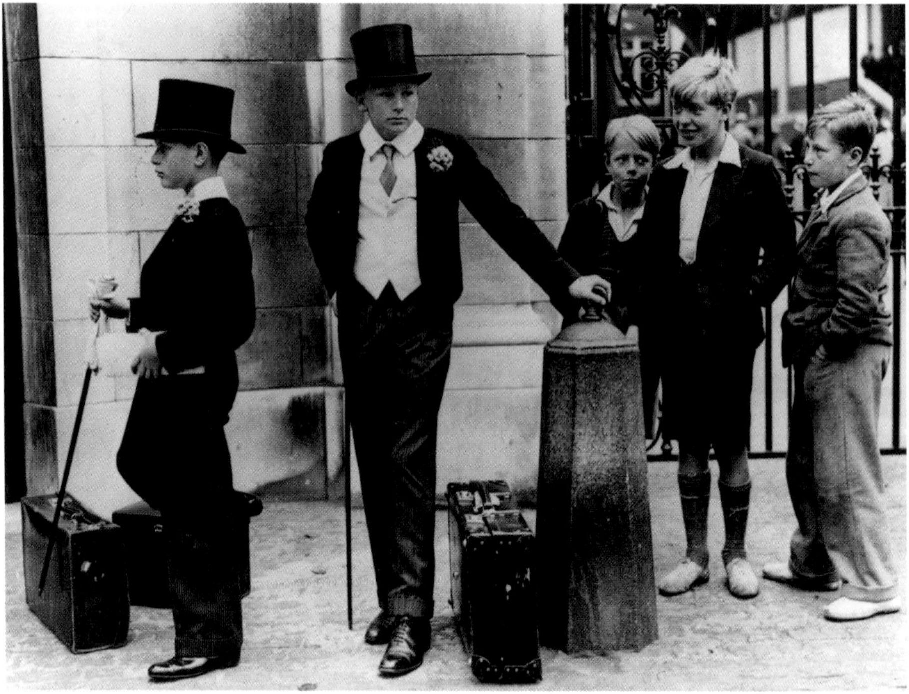

Eton versus Harrow at Lord's Cricket ground, London, 1937. Two young toffs maintain stiff upper lips in the face of some ribald scrutiny from local children. The Eton and Harrow game was one of the highlights of the London Season.

Eton contra Harrow en el Lord's Cricket Ground, Londres, 1937. Dos jóvenes dandis se muestran impasibles a las miradas de los chicos del barrio. En Londres, el partido entre Eton y Harrow era el gran duelo de la temporada.

Eton contro Harrow al Lord's Cricket Ground, Londra, 1937. Due giovani dandy impassibili di fronte agli sguardi di scherno di alcuni ragazzini del quartiere. L'incontro Eton-Harrow era uno dei grandi appuntamenti della stagione londinese.

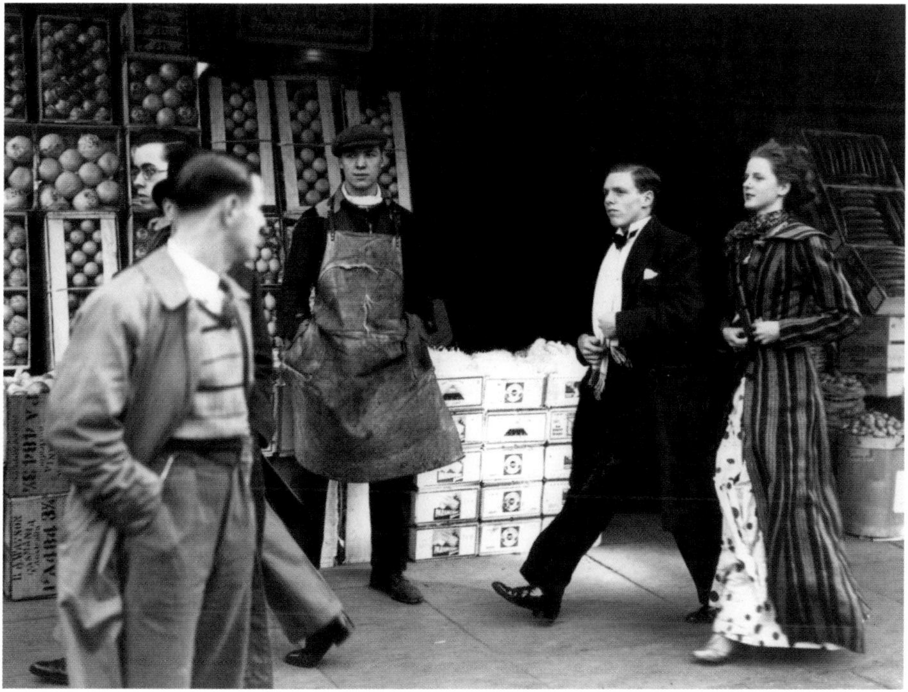

Tickets for the stalls. Two theatre-goers hurry past some of the Covent Garden market stalls on their way to the Royal Opera House, London, 1939.

Entradas para el concierto. Dos habituales del teatro pasan por el mercado de Covent Garden de camino a la Royal Opera House, Londres, 1939.

Biglietti per il concerto. Due amanti del teatro passano frettolosi davanti alle bancarelle del mercato del Covent Garden in direzione della Royal Opera House, 1939.

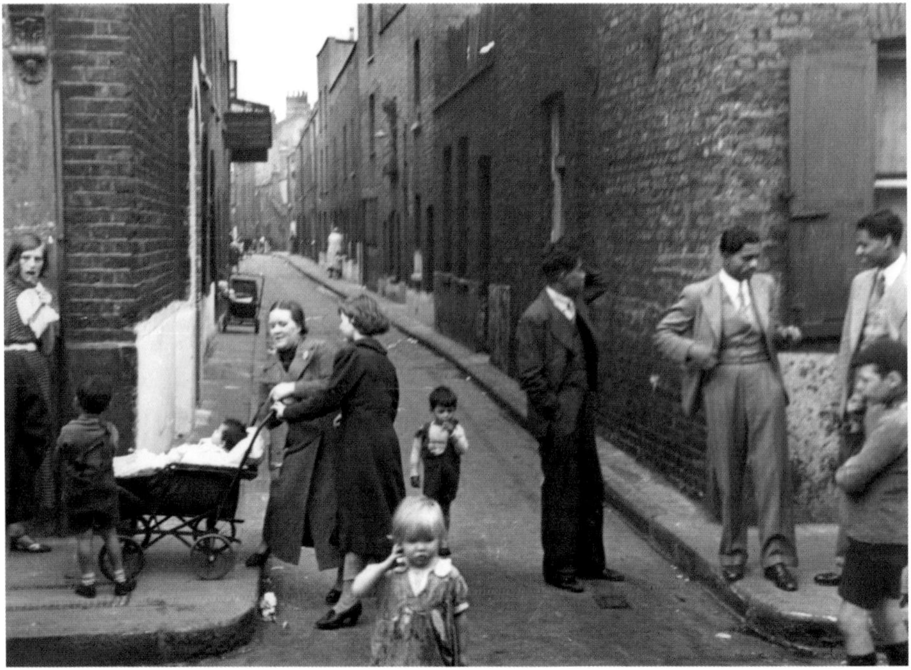

London's East End, October 1938. The infants in this picture of a Whitechapel street may well have been the grandchildren of the Jewish refugees who had settled here in the years leading up to World War I.

East End, Londres, octubre de 1938. Los niños de una calle de Whitechapel que aparecen en esta fotografía bien podrían ser nietos de refugiados judíos que se asentaron allí algunos años antes de la Primera Guerra Mundial.

East End, Londra, ottobre 1938. I bambini di questa foto scattata in una strada di Whitechapel potrebbero essere benissimo i nipoti dei rifugiati ebrei stabilitisi nel quartiere alcuni anni prima della prima guerra mondiale.

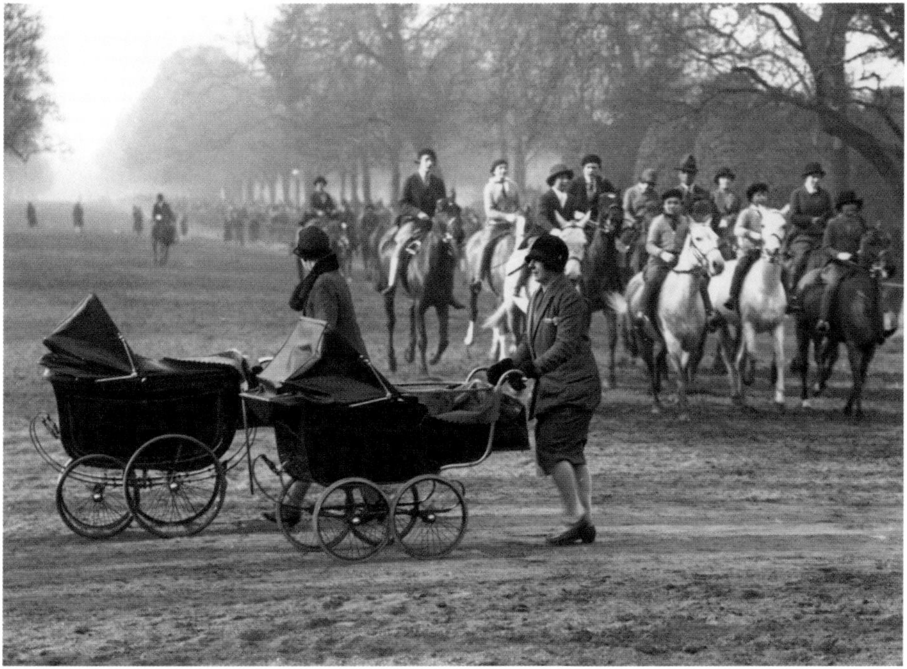

Rotten Row, Hyde Park, London, February 1930. The infants being pushed in their prams by nannies were almost certainly scions of long-established English families.

Rotten Row, Hyde Park Londres, febrero de 1930. Los bebés que las niñeras pasean podrían ser los descendientes de las más antiguas familias inglesas.

Rotten Row, Hyde Park, Londra, febbraio1930. Questi bambini portati a spasso nelle loro carozzelle dalle bambinaie sono sicuramente i discendenti di antichissime famiglie inglesi.

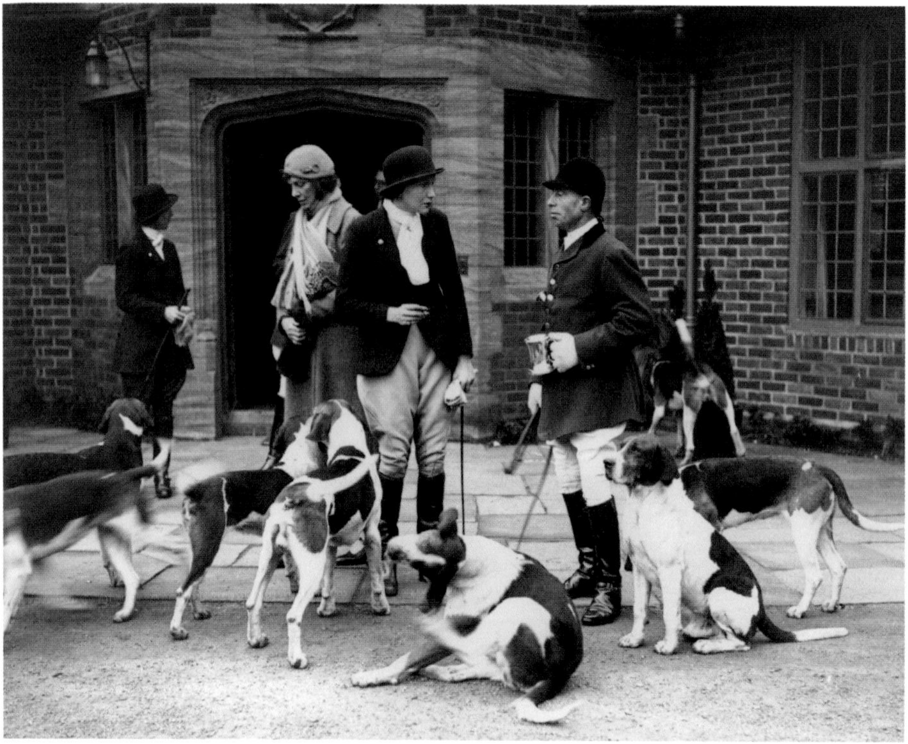

The rich at play. Mrs and Miss Daphne Duke and Mr Lander chat together before the start of the Mid-Surrey Draghound Meet, 1935. Despite the introduction of death duties some decades earlier, social life in rural areas went on virtually unchanged.

Diversiones de los ricos: Mrs y Miss Daphne Duke y Mr Lander charlan antes del inicio de la cacería de Mid-Surrey, 1935. A pesar de la instauración de los derechos de sucesión algunos decenios antes, la vida social en el medio rural transcurría prácticamente sin cambios.

I ricchi si divertono. Mrs e Miss Daphne Duke chiacchierano con Mr Lander prima dell'inizio della caccia nel Mid-Surrey, 1935. Nonostante l'introduzione dei diritti di successione di qualche decennio prima, la vita sociale in campagna continuò a seguire il suo corso più o meno senza cambiamenti.

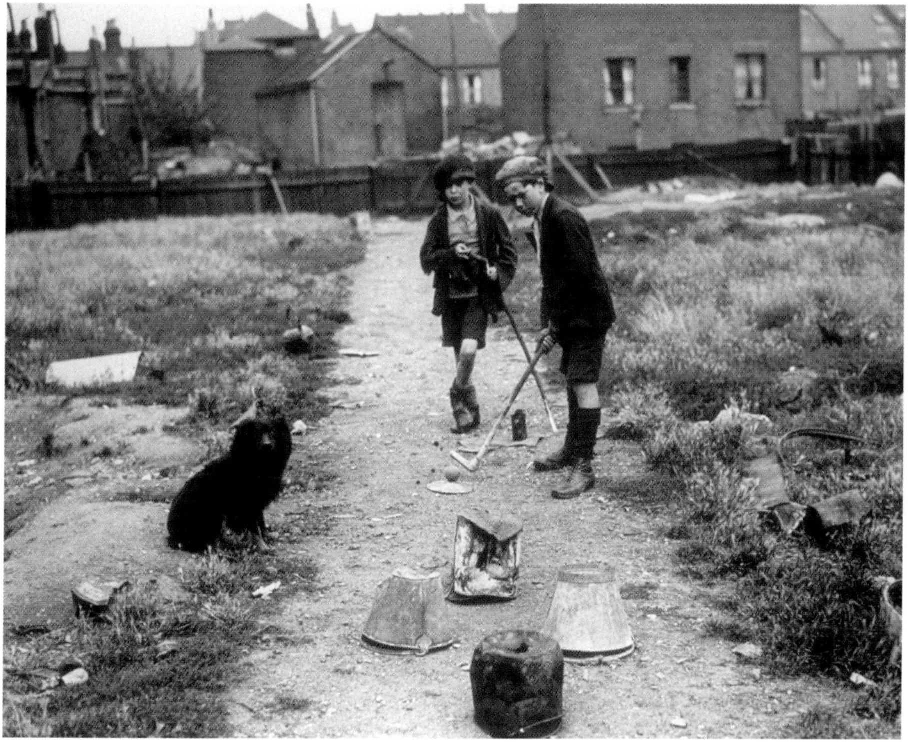

The poor at play. Two young boys play 'tin can golf' on a strip of waste land.

Diversiones de los pobres: dos chicos juegan al "golf con latas" en un descampado.

I ricchi si divertono. Due ragazzini giocano a "mini-golf" sul viottolo di un terreno abbandonato.

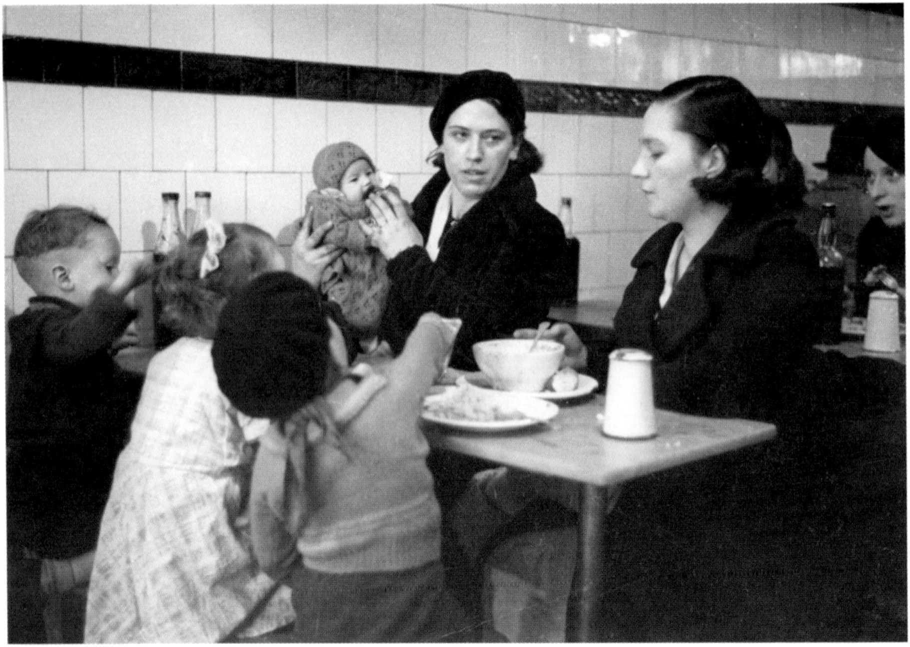

A snack bar in the Lambeth Walk, London, December 1938. The street had become famous a year earlier when it was the title of a hit number in the musical show *Me and My Gal*. American-style snack bars became increasingly popular in the Thirties.

Un bar en Lambeth Walk, Londres, diciembre de 1938. La calle se había hecho famosa un año antes al ser el título de un número musical del espectáculo *Me and my Gal* (mi chica y yo). Los *snack bars* de estilo americano aumentaron su popularidad durante los años treinta.

Uno snack-bar in Lambeth Walk, Londra, dicembre 1938. Questa strada era diventata famosa un anno prima perché era il titolo della canzone principale del musical *Me and My Gal* (La mia ragazza e io). Gli snack-bar all'americana divennero molto popolari negli anni Trenta.

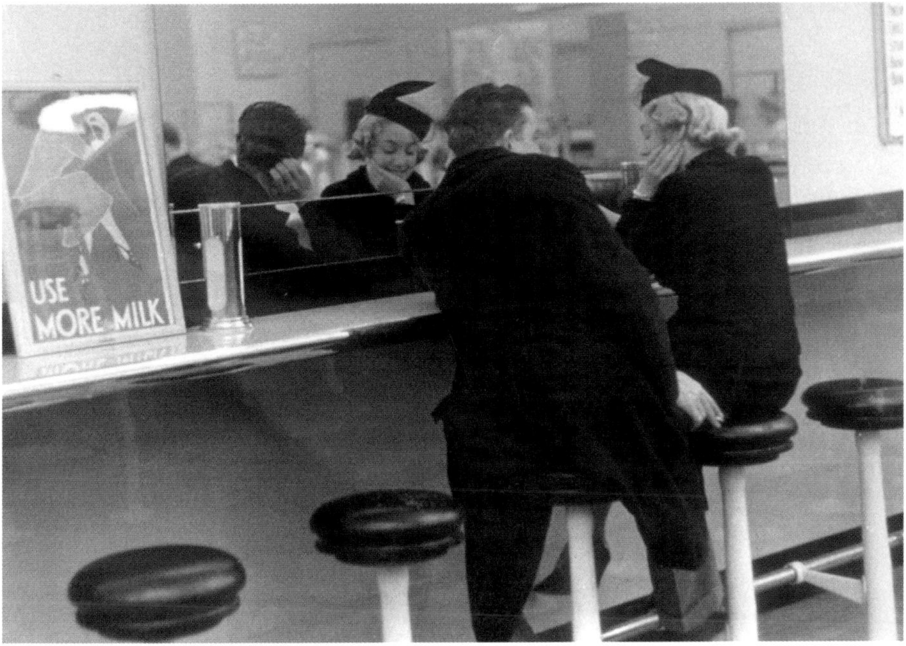

A Piccadilly Circus milk bar, October 1938, photographed by Kurt Hutton. Milk bars were introduced to London by Charles Forte, who later became a multi-millionaire hotel and restaurant owner.

Un *milk bar* de Piccadilly Circus, octubre de 1938, fotografiado por Kurt Hutton. Este tipo de bar fue introducido por Charles Forte, que más tarde se convirtió en un multimillonario propietario de hoteles y restaurantes.

Milk-bar di Piccadilly Circus, ottobre 1938, fotografato da Kurt Hutton. I milk-bar furono portati a Londra da Charles Forte che sarebbe diventato un proprietario di alberghi e ristoranti multimilionario.

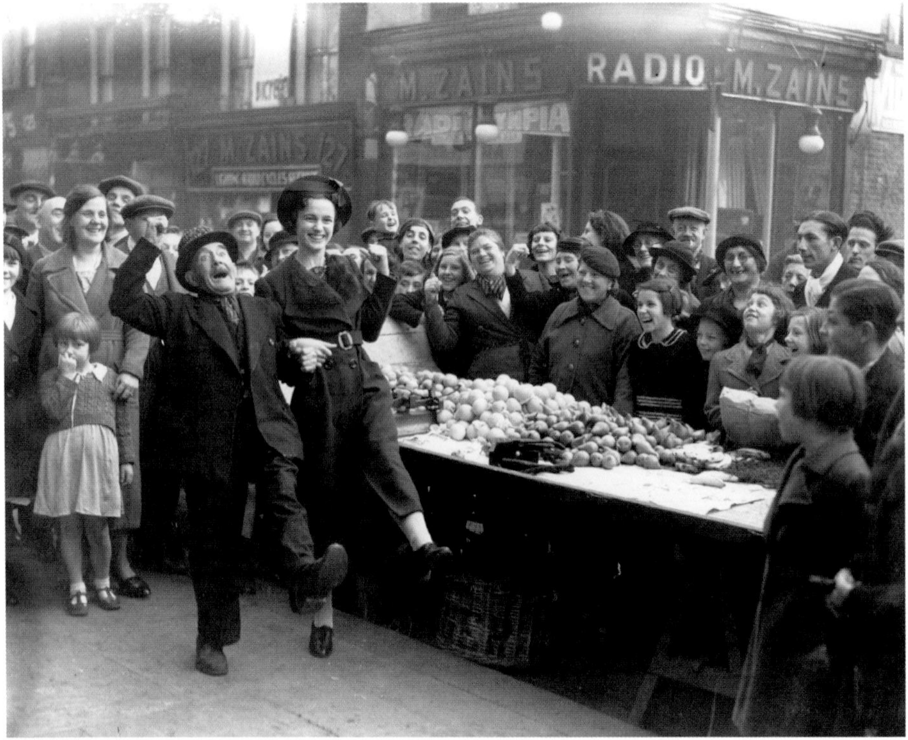

'Any evening, any day, when you're walking Lambeth way, you'll find us all, doing the Lambeth Walk...' Miss Dipper and Billy Pearce, the Peanut and Toffee King, perform their version of the dance from the West End musical.

"Cualquier día, cualquier noche, si caminas por Lambeth nos encontrarás, bailando el *Lambeth Walk"*. Miss Dipper y Billy Pearce, *El Rey del Cacahuete y los Caramelos,* realizan su versión de este baile del musical del West End.

"Tutte le sere, tutti i giorni, se passeggiate per Lambeth, ci troverete tutti, mentre danziamo e cantiamo la 'Lambeth Walk'... " Miss Dipper e Billy Pearce, il re delle noccioline e delle caramelle mou, imitano la famosa danza del musical del West End.

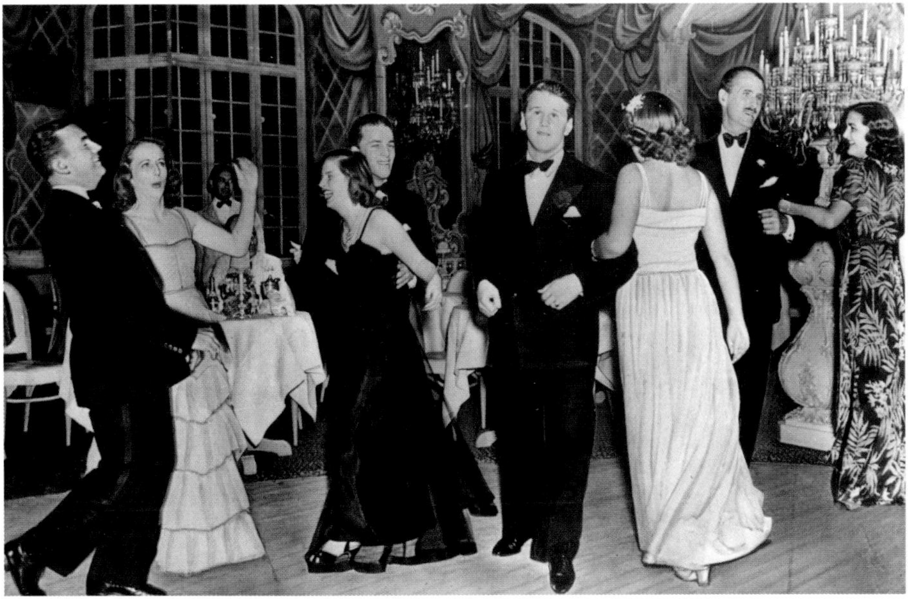

The 'Lambeth Walk', New York style, August 1938. Second on the right is Prince Sergei Obolensky, who became famous when he scored a classic Rugby try for England against the All Blacks in 1936. Obolensky died in a flying accident in 1940.

El *Lambeth Walk* al estilo de Nueva York, agosto de 1938. El segundo de la derecha es el príncipe Serguei Obolensky, que se hizo famoso al conseguir un ensayo para el equipo de rugby de Inglaterra contra los All Blacks neozelandeses en 1936. Obolensky falleció en un accidente de aviación en 1940.

La versione newyorkese della "Lambeth Walk", agosto 1938. Il principe Sergei Obolensky (il secondo a destra) divenne celebre per avere segnato una bella meta per la squadra di rugby inglese contro gli All Blacks neozelandesi nel 1936. Obolensky morì in un incidente aereo nel 1940.

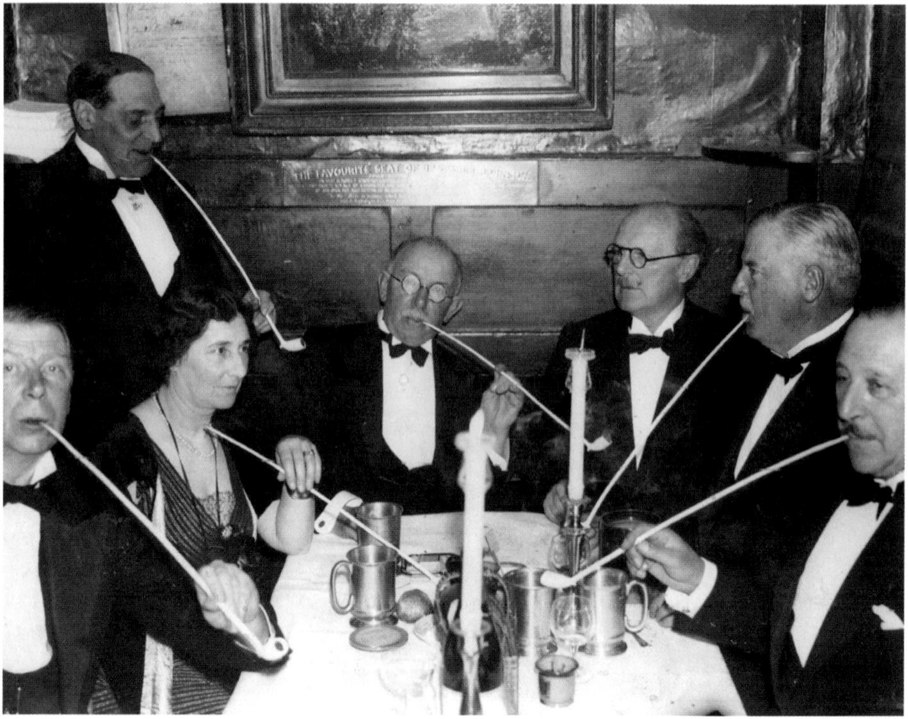

James Thomas and friends at a meeting of their smoking club, 1935. Thomas was then colonial secretary in the National Government of Great Britain. A year later his political career was in ruins when he was found guilty of divulging budget secrets.

James Thomas con unos amigos en una reunión en su club de fumadores, 1935. Thomas era el secretario de las colonias en el Gobierno Nacional del Reino Unido. Un año más tarde su carrera política se arruinó al ser declarado culpable de haber divulgado secretos presupuestarios.

James Thomas e alcuni amici nel *fumoir* del loro club, 1935. Thomas era all'epoca segretario delle colonie presso il governo britannico. L'anno seguente fu dichiarato colpevole per avere divulgato segreti di carattere finanziario, il che pose fine alla sua carriera politica.

Society debutantes in line as they make their entrance at Queen Charlotte's Ball, London 1930. This marked the start of the London Season.

Debutantes de la alta sociedad haciendo su entrada en el Baile de la Reina, Londres, 1930. Este acto marcaba el inicio de la temporada en Londres.

Debuttanti dell'alta società si apprestano a fare il loro ingresso al ballo della regina Carlotta, Londra, 1930. Questo appuntamento segnava l'apertura della stagione londinese.

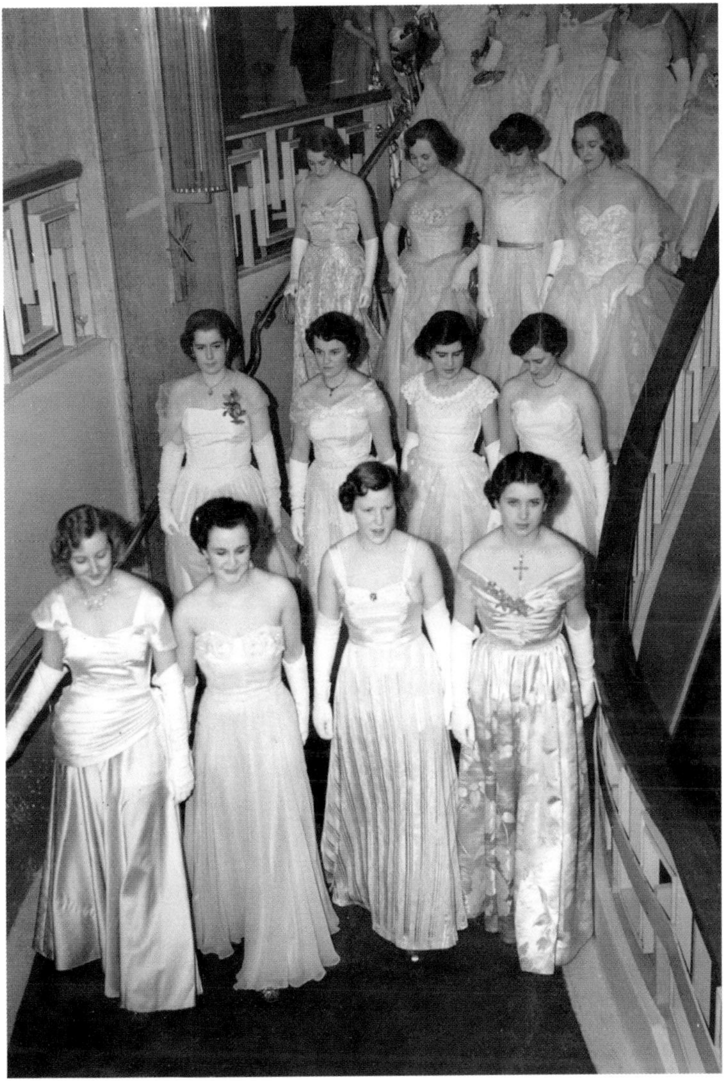

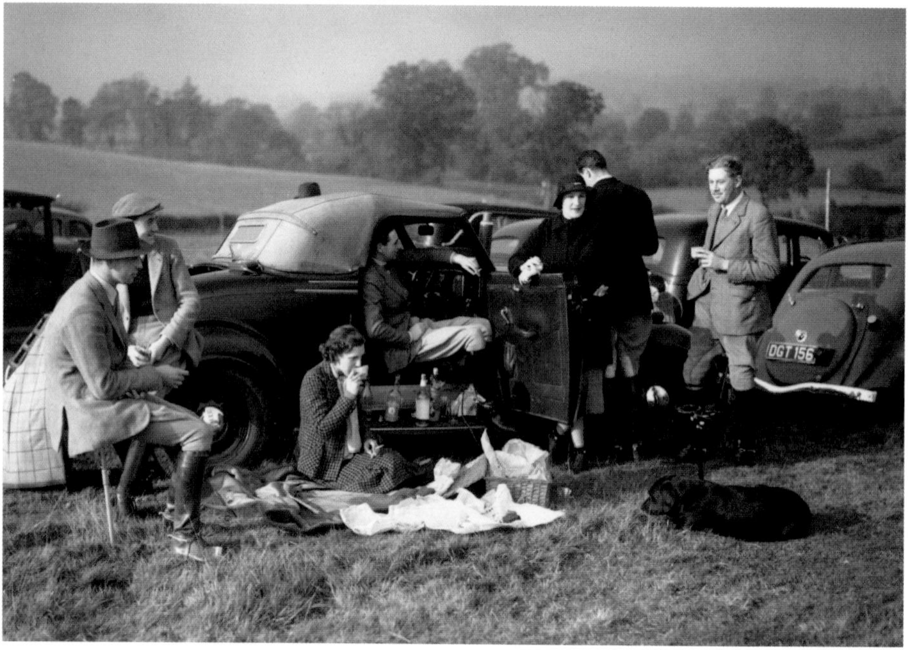

October 1938. The Pytchley Hunt hunter trials, Holdenby Mill near Spratton, Northamptonshire. The gentlemen taking their ease are (from left to right) Lord Frederick Pratt, J Bowlby, A Jepherson, J M Hanbury, J Kingscott and Lord Amherst of Hackney.

Octubre de 1938. Los participantes en el concurso de caza de Pytchley, en Holdenby Mill, cerca de Spratton, Northamptonshire. Los caballeros que descansan son (de izquierda a derecha) lord Frederick Pratt, J. Bowlby, A. Jepherson, J. M. Hanbury, J. Kingscott y lord Amherst de Hackney.

Ottobre 1938. Cacciatori partecipanti al torneo di caccia di Pytchley, Holdenby Mill vicino a Spratton, Northamptonshire. I gentlemen, qui ritratti in un momento di relax, sono (da sinistra a destra) Lord Frederick Pratt, J. Bowlby, A. Jepherson, J. M. Hanbury, J. Kingscott e Lord Amherst of Hackney.

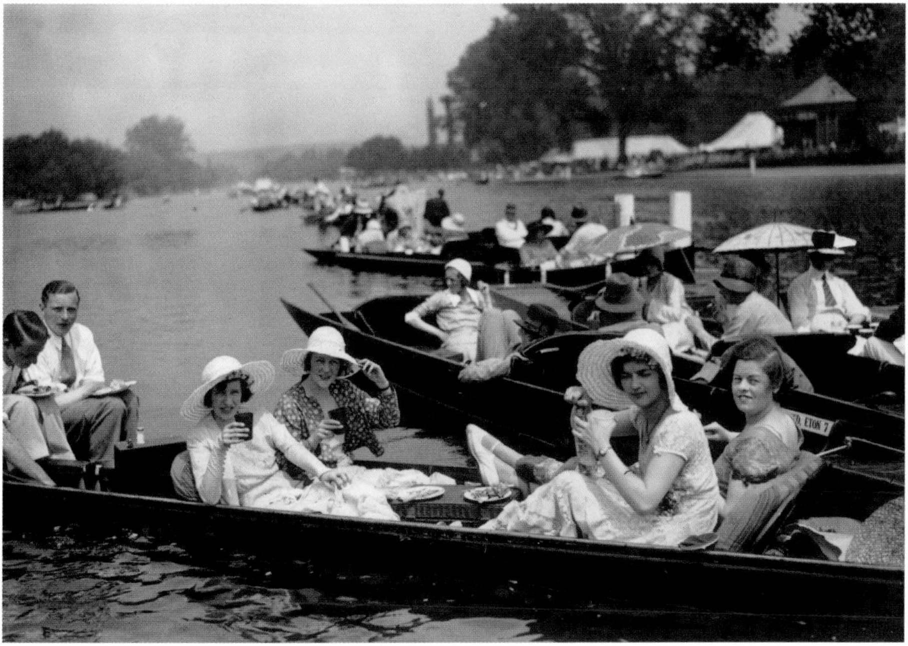

A backwater near the Henley Regatta, July 1931, photographed by Douglas Miller. As Kenneth Grahame wrote in his children's classic, *The Wind in the Willows*, 'There is nothing half so much worth doing as simply messing about in boats.'

Un remanso cercano a donde se celebran las regatas de Henley, julio de 1931. Fotografía de Douglas Miller. Como Kenneth Grahame escribió en su clásico de la literatura infantil *Viento en los sauces,* "nada vale más la pena que estar sin hacer nada en un barco".

Un angolo tranquillo del fiume, non lontano da dove si svolge la regata di Henley, luglio 1931, fotografato da Douglas Miller. Kenneth Grahame scrisse nel suo classico per l'infanzia *Il vento nei salici*: "Non c'è niente di meglio che trastullarsi in una barca ".

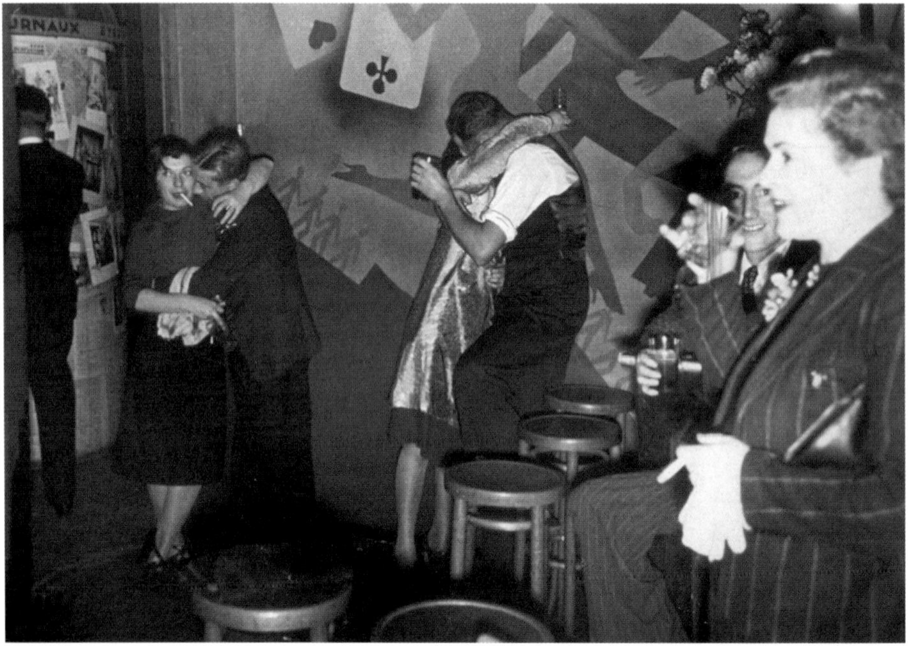

November 1938. A somewhat seedy London night club, photographed by Humphrey Spender. The scene has none of the glamour of Ciro's, Les Ambassadeurs, or the Café de Paris. This was quite possibly a place for cads and bounders.

Noviembre de 1938. Humphrey Spender fotografió este club nocturno, algo sórdido. La escena no tiene el glamour del Ciro's, Les Ambassadeurs o el Café de París. Probablemente era un lugar de reunión de gente de los bajos fondos.

Novembre 1938. Un equivoco locale notturno londinese, fotografato da Humphrey Spender. L'arredo non era altrettanto elegante di quello di Ciro's, Les Ambassadeurs o del Café de Paris. Molto probabilmente era un luogo di ritrovo di malviventi e truffatori.

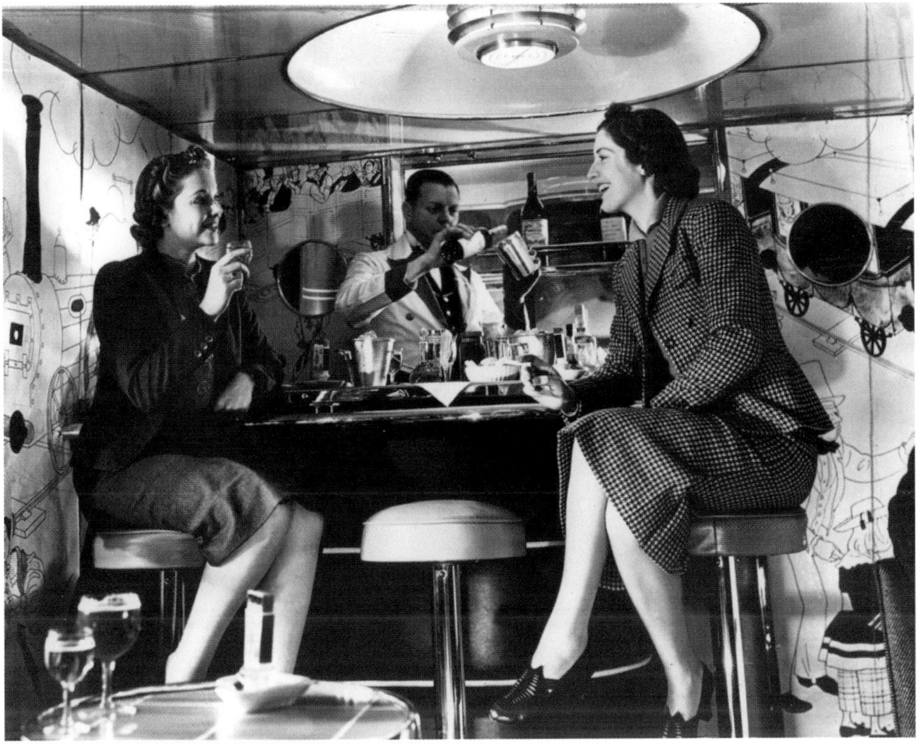

The cocktail lounge. The epitome of sophistication in the Thirties – where one could get exotic mixtures such as a Gimlet, a Screwdriver, a White Lady, a Tom Collins, or even the humble Gin and It(alian).

La coctelería: el paradigma de la sofisticación en los años treinta, donde se podían tomar combinados tan exóticos como el Gimlet, el Destornillador, el White Lady, el Tom Collins o hasta un simple Gin & It(alian).

Bar di lusso. La quintessenza dell'eleganza negli anni Trenta dove si servivano cocktail esotici quali il Gimlet, lo Screwdriver, il White Lady, il Tom Collins o, più semplicemnte, il Gin and It(alian).

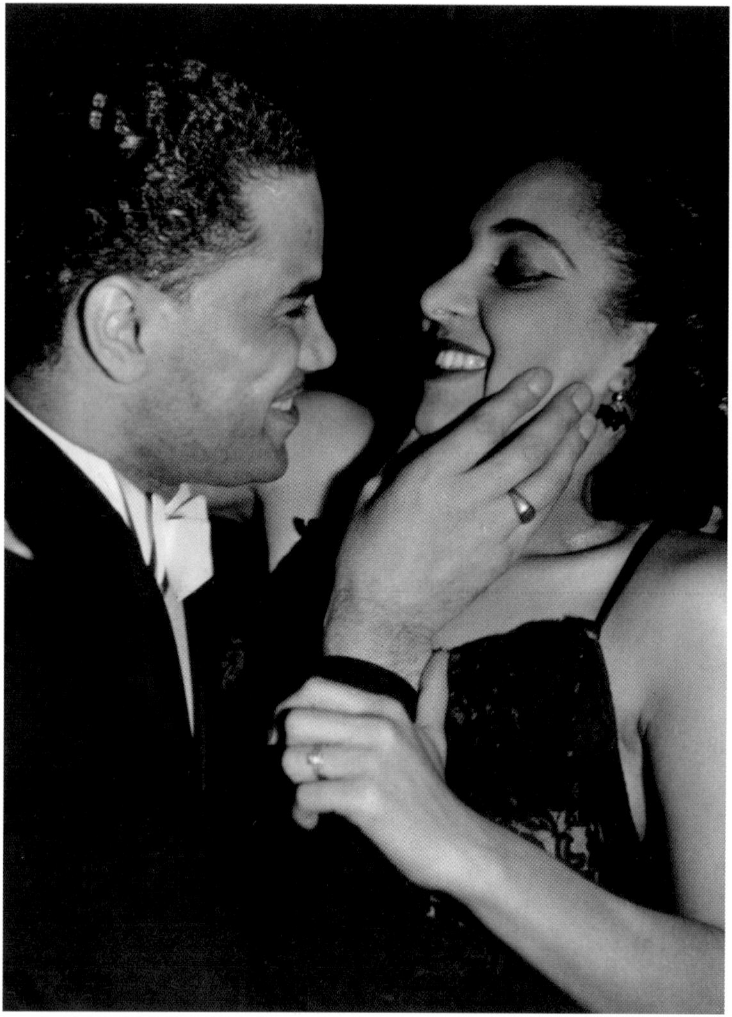

New York, 1930. A Harlem club. 'Have you seen the well-to-do up on Lennox Avenue, on that famous thoroughfare with their noses in the air…?'

Nueva York, 1930. Un club de Harlem. ¿Han visto a la "gente bien" de la famosa avenida Lennox, con sus aires de superioridad…?

New York, 1930. Un locale notturno di Harlem. "Avete visto i ricconi percorrere la Lennox Avenue, questa famosa strada, dandosi delle arie… ? "

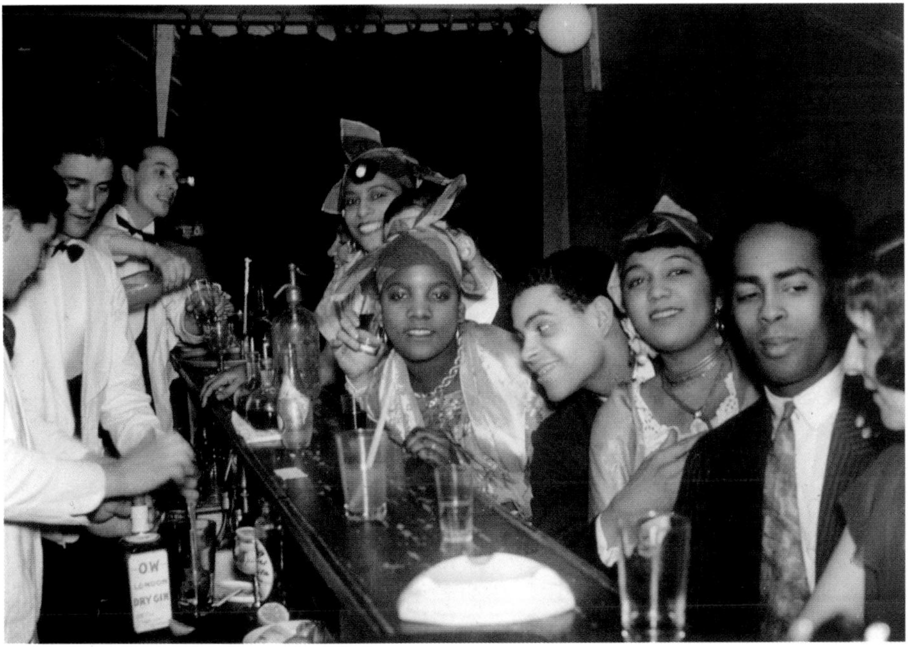

A crowded scene at La Boule Blanche, Paris, 1930. As George Orwell wrote in *Down and Out in Paris and London*, 'There were tales of dope fiends, of old débauchées in search of pretty boys, of thefts and blackmail.'

Animación en La Boule Blanche, París, 1930. Como escribió George Orwell en *Sin blanca en París y Londres,* "había historias de amigos drogadictos, de viejos viciosos buscando chicos guapos, de robos y de chantajes".

Folla alla Boule Blanche, Parigi, 1930. In *Senza un soldo a Parigi e a Londra*, George Orwell scriveva che vi s'incontravano "drogati, vecchi debosciati in cerca di bei ragazzi, ladri e ricattatori".

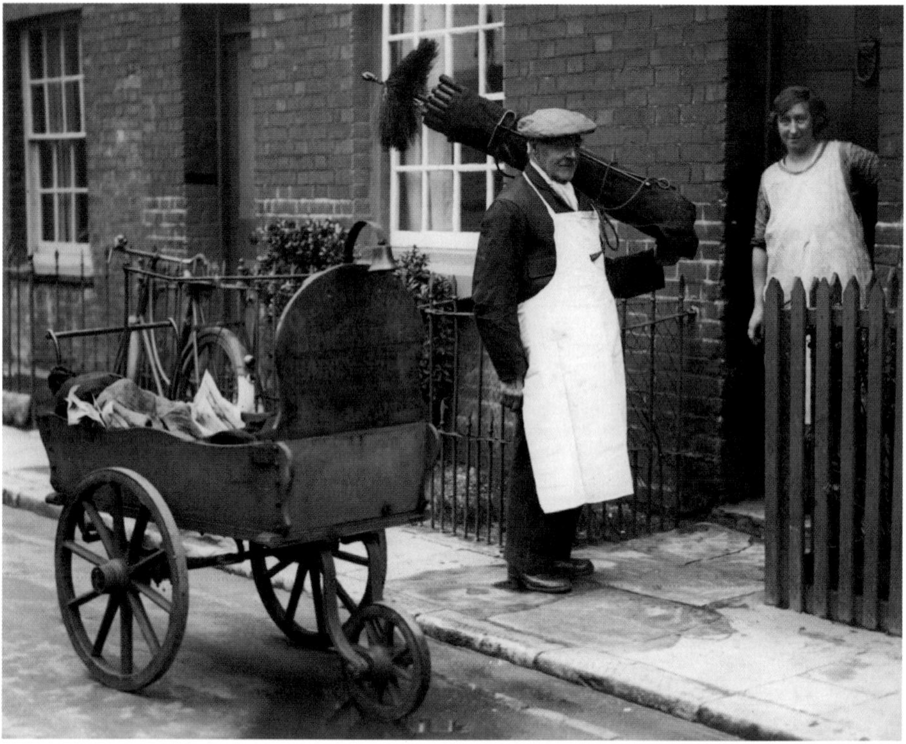

London, 1930. A spotlessly clean sweep. In those days chimney sweeps were regarded as bringers of good luck, and were much in demand at weddings. This particular sweep, however, may simply have been spruced up for the camera.

Londres, 1930. Una limpieza impecable. En aquellos días, los deshollinadores eran considerados portadores de buena suerte y eran invitados a las bodas. El de la foto quizá cobró un poco de dinero por posar.

Londra, 1930. Un immacolato spazzacamino. All'epoca si pensava che gli spazzacamini portassero fortuna, tanto che erano richiestissimi ai matrimoni. Per quanto riguarda questo spazzacamino, è molto probabile che si fosse tirato a lucido per la foto.

A solitary pupil amid the gleaming glory of the new washroom at the Chislehurst and Sidcup County Secondary School, May 1939.

Un escolar solitario perdido en la brillante blancura de los nuevos lavabos de la Escuela Secundaria del Condado de Chislehurst y Sidcup. Mayo de 1939.

Uno studente solitario sperduto nello sfavillante scintillio dei nuovi bagni della Chislehurst and Sidcup County Secondary School, maggio 1939.

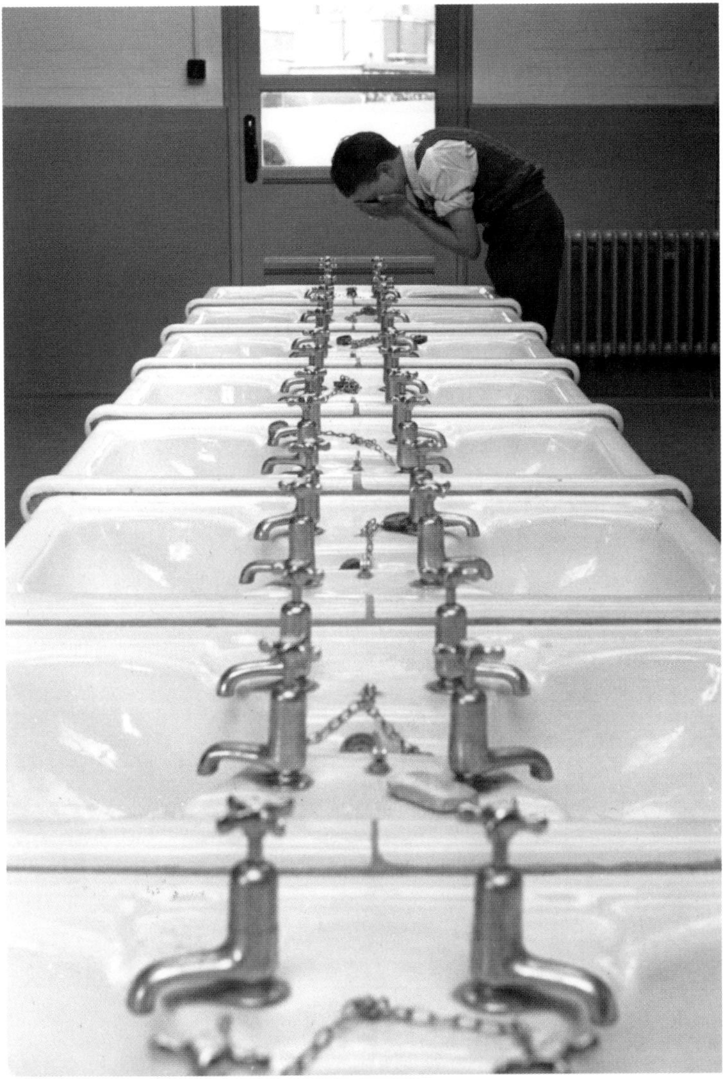

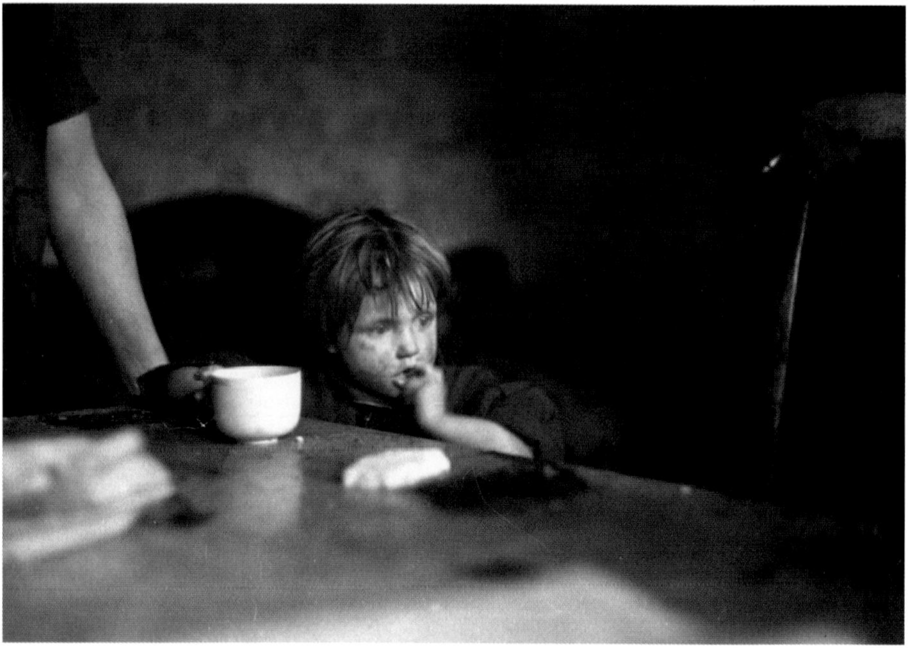

November 1939. Kurt Hutton's picture of a Wigan dinner table. 'The basis of their diet is white bread and margarine, corned beef, sugared tea and potatoes,' wrote George Orwell in *The Road to Wigan Pier*.

Noviembre de 1939. La hora de la comida en Wigan. Fotografía de Kurt Hutton. "La base de su dieta se compone de pan blanco con margarina, carne de vaca acecinada, té con azúcar y patatas", escribió George Orwell en su libro *El camino a Wigan Pier*.

Novembre 1939. Un pasto a Wigan, Inghilterra, in una fotografia di Kurt Hutton. "La base della loro dieta era pane bianco, margarina, corned-beef, tè zuccherato e patate" scriveva George Orwell in *La strada di Wigan Pier*.

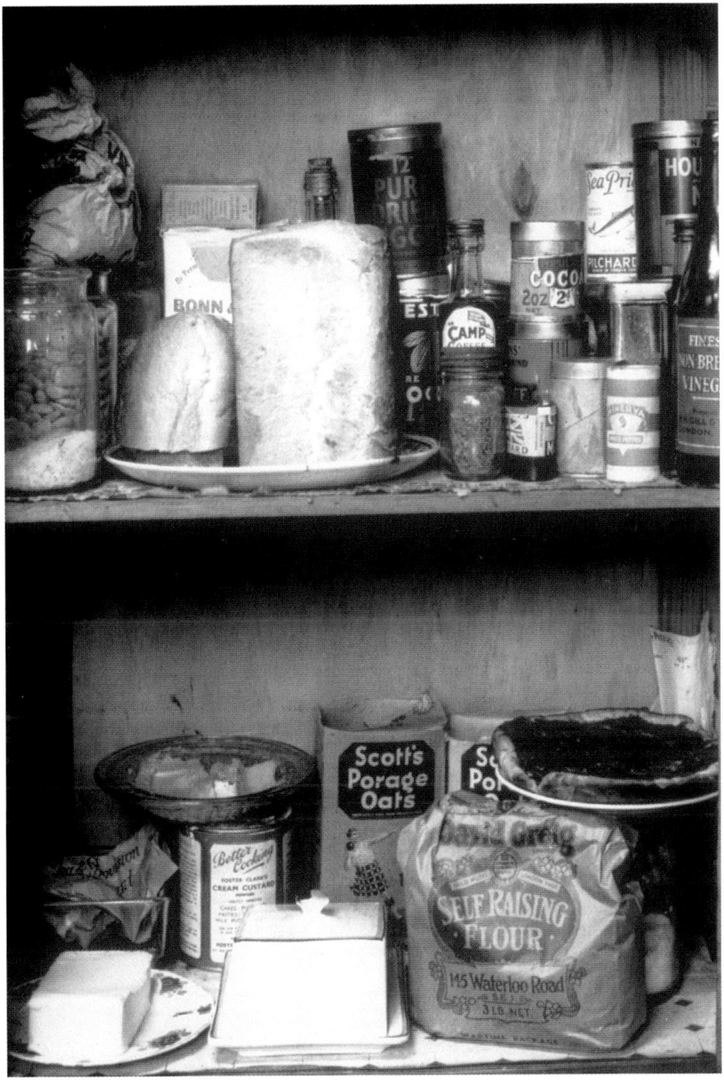

The inside of a typical Thirties store cupboard or larder, 1935. As Orwell pointed out, 'When you are unemployed, you want something a little bit tasty.'

El interior de una despensa típica de los años treinta, 1935. Como indicaba Orwell, "si estás en el paro, quieres algo con sabor".

1935. L'interno di una tipica dispensa degli anni Trenta. Come Orwell aveva fatto notare: "Quando sei disoccupato, hai voglia di cibo saporito".

3. Unrest
Conflictos
Conflitti

Grandmother, mother and daughter – three generations of the same family – arrive in Valencia, refugees from the Spanish Civil War, 1937.

Abuela, madre e hija —tres generaciones de una misma familia— llegan a Valencia como refugiadas de la Guerra Civil española, 1937.

Nonna, madre e figlia – tre generazioni della stessa famiglia – arrivano a Valencia. Sono delle rifugiate della guerra civile spagnola, 1937.

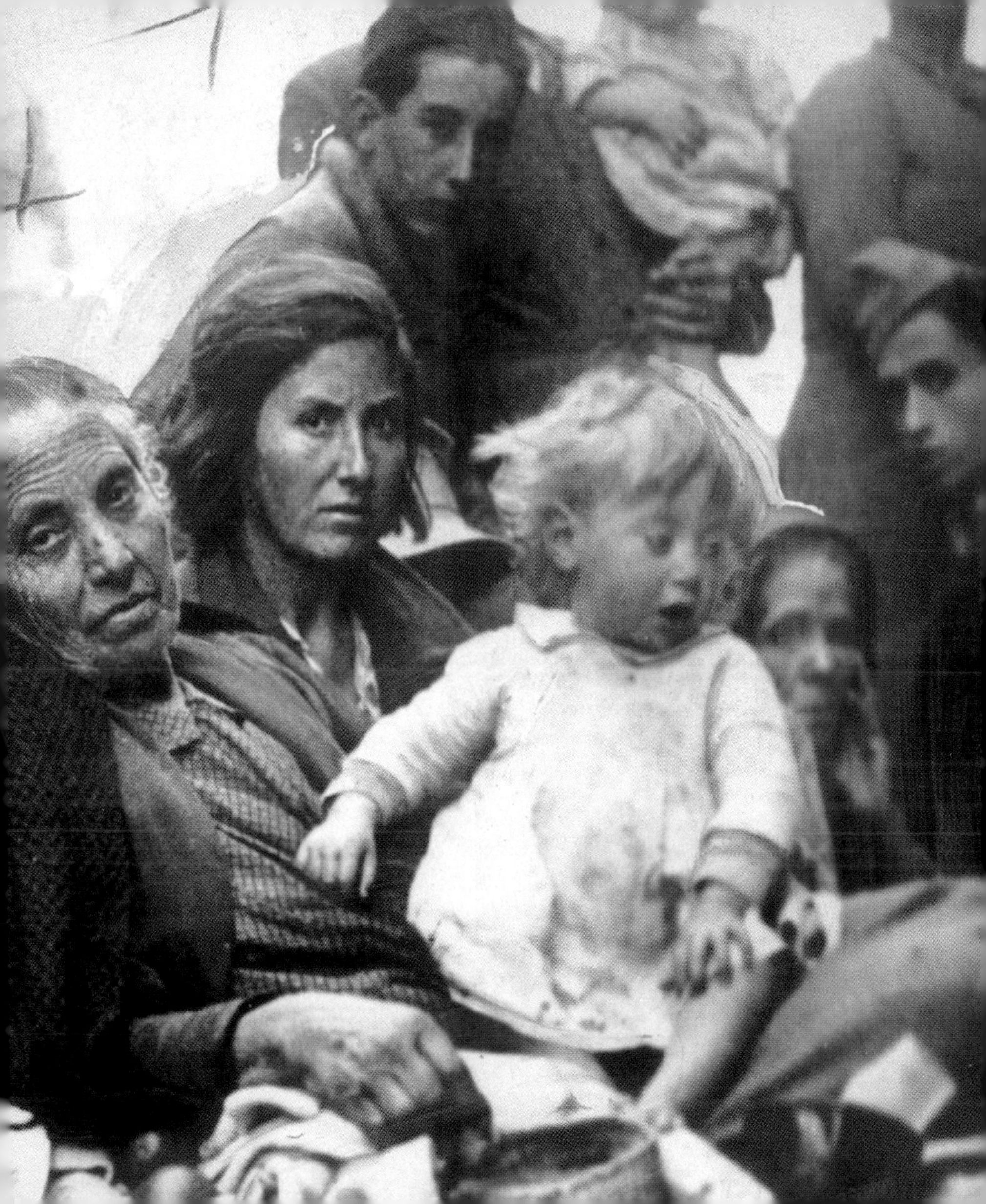

3. Unrest
Conflictos
Conflitti

Many saw it coming. A few tried to prevent it. In the end, it seemed there was nothing anyone could do to stop Europe plunging headlong into war.

The decade had seen troubles everywhere – in India, where the British Raj came increasingly under nationalist pressure; in Africa; in the Far East, where Japan embarked on a period of imperial expansion; even in the Americas, where there were revolts in Brazil and Cuba. In many places the spectre of a Bolshevik-type revolution raised its ugly or inspiring head (depending on your politics), but the Old Guard was usually strong enough to beat it down. Generally, left and right showed little understanding of each other and even less mercy.

Spain was the first to suffer the horrors of a modern, full-scale civil war. General Francisco Franco led a coalition of discontented military and religious traditionalists who refused to accept the legally elected Republican government of 1932. Six years later his cold-hearted rule was absolute.

In 1935 Italy invaded and conquered Ethiopia – the last time a European power grabbed a new colony by force. Elsewhere there were riots and pitched battles on the streets, in the squares and piazzas, and outside the factory gates of every major city in the world.

Muchos la vieron venir. Unos pocos intentaron prevenirla. Al final, parece que no hubo nadie que pudiera evitar que en Europa estallara la guerra.

Durante la década se habían producido conflictos en todo el mundo: en India, donde el Raj británico sufría una presión nacionalista cada vez mayor; en África; en Extremo Oriente, donde Japón inició un período de expansión imperial; incluso en Latinoamérica, con revueltas en Brasil y en Cuba. En muchos lugares apareció el fantasma de una revolución de tipo bolchevique, pero la vieja guardia tenía la fuerza suficiente para reprimirla. Generalmente, la derecha y la izquierda se mostraban poco respeto mutuo, y mucha menos piedad.

España fue el primer país en sufrir los horrores de una guerra civil moderna. El general Franco encabezó una coalición formada por militares descontentos y tradicionalistas religiosos que se negaron a reconocer el gobierno de la República, elegido democráticamente en 1932. Seis años más tarde, Franco se hizo con el poder absoluto.

En 1935 Italia invadió y conquistó Etiopía; fue la última vez que una potencia europea establecía por la fuerza una nueva colonia. En todas partes había disturbios y enfrentamientos en las calles, plazas y también a la puerta de las fábricas de cualquier ciudad importante.

Molti l'avevano predetto, pochi cercarono di porvi rimedio. Alla fine nulla e nessuno poté impedire all'Europa di precipitare a capofitto nella guerra.

Questo decennio vide sorgere conflitti un po' ovunque: in India, dove l'impero britannico subiva la pressione crescente dei nazionalisti; in Africa, in Estremo Oriente, dove il Giappone aveva dato inizio a un periodo di espansionismo imperiale; e perfino in Sud America, dove scoppiarono rivolte in Brasile e a Cuba. In molti luoghi si agitava lo spettro, minaccioso o speranzoso (a seconda delle opinioni politiche) di una rivoluzione di stampo bolscevico, benché la vecchia guardia fosse comunque ancora abbastanza forte da batterlo. In generale, la sinistra così come la destra dimostravano una scarsa comprensione reciproca e un'indulgenza ancora minore.

La Spagna fu la prima a patire gli orrori di una guerra civile moderna e totale. Il generale Franco guidava una coalizione di militari ed ecclesiastici tradizionalisti che rifiutarono di riconoscere il governo repubblicano, legalmente eletto nel 1932. Sei anni dopo il suo potere era assoluto.

Nel 1935, l'Italia invase e conquistò l'Etiopia – fu l'ultima volta che una potenza europea s'impadroniva con la forza di una nuova colonia. Altrove scoppiavano sommosse e scontri nelle strade, nelle piazze e ai cancelli delle fabbriche delle grandi città di tutto il mondo.

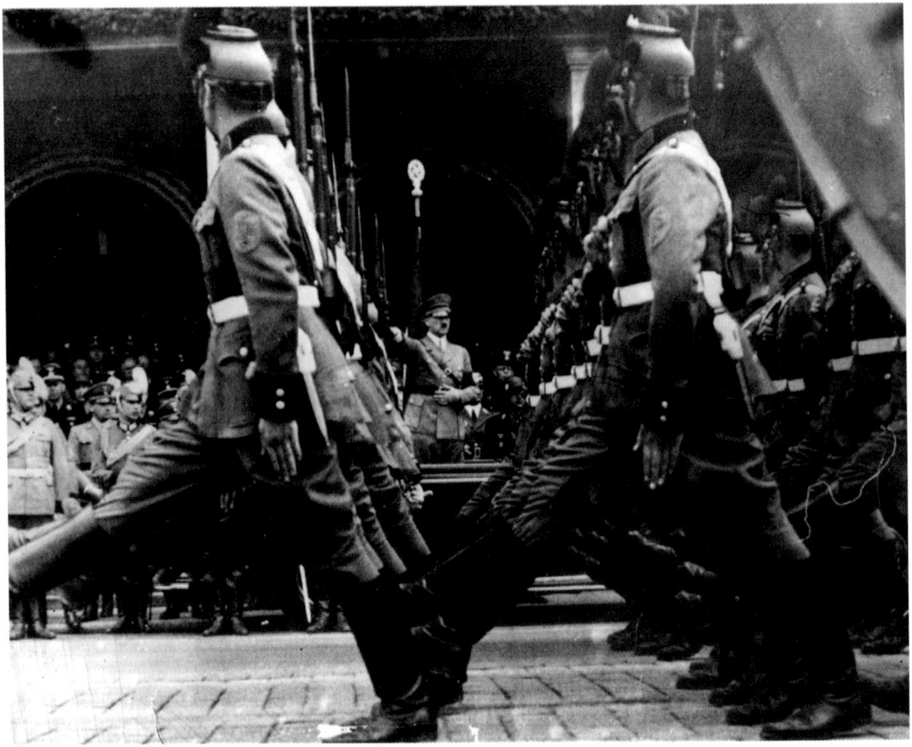

10 September 1939. One week after the outbreak of World War II, Nazi troops march in Nuremberg. The parade was held to celebrate the Nazi Congress in that city.

10 de septiembre de 1939. Una semana después del estallido de la Segunda Guerra Mundial, las tropas nazis desfilan en Núremberg. El desfile celebraba el Congreso Nazi que tenía lugar en aquella ciudad.

10 settembre 1939. Una settimana dopo l'inizio della seconda guerra mondiale, soldati nazisti sfilano nelle strade di Norimberga, dove si stava svolgendo il Congresso nazionalsocialista.

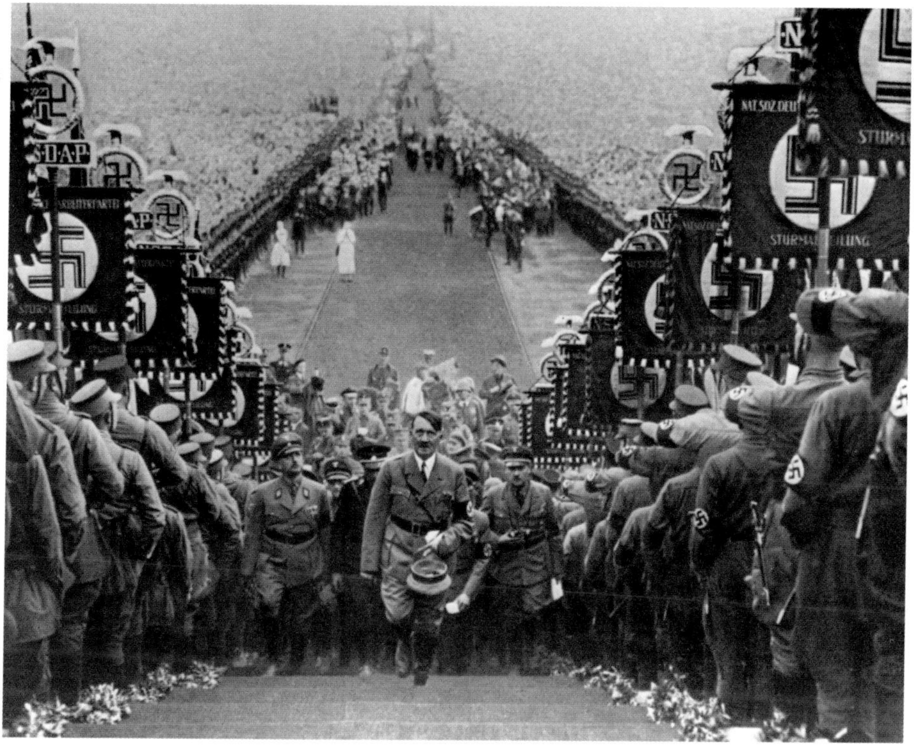

Chancellor Adolf Hitler, flanked by storm-troopers, marches into Bückeburg, near Hanover, in 1934. Like all Nazi parades, the event was stage-managed with great panache.

El canciller Adolf Hitler, flanqueado por tropas de asalto, entra en Bückeburg, cerca de Hannover, en 1934. Como todos los desfiles nazis, este acto tuvo una puesta en escena exagerada y llena de triunfalismo.

Il cancelliere Adolf Hitler, incorniciato da truppe d'assalto, fa il suo ingresso a Bückeburg, vicino a Hannover, nel 1934. Come tutte le parate naziste, l'avvenimento era stato organizzato con grande ostentazione e trionfalismo.

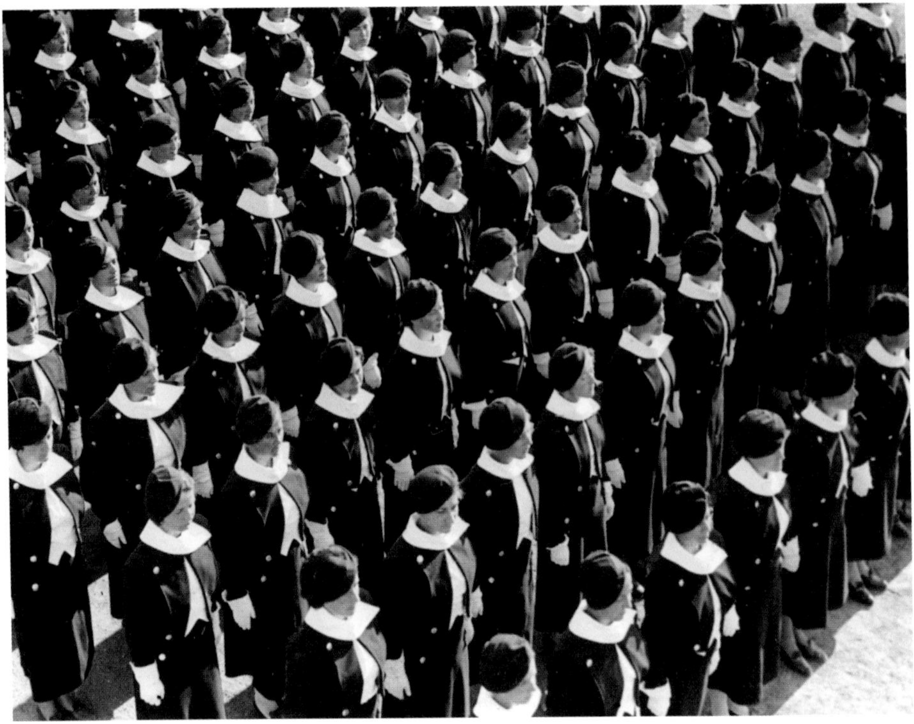

1930. A fascist organization of young girls, *Giovani Italiane*, on parade. By this time, Mussolini had been in complete control of Italy for eight years and, according to Pope Pius X, had 'God's full protection'.

1930. Una organización fascista femenina, Giovani Italiane, en un desfile. En Italia, Mussolini había llegado al poder ocho años antes y, según el papa Pío X, tenía "protección total de Dios".

1930. Parata delle Giovani Italiane, l'organizzazione delle giovani fasciste. Da otto anni Mussolini aveva il controllo totale dell'Italia ed era, secondo Pio X, "sotto la completa protezione di Dio".

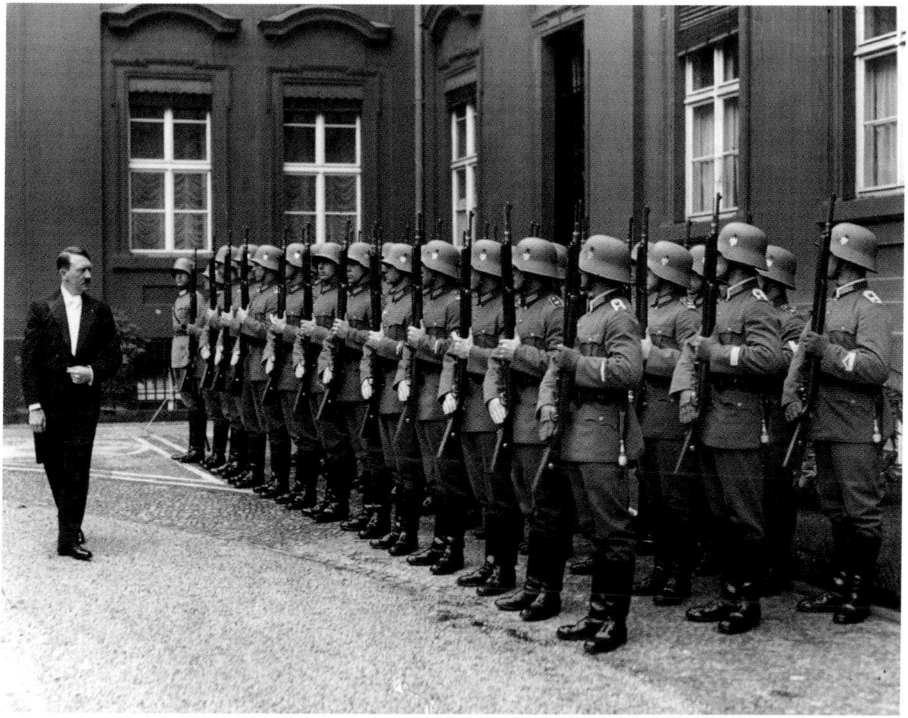

March 1935. Adolf Hitler inspects a guard of honour. The occasion was the official reception of the new Polish ambassador, a man destined to have unhappy relations with Germany's chancellor.

Marzo de 1935. Adolf Hitler pasa revista a una guardia de honor. La ocasión consistía en la recepción oficial del nuevo embajador de Polonia, un hombre cuyas relaciones con el canciller alemán estaban destinadas al fracaso.

Marzo 1935. Adolf Hitler passa in rivista la guardia d'onore in occasione del ricevimento ufficiale dato per il nuovo ambasciatore polacco, un uomo destinato ad avere un triste rapporto con il cancelliere.

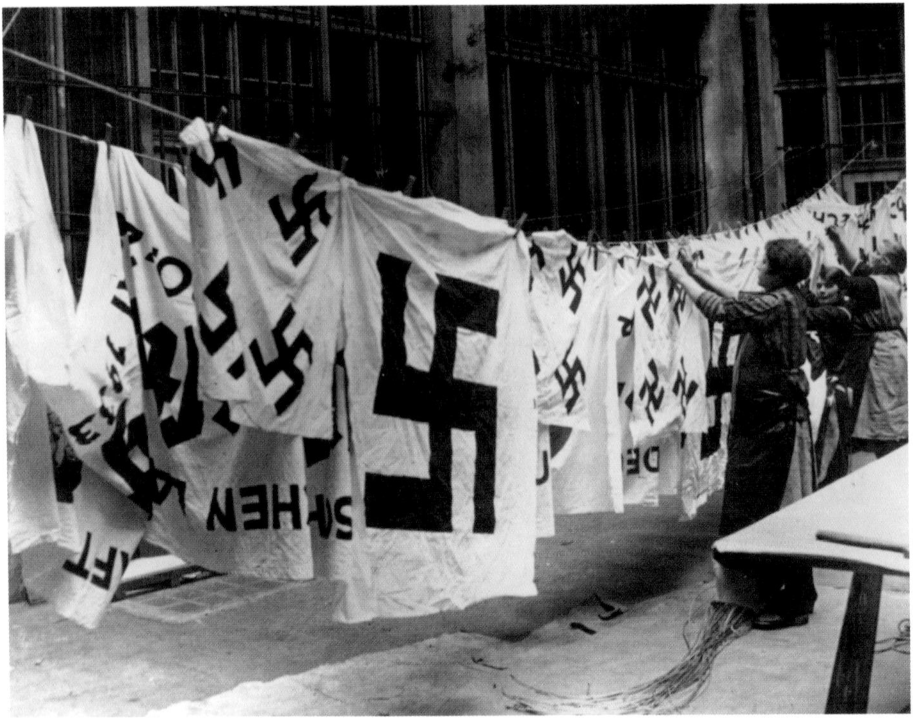

Nazi swastikas are hung out to dry after being well-laundered, 1935. It was the year when increasingly harsh laws were enacted against the Jews, Hitler formally renounced the Treaty of Versailles, and opposition to the Nazis became grounds for divorce.

Esvásticas nazis tendidas después de haber sido lavadas, 1935. En ese año se promulgaron leyes aún más severas contra los judíos, Hitler denunció formalmente el Tratado de Versalles y la oposición a los nazis se convirtió en un motivo de divisiones.

Croci uncinate appese ad asciugare dopo il bucato, 1935. In questo stesso anno furono adottate leggi ancora più severe contro gli ebrei. Hitler ricusò formalmente il Trattato di Versailles. L'opposizione al regime nazista divenne un motivo di divisione.

September 1935. Sculptors work on the official symbol of the Nazi Party Congress, to be hung outside the Nuremberg Opera House.

Septiembre de 1935. Escultores trabajando en el emblema oficial del Congreso del Partido Nazi, que debía colgarse en la fachada de la Ópera de Núremberg.

Settembre 1935. Due scultori danno gli ultimi ritocchi all'emblema ufficiale del Congresso del partito nazista che avrebbe decorato la facciata dell'Opera di Norimberga.

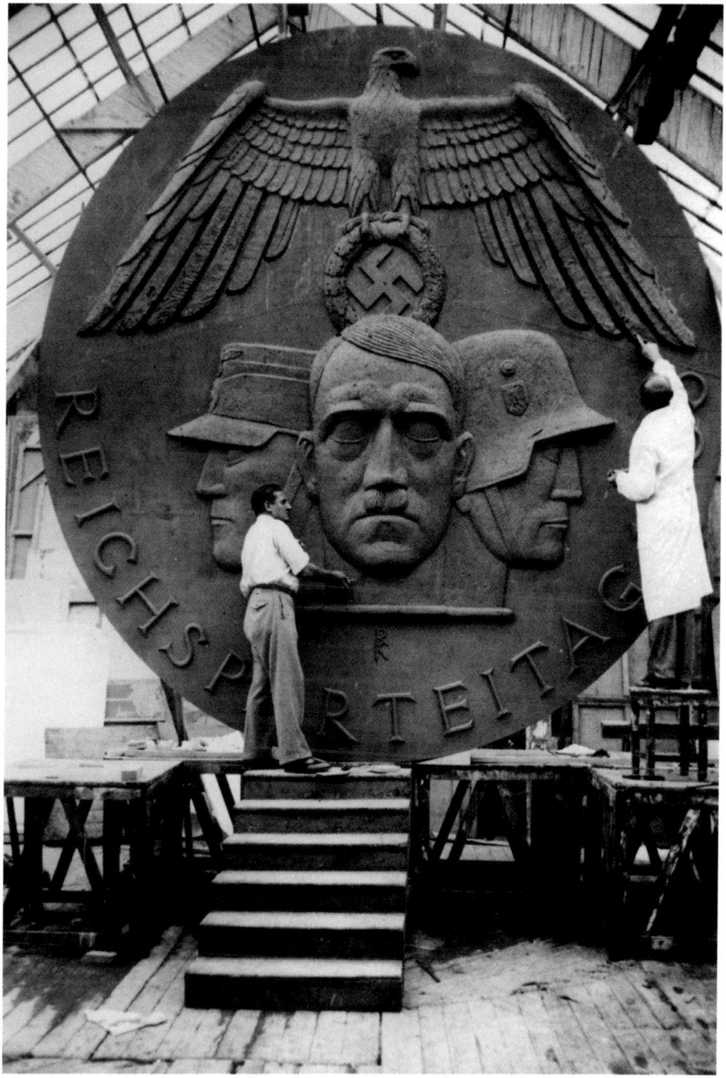

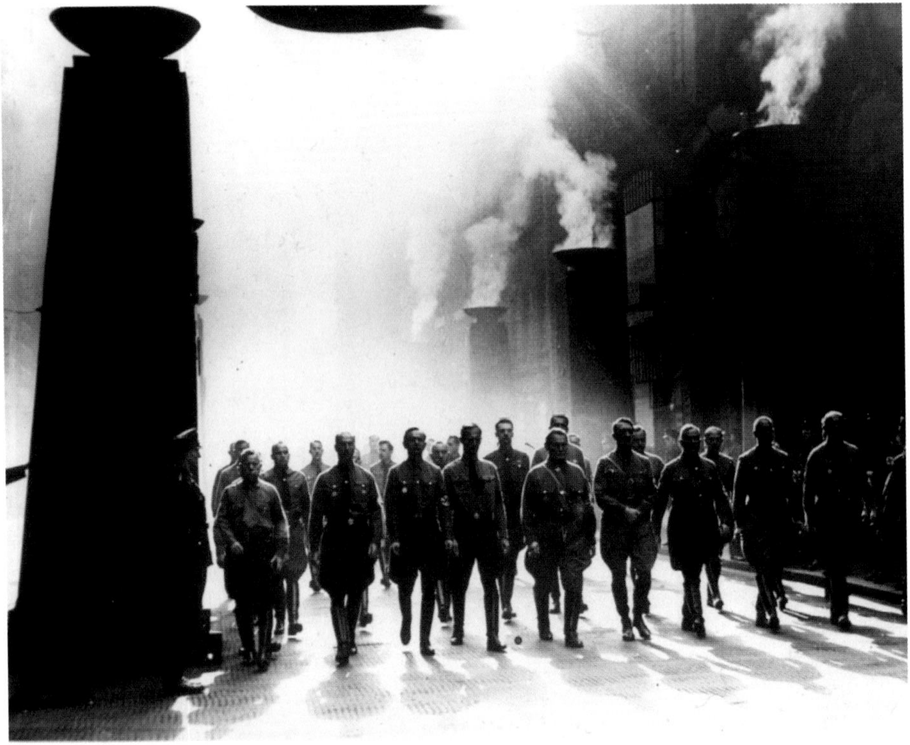

10 November 1936. Red-draped pylons topped with flaming bowls, each depicting the name of a dead Nazi hero, provide the setting for Hitler and Göring. The occasion was the 13th anniversary of the Munich Beer Hall Putsch.

10 de noviembre de 1936. Pilares con banderas rojas y coronados con llamas, cada uno con el nombre de un héroe nazi, servían de escenario a Hitler y Göring. El motivo era el decimotercer aniversario del golpe de Estado de Múnich.

10 novembre 1936. Drappeggiati di rosso e sormontati da una fiamma, questi pilastri, che portano ciascuno il nome di un eroe nazista morto, fanno da scenografia all'arrivo di Hitler e Göring. L'avvenimento celebrava il 13° anniversario del putsch di Monaco.

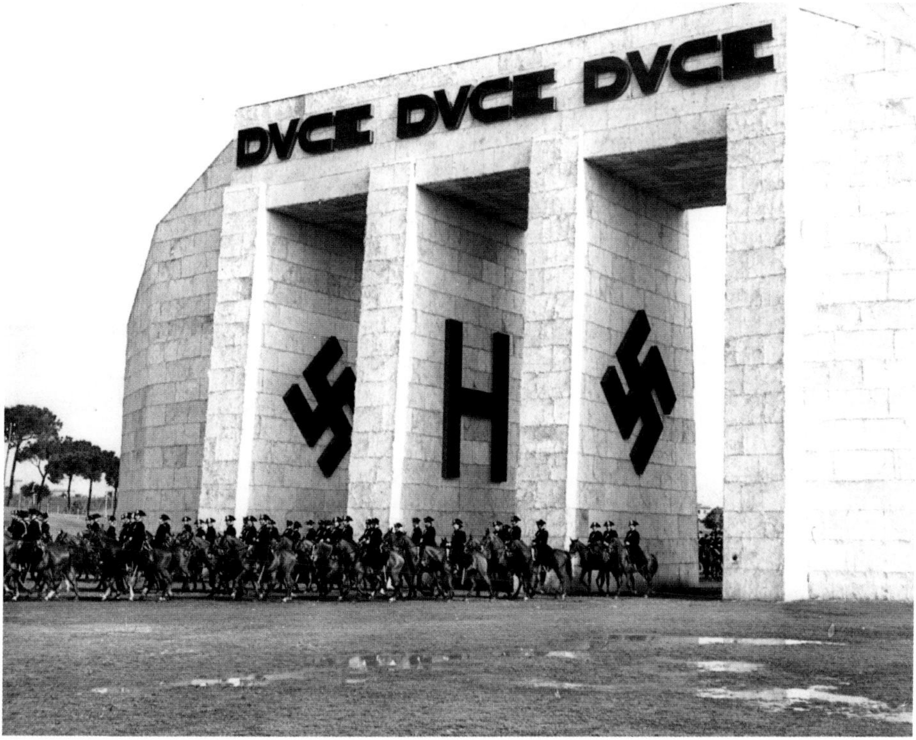

Mounted *Carabinieri* (military police) parade through a triumphal arch in Rome, 1938. The march was to honour the foundation of the German-Italian military axis.

Desfile de *carabinieri* (policía militar) a caballo bajo un arco de triunfo en Roma, 1938. El desfile era en honor de la creación del eje militar italo-germano.

Parata dei carabinieri sotto un arco di trionfo, eretto in occasione della formazione dell'asse militare Germania-Italia, Roma, 1938.

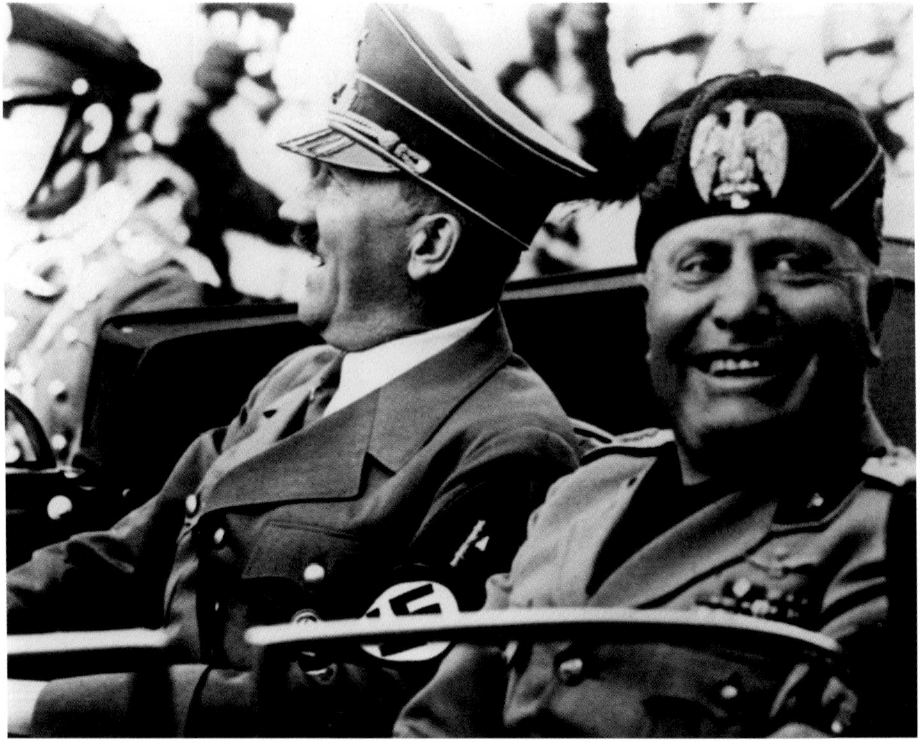

Destined to become the two most hated men in the world, Hitler and Mussolini enjoy a tour of Florence in an open car, May 1938. They shared a mutual love of pomp and ceremony, though Hitler had none of Mussolini's style as a dancer.

Destinados a ser los hombres más odiados del mundo, Hitler y Mussolini disfrutan de un recorrido en descapotable por Florencia, mayo de 1938. Ambos compartían su gusto por la pompa y la ceremonia, aunque Hitler no era tan buen bailarín como Mussolini.

Destinati a diventare i due uomini più odiati del mondo, Hitler e Mussolini si godono un giro turistico di Firenze a bordo di un auto decapottabile, maggio 1938. Condividevano entrambi un amore per la pompa e le cerimonie, benché Hitler fosse un pessimo ballerino rispetto a Mussolini.

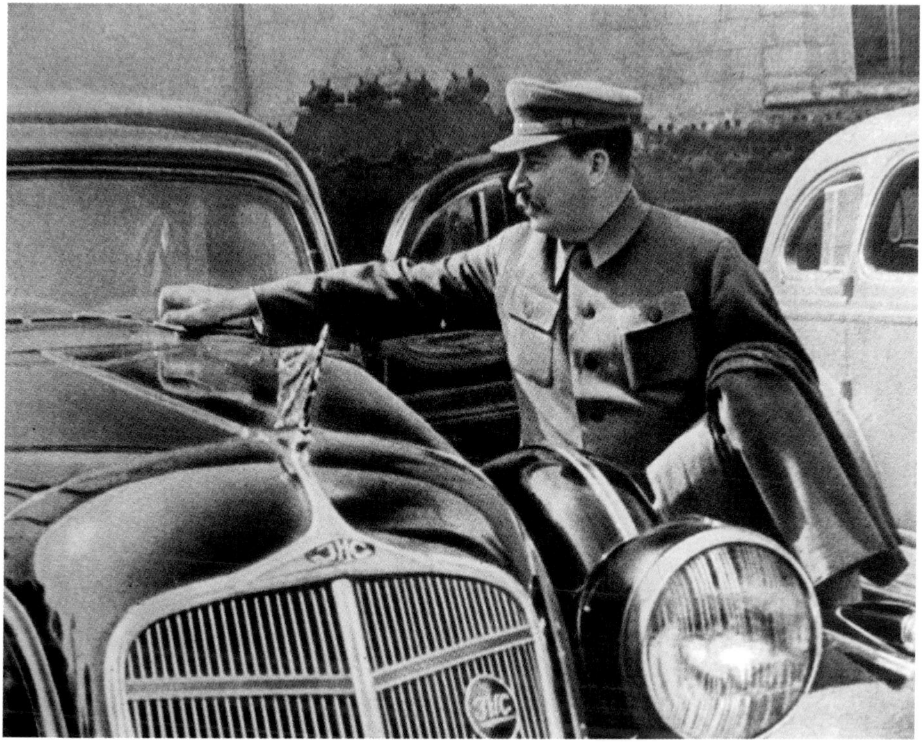

Marshal Joseph Stalin adjusts the wipers on the windscreen of his car, 1930. By this time he was recognized as Lenin's successor and sole leader of the Soviet Union.

El mariscal Iósiv Stalin ajusta los limpiaparabrisas de su coche, 1930. En esa época, fue reconocido como sucesor de Lenin y líder único de la Unión Soviética.

Il maresciallo Giuseppe Stalin aggiusta i tergicristalli del parabrezza della sua auto, 1930. All'epoca era riconosciuto come il successore di Lenin e unico leader dell'Unione Sovietica.

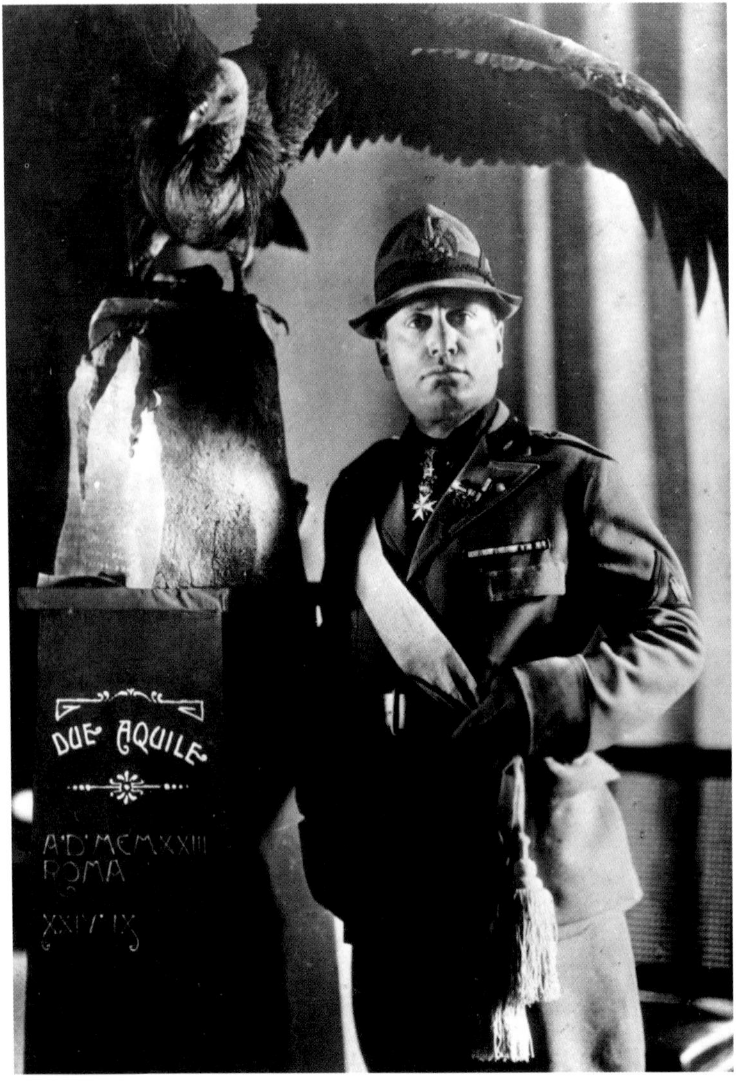

Another setting, another costume. Mussolini poses dressed in the uniform of the National Italian Militia, 1939.

Otro decorado, otro vestuario. Mussolini posa con el uniforme de la Milicia Nacional Italiana en 1939.

Altra scenografia, altro costume. Mussolini in posa, vestito con l'uniforme della Milizia nazionale italiana, 1939.

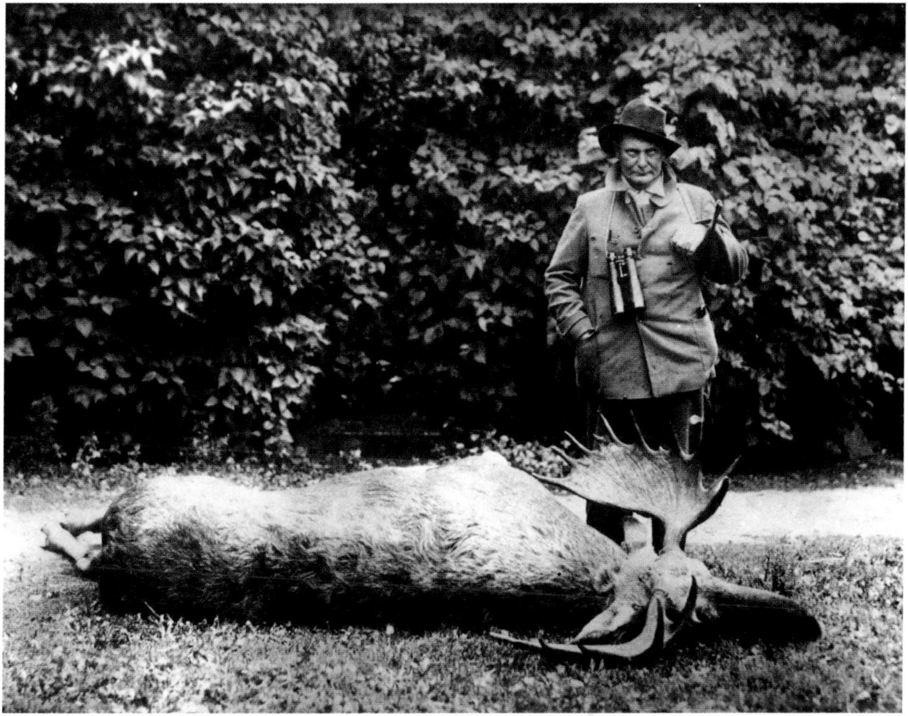

Hermann Göring with a dead elk in East Prussia, 1930. Göring had been a fighter pilot and air ace in World War I, and became one of the first to join Hitler in the formation of the Nazi party.

Hermann Göring con un alce muerto en el este de Prusia, 1930. Göring había sido piloto de guerra y héroe de la Primera Guerra Mundial. Fue una de las primeras personas que ayudaron a Hitler en la formación del Partido Nazi.

Hermann Göring in posa con un alce abbattuto nella Prussia orientale, 1930. Provetto pilota di caccia nella prima guerra mondiale, Göring fu uno dei primi a unirsi a Hitler quando fondò il partito nazista.

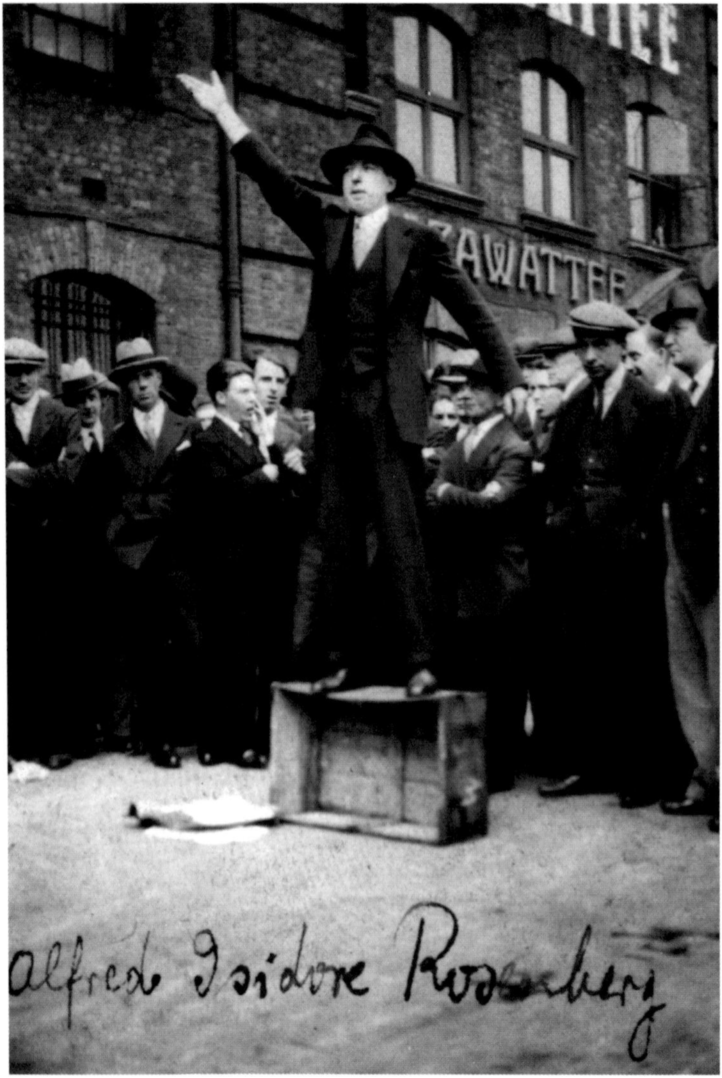

Alfred Rosenberg in full flow in a German street, 1932. Rosenberg was a Nazi propagandist and writer who had joined the party in 1920. He was hanged for war crimes at Nuremberg in 1946.

Alfred Rosenberg en pleno discurso en una ciudad alemana, 1932. Rosenberg era un escritor y propagandista nazi que se unió al partido en 1920. Fue ahorcado por crímenes de guerra en Núremberg, en 1946.

Alfred Rosenberg arringa la folla in una strada tedesca, 1932. Scrittore e promotore nazista, Rosenberg aderì al partito fin dal 1920. Venne impiccato per crimini di guerra a Norimberga nel 1946.

Joseph Goebbels, like Rosenberg, was a bitter anti-Semite and a master of mob oratory. When this picture was taken, in 1935, he was head of the so-called Ministry of Public Enlightenment and Propaganda.

Joseph Goebbels, al igual que Rosenberg, era un amargo antisemita y un maestro de la oratoria y la demagogia. Cuando se tomó esta fotografía, en 1935, dirigía el denominado "Ministerio de Información Pública y Propaganda".

Joseph Goebbels, al pari di Rosenberg, era un feroce antisemita e un oratore demagogico di grande talento. Al momento della fotografia, nel 1935, era a capo del cosiddetto Ministero dell'Informazione e della Propaganda.

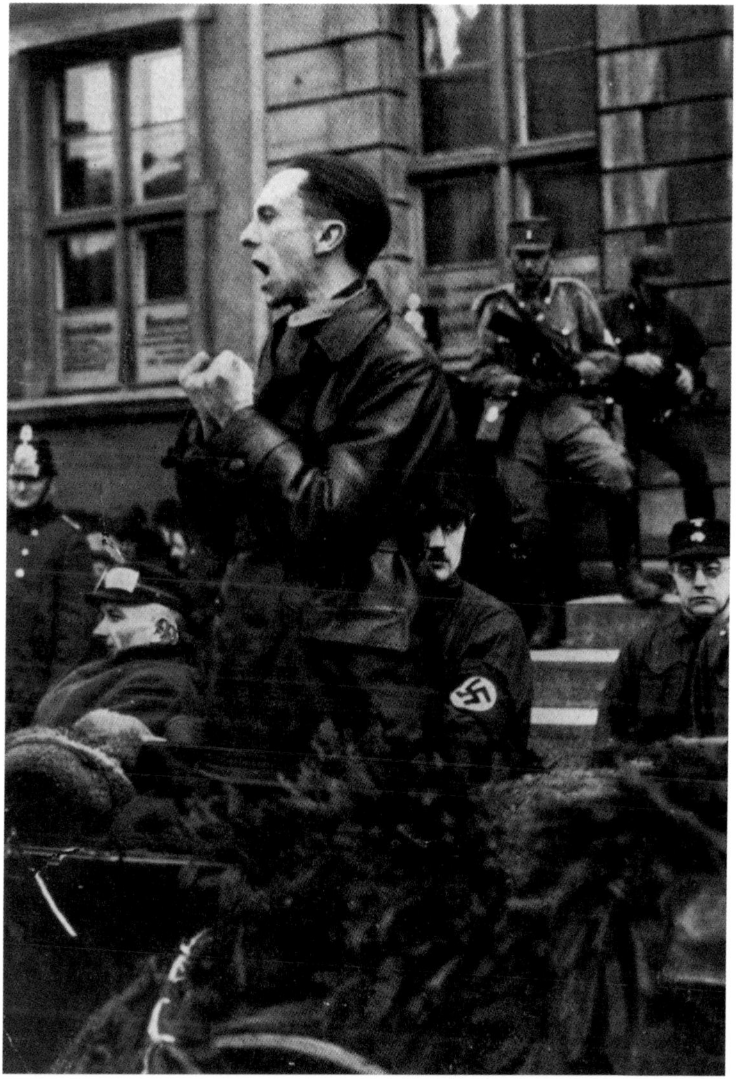

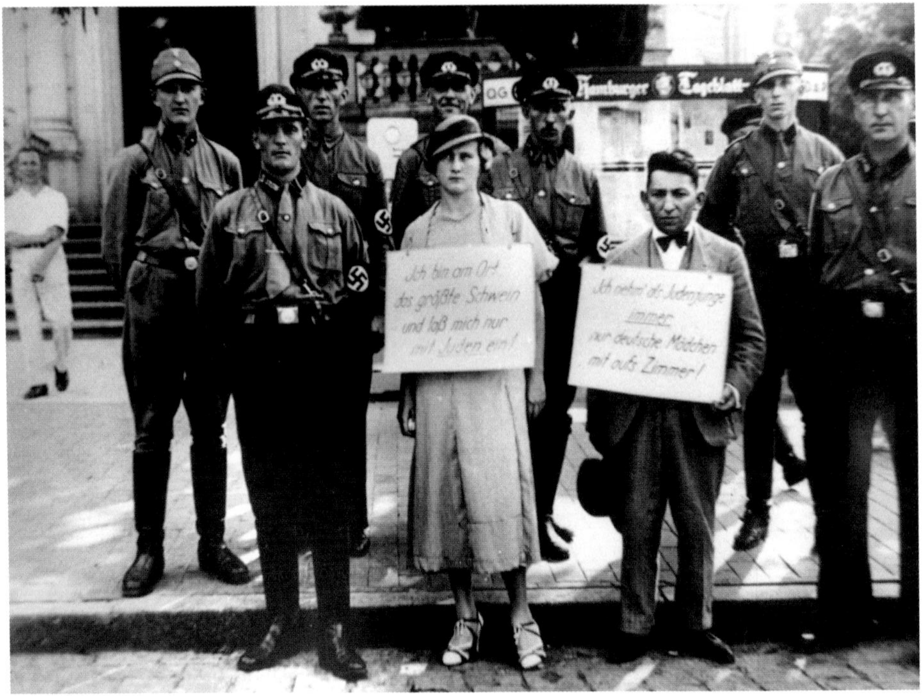

Germany, 1935. The sign carried by the woman reads, 'I am the greatest swine and only get myself mixed up with Jews!' The sign carried by the man reads, 'I am a Jew, I only take German girls to my room!'

Alemania, 1935. La pancarta que lleva la mujer dice "soy la mayor de las cerdas y sólo voy con judíos", mientras que la del hombre dice "soy judío y sólo llevo chicas alemanas a mi habitación".

Germania, 1935. Il cartello portato dalla donna dice: "Sono la più grande delle baldracche e frequento solo ebrei! " e quello dell'uomo: " Sono ebreo e a casa mia porto solo delle tedesche! "

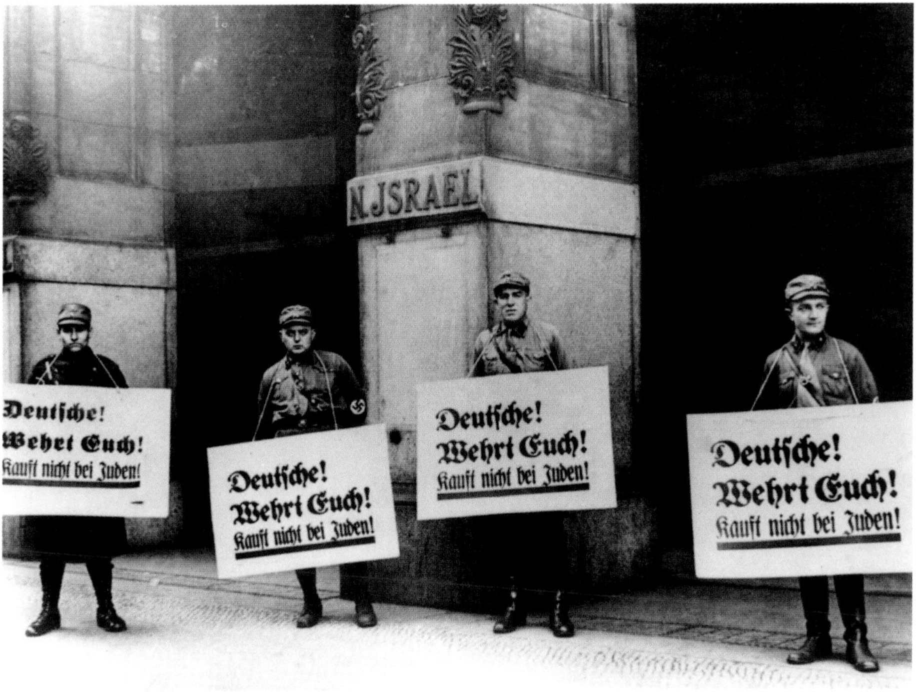

The introduction of a boycott of Jewish goods in Germany, April 1933. Nazi pickets carry banners proclaiming, 'Germans! Defend yourselves! Don't buy from Jews!' Goebbels attempted to convince the rest of the world that the campaign was a spontaneous outburst of public opinion.

Los nazis exhortan al boicot a productos judíos, abril de 1933. Los piquetes nazis llevan pancartas que proclaman: "¡Alemanes! ¡Defendeos! ¡No compréis en tiendas judías!". Goebbels intentó convencer al resto del mundo de que esta campaña era sólo una manifestación espontánea de la opinión pública.

Boicottaggio dei prodotti ebraici in Germania, aprile 1933. Alcuni nazisti picchettano con cartelli su cui è scritto: "Tedeschi ! Difendetevi ! Non comprate niente dagli ebrei !". Goebbels tentò di convincere il resto del mondo che questa campagna era una manifestazione spontanea dell'opinione pubblica.

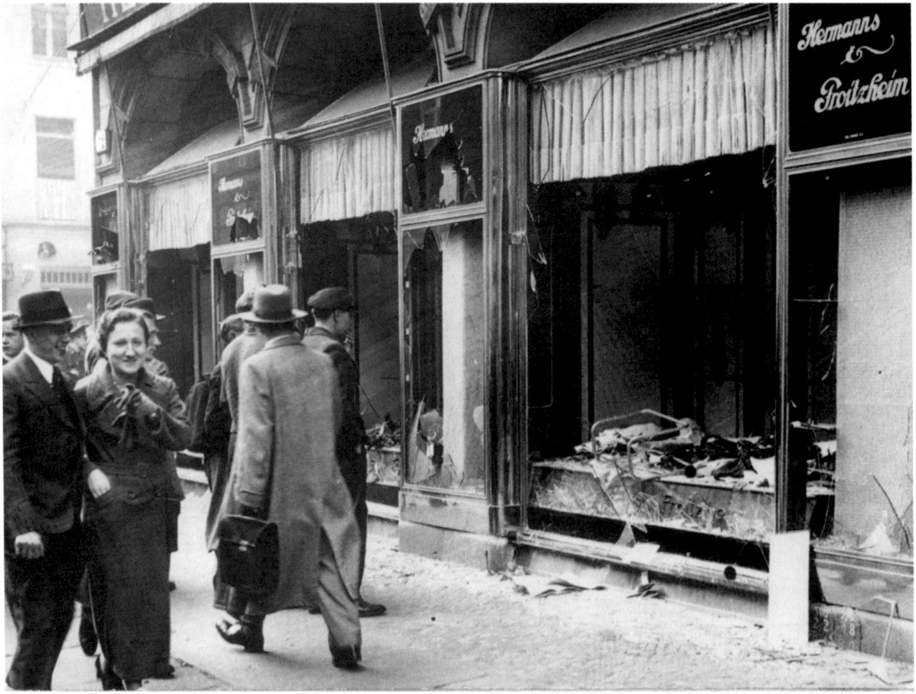

Friedrichstraße, Berlin, 11 November 1938 – two days after *Kristallnacht* (the 'Night of Broken Glass'). The reason for the sudden violence against Jewish property was allegedly the murder of Ernst vom Rath, a third secretary at the German embassy in Paris.

La Friedrichstrasse, Berlín, 11 de noviembre de 1938, dos días después de la *Kristallnacht* (noche de los cristales rotos). El motivo de esta violencia repentina contra los judíos se justificó con la muerte de Ernst von Rath, el tercer secretario de la embajada alemana en París.

Friedrichstraße, Berlino, 11 novembre 1938 – due giorni dopo la *Kristallnacht* (la Notte dei cristalli). Si dice che questa improvvisa violenza contro le proprietà degli ebrei fosse stata causata dall'assassinio di Ernst vom Rath, terzo segretario presso l'Ambasciata tedesca a Parigi.

The morning after *Kristallnacht*. More than 90 people were killed, most of them Jewish merchants.

La mañana siguiente a la *Kristallnacht*. Resultaron muertas más de 90 personas, en su mayoría comerciantes judíos.

La mattina dopo la *Kristallnacht*. Furono uccise più di 90 persone, per la maggior parte commercianti ebrei.

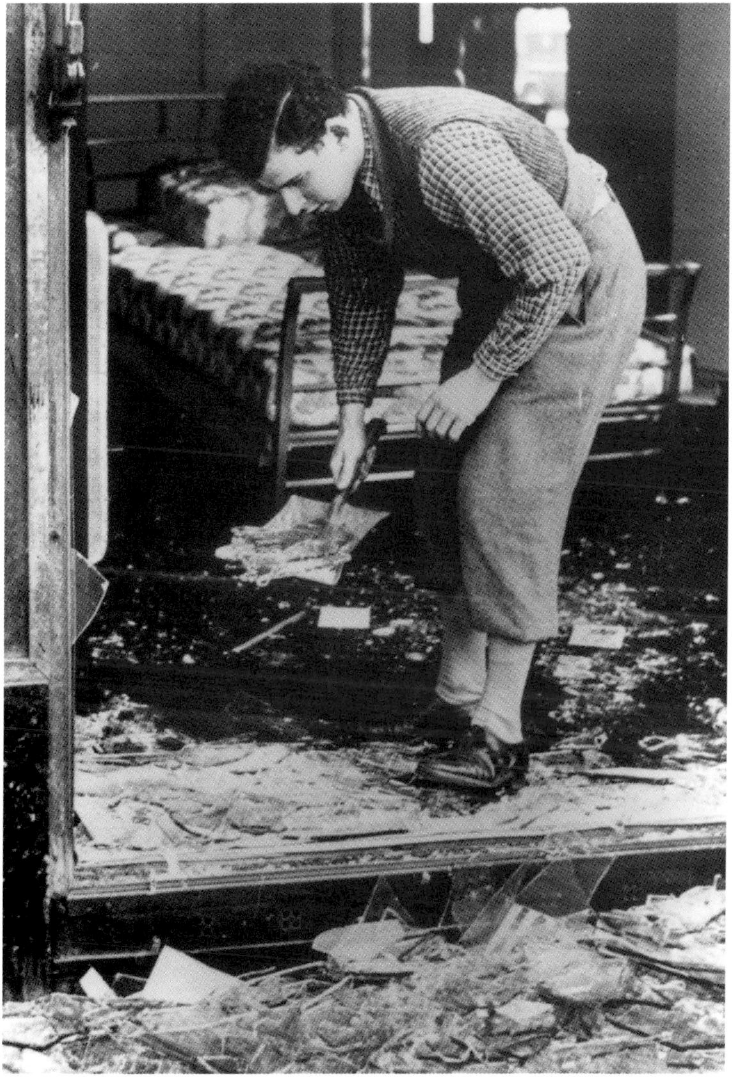

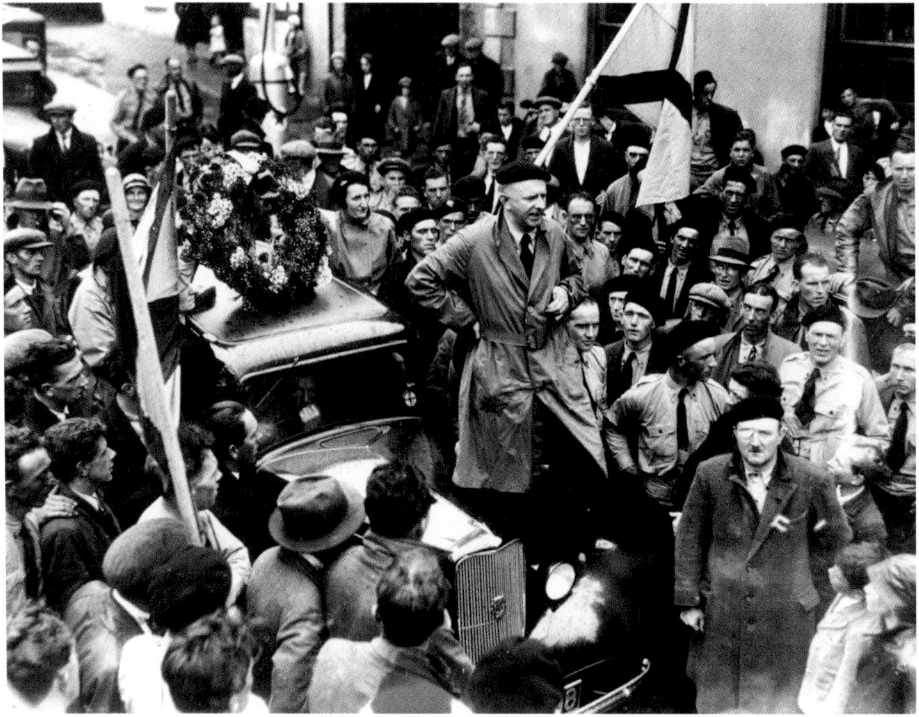

The Irish fascist politician Owen O'Duffy at a meeting of the Blue Shirts in Bandon, near Cork, Ireland, 1934. Although there was considerable anti-British feeling in Ireland, the Blue Shirts had very little influence.

El político fascista irlandés Owen O'Duffy en un encuentro de los camisas azules en Bandon, cerca de Cork, en Irlanda, 1934. A pesar del fuerte sentimiento antibritánico que había en Irlanda, los camisas azules tenían muy poca influencia.

Il politico fascista irlandese Owen O'Duffy al raduno delle camicie blu a Bandon, vicino a Cork, in Irlanda, 1934. Nonostante l'Irlanda fosse profondamente antibritannica, l'influenza delle camicie blu fu assai debole.

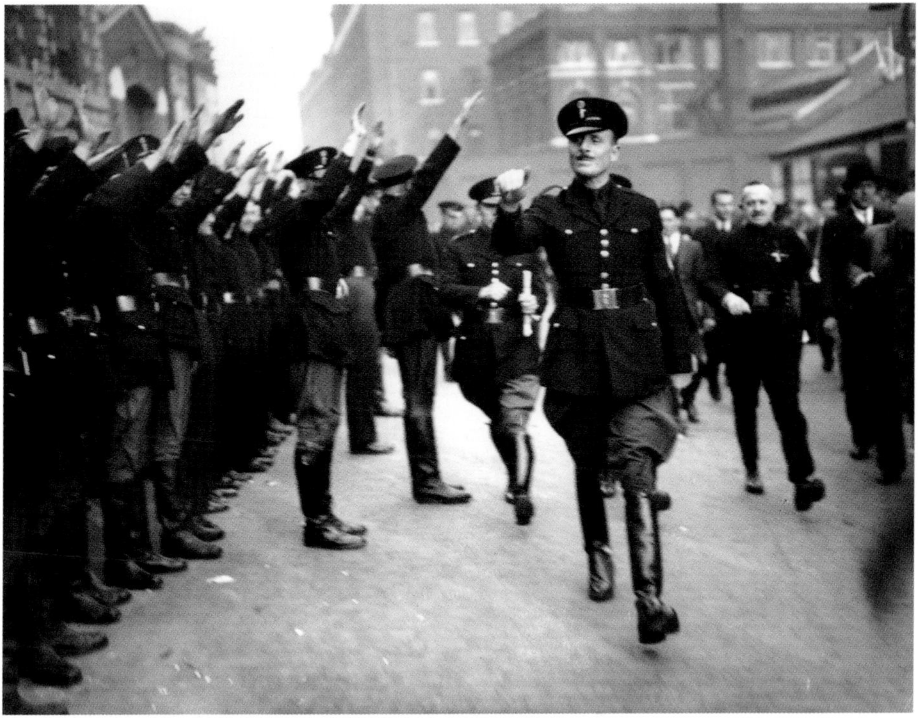

Sir Oswald Mosley inspects his Black Shirts in London. Mosley was the founder of the British Union of Fascists, an extreme right-wing group with a membership of 20,000. In 1936, when this photograph was taken, the British government banned the wearing of political uniforms.

Sir Oswald Mosley pasa revista a sus camisas negras en Londres. Mosley fue el fundador de la Unión Británica de Fascistas, un grupo de extrema derecha con unos 20.000 miembros. En 1936, año en que se tomó esta fotografía, el gobierno británico prohibió el uso de uniformes políticos.

Sir Oswald Mosley passa in rivista le sue camicie nere a Londra. Mosley fondò il partito fascista britannico, un gruppo di estrema destra che contava 20.000 membri. Nel 1936, data in cui fu scattata questa fotografia, il governo britannico proibì l'uso di uniformi politiche.

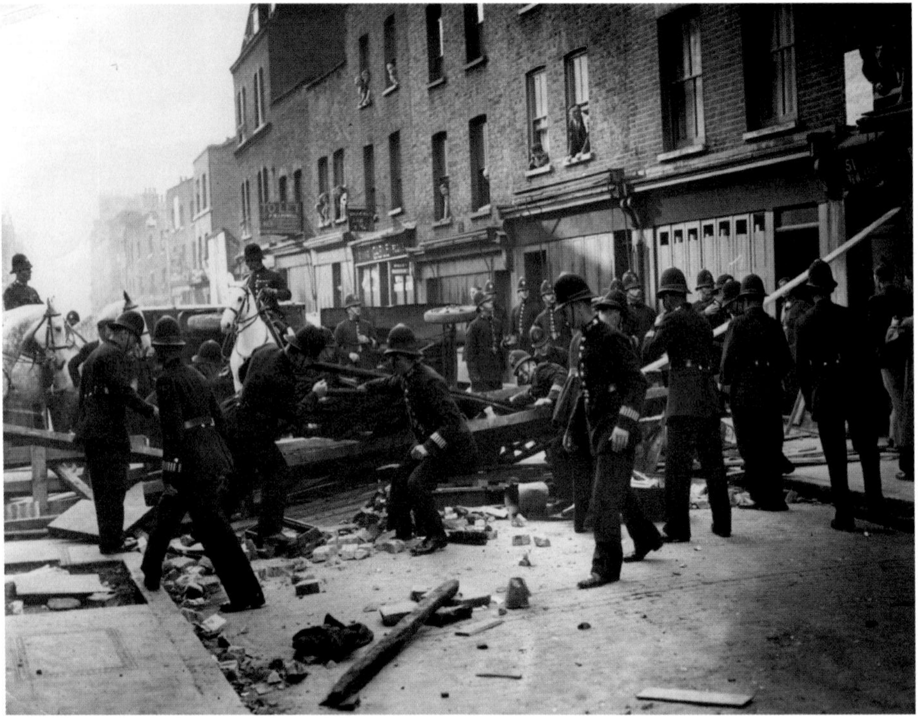

The Battle of Cable Street, London, October 1936. Police dismantle road barricades made by communists to prevent Mosley's Black Shirts marching into the predominantly Jewish heart of the East End. The police were under orders to help Mosley, but the march was abandoned.

La batalla de Cable Street, Londres, octubre 1936. La policía desmantela las barricadas levantadas por los comunistas para impedir el desfile de los camisas negras por los barrios de mayoría judía de East End. La policía había recibido la orden de ayudar a Mosley, pero la protesta se disolvió.

La battaglia di Cable Street, Londra, ottobre 1936. La polizia abbatte le barricate montate dai comunisti per impedire l'ingresso delle camicie blu di Mosley in questo quartiere dell'East End, abitato soprattutto da ebrei. La polizia aveva ricevuto l'ordine di proteggere Mosley, ma la marcia si sciolse.

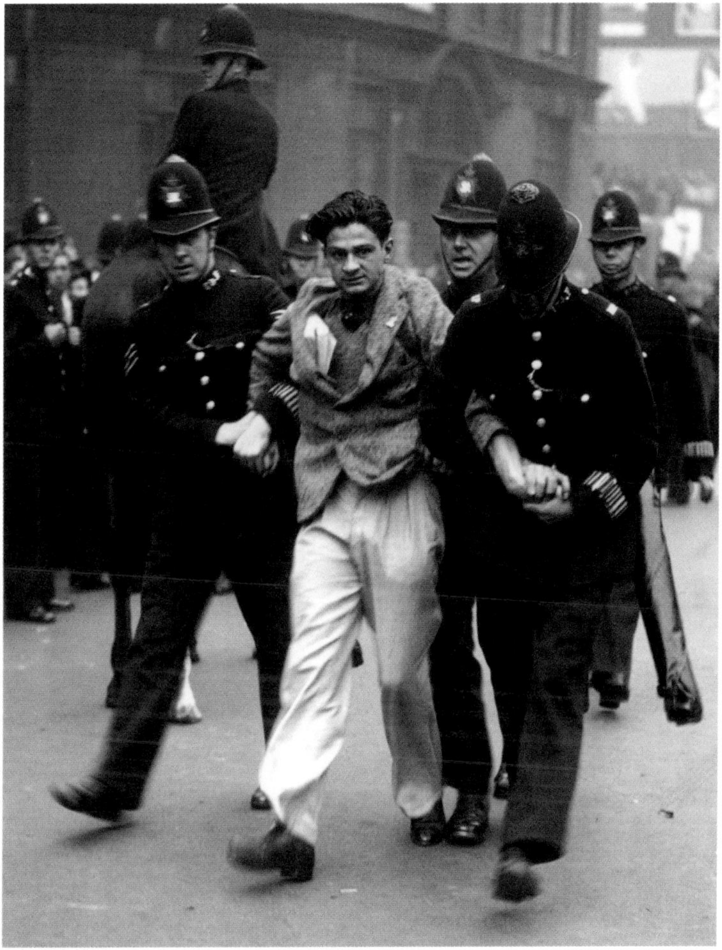

A protester – almost certainly left-wing – is led away by police after a scuffle in the Battle of Cable Street.

Un manifestante, probablemente de izquierdas, es detenido por la policía durante la batalla de Cable Street.

Un manifestante, probabilmente di sinistra, viene portato via dalla polizia dopo un tafferuglio durante la battaglia di Cable Street.

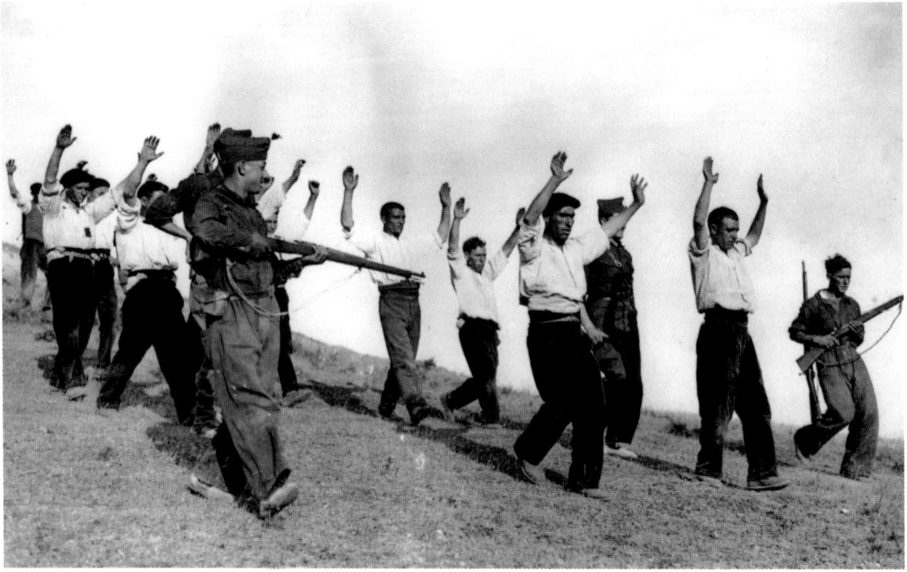

Spain, November 1936. Captured Republican troops are marched away by Nationalists on the Somosierra front. George Orwell, who fought on the Republican side, wrote, 'They were gnarled, rustic-looking men, shepherds or labourers from the olive groves…'– *Homage to Catalonia*.

España, noviembre de 1936. Los "nacionales" llevan las tropas republicanas capturadas al frente de Somosierra. George Orwell, que combatió junto a los republicanos, escribió: "Eran hombres de aspecto rudo y rústico, pastores o jornaleros de los olivares...". *Homenaje a Cataluña*.

Spagna, novembre 1936. Soldati repubblicani, fatti prigionieri dai nazionalisti, vengono condotti sul fronte della Somosierra. George Orwell, che combatté a fianco dei repubblicani, scrisse: "Erano uomini dalle mani nodose e dall'aspetto rustico,… pastori o contadini venuti dagli uliveti… " in *Omaggio alla Catalogna*.

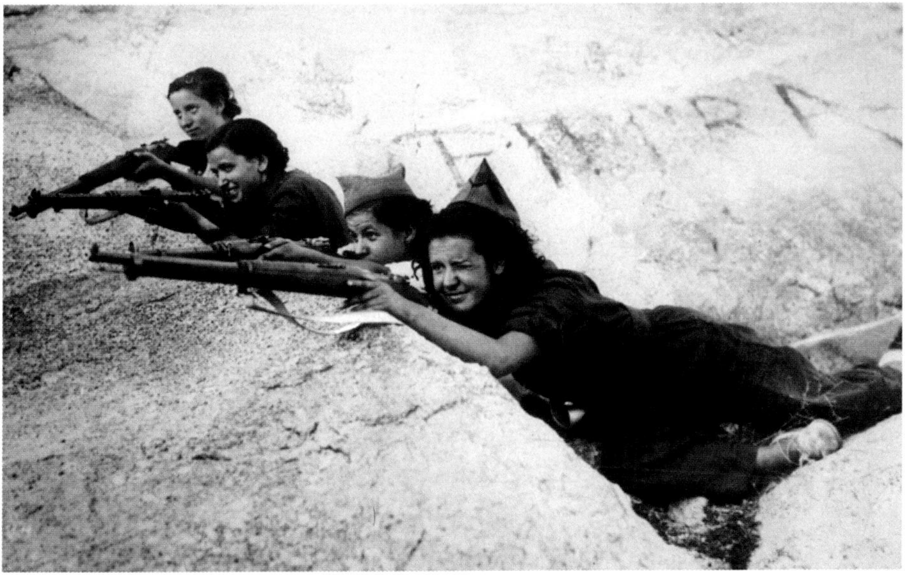

Women snipers in the Spanish Civil War, 1936. Few Spaniards escaped the horrors of the war, which covered practically the whole country.

Mujeres disparando durante la Guerra Civil española, 1936. Pocos españoles consiguieron escapar de los horrores de la guerra, que se extendió prácticamente por todo el país.

Donne pronte a sparare durante la guerra civile spagnola, 1936. Furono pochi gli spagnoli sfuggiti all'orrore della guerra, che coinvolse quasi tutto il paese.

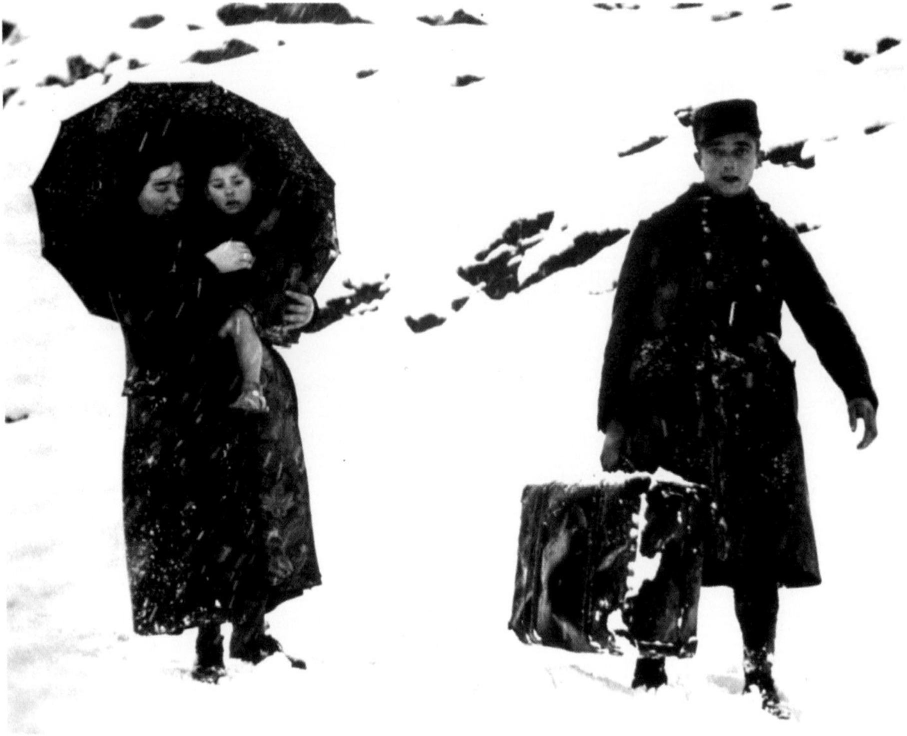

A French soldier helps to carry a Spanish refugee's baggage through a pass in the Pyrenees, 1936. Little assistance came to the Republicans from the British or French governments.

Un soldado francés ayuda a una refugiada española con su equipaje en un paso de los Pirineos, 1936. Los republicanos casi no recibieron ninguna ayuda de los gobiernos francés y británico.

Un soldato francese porta la valigia di una rifugiata spagnola che ha appena attraversato un passo dei Pirenei, 1936. I repubblicani non godettero praticamente di alcun sostegno da parte dei governi francese e britannico.

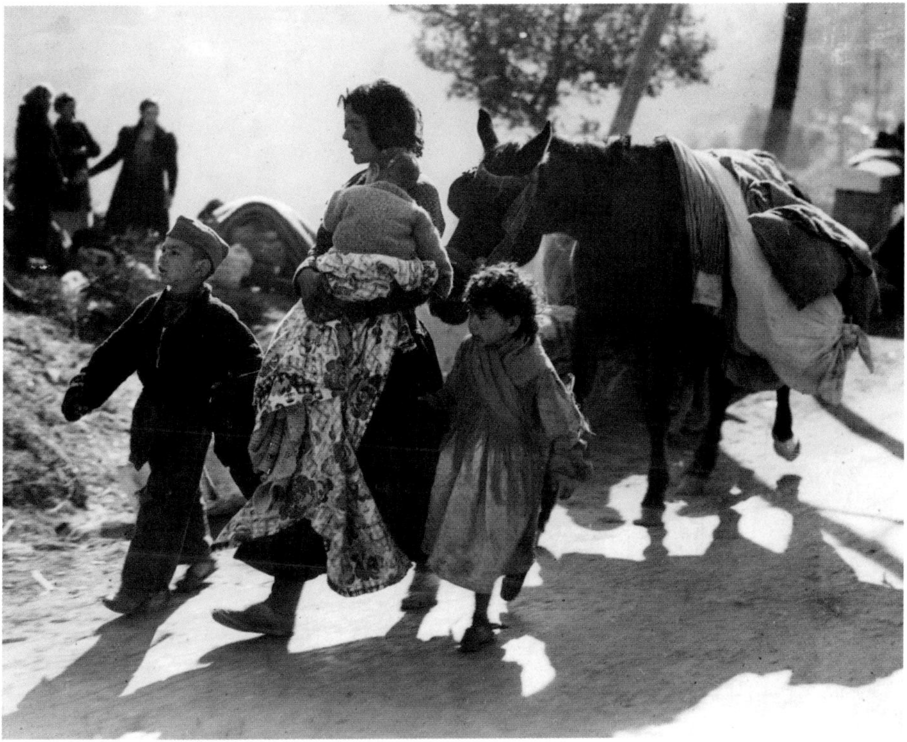

Spanish refugees, 1939. In January of that year, Franco's victorious troops entered Barcelona and the war was virtually over. More than 400,000 people had been killed. Hundreds of thousands more fled from their homeland.

Refugiados españoles, 1939. En enero de ese año, las tropas de Franco entraron en Barcelona y la guerra prácticamente había terminado. Más de 400.000 personas habían muerto y cientos de miles tuvieron que huir de su país.

Rifugiati spagnoli, 1939. Nel gennaio di quello stesso anno le truppe vittoriose di Franco entrarono a Barcellona. La guerra era praticamente finita. Più di 400.000 persone furono uccise e altre centinaia di migliaia fuggirono dal loro paese.

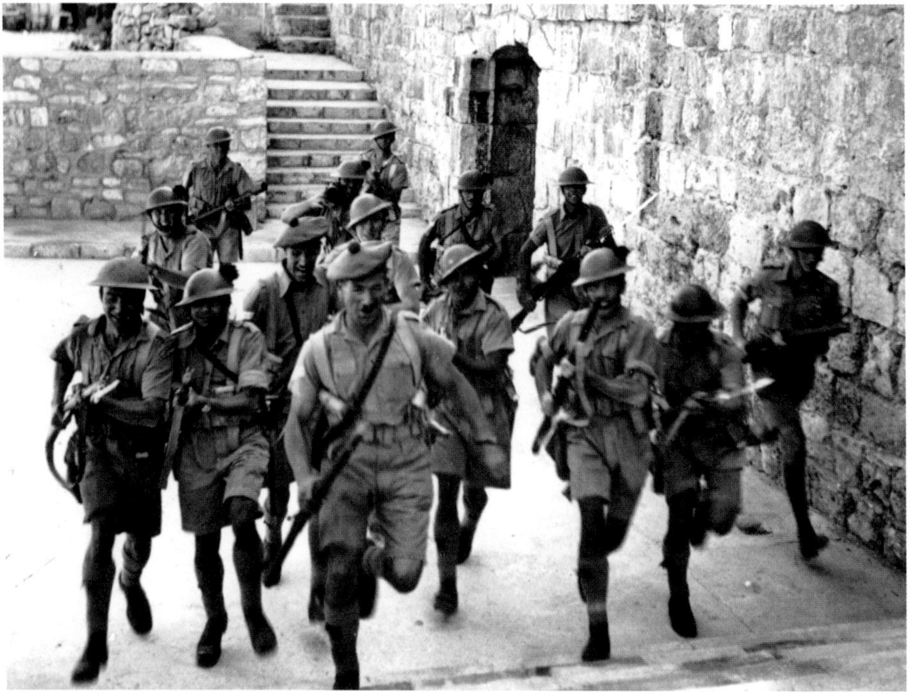

British soldiers hurry to quell yet another riot in the old city of Jerusalem, October 1938. It took 11 infantry battalions and a cavalry regiment to maintain order in the face of Palestinian Arab unrest.

Soldados británicos corren para reprimir nuevos disturbios en el casco antiguo de Jerusalén, octubre de 1938. Fueron necesarios 11 batallones de infantería y un regimiento de caballería para mantener el orden ante los agitadores palestinos.

Soldati britannici si affrettano a reprimere una sommossa nella città vecchia di Gerusalemme, ottobre 1938. Occorsero 11 battaglioni di fanteria e un reggimento di cavalleria per mantenere l'ordine contro gli agitatori palestinesi.

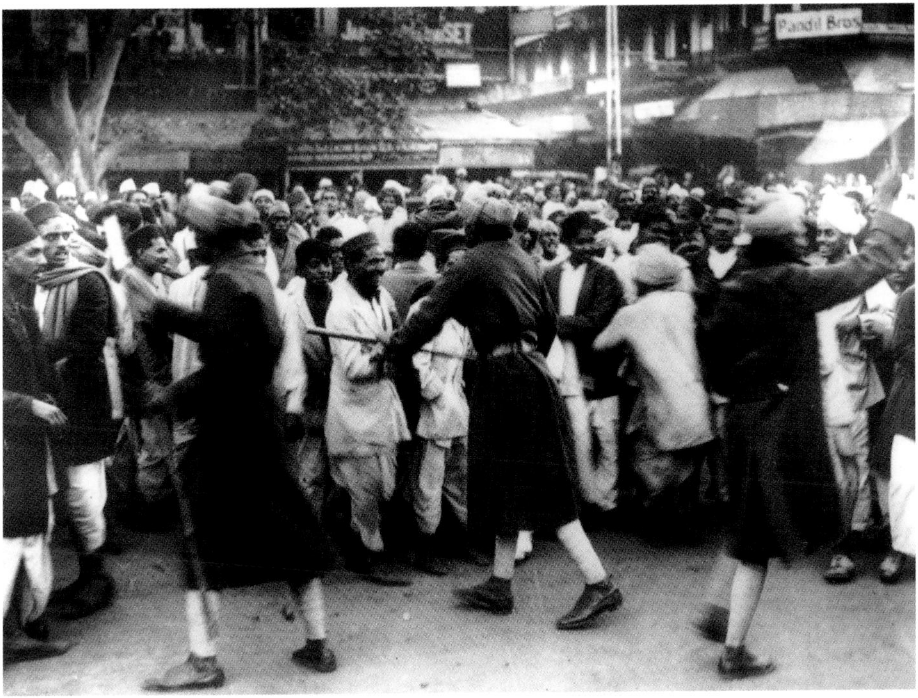

Unrest in India, February 1932. Police try to control crowds in Delhi after a Congress Party procession had been broken up by demonstrators. The Congress Party had been banned the month before and its leader, Gandhi, had been jailed.

Disturbios en India, febrero de 1932. La policía intenta controlar a las masas en Delhi después de que un desfile del Partido del Congreso acabara en manifestación. El Partido del Congreso había sido prohibido un mes antes y su líder, Gandhi, había sido encarcelado.

Disordini in India, febbraio1932. La polizia tenta di contenere la folla dopo che i dimostranti avevano interroto un corteo a Delhi del partito del Congresso. Il partito del Congresso era stato messo fuorilegge alcuni mesi prima e il suo leader, Gandhi, imprigionato.

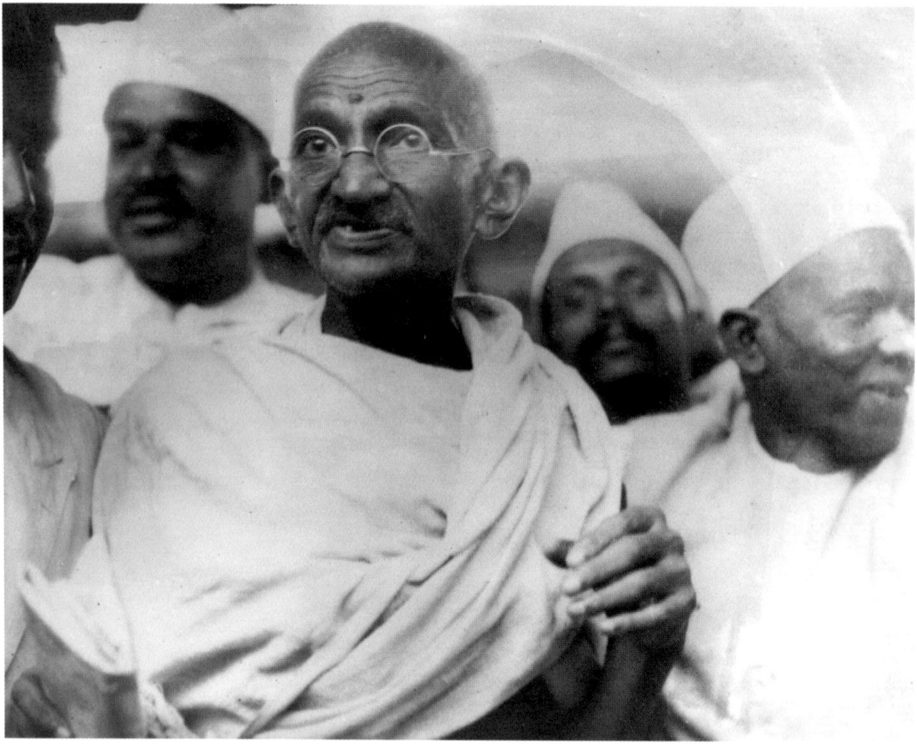

By 1930, when this photograph was taken, Mohandas Gandhi had emerged as the leader of political opposition to British rule in India. He is leading the 200-mile-long Salt March, which symbolically defied the government monopoly on salt production.

En 1930, cuando fue tomada la fotografía, Mohandas Gandhi ya encabezaba la oposición política al Gobierno Británico en India. Iba a conducir la Marcha de la Sal, con un recorrido de 320 kilómetros, como desafío simbólico al monopolio del gobierno.

1930, questa foto fu scattata quando Gandhi era già considerato il capo dell'opposizione al regime britannico in India. In quello stesso anno guidò la Marcia del sale, lunga 320 chilometri, una sfida simbolica al monopolio governativo del sale.

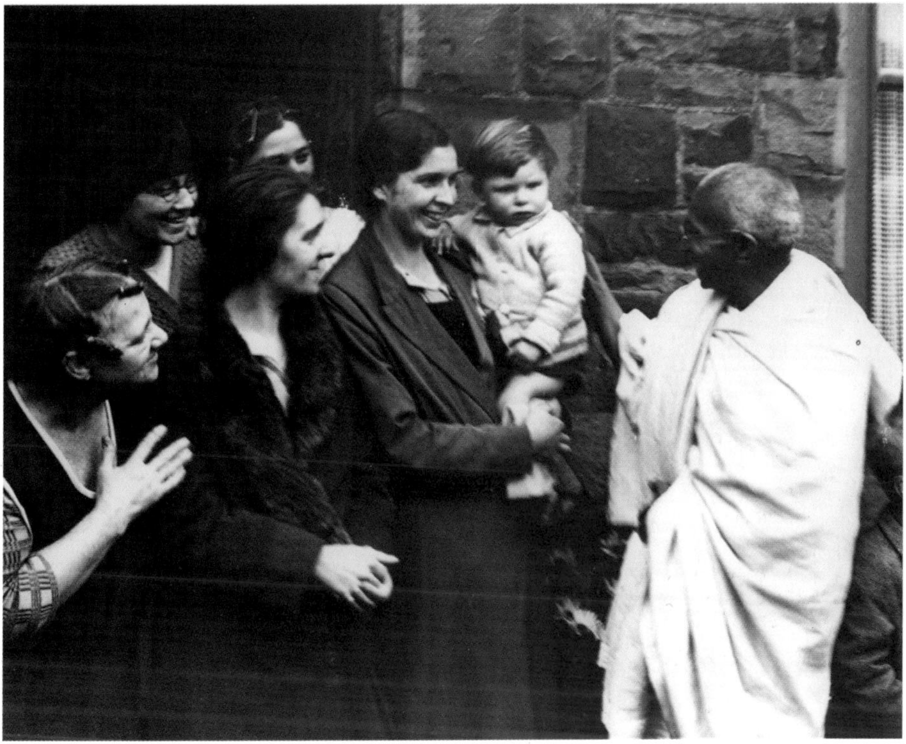

In 1931, Gandhi came to Britain to attend the London round-table conference on Indian constitutional reform. He also took time out to visit King George and Queen Mary, and (here) the women of Darwen, Lancashire.

En 1931, Gandhi viajó al Reino Unido para participar en la conferencia sobre la reforma constitucional de India. También tuvo tiempo de visitar al rey Jorge y a la reina María y (en la imagen) a la mujeres de Darwen, Lancashire.

Nel 1931 Gandhi andò a Londra per partecipare alla tavola rotonda sulla riforma della costituzione indiana. Ebbe perfino il tempo di rendere visita a re Giorgio e alla regina Maria e (nella foto) ad alcune donne di Darwen, Lancashire.

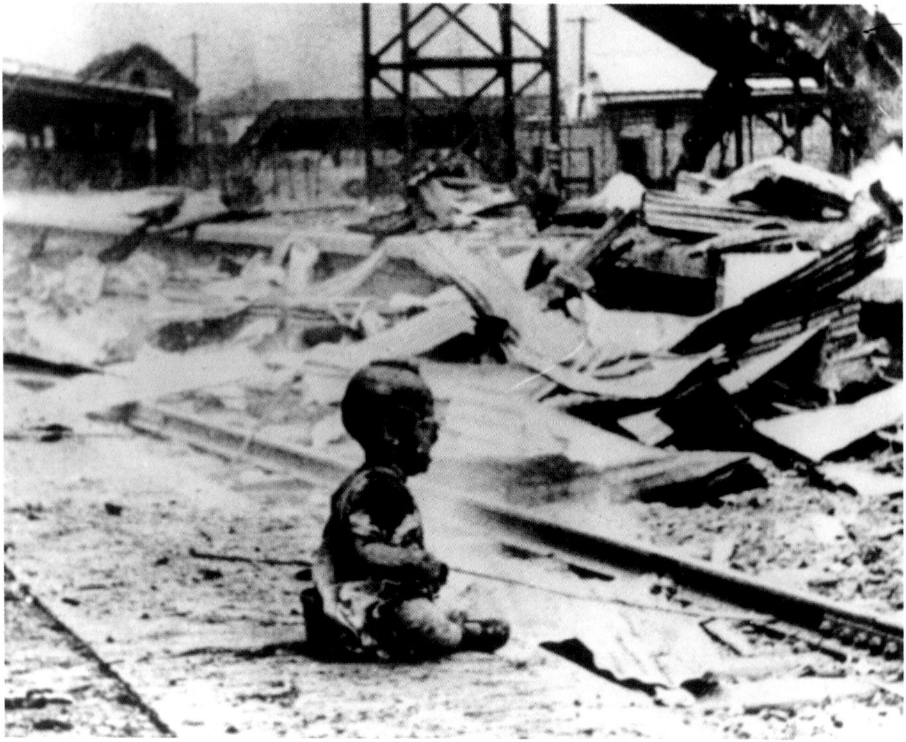

After a Japanese air raid on the South railway station, Shanghai, 1937. The Sino-Japanese War had been spluttering for six years, but intensified in 1937 with the Japanese seizure of Manchuria.

Después de un ataque aéreo japonés a la estación del sur de Shanghai, 1937. La guerra entre China y Japón duraba desde hacía seis años, pero se intensificó en 1937 con la ocupación japonesa de Manchuria.

Dopo un raid giapponese sulla stazione sud di Shanghai, 1937. La guerra cino-giapponese era già in atto da sei anni, ma s'intensificò nel 1937 dopo la conquista della Manciuria da parte dei giapponesi.

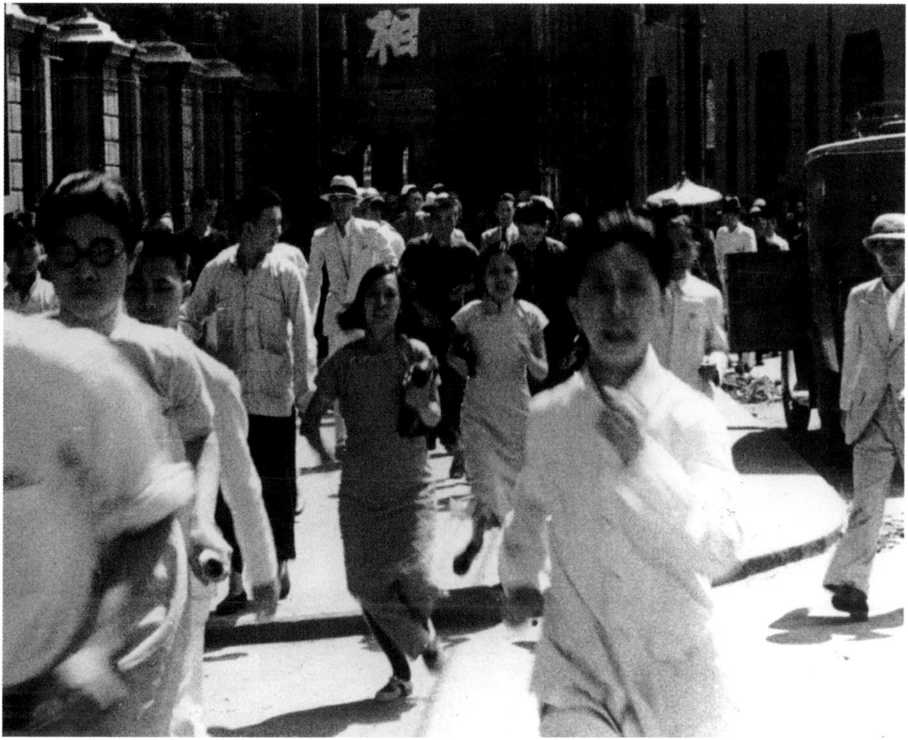

Civilians flee in panic during a Japanese air raid on Canton, June 1938. It took less than two years for the better-armed, better-trained Japanese military to overrun much of China.

Civiles aterrorizados durante un ataque aéreo en Cantón, junio de 1938. Al ejército japonés, con mejor armamento y preparación, la ocupación de gran parte de China no le llevó ni dos años.

Civili in preda al panico fuggono durante un raid giapponese su Canton, giugno 1938. L'armata giapponese, meglio equipaggiata e addestrata, impiegò meno di due anni per occupare gran parte della Cina.

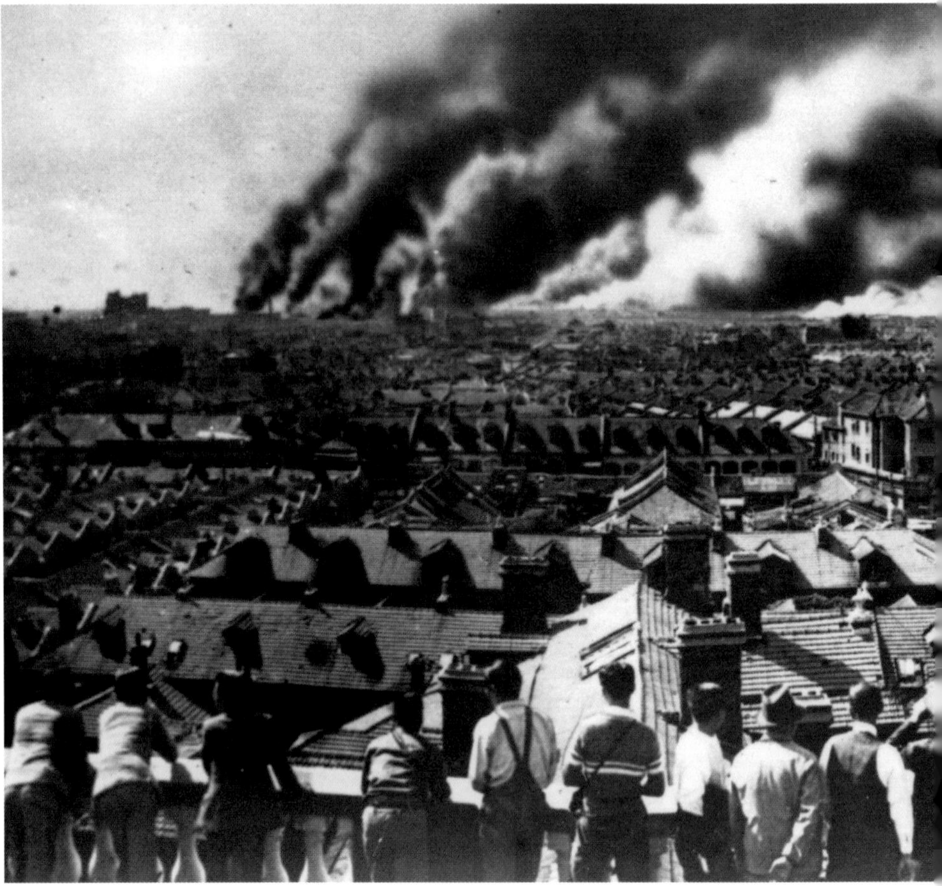

A panorama of the Zabei district of Shanghai after it had been bombed by Japanese planes in 1937. Shelling and raids such as this provoked widespread panic among the Chinese, who swarmed round the foreign concessions, hoping for shelter.

Vista del distrito de Zabei, en Shanghai, después de un bombardeo llevado a cabo por aviones japoneses en 1937. Los obuses y bombardeos aéreos como éste extendieron el pánico entre los chinos, que corrían en masa hacia locales de instituciones extranjeras en busca de refugio.

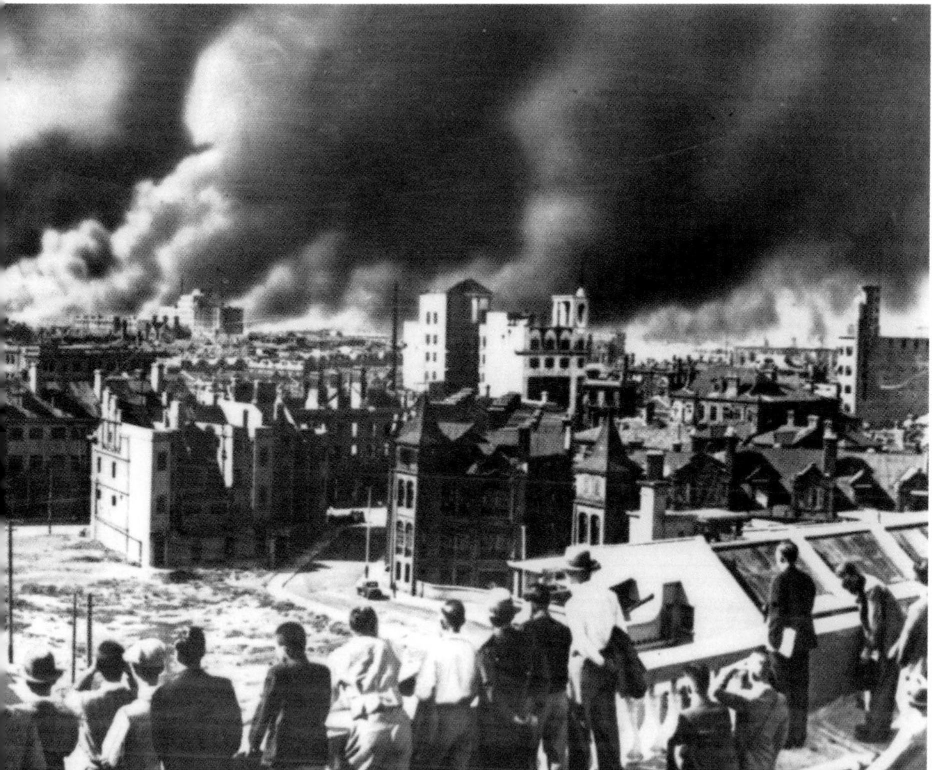

Veduta del quartiere di Zabei a Shanghai bombardato dall'aviazione giapponese nel 1937. I tiri d'obice e i bombardamenti come questo provocarono il panico tra i cinesi, che fuggirono in massa verso le concessioni straniere, nella speranza di trovarvi rifugio.

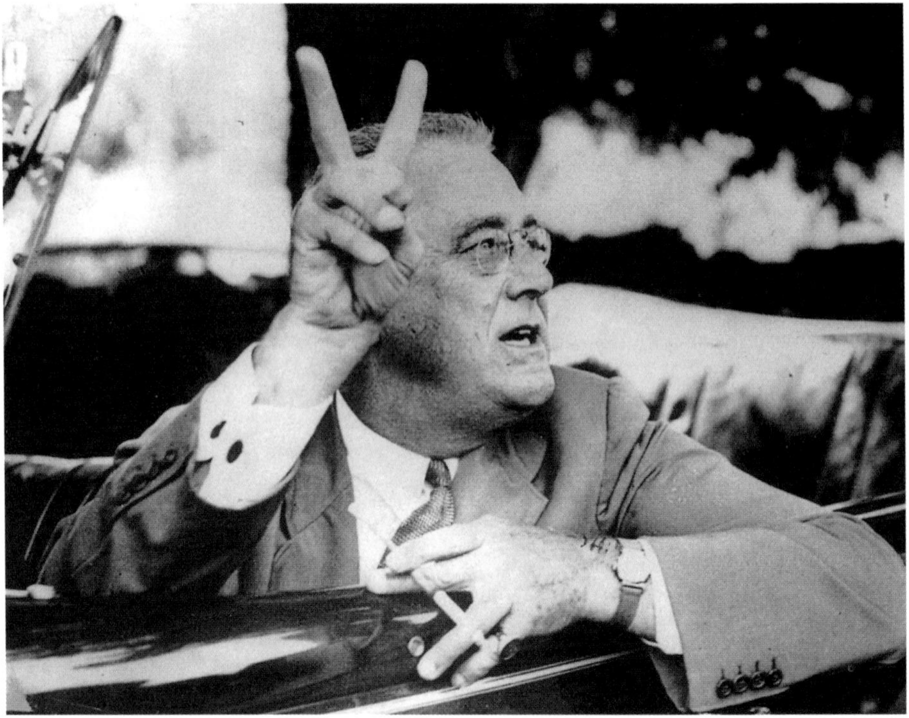

'Happy days are here again ...' (Roosevelt campaign song). Franklin Delano Roosevelt's landslide presidential victory in 1932 promised a New Deal for the American people. 'I am waging a war', he declared, 'against Destruction, Delay, Deceit and Despair.'

"Vuelven los días felices...", decía la canción de la campaña de Franklin Delano Roosevelt, cuya contundente victoria en las elecciones presidenciales de 1932 prometía un programa radicalmente nuevo (el New Deal) para el pueblo americano. "Declaro la guerra" —dijo— "a la destrucción, el retraso, la corrupción y la desesperación."

"I giorni felici son tornati ..." questo era lo slogan della campagna elettorale di Franklin Delano Roosevelt. La schiacciante vittoria di Roosevelt alle presidenziali del 1932 prometteva un "nuovo corso" (New Deal) al popolo americano. "Dichiaro guerra", dichiarò, "alla distruzione, all'arretratezza, alla disonestà e alla disperazione".

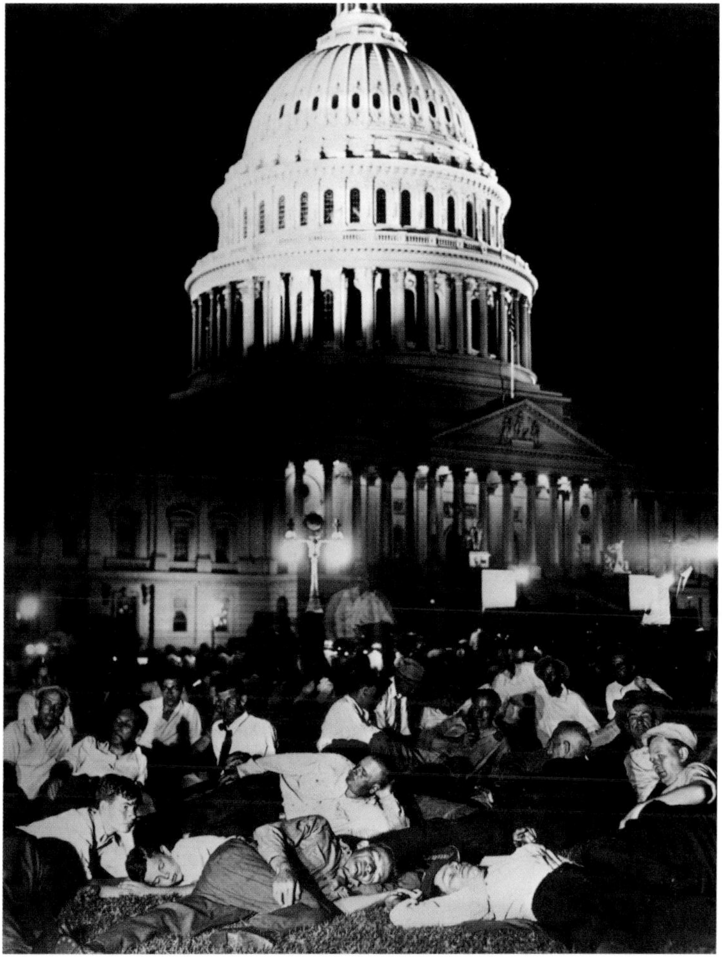

Members of the 'Bonus Army', World War I veterans who demanded payment of a war 'bonus' promised by Congress, camp out on the grounds of the Capitol, July 1932.

Los miembros del "Bonus Army", veteranos de la Primera Guerra Mundial que reclamaban el cobro de las promesas de bonificación *(bonus)* del Congreso, acampan en las inmediaciones del Capitolio, julio de 1932.

Membri della "Bonus Army", veterani della prima guerra mondiale, che reclamavano il pagamento del "bonus" promesso dal Congresso, accampati di fronte al Campidoglio, luglio 1932.

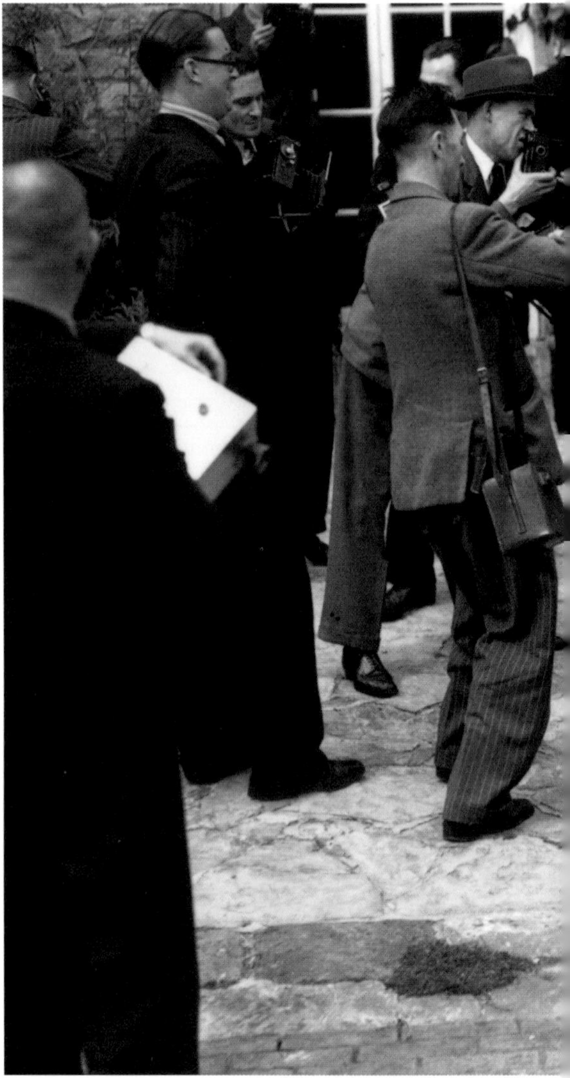

The Duke and Duchess of Windsor (formerly Edward VIII and Mrs Simpson) pose at their temporary home in Sussex, 1939. Their wish to marry led to the abdication crisis three years earlier. Churchmen, politicians and newspaper owners objected to the king marrying a divorced American commoner.

El duque y la duquesa de Windsor (anteriormente, Eduardo VIII y Mrs Simpson) posan en su residencia temporal de Sussex, 1939. Su deseo de casarse le llevó a abdicar tres años antes. La Iglesia, los políticos y los magnates de la prensa se oponían a la boda del rey con una plebeya norteamericana divorciada.

Il duca e la duchessa di Windsor (già Edoardo VIII e Mrs Simpson) posano per i fotografi davanti alla loro residenza provvisoria nel Sussex, 1939. Il loro desiderio di sposarsi aveva costretto il re all'abdicazione tre anni prima. La Chiesa, i politici e i magnati della stampa si erano opposti al matrimonio del monarca con una borghese americana, per di più divorziata.

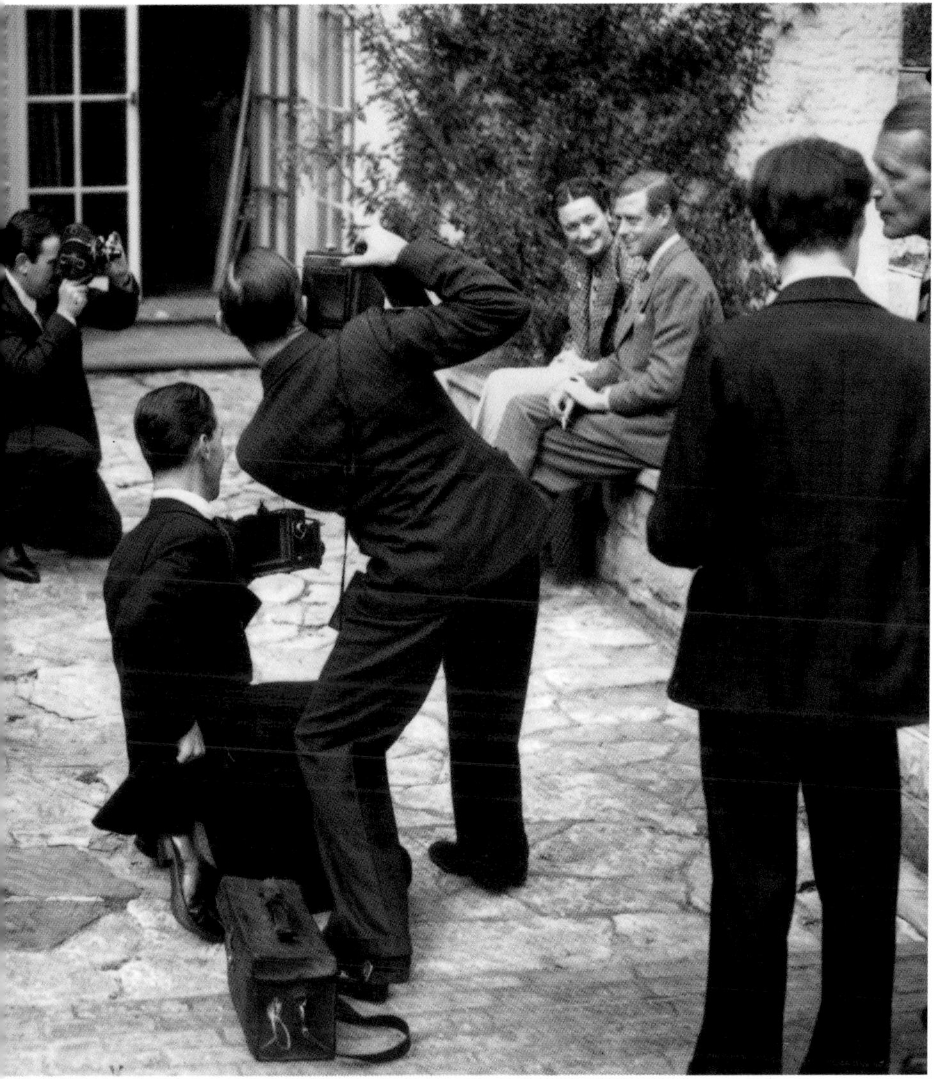

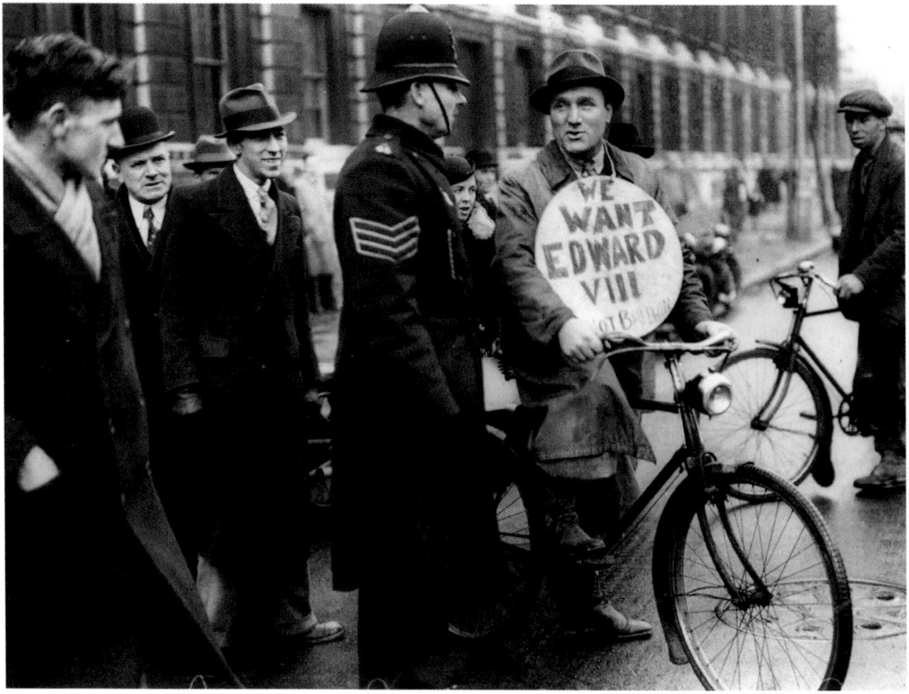

A demonstrator in Downing Street, London, during the abdication crisis, December 1936. Although the British press had agreed not to report what was happening, there had been enormous public speculation as to the future of Edward VIII, Mrs Simpson and the monarchy.

Un manifestante en Downing Street, Londres, durante la crisis causada por la abdicación, diciembre 1936. Aunque la prensa se negó a informar sobre los hechos, había una gran expectación pública por el futuro de Eduardo VIII, Mrs Simpson y la monarquía.

Manifestanti a Downing Street, Londra, durante la crisi dell'abdicazione, dicembre 1936. La stampa britannica aveva accettato di non divulgare nessuna informazione a questo proposito, ma l'opinione pubblica si abbandonò a ogni genere di congettura circa l'avvenire di Edoardo VIII, di Mrs Simpson e della monarchia.

Patrick McMahon is arrested after trying to shoot Edward VIII at Constitution Hill, London, in July 1936.

Patrick McMahon es arrestado por haber intentado disparar contra Eduardo VIII en Constitution Hill, Londres, en julio de 1936.

Patrick McMahon viene arrestato dopo avere tentato di sparare a Edoardo VIII a Constitution Hill, Londra, nel luglio 1936.

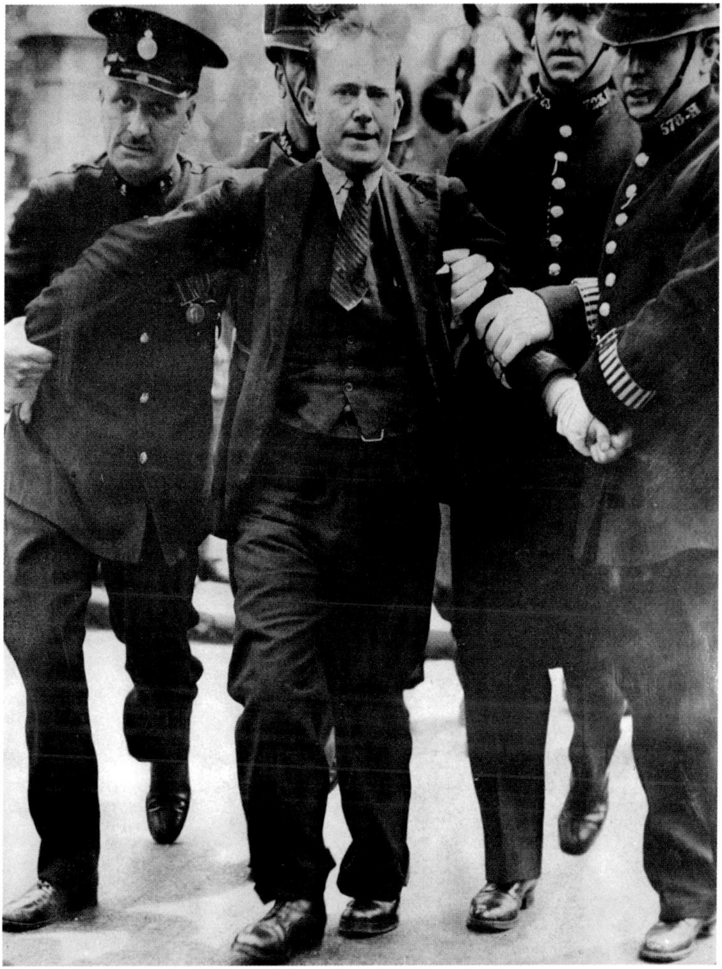

4. Leisure
Ocio
Tempo libero

June 1939. Girls at summer school, Dymchurch, south of England. It was the last summer for six years when children would be free to visit any of the Channel seaside resorts or beaches.

Junio de 1939. Chicas en una colonia de verano en Dymchurch, sur de Inglaterra. Ese fue el último verano en el que los niños pudieron visitar libremente las playas del canal de la Mancha, ya que luego fue zona de defensa durante seis años.

Giugno 1939. Ragazze di una colonia a Dymchurch, nel sud dell'Inghilterra. Fu l'ultima estate per sei anni in cui i bambini poterono aproffittare delle stazioni balneari e delle spiagge della Manica.

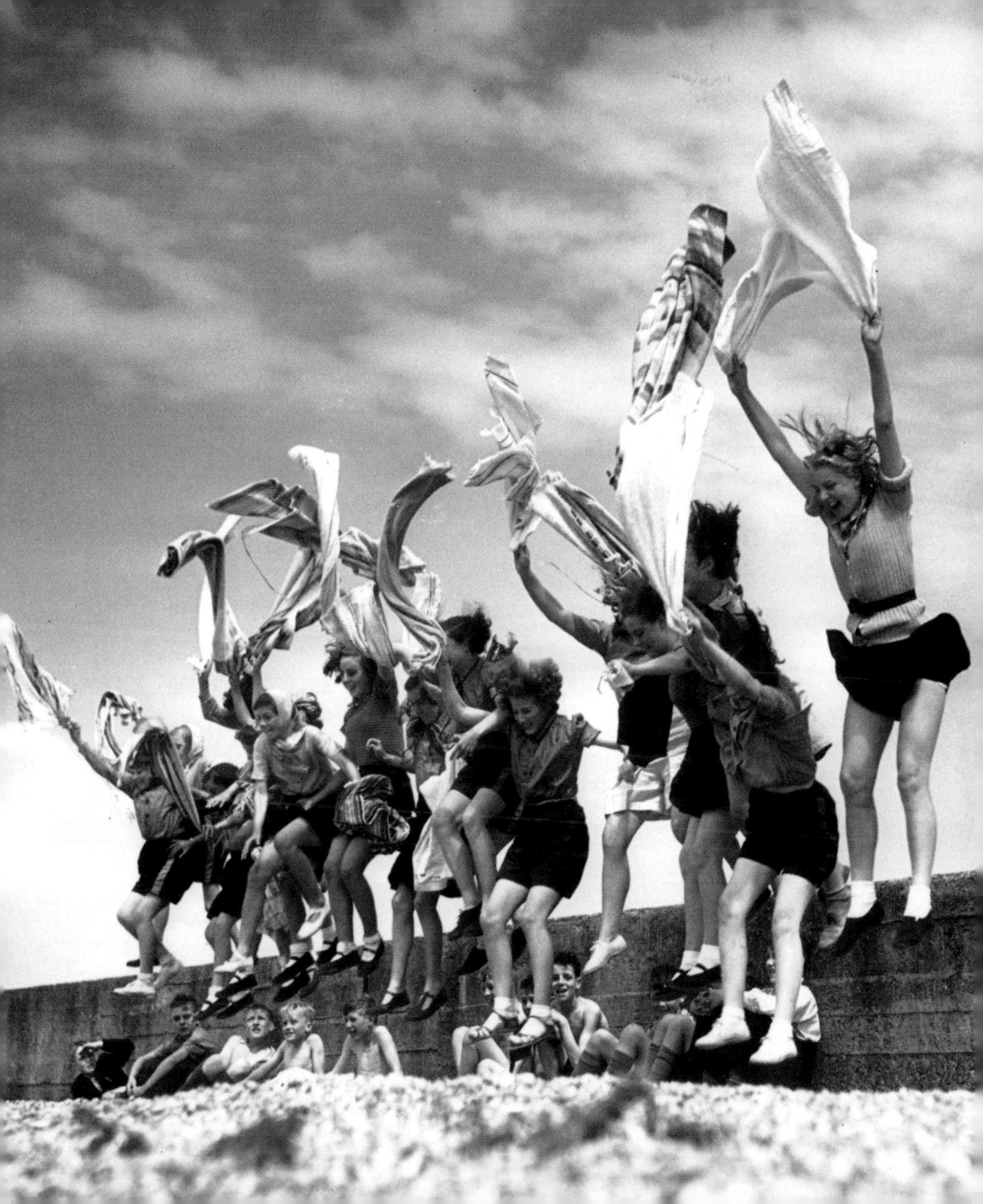

4. Leisure
Ocio
Tempo libero

In 1930 Harry Kessler wrote of a new feeling that had grown up since the end of World War I: 'To enjoy the light, the sun, happiness, their own bodies… a popular movement has taken hold of all the young people of Germany.'

This new feeling was widespread. Millions were looking for fun – by which they meant good, clean, healthy fun – something more wholesome than what the jazz-mad Twenties had lusted after. They believed that they had found it in Leagues of Health and Beauty, in New Age Dance Movements, in listening to their souls, in allowing the rhythms of the earth to enter their bodies through the soles of their feet.

Much of it was spurious, some of it was on the insane side of bizarre, but, for the first time since the days of the Romans and Ancient Greeks, the ordinary people of the Western world had rediscovered the notion of *mens sana in corpore sano* ('a healthy mind in a healthy body'). Maidens leapt to the music of pipes and flutes. Naturism thrived.

If such athleticism was too much for some, there was fun and fulfilment to be found in the less exacting day trip. A quick paddle and some sea air did as much good for the spirit as any amount of Swedish drill.

En 1930, Harry Kessler escribió sobre un nuevo sentimiento que había aparecido con el fin de la Primera Guerra Mundial: "Disfrutar la luz, el sol, la felicidad, el propio cuerpo... un movimiento popular se ha apoderado de la juventud alemana".

Ese nuevo sentimiento se extendía y millones de personas buscaban diversión, entendida como una diversión sana, algo más completa que la de los años veinte, locos por el jazz. Creían que la habían encontrado con las ligas de salud y belleza, los movimientos de danza para una nueva era, escuchando sus almas, permitiendo que los ritmos de la Tierra entraran en sus cuerpos a través de las plantas de los pies.

Una gran parte de estos conceptos eran falsos y extraños, pero, por primera vez desde los tiempos de las antiguas Grecia y Roma, la gente normal del mundo occidental redescubrió la noción de *mens sana in corpore sano*. Las chicas bailaban al son de las flautas y el naturismo florecía por todas partes.

Los que consideraban exageradas estas manifestaciones, creían que también podían encontrar la diversión en excursiones. Un baño y el aire del mar podían ser tan buenos para el espíritu como la gimnasia sueca.

Nel 1930, Harry Kessler descriveva un nuovo sentimento comparso alla fine della prima guerra mondiale: "Godersi la luce, il sole, la gioia di vivere, il proprio corpo… un movimento popolare che si era impadronito di tutti i giovani della Germania."

Questo nuovo stato d'animo era generale. Milioni di persone aspiravano al divertimento, a un divertimento che fosse però sano, pulito, sportivo, a qualche cosa di più consistente della follia degli anni Venti. Pensavano di averlo trovato nelle associazioni di salute e bellezza, nei movimenti di danza per una nuova era, ascoltando la propria anima e permettendo ai ritmi della terra di penetrare nei loro corpi attraverso i piedi.

Gran parte di tutto ciò era falso, per non dire bizzarro, ma per la prima volta dai tempi degli antichi greci e romani la gente comune del mondo occidentale riscopriva il concetto di *mens sana in corpore sano*. Le ragazze ballavano al suono delle cornamusa e dei flauti e il naturismo prendeva piede un po' ovunque.

Gli indifferenti a questo genere di espressività corporea si abbandonavano al piacere meno impegnativo, ma altrettanto soddisfacente, dell'escursionismo. Un bagno veloce e un po' d'aria fresca in riva al mare rinvigorivano lo spirito tanto quanto qualsiasi altro esercizio in voga all'epoca.

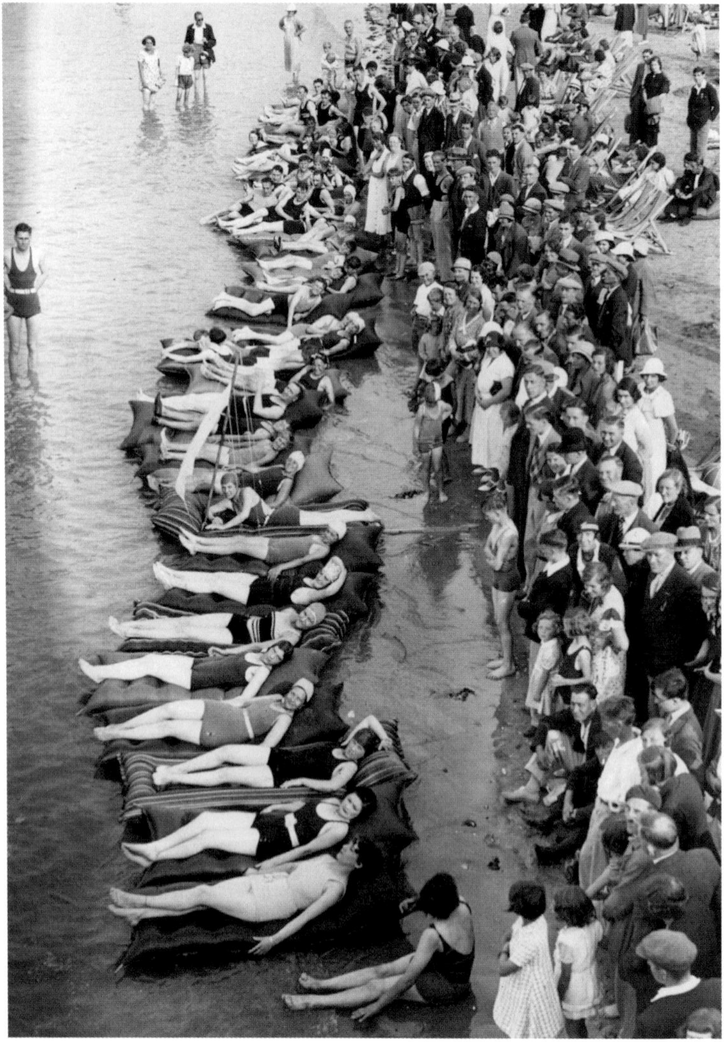

September 1934.
A seaside novelty – inflated airbeds on the beach at Margate, England.

Septiembre de 1934.
Una novedad llega a las playas: colchonetas hinchables en la playa de Margate, Inglaterra.

Settembre 1934.
Novità in riva al mare – materassini gonfiabili sulla spiaggia di Margate, Inghilterra.

Kurt Hutton's classic photograph of two young women on the merry-go-round at Southend Fair, England, 1939.

Una fotografía clásica de Kurt Hutton en la que aparecen dos jóvenes en una atracción de la feria de Southend, Inglaterra, 1939.

Una celebre foto di Kurt Hutton che mostra due giovani donne su una giostra alla fiera di Southend, Inghilterra, 1939.

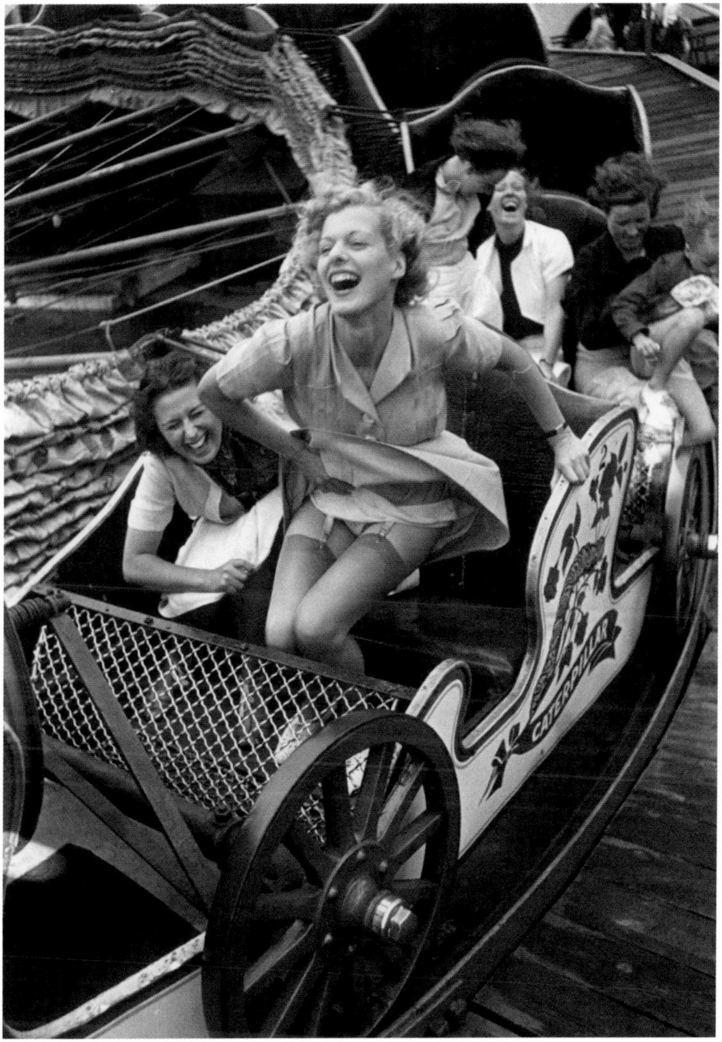

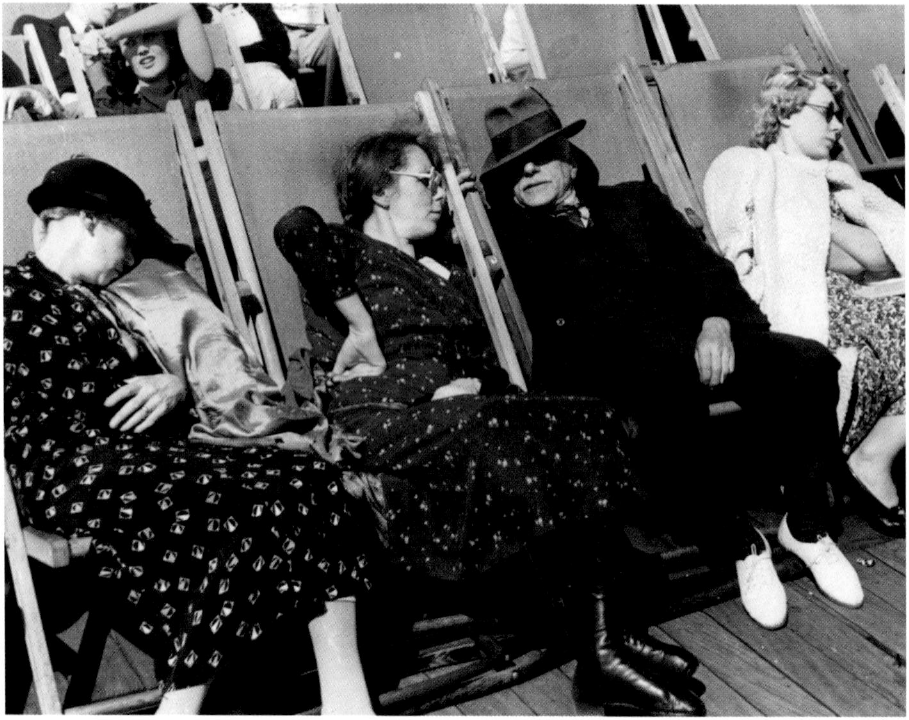

July 1939. Deckchair slumber, Blackpool. This was the biggest and brashest of Britain's seaside resorts, though often far from warm. As comedian George Formby observed: 'They call it breezy Blackpool as everybody knows. We don't know where the wind comes from but we all know where it goes.'

Julio de 1939. Siesta en las tumbonas, Blackpool. Ésta era la más grande y bulliciosa de todas las localidades turísticas de Gran Bretaña, aunque apenas hacía calor. El humorista George Formby comentó: "Lo llaman el ventoso Blackpool. No sabemos de dónde viene el viento, pero sí sabemos a dónde va".

Luglio 1939. Siesta sulla sedia a sdraio a Blackpool, la più grande e animata stazione balneare britannica, anche se non vi faceva spesso molto caldo. L'umorista George Formby commentava: "È detta Blackpool la ventosa, come tutti sanno. Non si sa da dove soffi il vento, ma si sa dove vada."

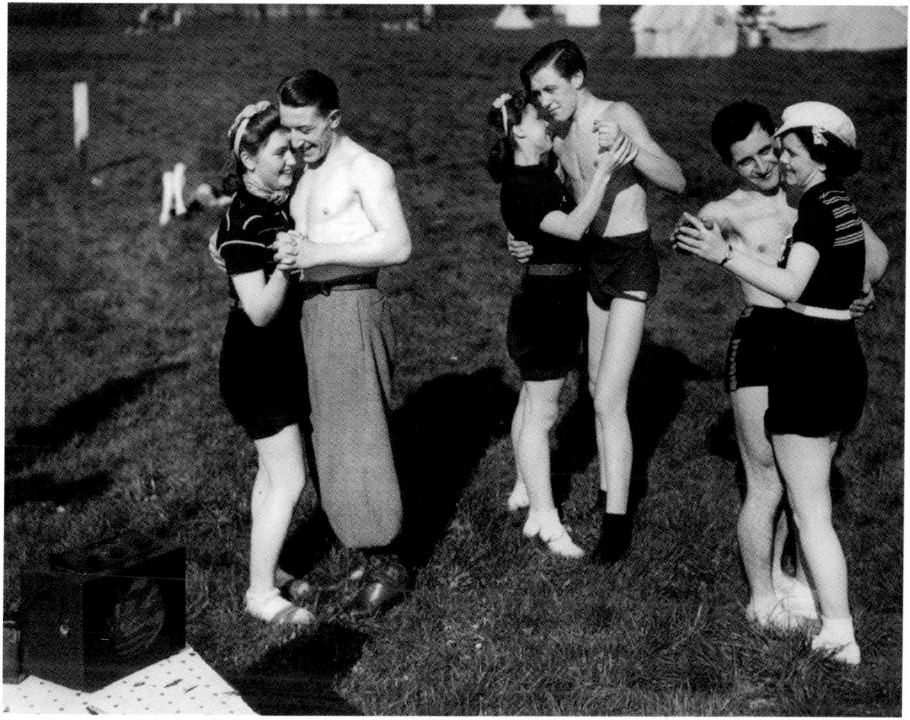

Easter 1939. Holiday couples at Runnymede camp, near London, dance to the music of a wind-up gramophone. Dancing reached the peak of its popularity in the Thirties, with couples dancing in fields, trains, on the roofs of cars, the streets, and at home.

Pascua de 1939. Parejas bailando con la música de un gramófono en Runnymede Camp, cerca de Londres. El baile alcanzó su momento más álgido de popularidad en los años treinta, cuando las parejas bailaban en los campos, en los trenes, sobre los coches, en la calle y en casa.

Pasqua 1939, Runnymede Camp, vicino a Londra. Coppie che ballano al suono di un grammofono. La danza non fu mai così popolare come negli anni Trenta. La gente ballava nei campi, sui treni, sui tetti delle auto, in strada o a casa propria.

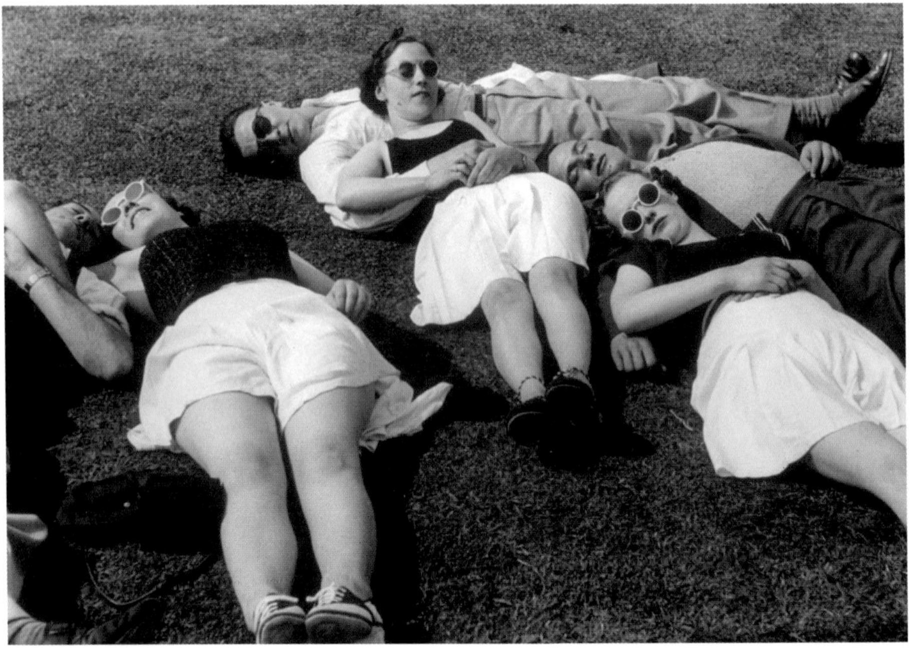

The joys of Butlin's holiday camp, Skegness, August 1939. Skegness, on the North Sea coast of England, was something of a joke as a resort – thanks largely to a railway poster which (correctly) proclaimed, 'Skegness is so bracing!'

Los placeres de los lugares de veraneo (di Butlin), agosto de 1939. La localidad de Skegness, en la costa norte de Inglaterra, aspiraba a ser un centro turístico gracias, en gran parte, a un cartel de su estación ferroviaria que afirmaba (no sin razón): "¡Skegness es tan vivificante!".

Relax al campo estivo di Butlin, Skegness, agosto 1939. Situata sulla costa inglese del mare del Nord, Skegness aspirava al titolo di stazione balneare – grazie anche a un cartellone pubblicitario delle ferrovie che (giustamente) dichiarava: "Skegness è talmente vivificante!"

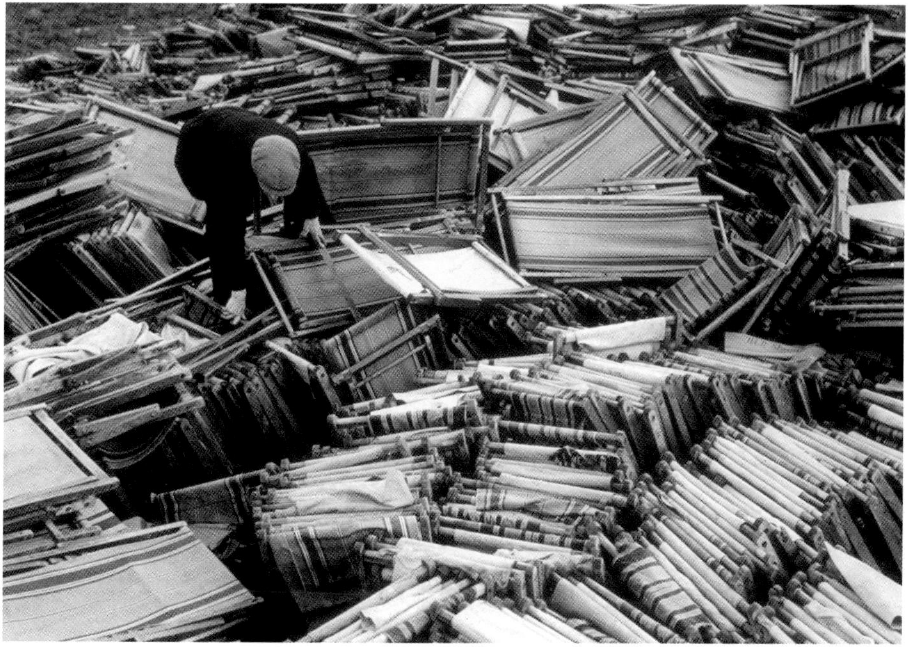

Easter Bank Holiday preparations, Barry Island, South Wales, 1937. Barry Island was a real bucket-and-spade resort, sandwiched between the docks and the sea, and enormously popular with miners and their families from the valleys of South Wales.

Preparando las vacaciones de Pascua en Barry Island, sur de Gales, 1937. Barry Island era el lugar adecuado para ir con el cubo y la pala, ya que se encontraba entre los muelles y el mar, y era enormemente popular entre las familias de mineros de los valles del sur de Gales.

Preparativi per le vacanze di Pasqua, Barry Island, Galles del Sud, 1937. Incuneata tra i moli e il mare, Barry Island era il posto ideale per giocare con la sabbia ed era molto apprezzata dalle famiglie dei minatori delle valli del sud del Galles.

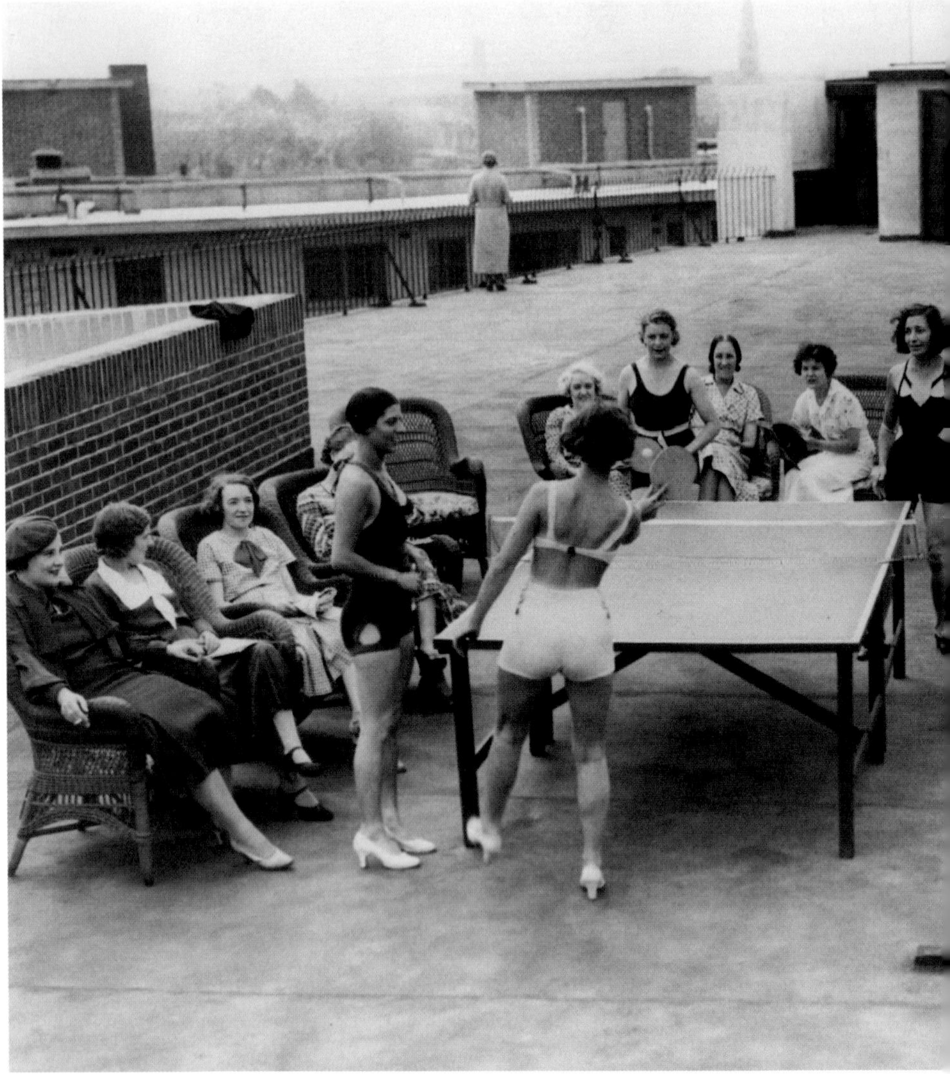

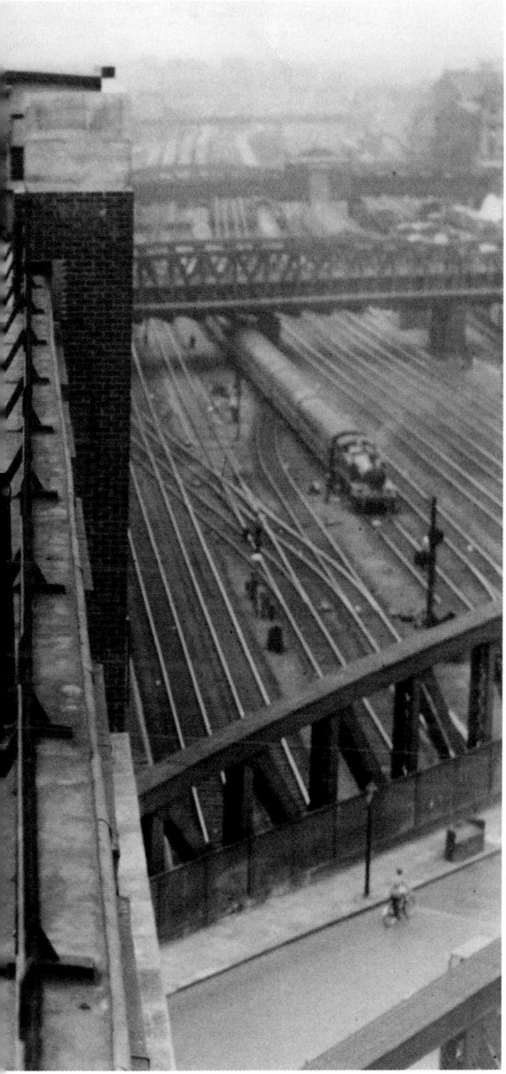

Table tennis on the rooftop of a London hostel, August 1935. The hostel was for women who worked in the refreshment rooms at Paddington Station, London. Their work required an early start and a late finish, so they lived close by.

Una partida de ping-pong en el tejado de un hotel de Londres, agosto de 1935. Era un hotel para mujeres que trabajaban en restaurantes y bares de la estación de Paddington, Londres. Empezaban su trabajo temprano y terminaban tarde, por lo que tenían que vivir cerca de la estación.

Ping-pong sul tetto di un albergo di Londra, agosto 1935. Questo albergo era riservato alle donne che lavoravano nei locali di ristoro della stazione di Paddington a Londra. Iniziavano presto e finivano tardi, per questo erano alloggiate lì vicino.

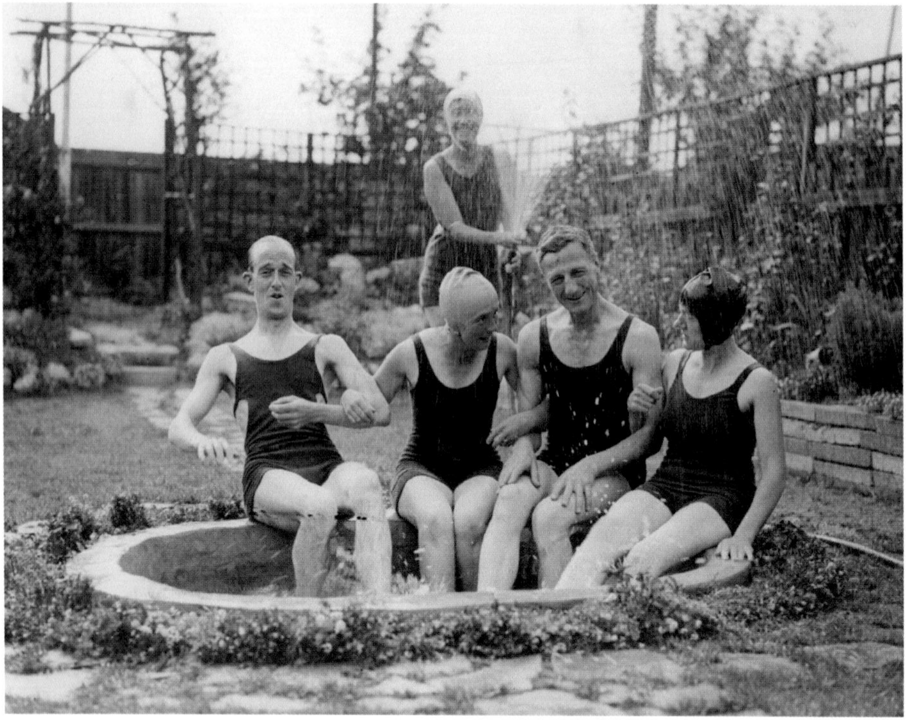

Suburban oasis – residents of Streatham in South London keep cool in their garden pond, August 1933. It was a wonderful summer of hot, cloudless days.

Oasis en el extrarradio. Habitantes de Streatham, en el sur de Londres, se refrescaban en el estanque de su jardín, agosto de 1933. Era un verano maravilloso, caluroso y sin nubes.

Oasi suburbana. Abitanti di Streatham nel sud di Londra si rinfrescano nella piscinetta del loro giardino, agosto 1933. Fu un'estate magnifica, calda e senza nuvole.

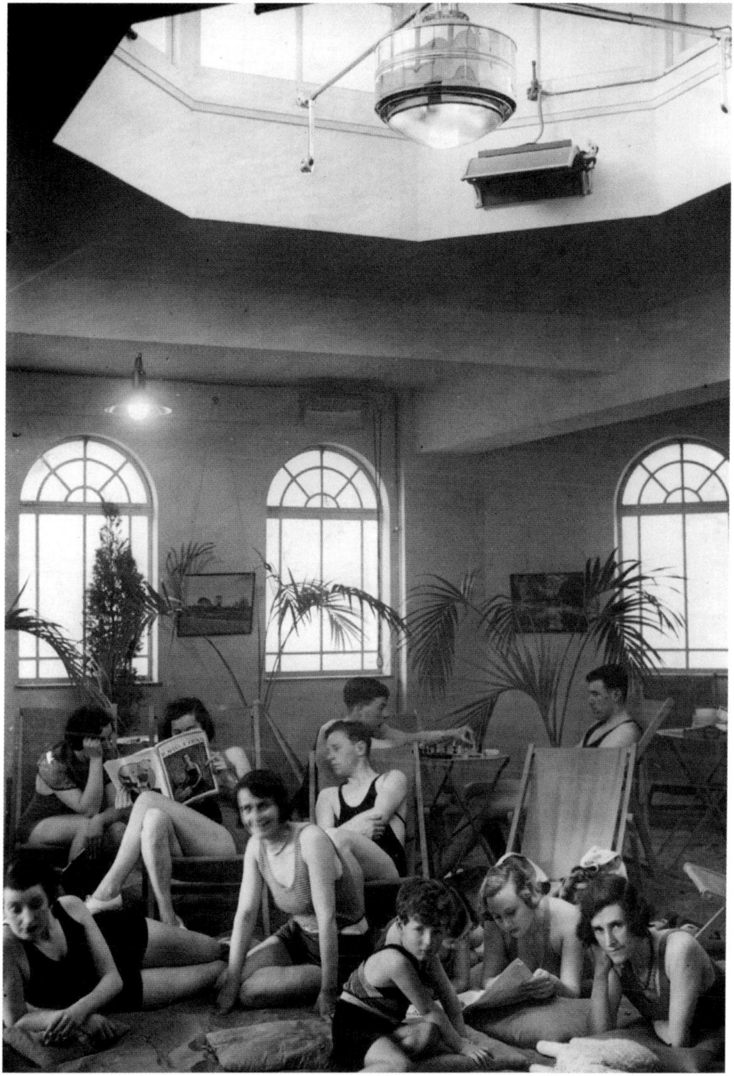

The delights of the solarium at Poole, Dorset, March 1933. The sun and its 'health-giving rays' were almost worshipped in the Thirties.

Las delicias del solarium en Poole, Dorset, marzo de 1933. El sol y los rayos portadores de salud eran casi venerados en los años treinta.

I piaceri del solarium di Poole, Dorset, marzo 1933. Negli anni Trenta c'era una vera e propria venerazione per il sole e i suoi salubri raggi.

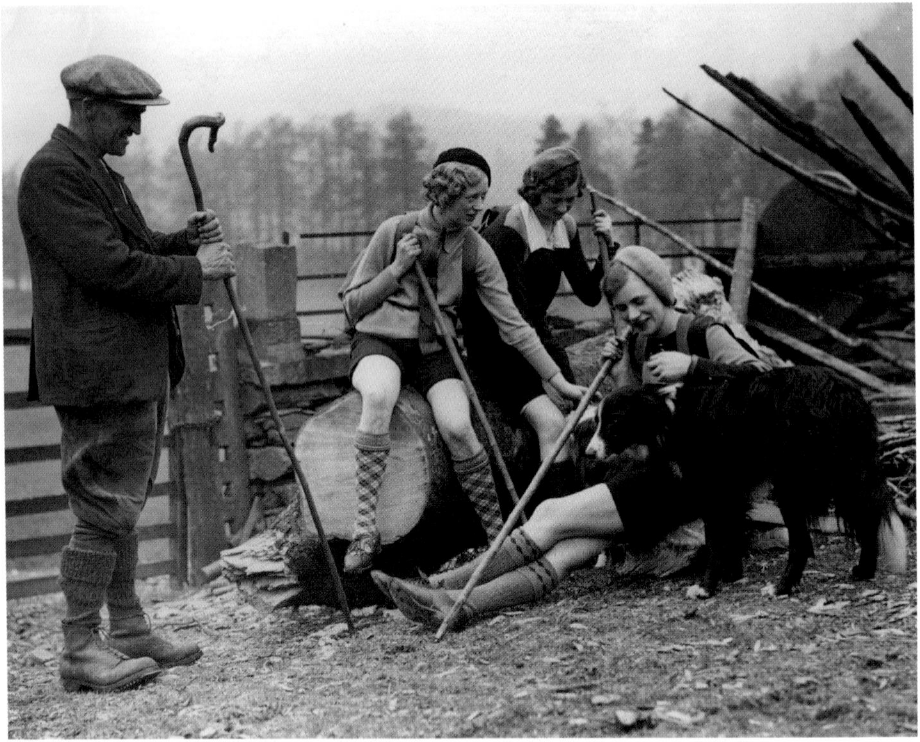

Young hikers in the Lake District of England, 1935. Walking, rambling, and climbing attracted thousands of people. Battles were fought to gain public access to moorland and hillside.

Jóvenes excursionistas en la región de los lagos (Lake District) de Inglaterra, 1935. Miles de personas se entusiasmaban por las excursiones a pie y la escalada. Había auténticas batallas para conseguir el acceso del público a los páramos y a las colinas.

Giovani escursionisti nella regione dei laghi (Lake District), Inghilterra, 1935. Migliaia di persone si entusiasmavano per le camminate, le escursioni e le scalate. Ci si batté per permettere l'accesso del pubblico alle brughiere e alle colline.

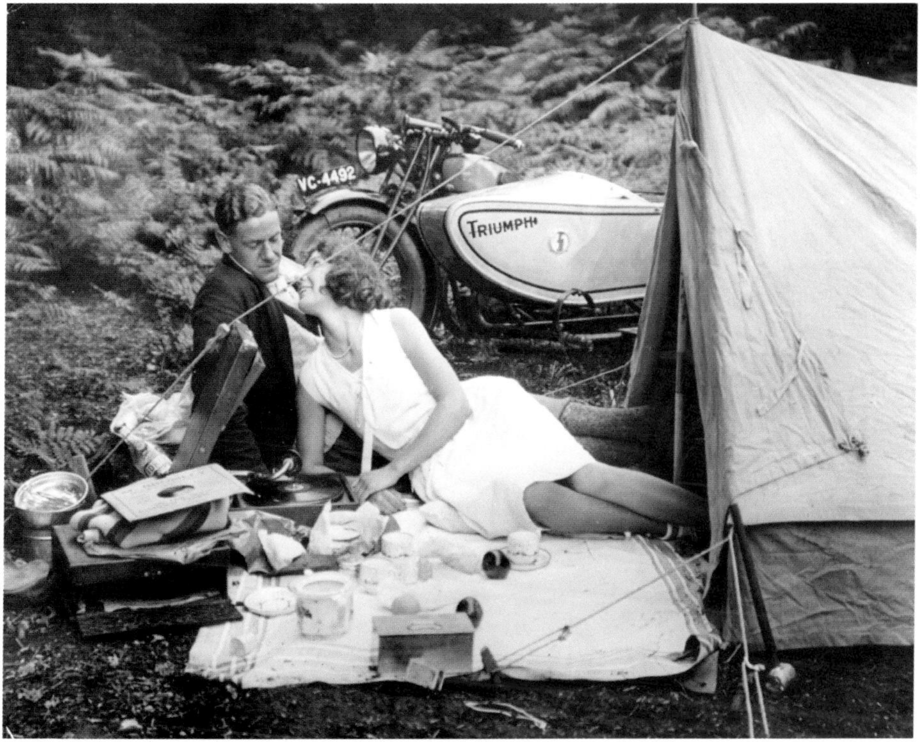

Picnicking outside a tent, 1935. In the Thirties, the joys of open-air life were experienced for the first time by millions of ordinary people. Camping was no longer confined to the Boy Scouts.

Picnic delante de una tienda de campaña, 1935. En los años treinta, millones de personas experimentaban por primera vez los placeres de la vida al aire libre. Las acampadas ya no eran sólo cosa de *boy scouts*.

Pic-nic davanti alla tenda, 1935. I piaceri della vita all'aria aperta furono negli anni Trenta condivisi per la prima volta da milioni di persone. Il campeggio non fu più una prerogativa solo dei boy-scout.

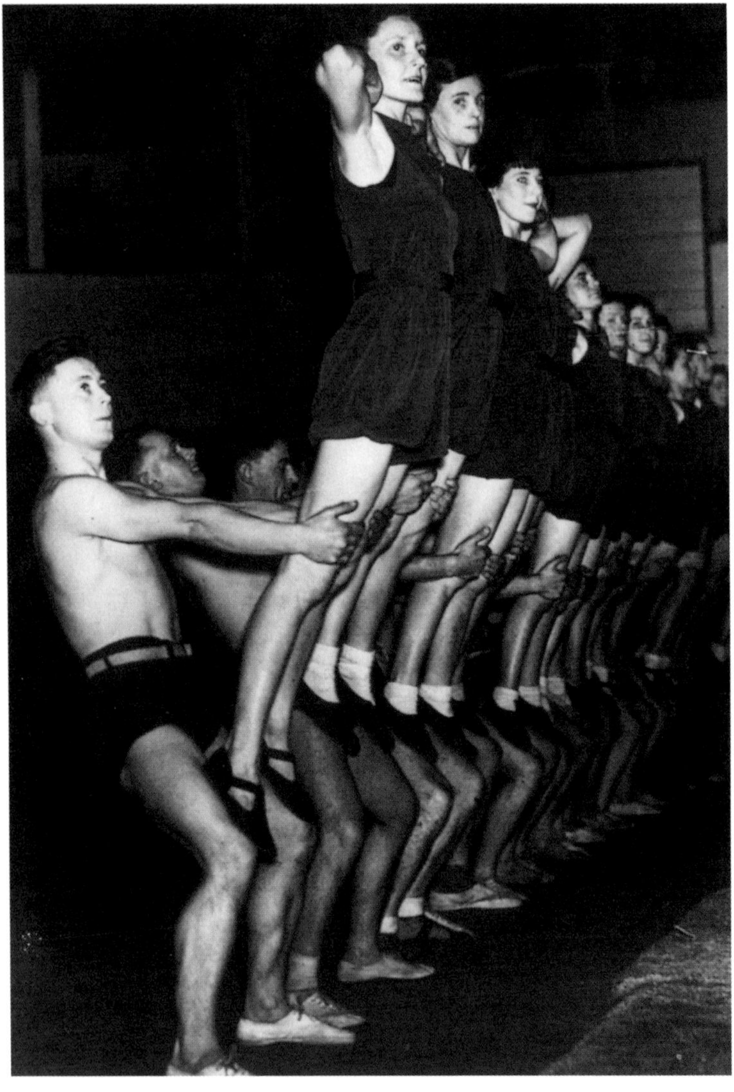

March 1939. Members of the Manchester YMCA practise for a display of physical fitness at the Free Trade Hall.

Marzo de 1939. Los miembros del YMCA (asociación de jóvenes cristianos) de Manchester practican para una demostración de forma física en el Free Trade Hall.

Marzo 1939. Membri dell'YMCA di Manchester provano in vista di un'esibizione al Free Trade Hall.

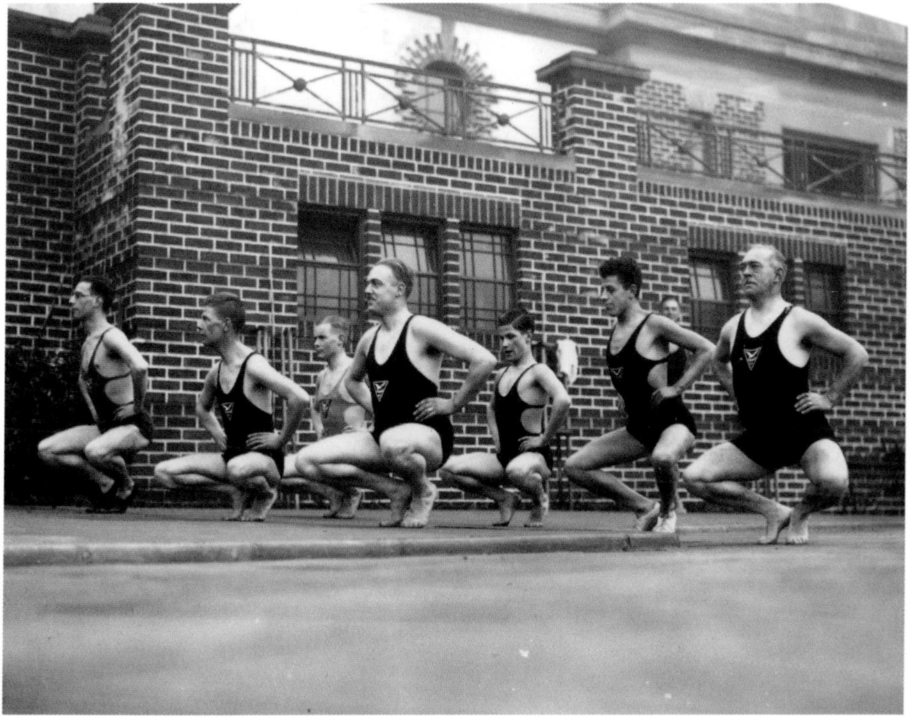

Southport, Lancashire, 1931. The Albatross Swimming Club limber up at an open-air seawater bathing pool.

Southport, Lancashire, 1931. Miembros del club de natación Albatross realizan estiramientos junto a una piscina con agua de mar descubierta.

Southport, Lancashire, 1931. Esercizi di riscaldamento per alcuni membri del centro di nuoto Albatross in una piscina scoperta di acqua di mare.

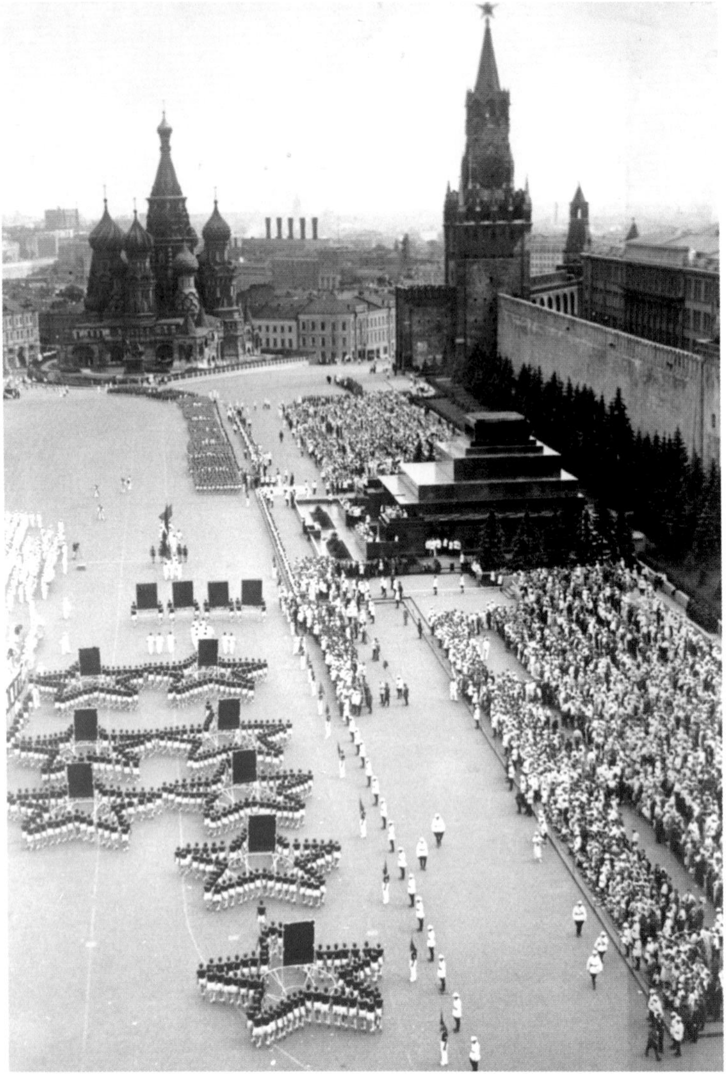

Red Square, Moscow, 1937. The Locomotive Sports Club parade in star formation at a display by 40,000 young people.

La Plaza Roja de Moscú, 1937. El club deportivo Locomotive desfila en formación de estrella ante 40.000 personas.

Piazza Rossa, Mosca, 1937. Il centro sportivo La Locomotiva sfila con una formazione a stella durante una manifestazione di 40.000 giovani.

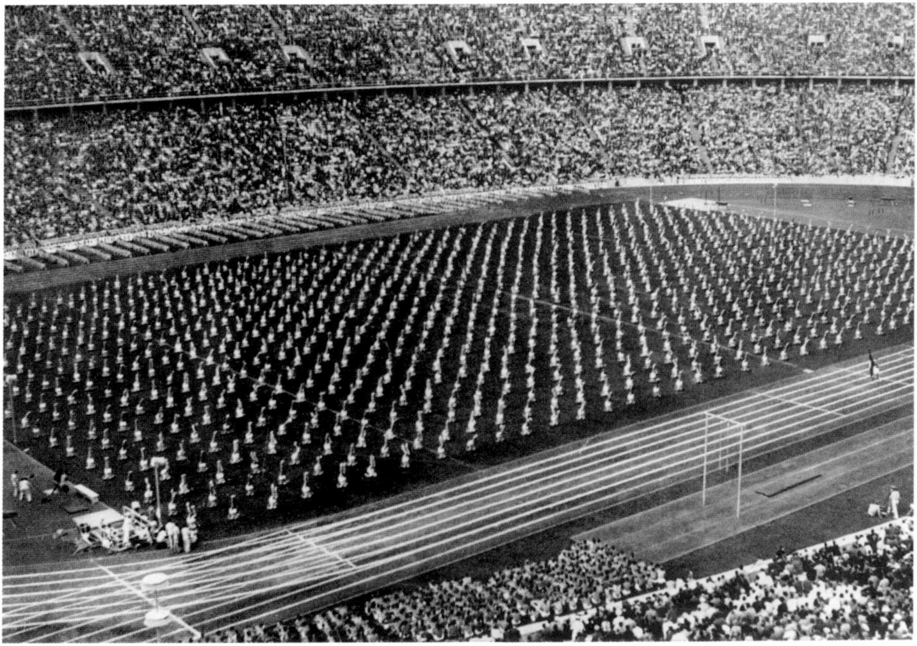

German precision gymnasts at the Berlin Olympics, 1936. Hitler believed that the Olympic movement was a 'piece of theatre inspired by the Jews'. Goebbels persuaded him that staging the Games in Berlin would be in keeping with the notion of 'Strength through Joy'.

La precisión de los gimnastas alemanes en los Juegos Olímpicos de Berlín de 1936. Hitler creía que el movimiento olímpico era "una obra de teatro inspirada por los judíos". Goebbels le convenció de que una olimpiada en Berlín ilustraría el lema alemán "fuerza por la alegría".

La precisione dei ginnasti tedeschi alle Olimpiadi di Berlino, 1936. Hitler pensava che il movimento olimpico fosse 'uno spettacolo inventato dagli ebrei'. Goebbels riuscì a convincerlo che lo svolgimento dei giochi olimpici a Berlino avrebbero dimostrato il concetto di "Forza attravreso la Gioia".

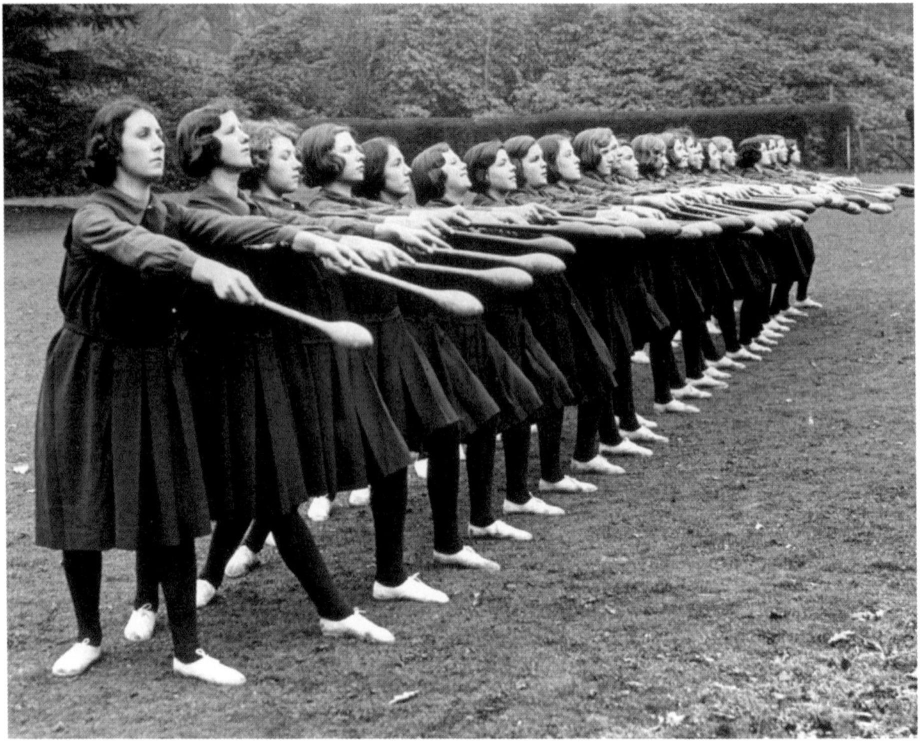

Going out clubbing, 1932. Novelist Richmal Crompton described the then popular Leagues of Health and Beauty as 'a miscellaneous assortment of weedy individuals who wore strange garments and ran through the village with skipping-ropes and Indian clubs' – *He Who Fights*.

Paso de baile, 1932. En *He Who Fights,* el novelista Richmal Crompton describió las populares ligas de salud y belleza como "una miscelánea de gentes que visten ropas extrañas y corren por el pueblo con combas y mazas".

Esercizi con le clave, 1932. In *He Who Fights*, il romanziere Richmal Crompton descriveva le associazioni di salute e bellezza, allora in voga, come "un assortimento di persone allampanate, stranamente abbigliate, che correvano attraverso i villaggi con corde e clave".

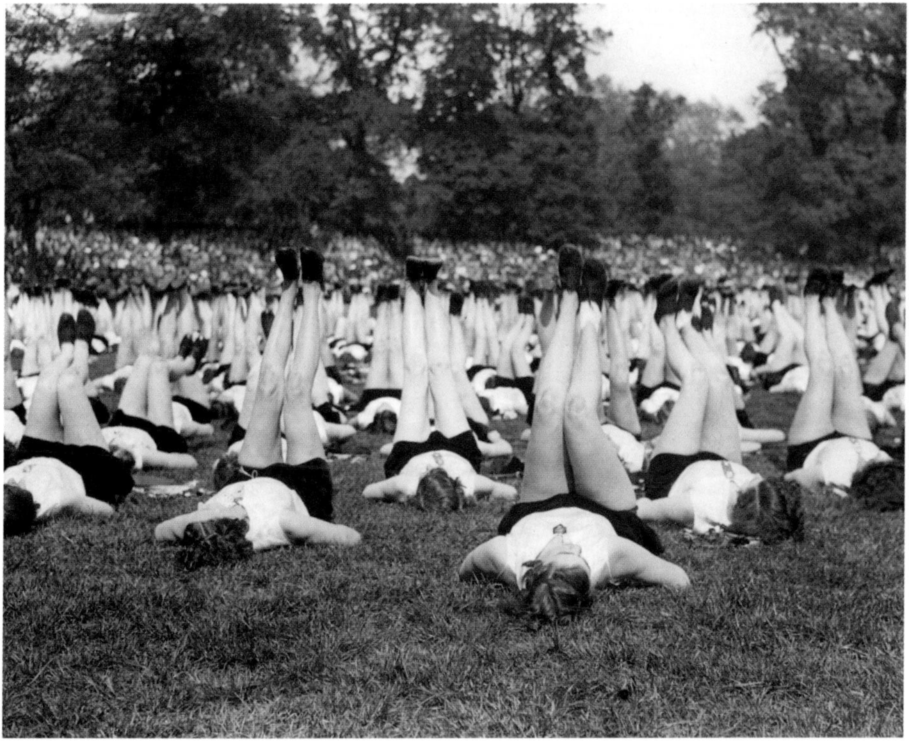

May 1935. The Women's League of Health and Beauty on parade in Hyde Park, London. This particular drill was described as the 'flat back and slim waist' exercise.

Mayo de 1935. Una liga de salud y belleza femenina en Hyde Park, Londres. Este ejercicio se denominaba "vientre plano y cintura fina".

Maggio 1935. Un'associazione di salute e bellezza si esibisce a Hyde Park, Londra. Questo particolare esercizio era descritto come "ventre piatto e vita sottile".

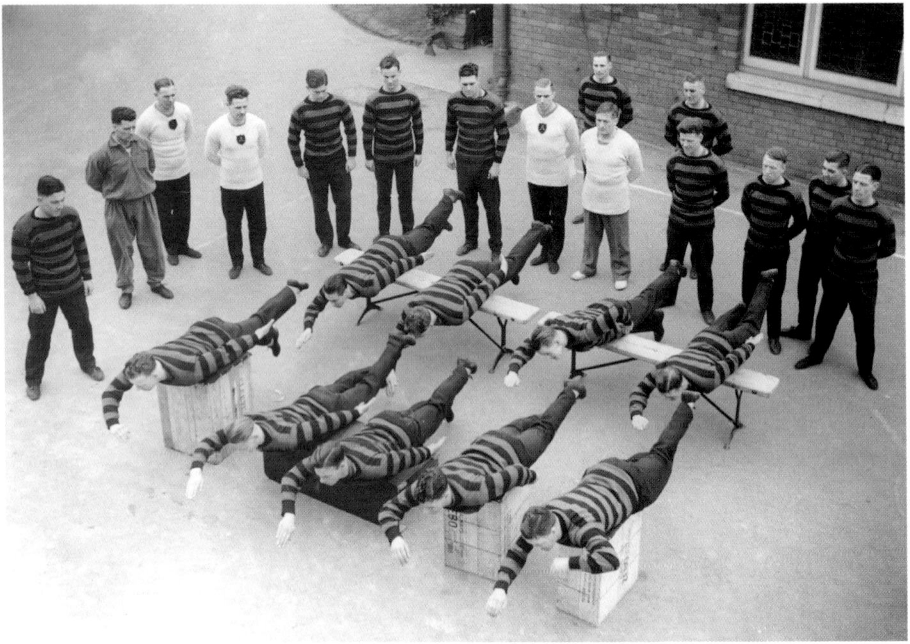

Fitness for the Forces. British soldiers stationed at Aldershot practise their swimming movements on dry land, March 1936. Aldershot is 30 miles from the sea.

Tropas en forma. Soldados británicos de la base de Aldershot practican movimientos de natación, marzo de 1936. La base estaba a unos 50 kilómetros del mar.

Allenamento delle truppe. Soldati britannici della base di Aldershot compiono alcuni movimenti di nuoto, marzo 1936. Aldershot si trovava a circa 50 chilometri dal mare.

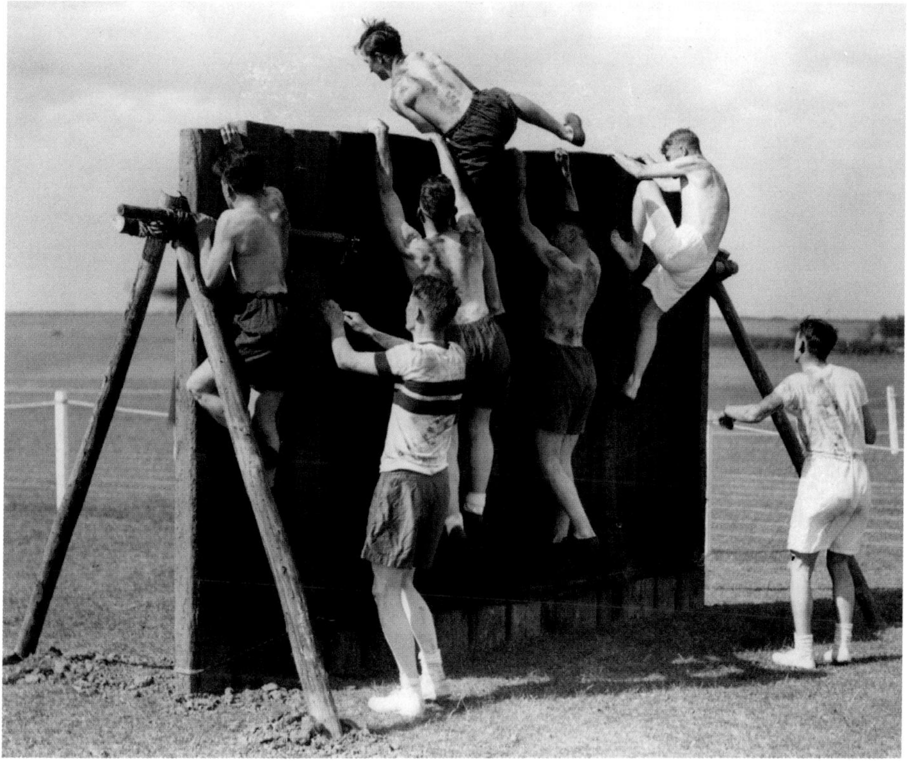

Fitness for the Forces. Servicemen with the Royal Air Force tackle the eight-foot (2.5-metre) wall on an obstacle course at Accrington, July 1939.

Tropas en forma. Militares de la Royal Air Force (fuerzas aéreas británicas) escalan un muro de 2,5 metros en una carrera de obstáculos en Accrington, julio de 1939.

Allenamento delle truppe. Militari della Royal Air Force tentano di scalare un muro alto 2,5 metri durante una corsa a ostacoli nel campo sportivo di Accrington, luglio 1939.

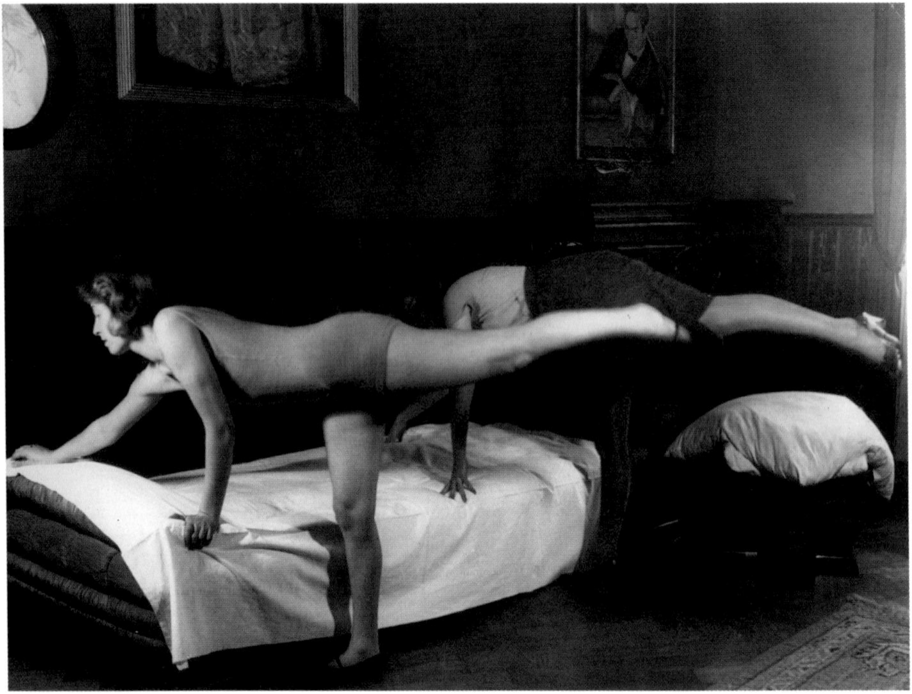

Health through Housework, 1935. The text that originally accompanied this photograph suggested that bed-making could be done in a way that would tone the muscles of the body. Presumably you recovered by lying on the bed afterwards.

Las labores del hogar mantienen en forma, 1935. El texto que originariamente acompañaba a esta fotografía sugería que se podían hacer las camas de forma que se tonificaran los músculos. Seguramente, uno se podía recuperar luego tumbándose en la cama.

In forma con i lavori domestici, 1935. La didascalia originaria di questa foto suggeriva che rifare i letti era un ottimo modo di rassodare i muscoli del corpo. Non precisava se poi per riprendersi era necessario distendersi.

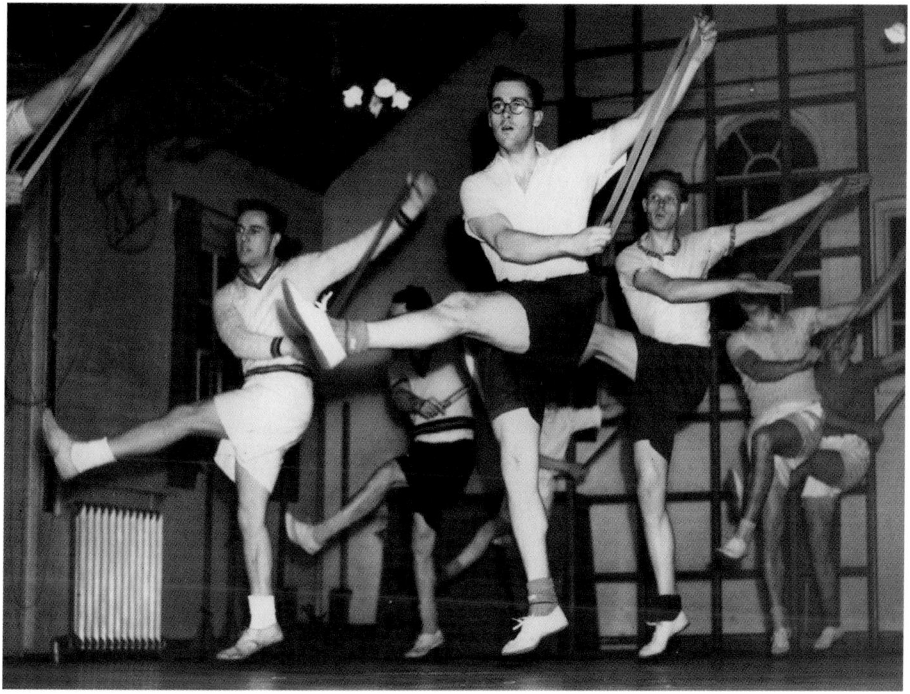

February 1939. The Cambridge University Boat Race team join a training session of Swedish dancing. They won the race for the 14th time in 15 years.

Febrero de 1939. El equipo de remo de la universidad de Cambridge participa en una sesión de danza sueca. Ganaron la carrera por decimocuarta vez en quince años.

Febbraio 1939. La squadra di canottieri dell'università di Cambridge durante un allenamento di ginnastica svedese. Vinsero la gara per la 14ª volta in 15 anni.

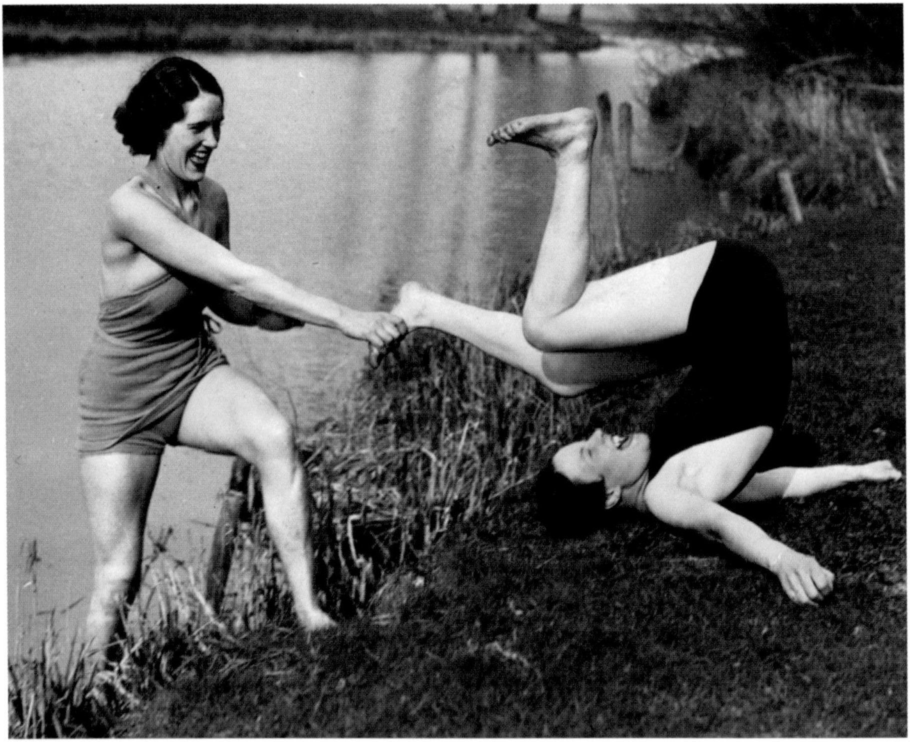

Easter 1938. Fresh air and fun on the banks of the River Arun, West Sussex. Comedian Joyce Grenfell remarked, 'Our time in the water was strictly controlled. Some of us tended to turn blue if left in too long.'

Pascua de 1938. Aire fresco y diversión a las orillas del río Arun, en el oeste de Sussex. La actriz de comedia Joyce Grenfell comentó: "El tiempo que pasábamos en el agua estaba estrictamente controlado. Algunos se ponían azules si estaban demasiado tiempo".

Pasqua 1938. Divertimento all'aperto in riva al fiume Arun, West Sussex. L'attrice Joyce Grenfell diceva: "Il tempo che trascorrevamo in acqua doveva essere attentamente controllato. Alcuni di noi diventavano cianotici se vi restavano troppo a lungo".

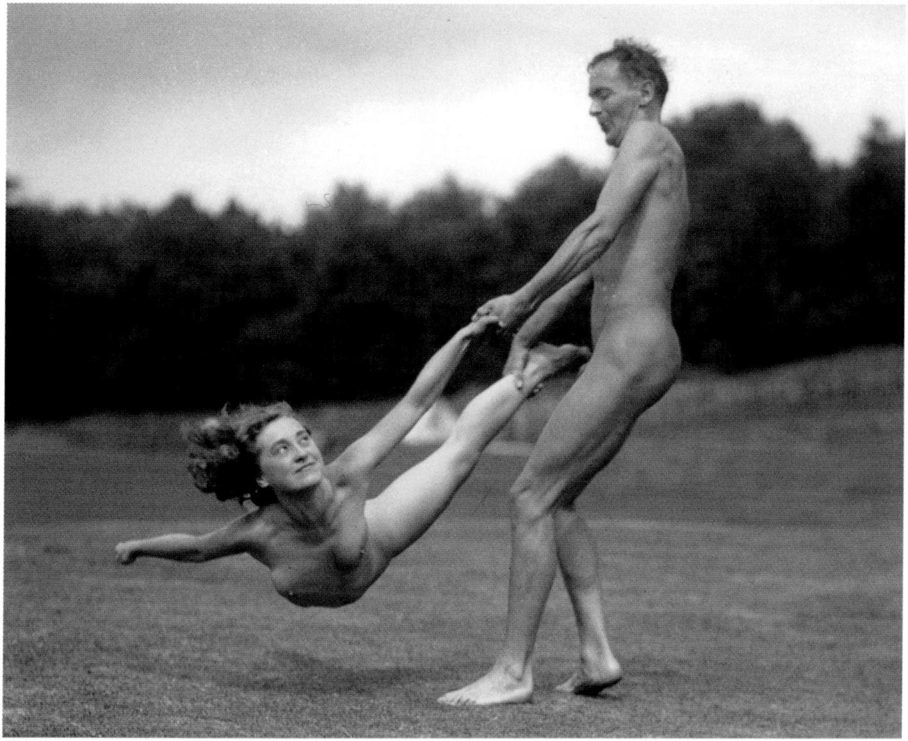

'Let joy be unconfined… when Youth and Pleasure meet' – naturists in the Swing Era, 1935.

"Que la alegría sea ilimitada cuando se encuentren la juventud y el placer": naturistas en la era del swing, 1935.

"Felicità sconfinata… quando Gioventù e Piacere s'incontrano" – naturisti nell'era dello swing, 1935.

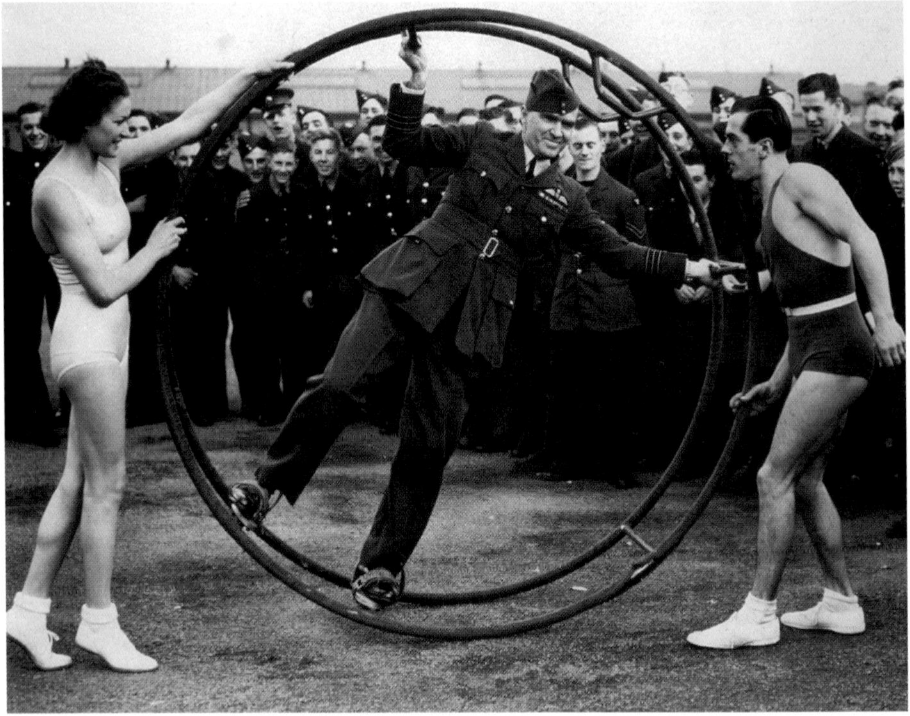

The Revolution of 1937. Circus acrobats train RAF personnel in the use of the Ayro Wheel. This was not just a piece of fun. The aim was to help airmen learn how to avoid total disorientation when a plane went into a spin.

La Revolución de 1937. Acróbatas del circo enseñan a utilizar la rueda Ayro al personal de la RAF. No sólo se trataba de diversión, sino que también se enseñaba a los pilotos a evitar la desorientación total si el avión entraba en barrena.

La Rivoluzione del 1937. Alcuni acrobati insegnano a piloti della RAF a servirsi della ruota di Ayro. Non si trattava solo di un momento di svago, ma di un modo per aiutare i piloti a non essere disorientati in caso di picchiata a vite dell'aereo.

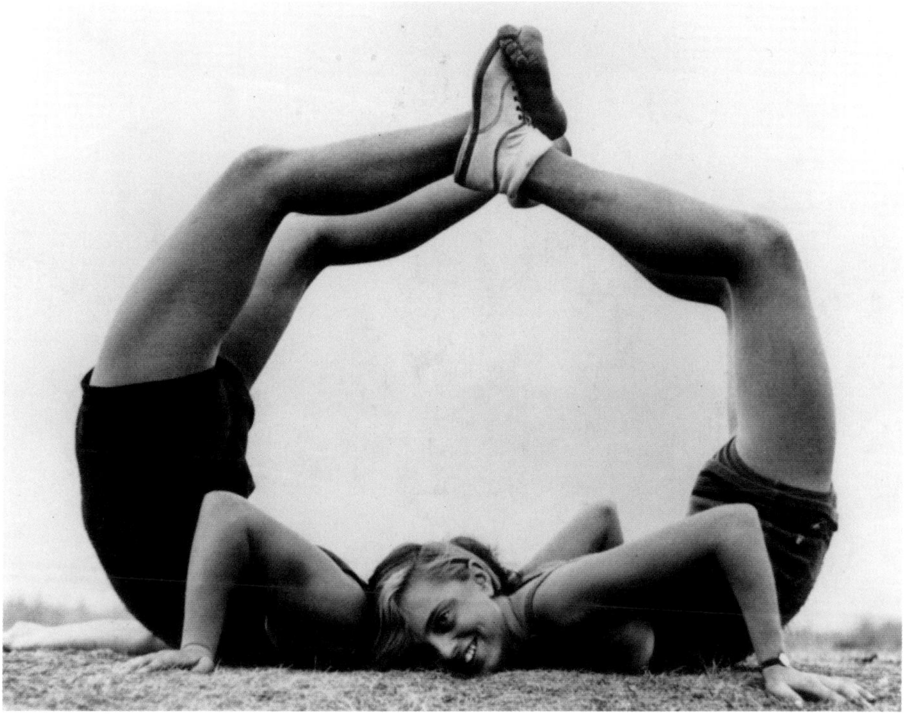

Physical culture in the grounds of the Berlin Municipal Institute, 1935. 'The younger generation gathered in themselves an energy charged with the myth of the past, the pressure of the present, and the expectation of an unknown future' – Ernst-Werner Techow.

Cultura física en el terreno del Instituto Municipal de Berlín, 1935. "La juventud reunía una energía potenciada por los mitos del pasado, la presión del presente y las expectativas de un futuro incierto." Ernst-Werner Techow.

Cultura fisica sul campo dell'Istituto municipale di Berlino, 1935. " La giovane generazione possedeva un'energia fondata sui miti del passato, le tensioni del presente e le aspettative di un futuro incerto" – Ernst-Werner Techow.

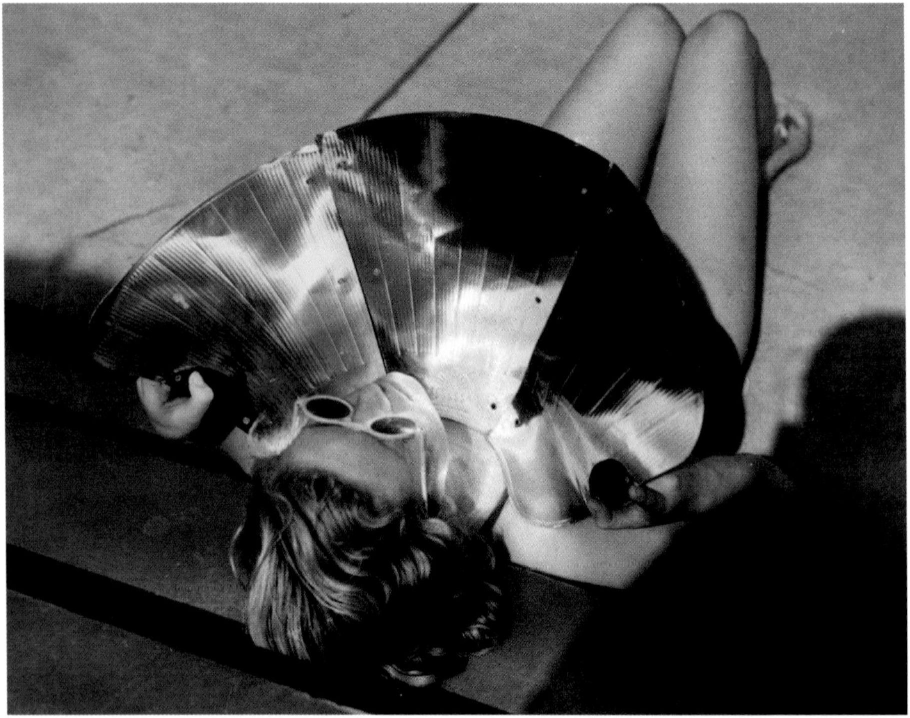

Sun worship, Thirties style. A sunbather uses a reflector to speed the process of getting a tan on the beach at Hastings on the south coast of England, June 1938.

Culto al sol al estilo de los años treinta. Una bañista utiliza un reflector para acelerar su bronceado en la playa de Hastings, sur de Inglaterra, junio de 1938.

Culto del sole nello stile anni Trenta. Una donna utilizza uno schermo riflettente per accelerare l'abbronzatura sulla spiaggia di Hastings, nel sud dell'Inghilterra, giugno 1938.

As fresh as a fruit salad – the vegetarian method of moisturizing the skin, March 1939.

Tan fresca como una macedonia: método vegetariano para la hidratación de la piel, marzo de 1939.

Fresca come una macedonia – il metodo vegetariano per idratare la pelle, marzo 1939.

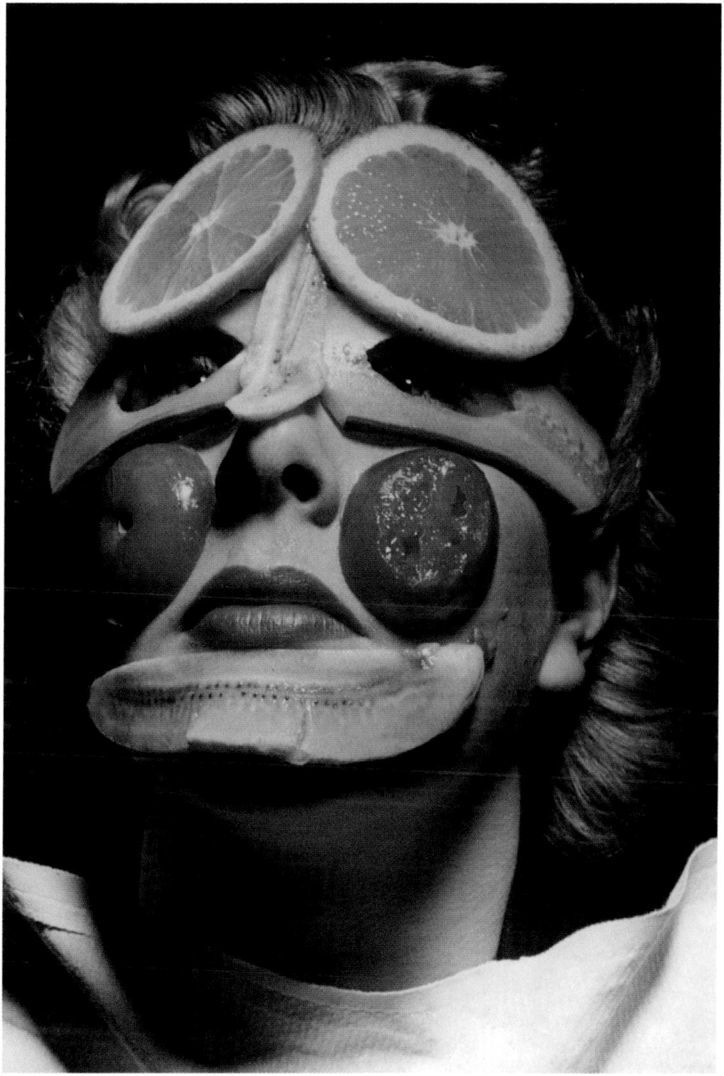

5. Cinema
Cine
Cinema

Bette Davis at home in her Hollywood bungalow, 1935. It was the year in which she won an Academy Award for her performance in *Dangerous*. Davis claimed that it was she who christened such awards 'Oscars', because she thought they resembled the backside of her husband, whose middle name was Oscar.

Bette Davis en su casa de Hollywood, 1935. Era el año en el que ganó un galardón de la Academia por su interpretación en *Dangerous* (peligrosa). Davis afirmaba que ella había dado a este premio el nombre de "Oscar", ya que la estatua le recordaba a su marido de espaldas, y el segundo nombre de éste era Oscar.

Bette Davis nella sua casa di Hollywood, 1935. In questo stesso anno le fu assegnato un Academy Award per la sua interpretazione in *Dangerous* (Paura d'amare). La Davis affermava di essere stata lei a chiamare il premio "Oscar" perché la statuina di spalle, le ricordava il marito il cui secondo nome era Oscar.

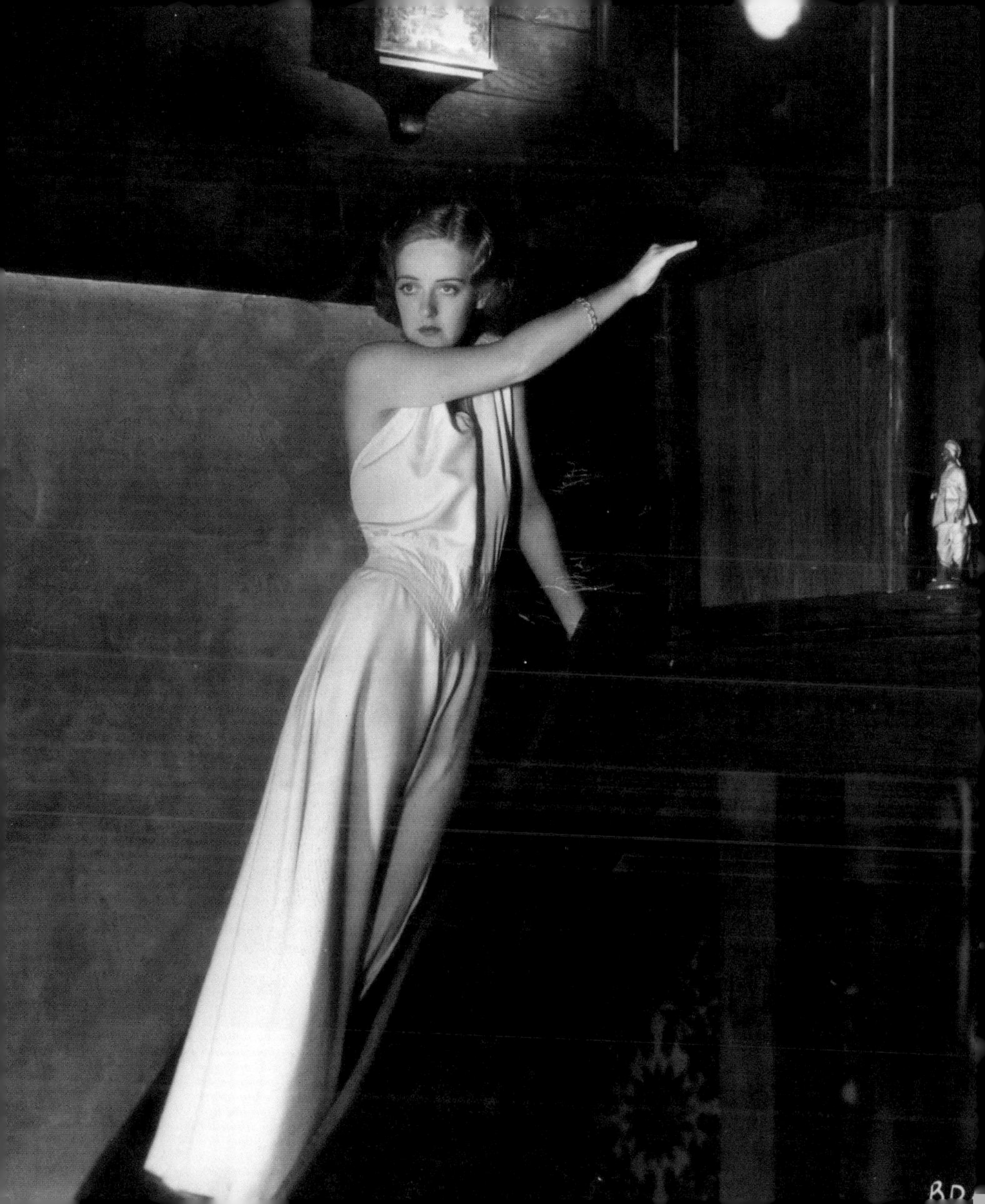
BD

5. Cinema
Cine
Cinema

They didn't just move, they talked, and by mid-decade they were in glorious Technicolor.

The biggest audiences, the biggest cinemas, the biggest studios the world has ever known made up the cinema industry in the Thirties. At the centre of the celluloid dream factories was Hollywood – a rambling, scurrying dynamo run by a bunch of hard-headed businessmen who somehow managed to allow 'art' to creep into their commercial wares. There were the Warner Brothers (Jack, Harry and Albert), Harry Cohn of Columbia, Louis B Mayer, Cecil B DeMille, and Sam Goldwyn (who said of one of his films, 'I don't care if it doesn't make a nickel, I just want every man, woman and child in America to see it').

It was a glorious age, encrusted with stars: Fred Astaire and Ginger Rogers, Jean Harlow, Bette Davis, Joan Crawford, James Cagney, Humphrey Bogart, Clark Gable, Cary Grant, Greta Garbo, and the very young Judy Garland, who made *The Wizard of Oz* in 1939.

Away from Hollywood, the French cinema flourished in the hands of Jean Renoir, René Clair, Jean Vigo and others. Germany lost much of its greatest cinematic talent when Fritz Lang, Marlene Dietrich, Billy Wilder and dozens of others hurriedly left. Leni Riefenstahl, by contrast, remained, a favourite of the Nazis with her powerful propaganda films.

No sólo se movían, sino que también hablaban y, a mitad de la década, hasta se podían ver en glorioso tecnicolor.

El mayor número de espectadores, salas de cine y estudios jamás vistos convirtieron al cine en una auténtica industria durante los años treinta. En el corazón de la fábrica de sueños de celuloide se encontraba Hollywood, una especie de dinamo dirigida por un puñado de hombres de negocios intratables que consiguieron que el arte pasara a ser también una mercancía comercial. Eran los hermanos Warner (Jack, Harry y Albert), Harry Cohn de Columbia, Louis B. Mayer, Cecil B. DeMille y Sam Goldwyn (que dijo de una de sus películas: "me da igual si no recauda ni un centavo, sólo quiero que todo hombre, mujer y niño de América la vea".

Fue una época gloriosa iluminada por estrellas, como Fred Astaire y Ginger Rogers, Jean Harlow, Bette Davis, Joan Crawford, James Cagney, Humphrey Bogart, Clark Gable, Cary Grant, Greta Garbo y la jovencísima Judy Garland, que protagonizó *El Mago de Oz* en 1939.

Lejos de Hollywood, el cine francés también vivió una época de esplendor con directores como Jean Renoir, René Clair, Jean Vigo y otros. Alemania perdió muchos de sus grandes talentos cinematográficos cuando Fritz Lang, Marlene Dietrich, Billy Wilder y muchos más huyeron de su país. Leni Riefenstahl, por el contrario, se quedó, y se convirtió en la favorita de los nazis con sus películas propagandísticas.

Non solo si muovevano e parlavano, ma a metà degli anni Trenta erano anche a colori grazie alle meraviglie del Technicolor.

Con un numero record di spettatori, grandiose sale cinematografiche e studi immensi, il cinema negli anni Trenta diventò una vera e propria industria. Al centro di questa fabbrica di sogni e di eroi in celluloide c'era Hollywood – una specie di dinamo che girava a folle velocità in ogni direzione, guidata da un pugno di uomini d'affari intrattabili, che tuttavia permisero alla "settima arte" di diventare una potenza commerciale. Erano i fratelli Warner (Jack, Harry e Albert), Harry Cohn della Columbia, Louis B. Mayer, Cecil B. DeMille e Sam Goldwyn, che disse a proposito di uno dei suoi film: "Me ne infischio se non vale niente, ciò che voglio è che ogni uomo, donna e bambino degli Stati Uniti lo veda".

Fu un'epoca gloriosa, illuminata da divi come Fred Astaire e Ginger Rogers, Jean Harlow, Bette Davis, Joan Crawford, James Cagney, Humphrey Bogart, Clark Gable, Cary Grant, Greta Garbo e la giovanissima Judy Garland, che girò *Il mago di Oz* nel 1939.

Lontano da Hollywood, il cinema francese fioriva grazie a Jean Renoir, René Clair, Jean Vigo e altri. La Germania aveva perso molti dei suoi talenti cinematografici migliori con la frettolosa partenza di Fritz Lang, Marlene Dietrich, Billy Wilder e molti altri. Leni Riefenstahl invece rimase e i suoi potenti film propagandistici le valsero il favore dei nazisti.

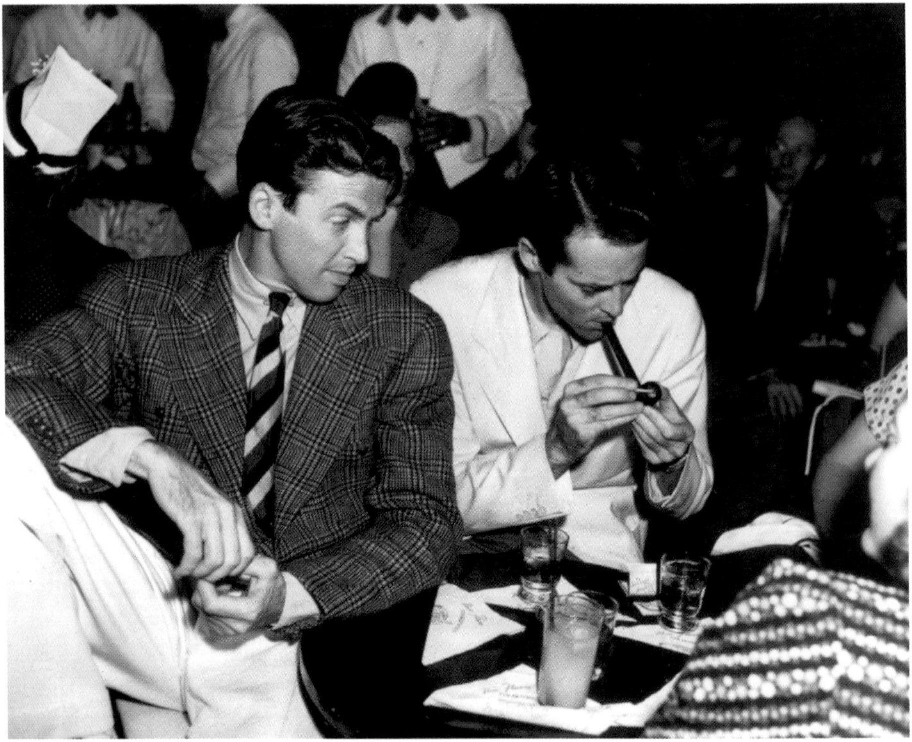

James Stewart and Henry Fonda at Slappy Maxie's Café, 1938. Fonda began his career in 1935 with *A Farmer Takes a Wife*. Stewart had just made *You Can't Take It With You* for Frank Capra.

James Stewart y Henry Fonda en el Slappy Maxie's Café, 1938. Fonda empezó su carrera en 1935, con la película *Contrastes*. Stewart acababa de rodar *Vive como quieras,* de Frank Capra.

James Stewart e Henry Fonda allo Slappy Maxie's Café, 1938. Fonda iniziò la sua carriera cinematografica nel 1935 in *The Farmer takes a Wife*. Stewart aveva appena terminato *L'eterna illusione* di Frank Capra.

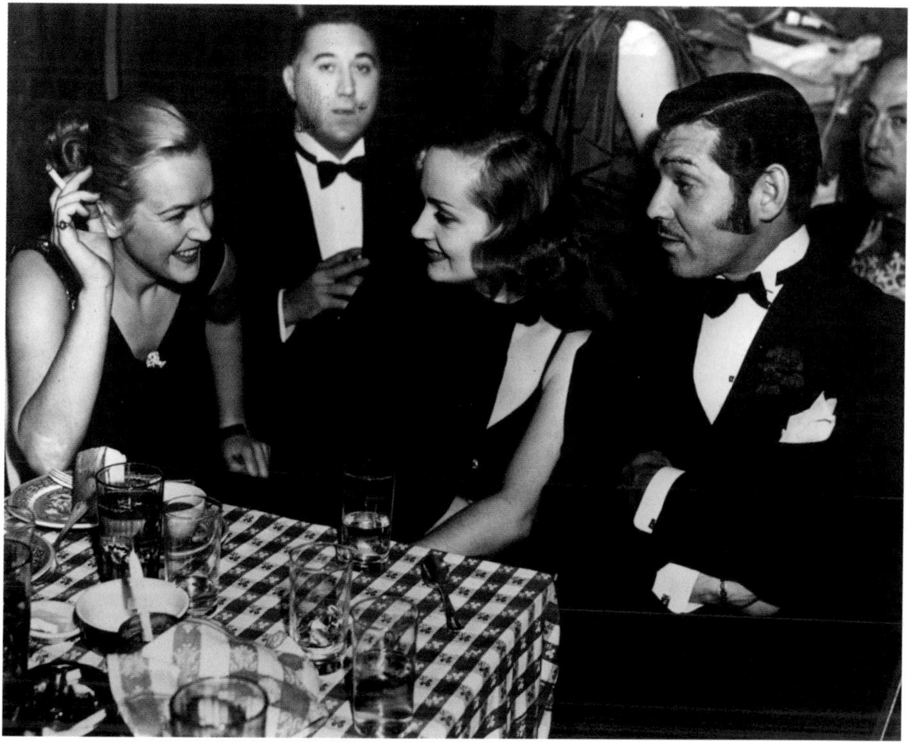

Clark Gable and Carole Lombard dine with Eddie Adams (left), 1939. Lombard and Gable had just married. It was one of Hollywood's most happy marriages, until it was ended by a tragic air crash in which Lombard was killed, three years later.

Clark Gable y Carole Lombard cenando con Eddie Adams (izquierda), 1939. Lombard y Gable se acababan de casar. Era uno de los matrimonios más felices de Hollywood hasta que terminó con un trágico accidente de coche tres años más tarde en el que falleció Lombard.

Clark Gable e Carole Lombard cenano con Eddie Adams (a sinistra), 1939. La Lombard e Gable si erano appena sposati. Il loro fu uno dei più felici matrimoni di Hollywood, terminato tragicamente con la morte di Carol Lombard in un incidente aereo tre anni dopo.

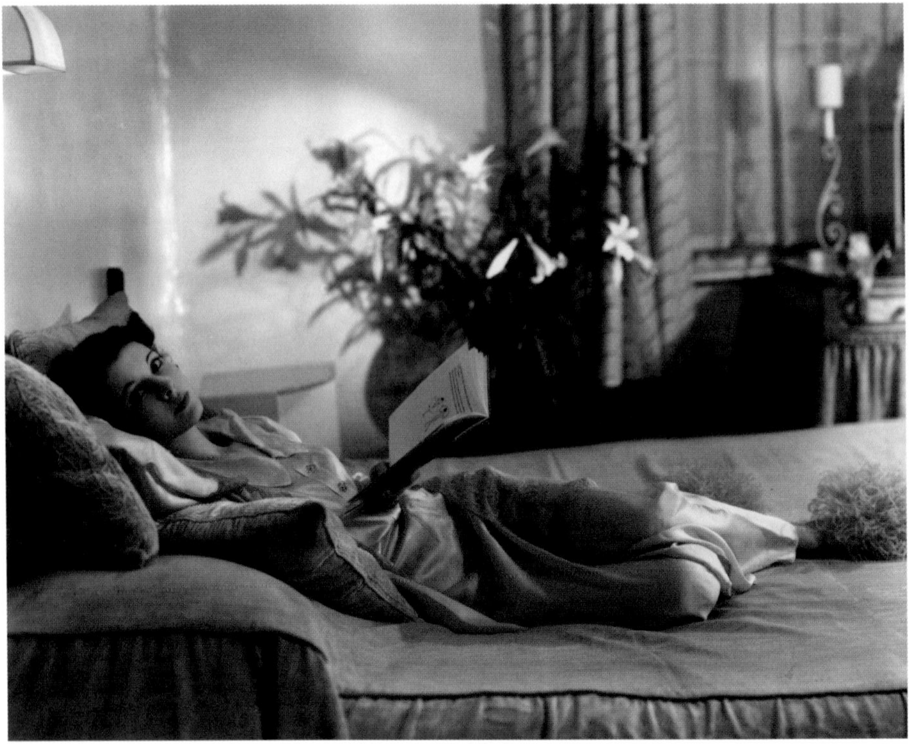

January 1935. Sasha's portrait of Vivien Leigh at the age of 22. Three months later she appeared in a comedy called *The Mask of Virtue*, in the West End of London. It led almost immediately to a £50,000 contract with Alexander Korda.

Enero de 1935. Retrato de Vivien Leigh con 22 años, por Sasha. Tres meses más tarde apareció en una comedia llamada *La máscara de la virtud* en el West End de Londres. Ese papel le llevo casi inmediatamente a conseguir un contrato de 50.000 libras con Alexander Korda.

Gennaio 1935. Un ritratto di Vivien Leigh, a 22 anni, di Sasha. Tre mesi dopo avrebbe lavorato in una commedia intitolata *The Mask of Virtue* nel West End di Londra, che le permise di firmare un contratto di 50.000 sterline con Alexander Korda.

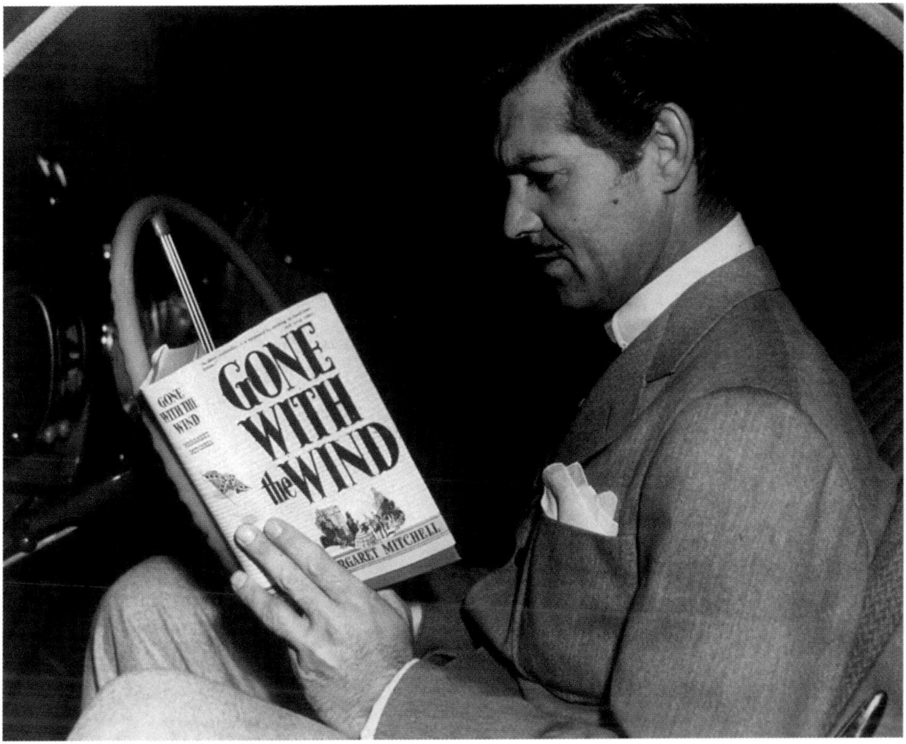

Clark Gable researches his starring role, 1939. There were those who thought Gary Cooper might be suitable for the part of Rhett Butler, but the general opinion in Hollywood was 'Gable *must* play the role'.

Clark Gable estudiando su papel, 1939. Había gente que pensaba que Gary Cooper era bastante indicado para el personaje de Rhett Butler, sin embargo, según la opinión general, era Gable quien debía interpretar este papel.

Clark Gable studia la sua parte, 1939. Alcuni pensavano che Gary Gooper sarebbe stato un buon Rhett Butler, ma a Hollywood, l'opinione generale era: "Gable *deve* avere quel ruolo".

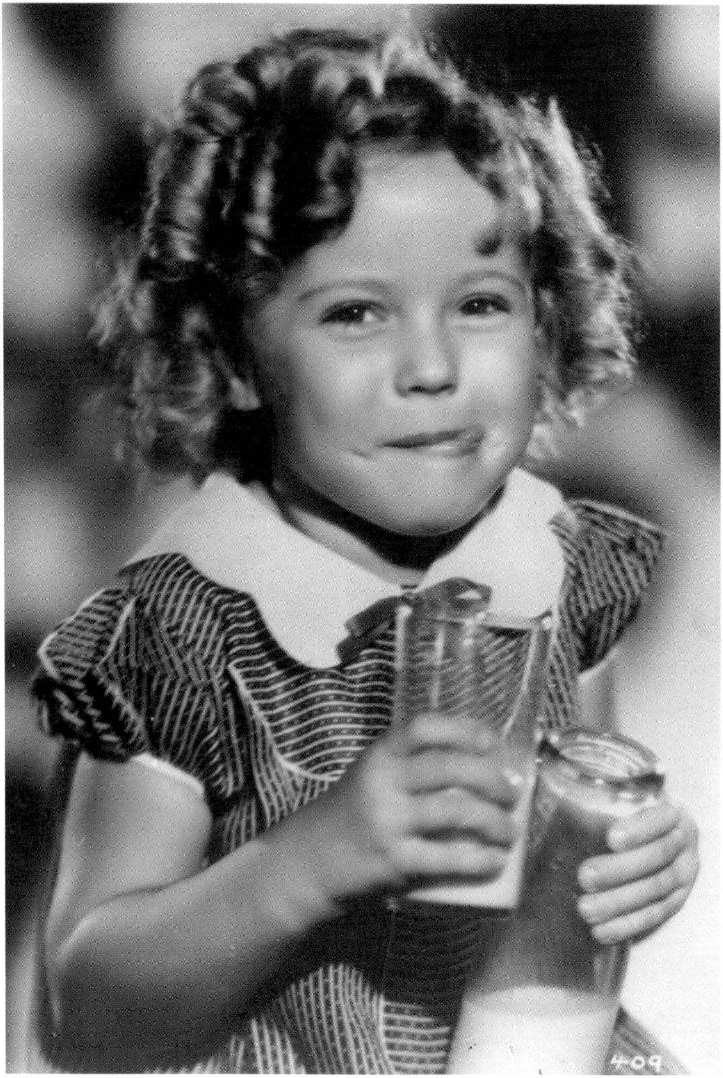

Shirley Temple, the American child prodigy of the Thirties. She began acting at the age of three and was a star at six.

Shirley Temple, la niña prodigio americana de los años treinta. Empezó a actuar con tres años y a los seis ya era una estrella.

Shirley Temple, la bambina prodigio americana degli anni Trenta. Debuttò all'età di tre anni e divenne una diva a sei.

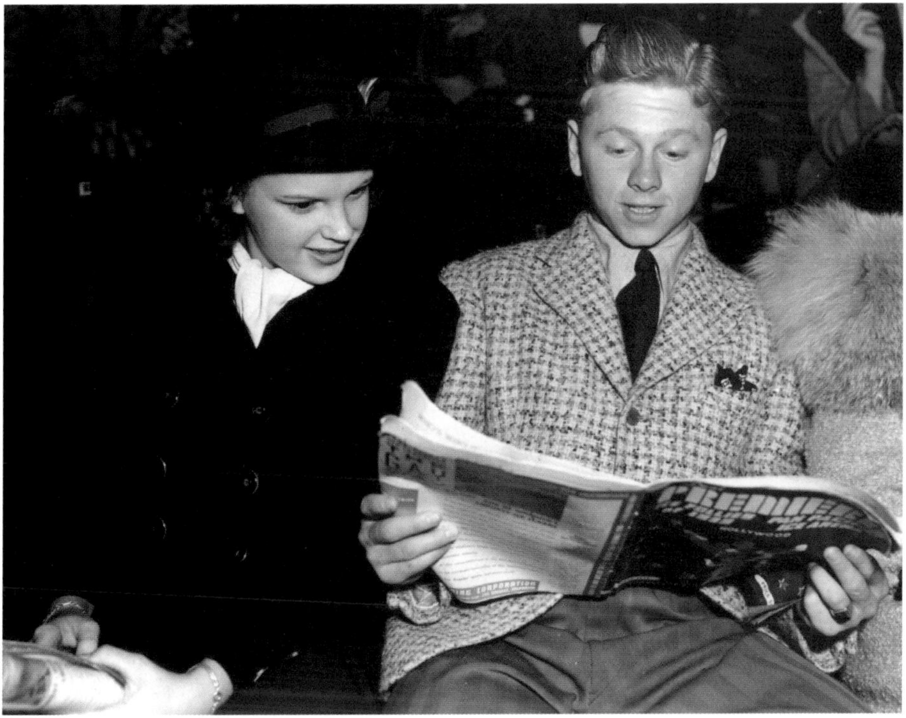

Mickey Rooney and Judy Garland at the *Ice Follies* in 1936. They met at a Hollywood institution called Ma Lawlor's Professional School, where Rooney described Garland as having 'more bounce to the ounce than everyone else put together'.

Mickey Rooney y Judy Garland asisten al espectáculo *Ice Follies* en 1936. Se conocieron en una institución de Hollywood llamada Ma Lawlor's Professional School, donde Rooney describió a Garland diciendo que tenía "más energía que el resto de la gente junta".

Mickey Rooney e Judy Garland alle *Ice Follies* nel 1936. Si conobbero in un istituto di Hollywood chiamato "Ma Lawlor's Professional School", dove Rooney descrisse la Garland come la persona più dotata di energia mai conosciuta.

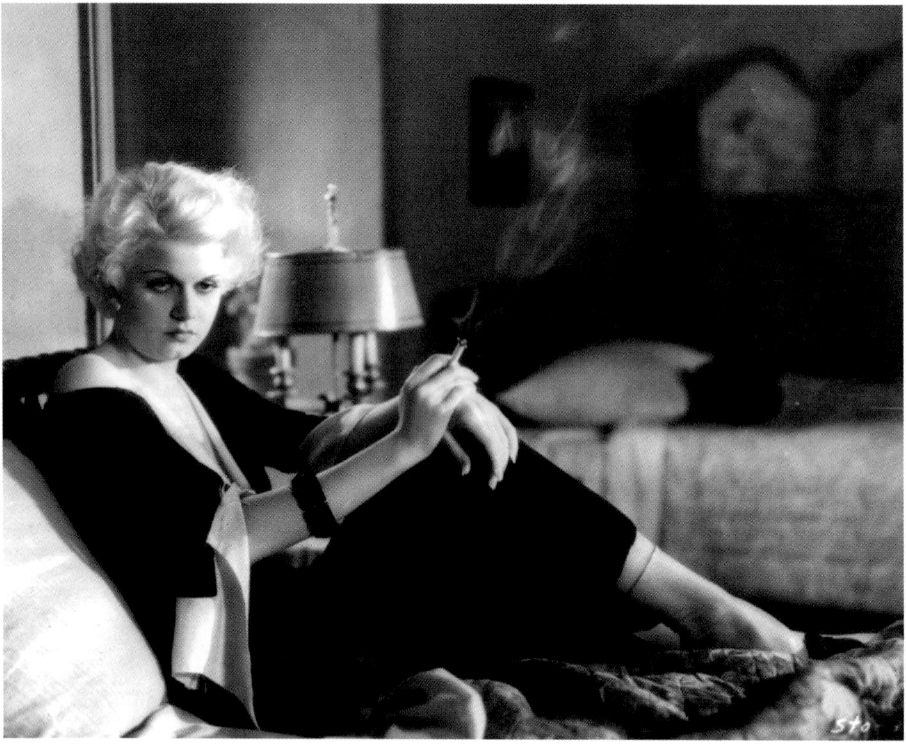

Jean Harlow, 1935. 'She moved with unfettered ease, swaggering before her men… She vamped, with humour, and when men were indifferent she did not shrug like West, or melt like Monroe, but shouted and glared' – David Shipman, *The Golden Years*.

Jean Harlow, 1935. "Se movía con facilidad y de forma desafiante ante los hombres... Hacía de mujer fatal, con humor, y si un hombre se mostraba indiferente, ni se encogía de hombros como West ni se ablandaba como Monroe, sino que le miraba con furia y le gritaba." David Shipman, *The Golden Years*.

Jean Harlow, 1935. "Si muoveva con disinvoltura e spavalderia di fronte agli uomini… Giocava alla donna fatale con ironia, e se un uomo restava indifferente, non alzava le spalle come la West o si ammorbidiva come la Monroe, strillava sprizzando scintille". David Shipman, *The Golden Years*.

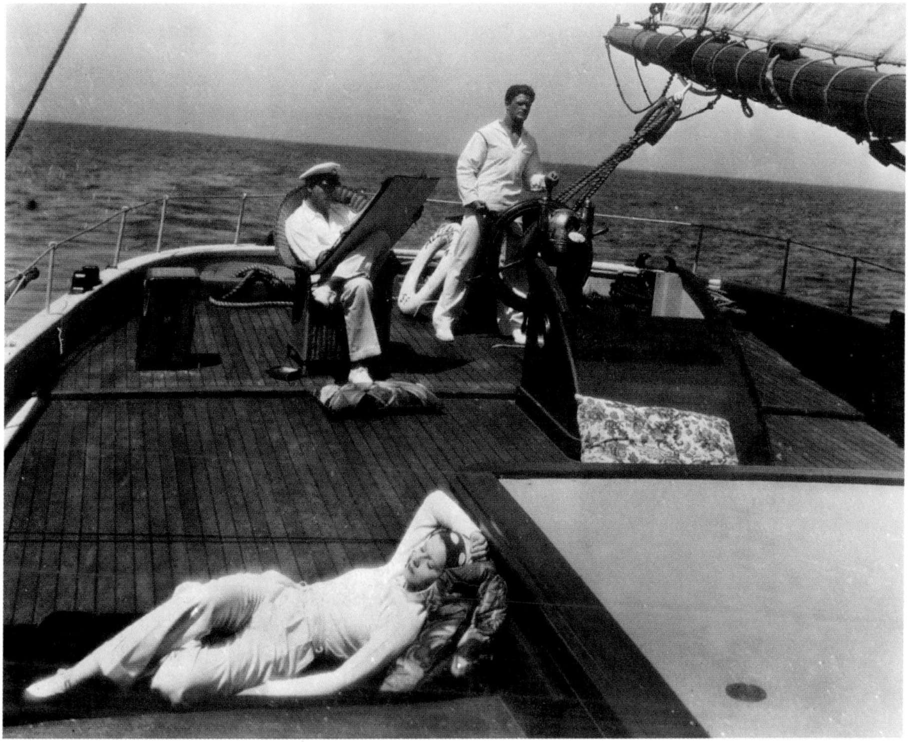

Greta Garbo and Nils Asther, 1932. They were both trained by Mauritz Stiller in Sweden, and both moved to Hollywood. Garbo was a legend. Asther was a suave romantic star whose foreign accent hindered his career in the sound era.

Greta Garbo y Nils Asther, 1932. Ambos se formaron con Mauritz Stiller en Suecia y se trasladaron juntos a Hollywood. Garbo fue una leyenda, Asther era una estrella romántica cuyo acento extranjero fue un obstáculo en su carrera al llegar el cine sonoro.

Greta Garbo e Nils Asther, 1932. Tutti e due allievi di Mauritz Stiller in Svezia, partirono insieme per Hollywood. La Garbo era una leggenda, Asther un divo soave e romantico, il suo accento straniero, con l'avvento del sonoro, gli compromise la carriera.

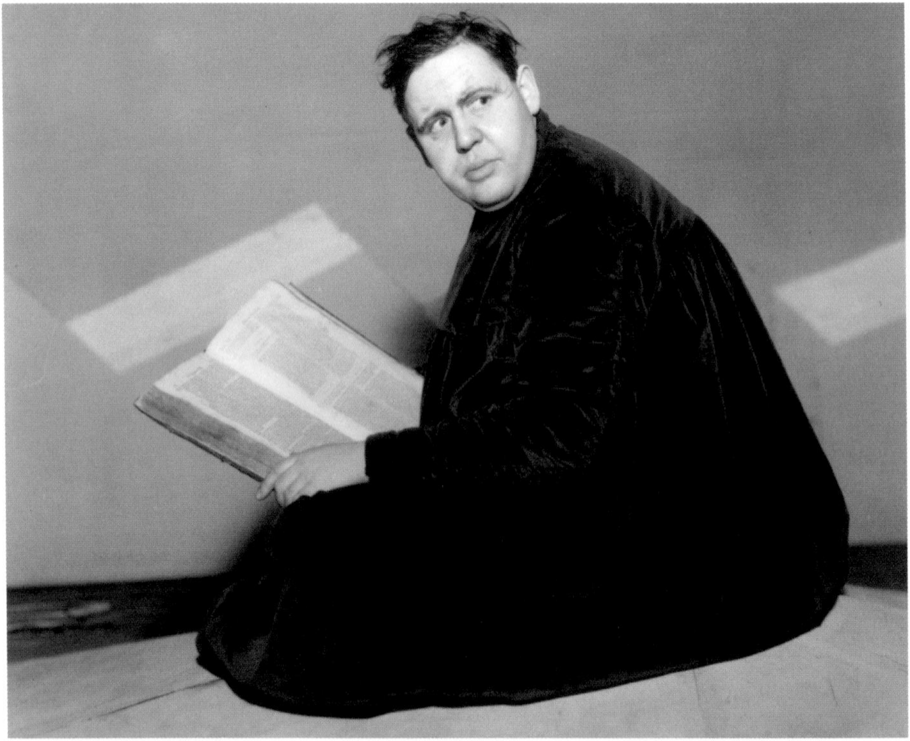

Charles Laughton in a theatre production of *The Tempest*, 1938. Laughton was one of the finest actors of the decade, capable of a great range of parts, from dictators and tyrants to servants and missionaries.

Charles Laughton en una producción teatral de *La tempestad,* 1938. Laughton era uno de los mejores actores de la década, capaz de interpretar todo tipo de papeles, desde dictadores y tiranos a criados y misioneros.

Charles Laughton in una realizzazione a teatro della *Tempesta*, 1938. Laughton fu uno degli attori più acuti e versatili del decennio, capace di passare dal ruolo del dittatore e del tiranno a quello del domestico o del missionario.

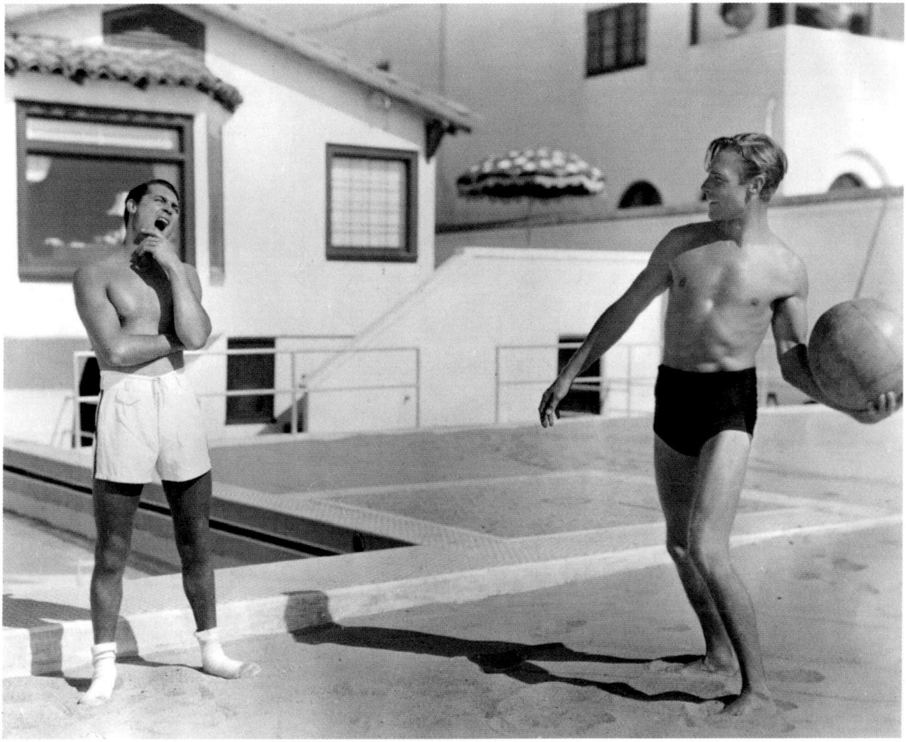

Randolph Scott and Cary Grant outside their Santa Monica home, California, 1935. Cary's typically relaxed attitude is clearly evident in the picture.

Randolph Scott y Cary Grant delante de su casa, en Santa Mónica, California, 1935. La actitud despreocupada que caracterizaba a Grant queda patente en esta fotografía.

Randolph Scott e Cary Grant di fronte alla loro casa di Santa Monica, California, 1935. La foto mostra Grant nel suo tipico atteggiamento rilassato.

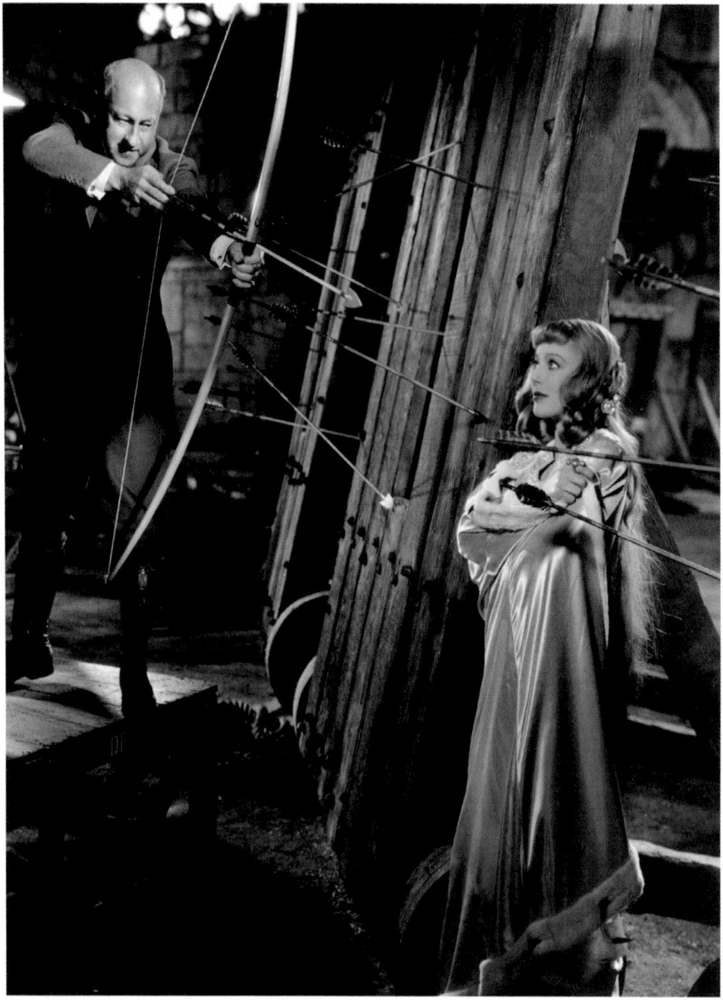

Loretta Young is unmoved by the threats of Cecil B DeMille on the set of *The Crusades*, 1935. DeMille was reputedly an expert archer.

Loretta Young se muestra impasible a las amenazas de Cecil B. DeMille en el estudio en que se rodaban *Las Cruzadas*, 1935. DeMille tenía reputación de ser un experto arquero.

Loretta Young impassibile di fronte al minaccioso Cecil B. DeMille sul set dei *Crociati*, 1935. DeMille era considerato un ottimo arciere.

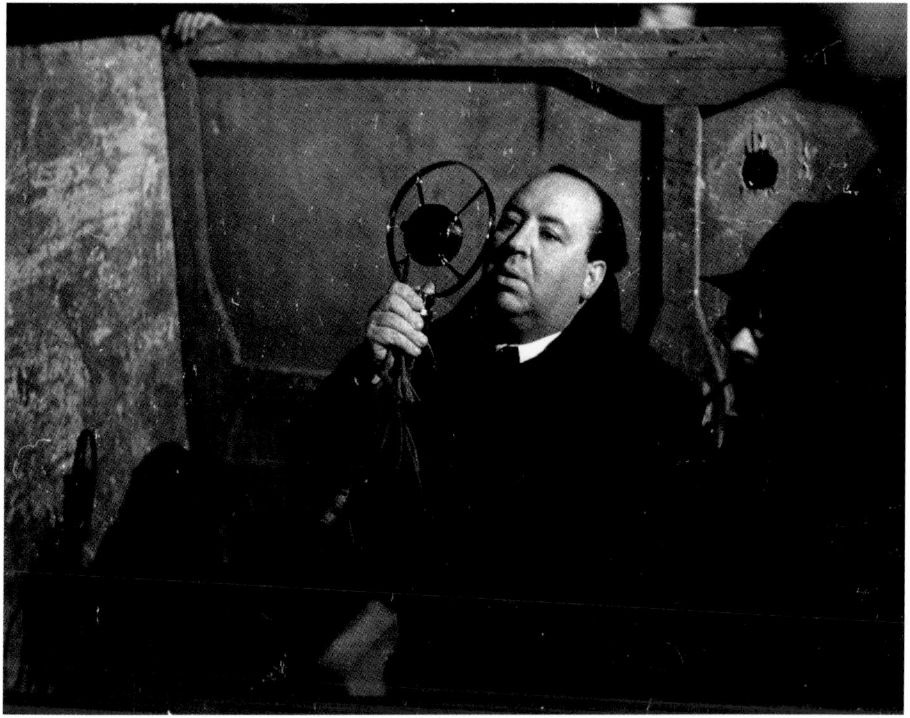

Alfred Hitchcock, Elstree Studios, England, 1939. He was working on the shipwreck scene in *Jamaica Inn*, and used the microphone to direct the stuntmen. Graham Greene wrote of the film, 'I was irresistibly reminded of an all-star charity matinée'.

Alfred Hitchcock en los estudios Elstree, Inglaterra, 1939. Utiliza un micrófono para dar instrucciones a los especialistas en la escena del naufragio de *La posada de Jamaica*. Graham Greene escribiría sobre la película: "Me recordaba irresistiblemente a una gala benéfica de estrellas".

Alfred Hitchock agli Elstree Studios, Inghilterra, 1939. Con in mano un microfono, dirige le controfigure durante la scena del naufragio in *La taverna della Giamaica*. Graham Greene scrisse che il film gli "ricordava un gala di beneficienza dato dagli attori del cinema".

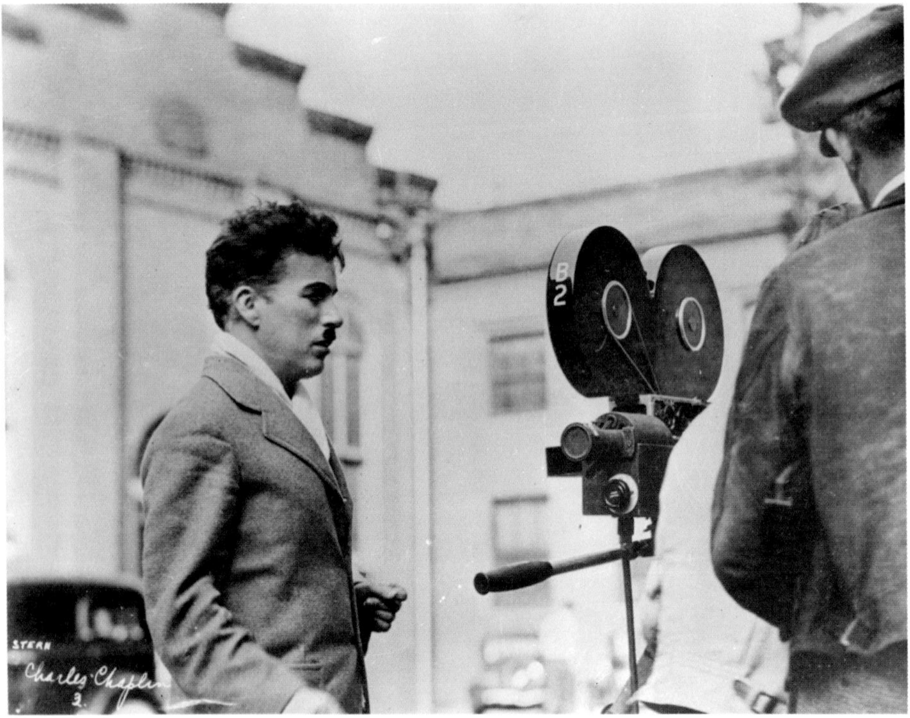

Charlie Chaplin on set, 1935. He was working on *Modern Times*, his last silent film (though he did utter a few syllables of gibberish on the sound track). It was the usual mixture of Chaplin genius and sentimentality, though *Variety* predicted it would be 'box office with a capital B'.

Charles Chaplin en 1935 durante el rodaje de *Tiempos modernos*, su última película muda (aunque se podían oír algunas sílabas incomprensibles). El film se basaba en la mezcla habitual de Chaplin: genialidad y sentimentalismo, aunque la revista *Variety* le auguraba "un éxito de taquilla con E mayúscula".

1935. Charlie Chaplin sul set di *Tempi moderni*, il suo ultimo film muto (anche se aveva registrato sulla colonna sonora una serie di parole incomprensibili). Si trattava della solita mescolanza di genialità e sentimentalismo, tipica di Chaplin, anche se, secondo *Variety*, il film "avrebbe fatto saltare il box-office".

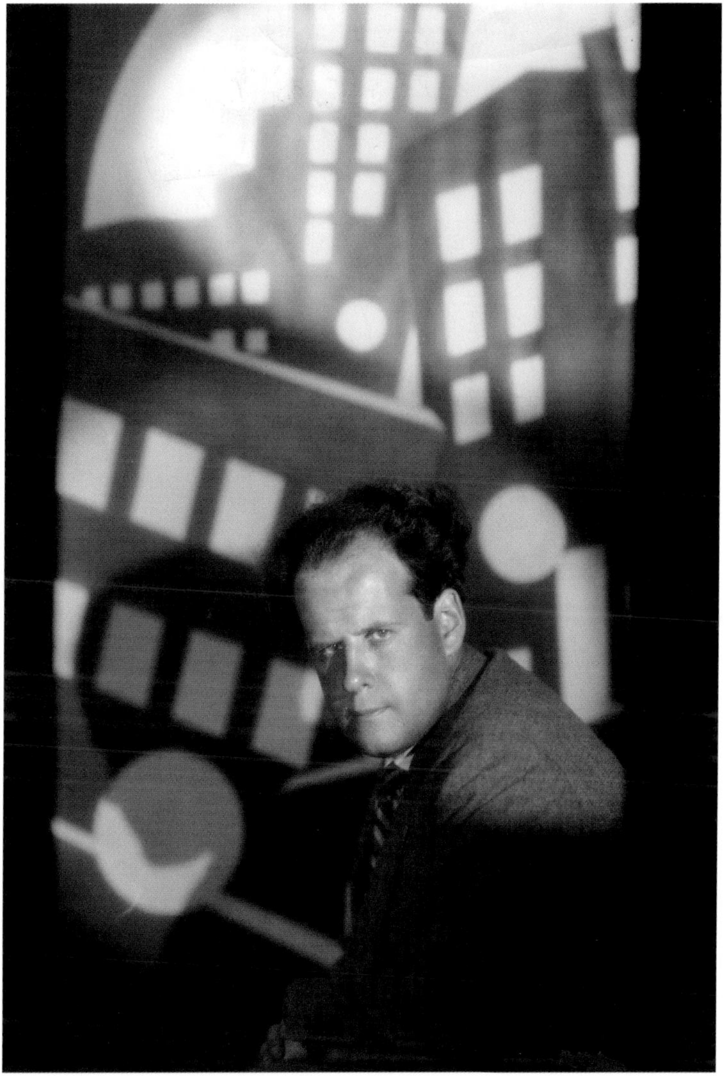

Gene Robert Richea's portrait of the Soviet director Sergei Eisenstein, 1939.

Gene Robert Richea fotografió al director de cine soviético Serguei Eisenstein en 1939.

Ritratto del regista sovietico Sergei Eisenstein di Gene Robert Richea, 1939.

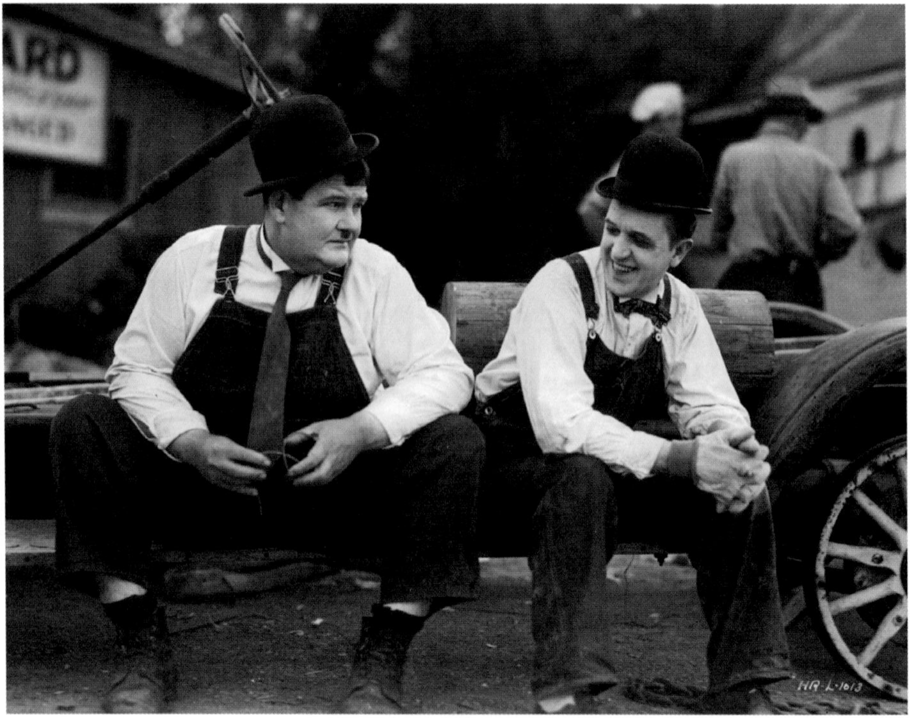

1933. Stan Laurel and Oliver Hardy between scenes of Hal Roach's two-reeler *Towed in a Hole*, directed by George Marshall and written by Laurel. In the same year they made five other shorts and two feature-length films.

1933. Stan Laurel y Oliver Hardy entre dos escenas de *Towed in a Hole* (arrastrados a un agujero), dirigida por George Marshall y escrita por Laurel. El mismo año rodaron cinco cortos y dos largometrajes.

1933. Stan Laurel e Oliver Hardy tra una scena e l'altra di *Towed in a Hole*, diretto da George Marshall su soggetto di Laurel. In questo stesso anno girarono altri cinque cortometraggi e due film.

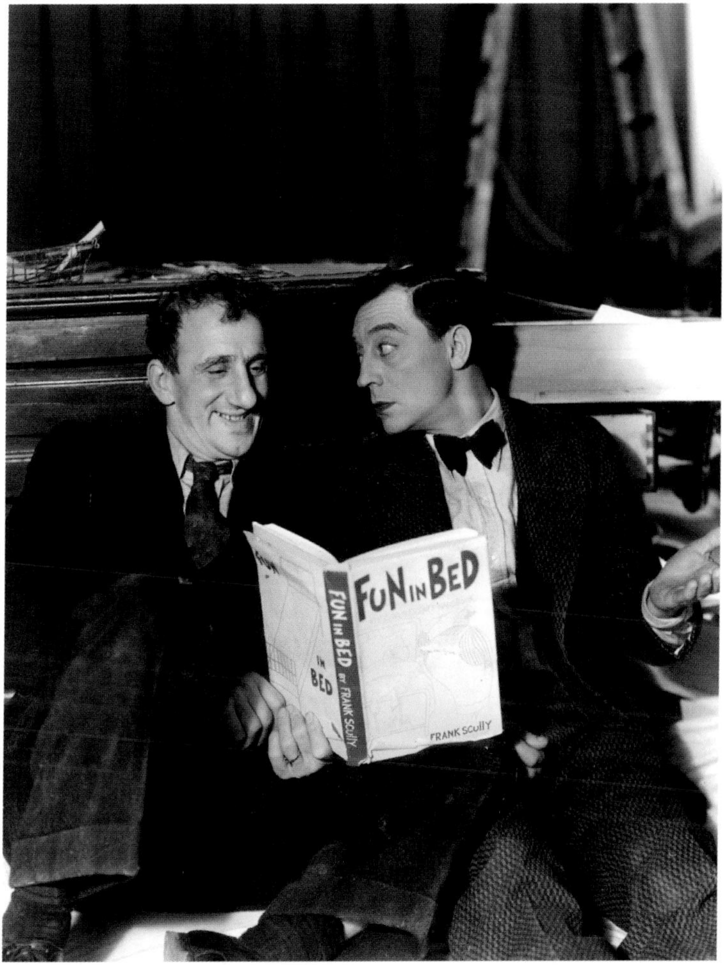

Jimmy Durante and Buster Keaton at MGM, 1932. They were making a dreadful film called *The Passionate Plumber*.

Jimmy Durante y Buster Keaton en la MGM, 1932. Estaban rodando una pésima película llamada *The Passionate Plumber* (el fontanero apasionado).

Jimmy Durante e Buster Keaton alla MGM, 1932. Stavano girando un pessimo film intitolato *The Passionate Plumber* (L'idraulico appassionato).

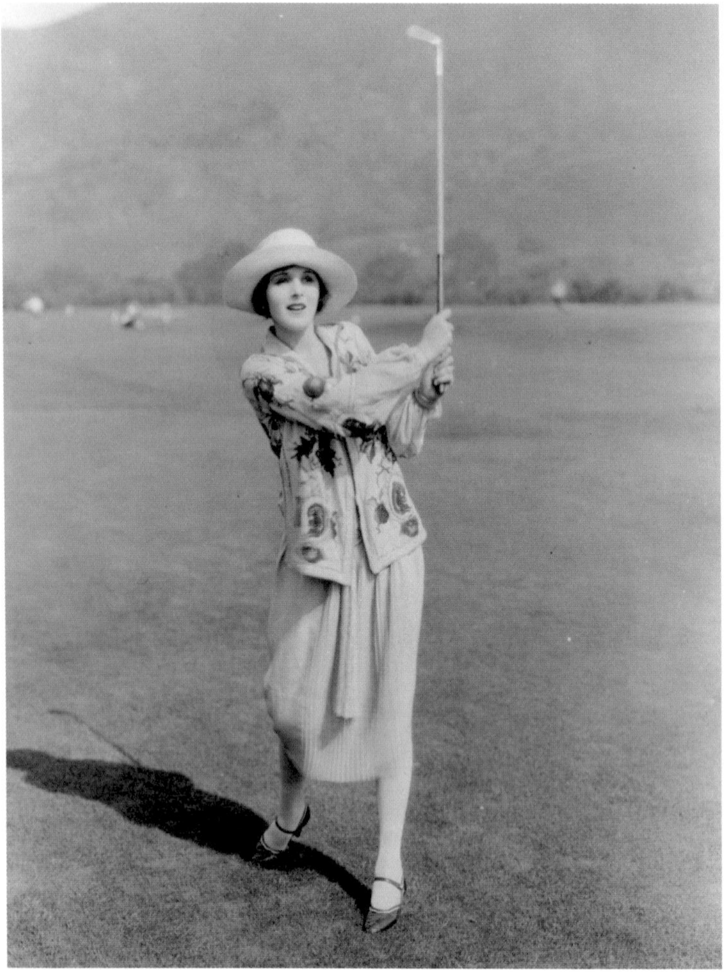

On course for stardom. Mary Astor on the golf links near Hollywood, May 1932.

Hacia el estrellato. Mary Astor en un campo de golf cerca de Hollywood. Mayo de 1932.

In corsa verso la gloria. Mary Astor su un campo da golf nei pressi di Hollywood, maggio 1932.

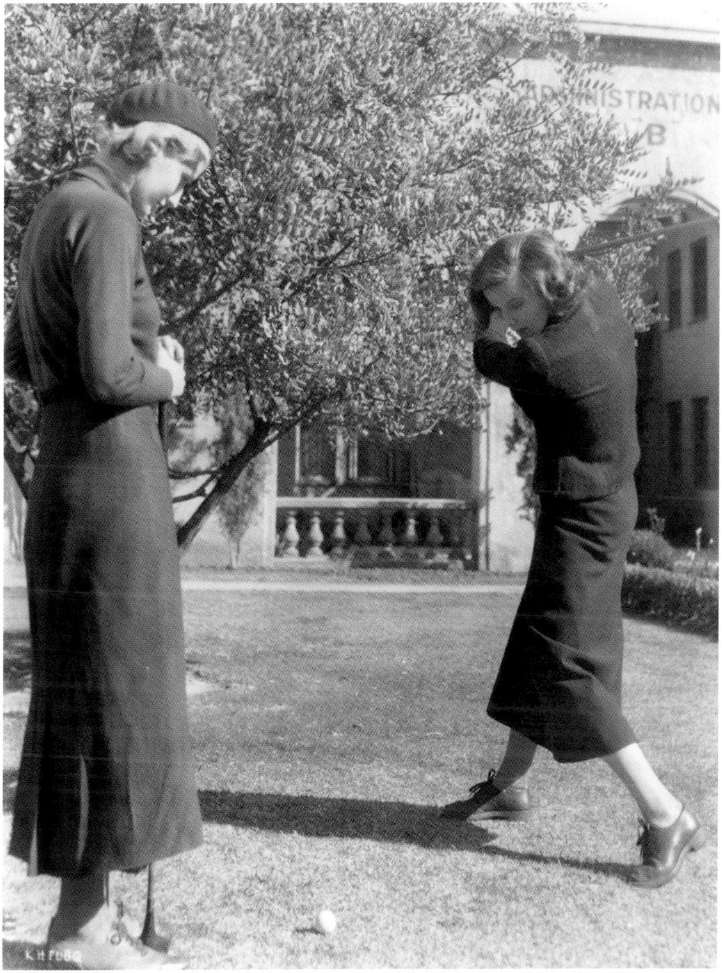

Katharine Hepburn, 1935. Hepburn really was an accomplished sportswoman, as she showed in *Woman of the Year*.

Katharine Hepburn, 1935. Hepburn era una deportista excelente, como demostró en *La mujer del año*.

Katharine Hepburn, 1935. La Hepburn era una vera sportiva, come dimostra in *La donna del giorno*.

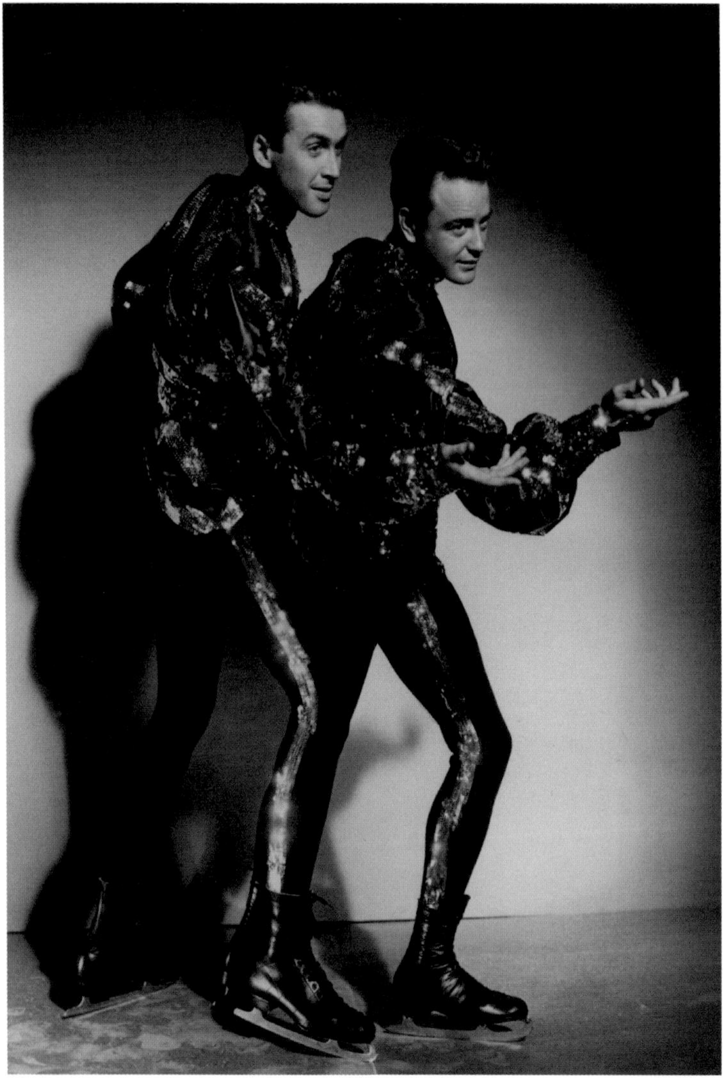

James Stewart (left) and Lew Ayres as a pair of professional skaters in *Ice Follies* of 1939. The film was received with appropriate coldness.

James Stewart (izquierda) y Lew Ayres como patinadores profesionales en *Ice Follies,* de 1939. La película tuvo una fría acogida, cosa bastante lógica.

James Stewart (a sinistra) e Lew Ayres pattinatori professionisti in *Ice Follies*, 1939. Il film fu, non a torto, accolto con freddezza.

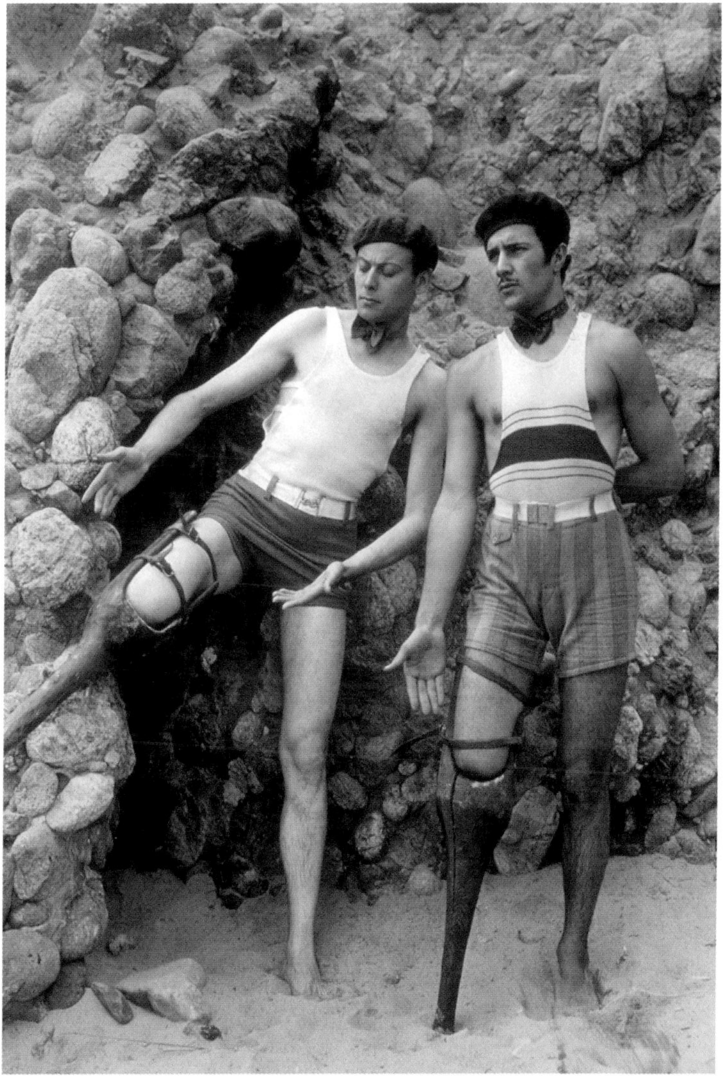

Nils Asther (left) and Don Alvarado, 1935. Alvarado was an amateur boxer and Asther a Swedish athlete, before both became Hollywood stars.

Nils Ashter (izquierda) y Don Alvarado, 1935. Alvarado había sido boxeador *amateur* y Asther fue un atleta sueco antes de que los dos se convirtieran en estrellas de Hollywood.

Lo svedese Nils Asther (a sinistra) e Don Alvarado, 1935. Alvarado, un ex boxeur dilettante, e Asther, un ex atleta, diventarono entrambi divi di Hollywood.

6. Entertainment and the arts
Arte y espectáculos
Arte e spettacolo

Photographer and designer Cecil Beaton, photographed by Sasha in 1934. The picture was taken in Beaton's bathroom, where the walls were decorated with the autographed handprints of famous guests.

El fotógrafo y diseñador Cecil Beaton fotografiado por Sasha en 1934. La fotografía fue tomada en el cuarto de baño de Beaton, decorado con dibujos de manos y autógrafos de visitantes famosos.

Il fotografo e designer Cecil Beaton fotografato da Sasha nel 1934. La foto è stata scattata nella stanza da bagno di Beaton, i cui muri erano decorati con le impronte delle mani autografate di ospiti famosi.

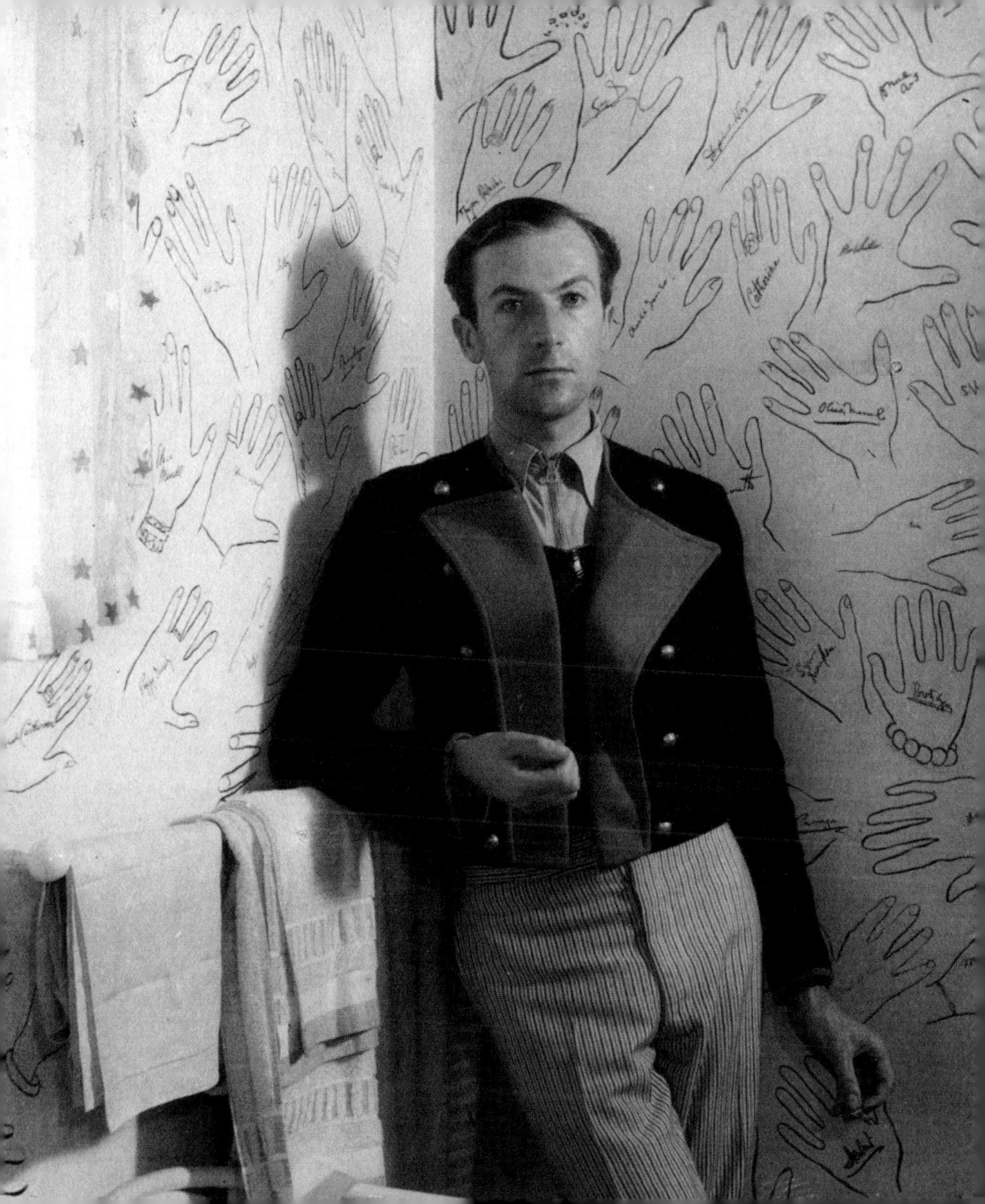

6. Entertainment and the arts
Arte y espectáculos
Arte e spettacolo

While the Blackshirts, Brownshirts, Blue Shirts and Red shirts marched and fought on the streets, and economies sank deeper and deeper into the financial mire, the arts flourished.

Musically there was Bartók and Stravinsky at one end of the scale, Fats Waller and Benny Goodman at the other. Somewhere in between was Duke Ellington. The greatest popular songs of all time were written by Cole Porter, George and Ira Gershwin, Rodgers and Hart, and Irving Berlin. On the classical stage, Toscanini and Furtwängler conjured magic with their batons, Kreisler and Heifetz made magic with their bows.

Galsworthy, Pirandello and Eugene O'Neill were among those who won Nobel Prizes for Literature. Aldous Huxley predicted a *Brave New World*, Ernest Hemingway believed he detected enough courage in the existing one.

Picasso still had the power to shock, but Dalí and the Surrealists amazed more. The age of the square, the cube and the rectangle continued in art and architecture – from the abstractions of Mondrian, Klee and Léger to the elegant structures of Le Corbusier.

And, towards the end of the decade, when he was sorely needed, Jerry Siegel and Joe Shuster gave birth to Superman, who first appeared in *Action Comics*, 1938.

Mientras los camisas negras, pardas, azules y rojas desfilaban y luchaban en las calles, y la economía se iba a pique cada vez más, las artes florecían.

En música, Bartók y Stranvinski estaban en un extremo, y Fats Waller y Benny Goodman en el otro. Entre ellos se encontraba Duke Ellington. Las canciones más populares eran escritas por Cole Porter, George e Ira Gershwin, Rodgers y Hart, e Irving Berlin. En el campo de la música clásica, Toscanini y Furtwängler hacían de la batuta una varita mágica mientras que la magia de Kreisler y Heifetz salía de los arcos de sus violines.

Gaslworthy, Pirandello y Eugene O'Neil estaban entre los ganadores del Premio Nobel. Aldous Huxley predecía *Un mundo feliz* mientras Ernest Hemingway creía que en el mundo presente ya había suficiente valor.

Picasso aún tenía el poder de impresionar, pero Dalí y los surrealistas aún causaron mayor asombro. El cuadrado, el cubo y el rectángulo continuaron presentes en el arte y la arquitectura, desde la pintura abstracta de Mondrian, Klee y Léger a las elegantes estructuras de Le Corbusier.

Y, casi al final de la década, cuando más se le necesitaba, Jerry Siegel y Joe Shuster crearon a Superman, que apareció por primera vez en la revista *Action Comics* en 1938.

Mentre le camicie nere, brune, blu e rosse marciavano e combattevano nelle strade e l'economia affondava in un marasma finanziario sempre più profondo, le arti fiorivano.

Nel campo della musica c'erano da un lato Bartok e Stravinsky, dall'altro Fats Waller e Benny Goodman, e nel mezzo Duke Ellington. Cole Porter, George e Ira Gershwin, Rodgers e Hart e Irving Berlin componevano canzoni destinate a uno strabiliante successo. Nella musica classica, si assisteva alla magia delle bacchette dei direttori d'orchestra Toscanini e Furtwängler e a quella degli archetti dei violinisti Kreisler e Heifetz.

Il premio Nobel per la letteratura fu assegnato, tra gli altri, a Galsworthy, Pirandello e Eugene O'Neill. Aldous Huxley prevedeva un *Mondo nuovo*, mentre Ernest Hemingway era convinto che quello attuale fosse all'altezza della situazione.

Picasso sapeva ancora stupire, ma Dalí e i surrealisti erano ancora più sorprendenti. L'età del quadrato, del cubo e del rettangolo perdurava sia in arte che in architettura – dai dipinti astratti di Mondrian, Klee e Léger alle eleganti strutture di Le Corbusier.

Alla fine del decennio, l'uomo forte di cui il mondo avrebbe avuto bisogno prese le sembianze di Superman, creato da Jerry Siegel e Joe Shuster e pubblicato per la prima volta nel 1938 sulla rivista *Action Comics*.

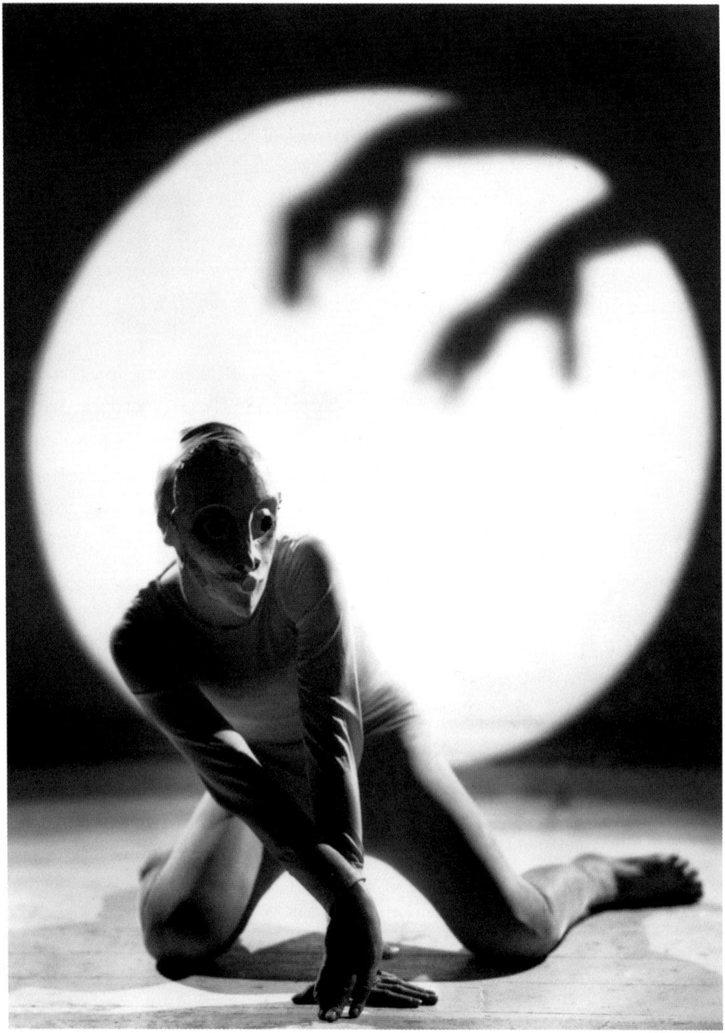

English ballerina Leslie Burrows in a performance of the ballet *Fear*, May 1932. This photograph and that opposite were taken by Sasha.

La bailarina inglesa Leslie Burrows en un espectáculo de ballet llamado *Fear* (miedo), mayo de 1932. Esta fotografía y la de la página siguiente fueron tomadas por Sasha.

La ballerina inglese Leslie Burrows nel balletto *Fear*, maggio 1932. Le foto di questa e della pagina a fronte sono di Sasha.

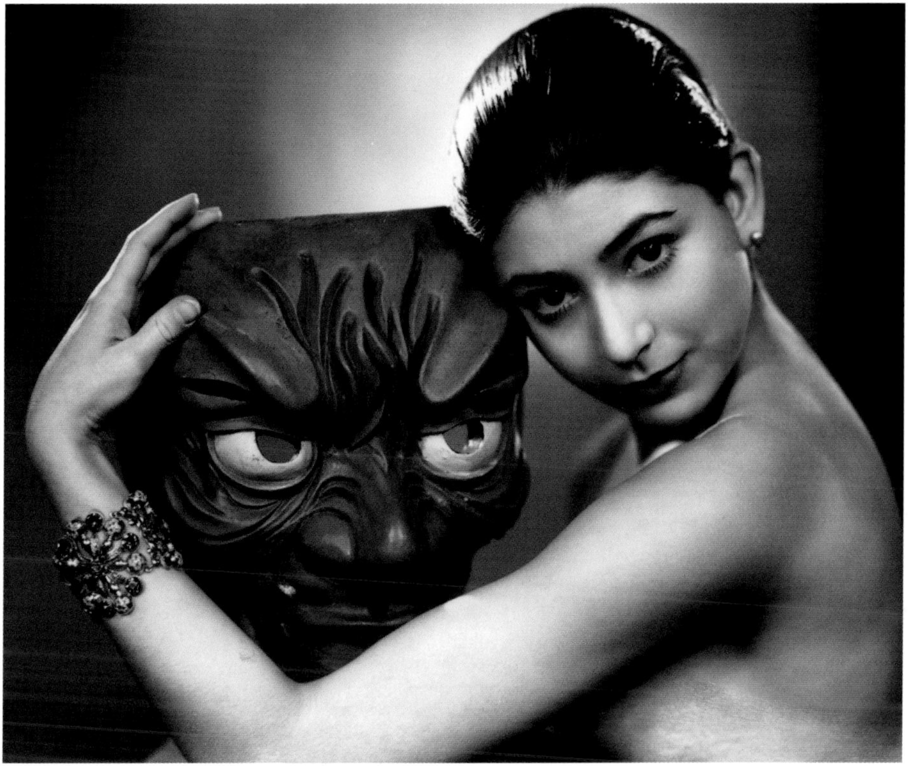

The darling of the ballet – Margot Fonteyn in 1937. She had started as a snowflake in the Vic-Wells production of *The Nutcracker* in 1934. Three years later she was starring in a variety of roles created for her by choreographer Sir Frederick Ashton.

La estrella del ballet Margot Fonteyn en 1937. Empezó como copo de nieve en la producción de Vic-Wells *El cascanueces,* en 1934. Tres años después fue primera bailarina interpretando gran variedad de personajes creados para ella por el coreógrafo sir Frederick Ashton.

La beniamina del balletto – Margot Fonteyn – nel 1937. Debuttò come fiocco di neve nello *Schiaccianoci* prodotto da Vic-Wells nel 1934. Tre anni più tardi sarebbe stata la protagonista di numerosi spettacoli creati per lei dal coreografo Sir Frederick Ashton.

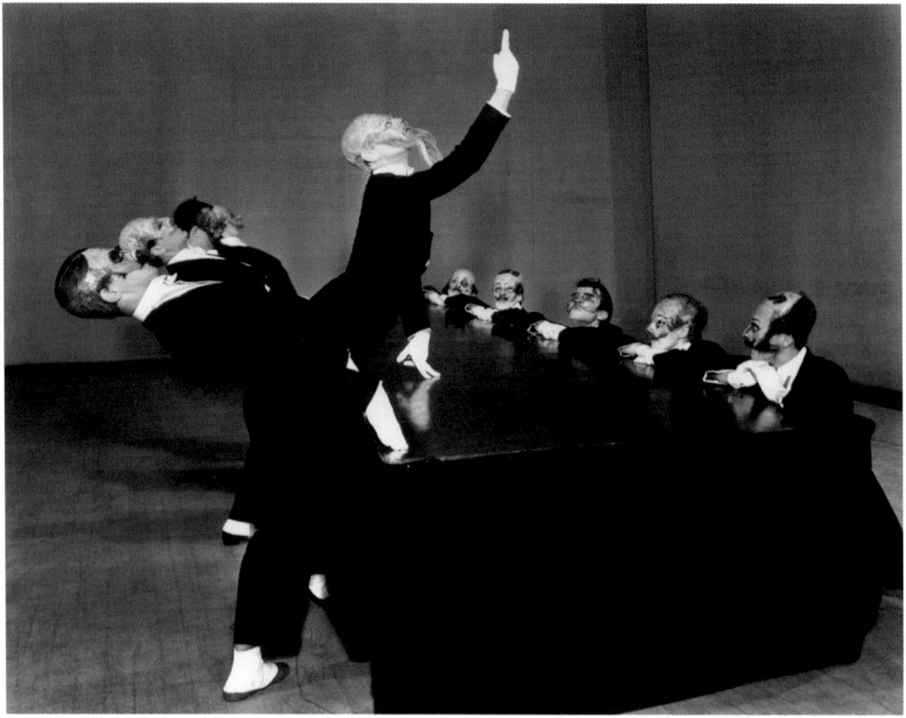

Members of the Jooss Leeder Ballet Company in a performance of the conference scene from *The Green Table* at the Old Vic, London, in August 1935. Three years earlier the ballet, a portrayal of the horrors of war, had won first prize at the Choreographic Competition in Paris.

Miembros de la compañía de ballet Jooss Leeder representando una conferencia en *The Green Table* (la mesa verde) en el teatro Old Vic, Londres, 1935. Tres años antes, este ballet, que retrataba los horrores de la guerra, había ganado el premio del Concurso de Coreografía de París.

Ballerini della compagnia di Jooss Leeder nella scena della conferenza di *The Green Table*, spettacolo rappresentato all'Old Vic a Londra, agosto 1935. Questo balletto, che trattava gli orrori della guerra, tre anni prima aveva vinto il primo premio per la coreografia a Parigi.

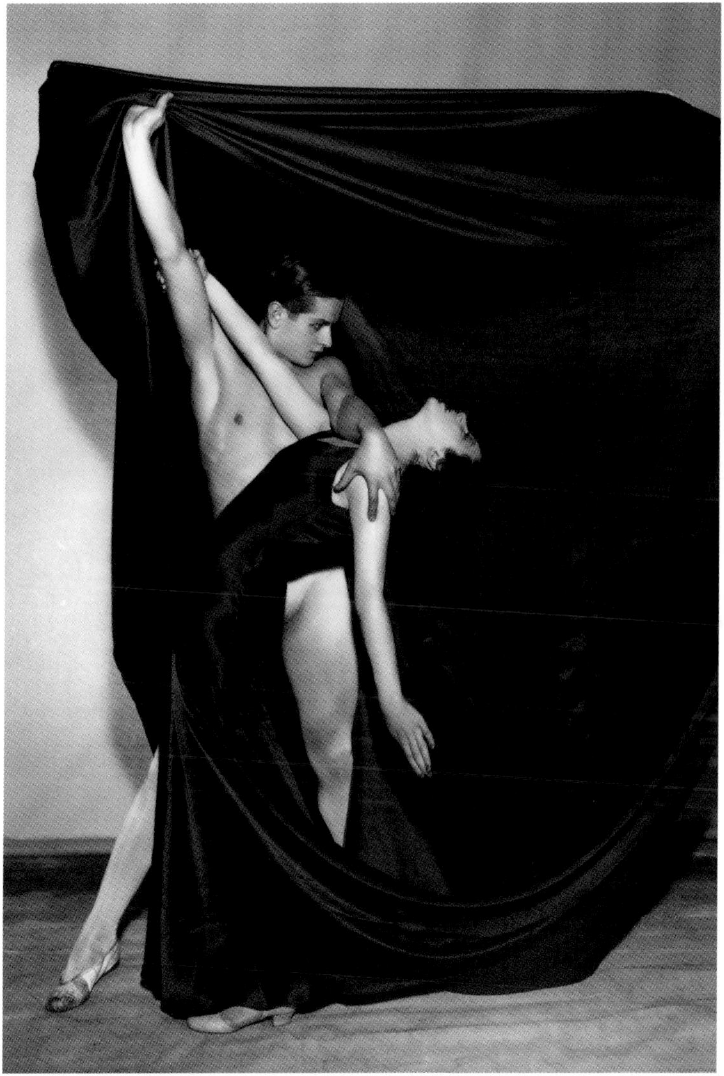

Tilly Losch and Roman Jasiński in a *pas de deux* from *Errante* at the Savoy Theatre, London, July 1933.

Tilly Losch y Roman Jasiński en un *pas de deux* en *Errante* en el Teatro Savoy de Londres, julio de 1933.

Tilly Losch e Roman Jasiński in un *pas de deux* del balletto *Errante* al Savoy Theatre, Londra, luglio 1933.

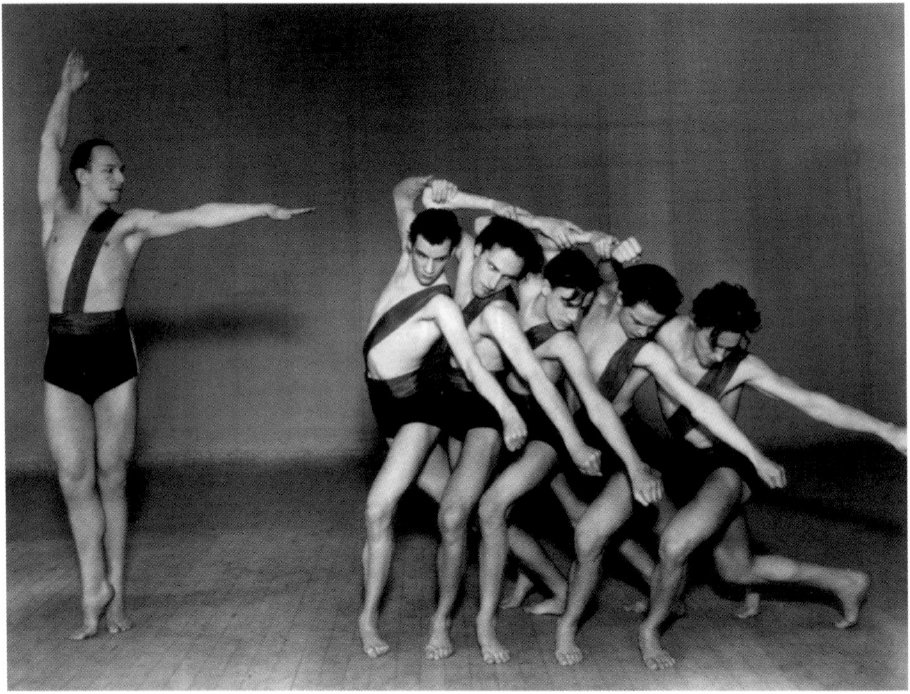

The Jooss Leeder Ballet Company in a scene from the ballet *Inferno*, March 1935. The company, founded by German dancers Sigurd Leeder and Kurt Jooss, moved to England in 1933 and was based at Dartington Hall.

La compañía de ballet Jooss Leeder en una escena de *Inferno*, marzo de 1935. La compañía, fundada por los bailarines alemanes Sigurd Leeder y Kurt Jooss se trasladó a Inglaterra en 1933 y se estableció en Dartington Hall.

La Jooss Leeder Ballet Company in una scena del balletto *Inferno*, marzo 1935. La compagnia era stata fondata da due ballerini tedeschi, Sigurd Leeder e Kurt Jooss, emigrati in Inghilterra nel 1933 e stabilitisi a Dartington Hall.

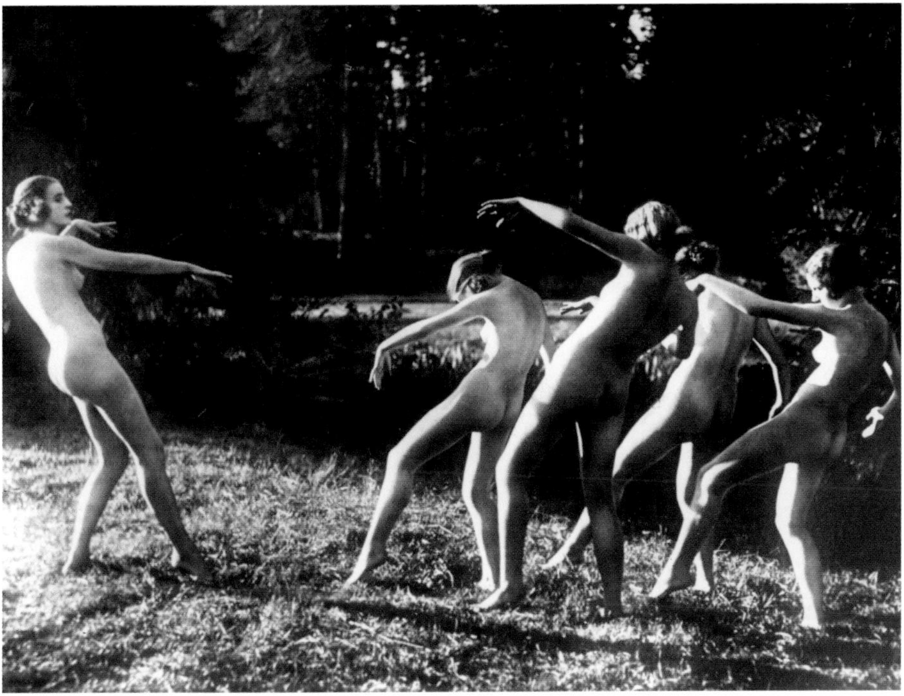

'Down in the forest something stirred...' A group of German women dancers take to the great outdoors, 1935. Although she had died nearly 10 years earlier, the influence of Isadora Duncan was still enormously strong in Germany and Austria.

"Allí en el bosque, hay algo que se mueve..." Un grupo de bailarinas alemanas muestra su entusiasmo al aire libre, 1935. Aunque ya había fallecido casi diez años antes, la influencia de Isadora Duncan aún era muy fuerte en Alemania y Austria.

"Laggiù nella foresta qualche cosa si muove... " Un gruppo di ballerine tedesche ballano all'aperto, 1935. L'influenza di Isadora Duncan, morta quasi dieci anni prima, era ancora molto forte in Germania e in Austria.

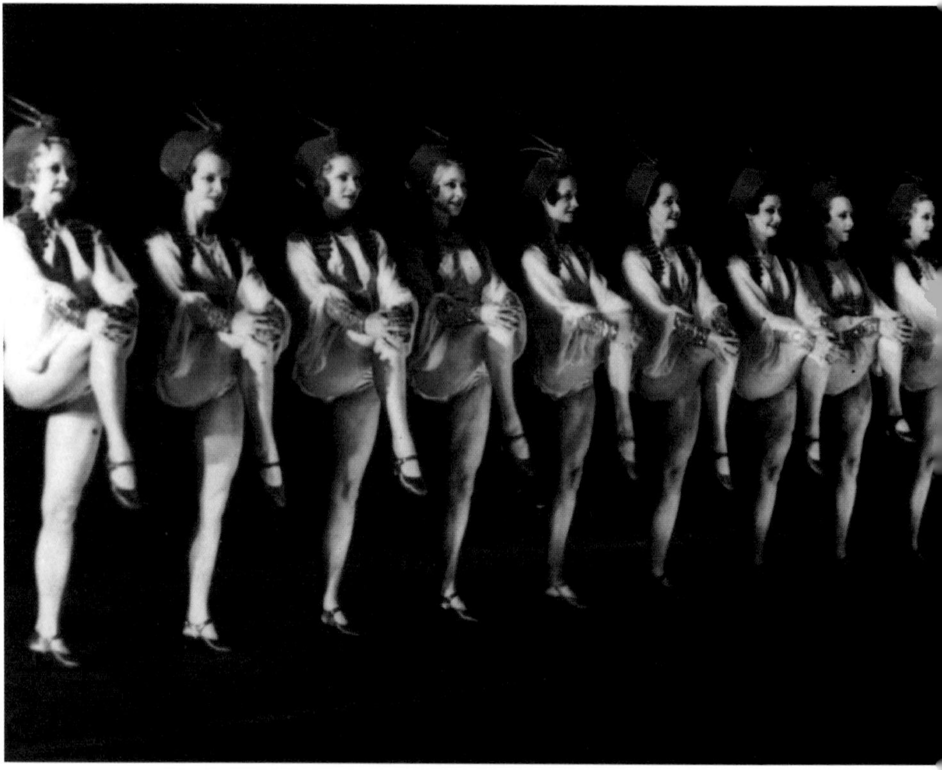

August 1939. The war is less than a month away, but a group of well-drilled chorus girls go through their paces. In an age clattering with high-kicking precision routines, the Rockettes from Radio City Music Hall, New York, were reckoned the best.

Agosto de 1939. Falta menos un mes para que estalle la guerra, pero un grupo de bailarinas de revista bien entrenadas realizan sus pasos como si nada. En una época de coreografías de gran precisión, las Rockettes del Radio City Music Hall de Nueva York eran consideradas las mejores bailarinas de este género.

Agosto 1939. La guerra scoppierà tra meno di un mese, ma queste ben allenate ballerine di fila non perdono il ritmo. In un'epoca in cui tutto doveva essere sincronizzato, le Rockettes del Radio City Music Hall erano considerate le migliori.

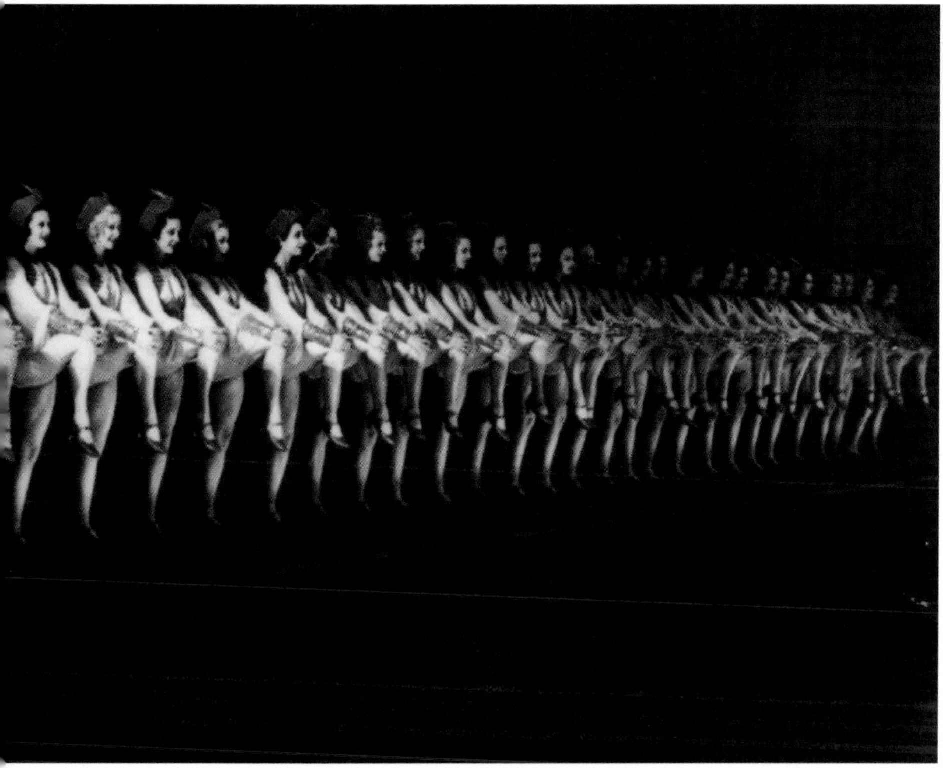

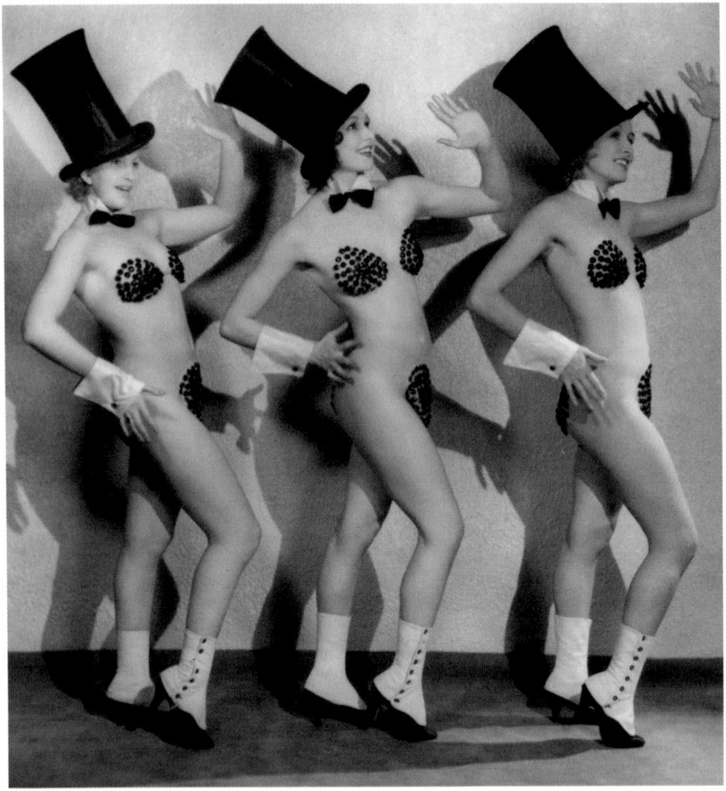

Sonia Hully, Yvonne Robinson and Bubbly Rogers in *Streamline* at the Palace Theatre, London, October 1934. They were three of impresario C B Cochran's renowned 'young ladies'. Noel Coward had many rows with 'Cockie' over the casting of stage-struck young women.

Sonia Hully, Yvonne Robinson y Bubbly Rogers en *Streamline* (aerodinámico), en el Palace Theatre de Londres, octubre 1934. Eran tres de las famosas *young ladies* del empresario C.B. Cochran. Noel Coward y "Cockie" tuvieron varias discusiones sobre la elección de las jóvenes, que lo único que querían era subir a un escenario.

Sonia Hully, Yvonne Robinson e Bubbly Rogers in *Streamline* al Palace Theatre, Londra, ottobre 1934. Facevano parte delle celebri "signorine" scritturate dall'impresario C. B. Cochran. Noel Coward bisticciava spesso con "Cockie" sulla scelta di queste ragazze, che non avevano altra aspirazione se non quella di salire su un palcoscenico.

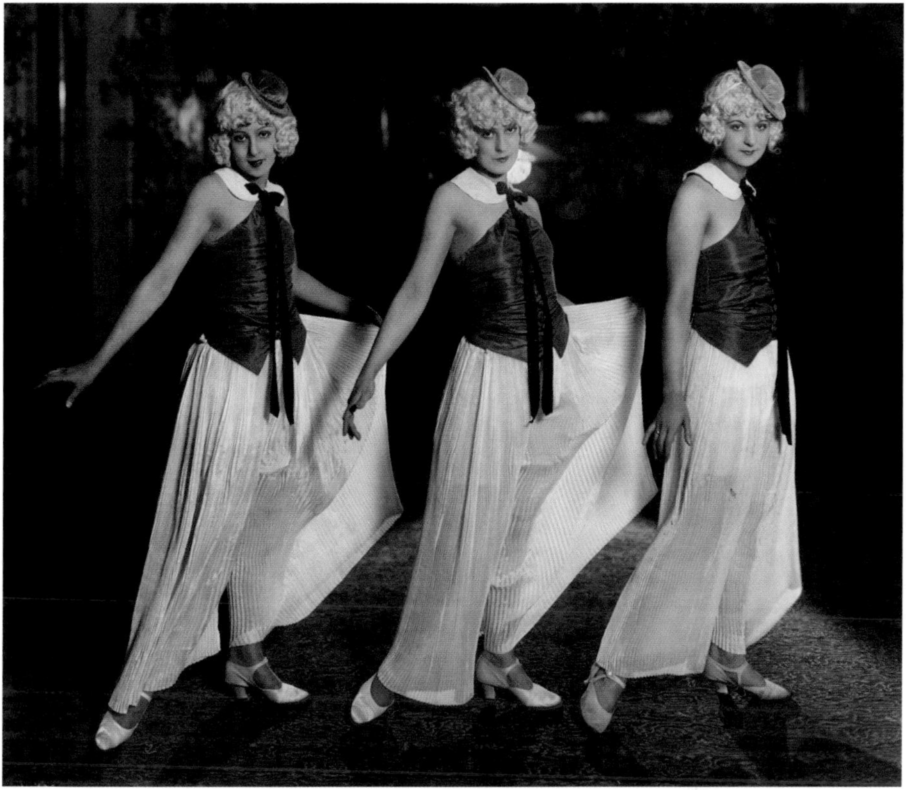

Three members of the chorus line of the Piccadilly Hotel cabaret, 1935. Almost every major hotel in London, Paris, New York or Berlin had its own band, cabaret, and dance floor in the Thirties.

Tres bailarinas de un cabaret del Piccadilly Hotel, 1935. Casi todos los hoteles más importantes de Londres, París, Nueva York o Berlín tenían su propia orquesta, cabaré y pista de baile.

Tre ballerine di uno spettacolo di cabaret del Piccadilly Hotel, 1935. Negli anni Trenta quasi tutti i grandi alberghi di Londra, Pargi, New York o Berlino avevano l'orchestra, il cabaret e una pista da ballo.

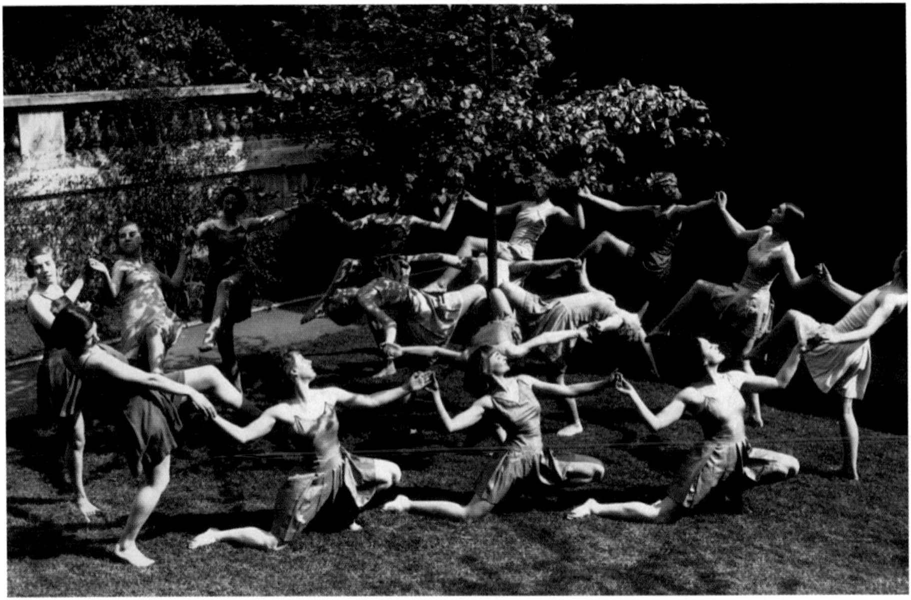

Members of the Margaret Morris Movement display their skills in a garden, 1935. Margaret Morris was a dance teacher who evolved her own techniques at the age of 17 and opened her first school two years later in 1910. The Movement combined medical and aesthetic values.

Miembros del Margaret Morris Movement exhiben su talento en un jardín, 1935. Margaret Morris era una profesora de danza que desarrolló sus propias técnicas cuando tenía 17 años y abrió su primera escuela dos años más tarde, en 1910. Su movimiento combinó valores médicos y atléticos.

Ballerine del Margaret Morris Movement si esibiscono in un giardino, 1935. Margaret Morris insegnava danza. Sviluppò la propria tecnica all'età di 17 anni e aprì la sua prima scuola due anni più tardi, nel 1910. I suoi corsi si fondavano su principi sia medici che estetici.

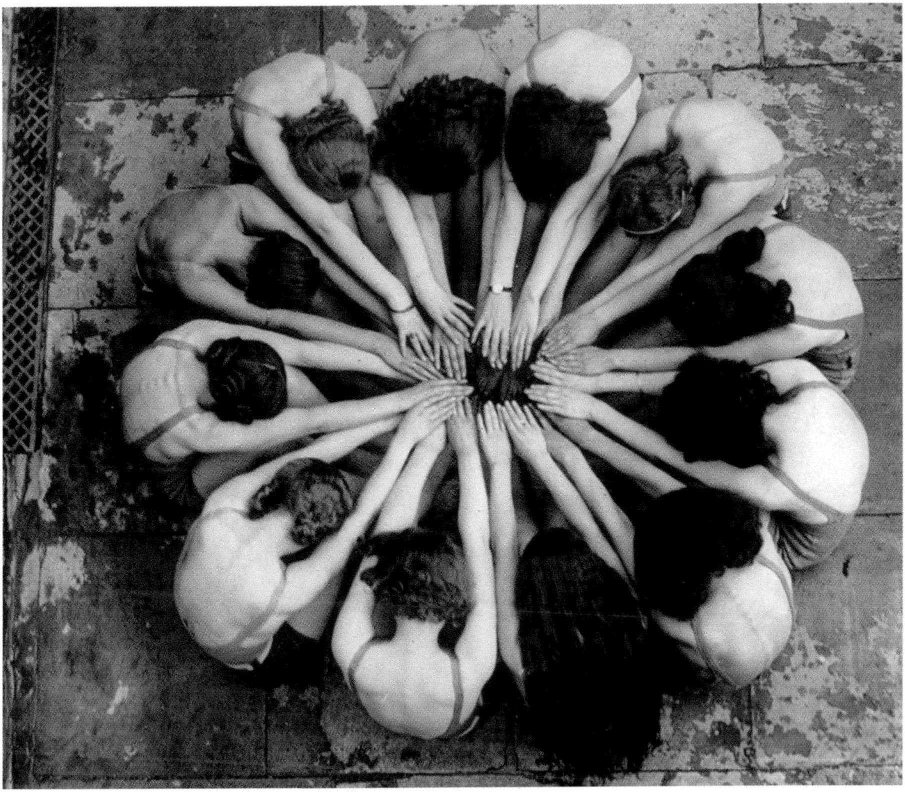

Decidedly under the influence of Busby Berkeley, a circle of actresses seek an even suntan, 1935. They were members of the cast in a show called *Under the Palms*.

Con una clara influencia de Busby Berkeley, un grupo de actrices forma un círculo, 1935. Eran miembros de un espectáculo llamado *Under the Palms* (bajo las palmeras).

Decisamente influenzate da Busby Berkeley, queste attrici si abbronzano in cerchio, 1935. Lavoravano in uno spettacolo intitolato *Sotto le palme*.

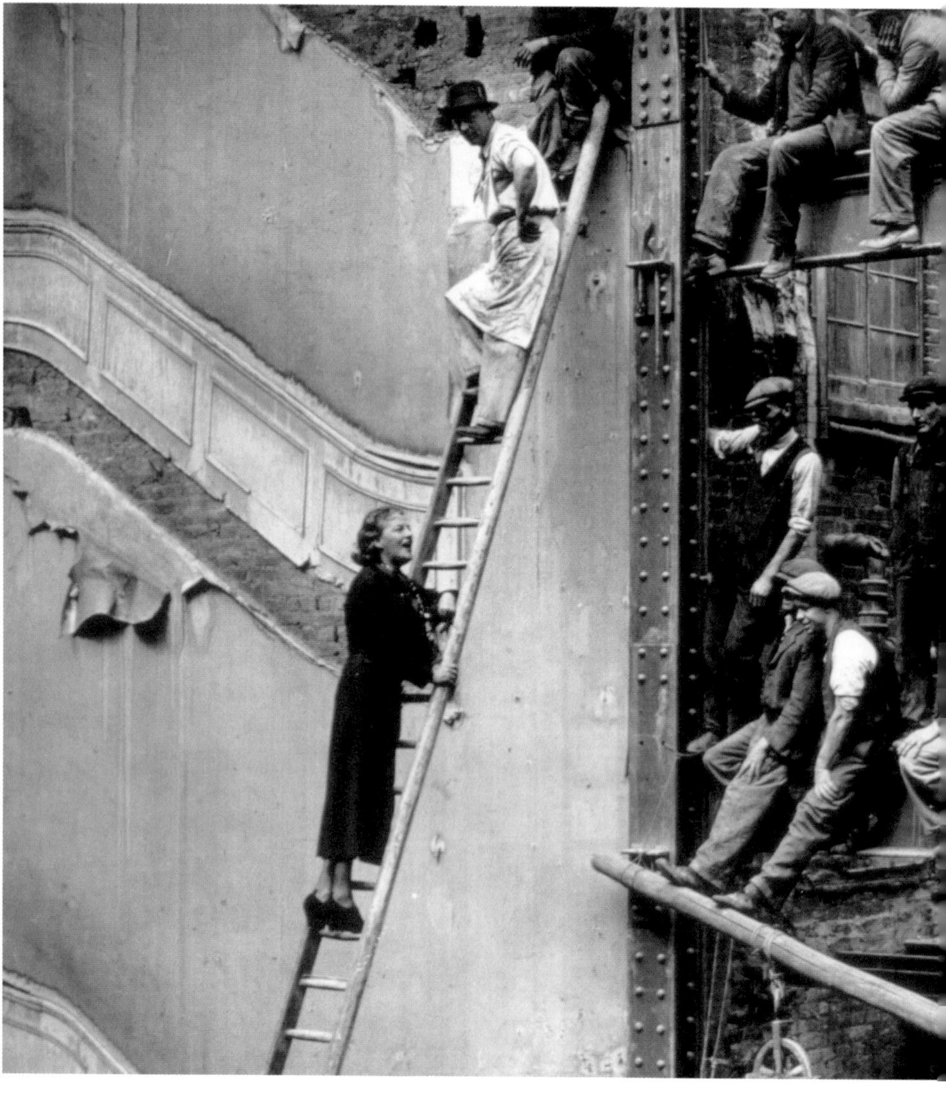

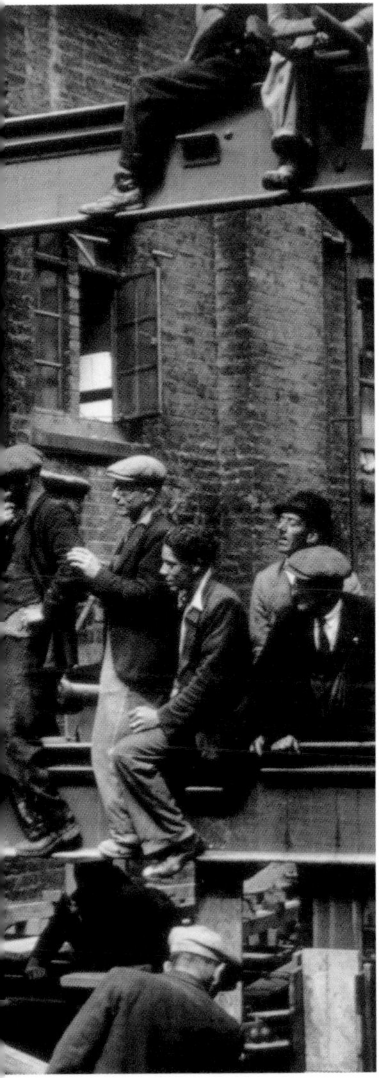

June 1937. Gracie Fields serenades workmen at the Prince of Wales Theatre, London. 'Our Gracie' had just laid the foundation stone of the new theatre. She was at the height of her popularity as a music-hall singer, comedienne and film star.

Junio de 1937. Gracie Fields canta para los obreros del teatro Prince of Wales de Londres. "Nuestra Gracie" había puesto la primera piedra de un nuevo teatro. Estaba en la cima de su popularidad como cantante del *music hall,* comediante y estrella del cine.

Giugno 1937. Gracie Fields fa una serenata agli operai del Prince of Wales Theatre, Londra. "La nostra Gracie" aveva creato un nuovo genere teatrale. Contemporaneamente cantante di music-hall, attrice di teatro e di cinema, era al culmine della popolarità.

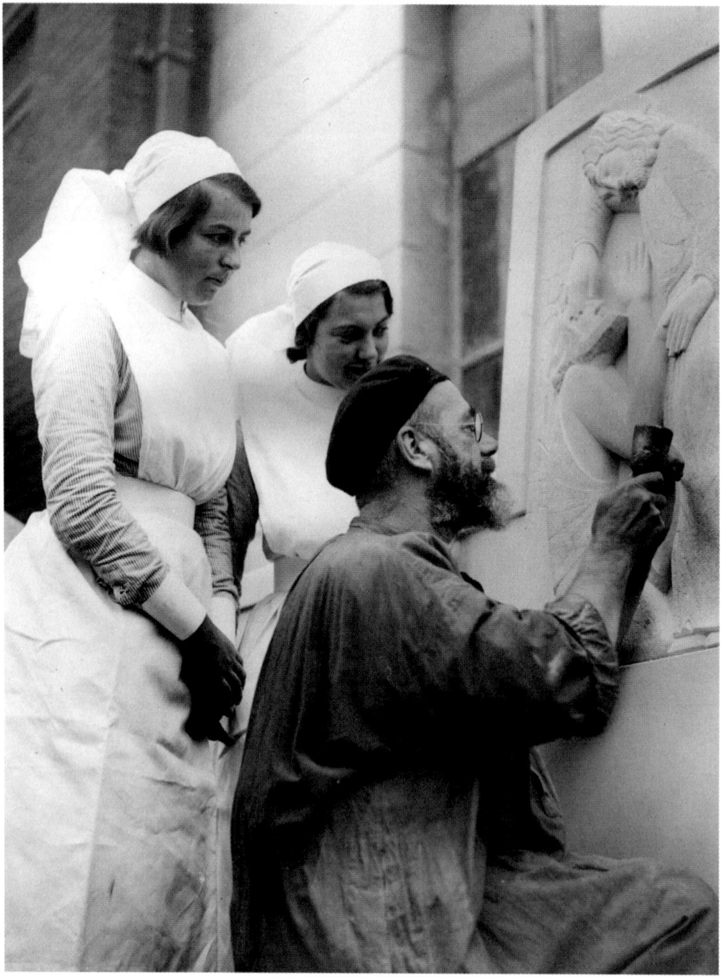

September 1934. Eric Gill at work on *Christ Giving Sight to Bartemus* for the Moorfields Eye Hospital, London.

Septiembre de 1934. Eric Gill trabajando en *Cristo devuelve la vista a Bartemo* para el hospital oftalmológico de Moorfields, Londres.

Settembre 1934. Eric Gill all'opera su *Cristo dona la vista a Bartimeo* realizzato per l'ospedale oftalmico di Moorfields, Londra.

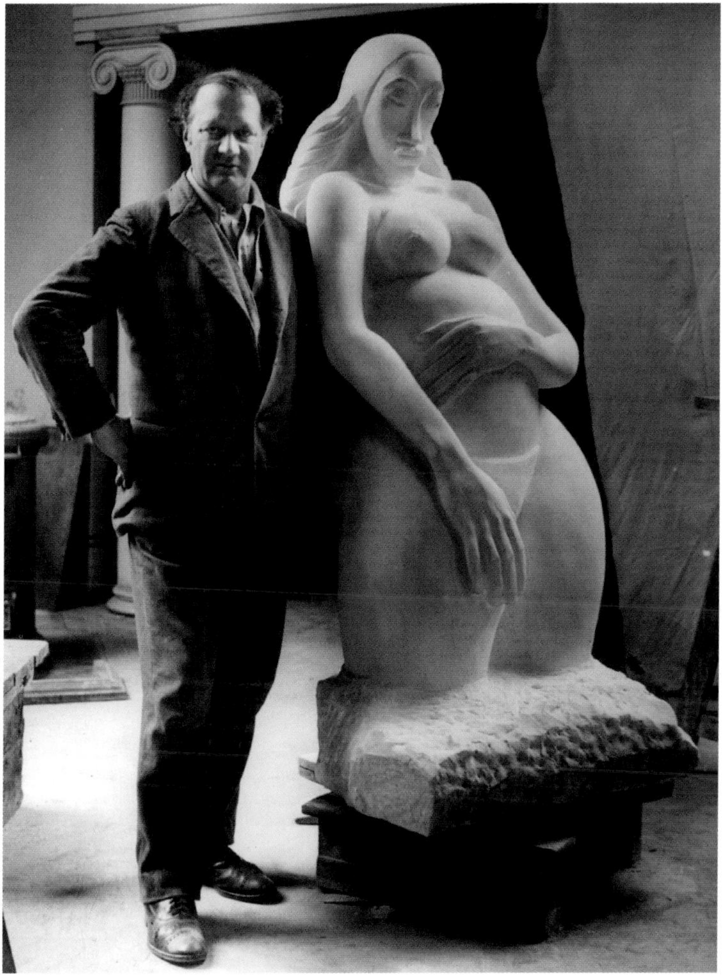

Jacob Epstein, the American-born sculptor, at work in 1931 on *Genesis*, for which he was accused of both indecency and blasphemy.

Jacob Epstein, escultor de origen americano, trabajando en *Génesis* en 1931. Esta obra fue acusada de ser indecente y blasfema.

Jacob Epstein, scultore di origine americana, nel 1931 di fianco alla *Genesi* per la quale fu accusato di oltraggio al pudore e blasfemia.

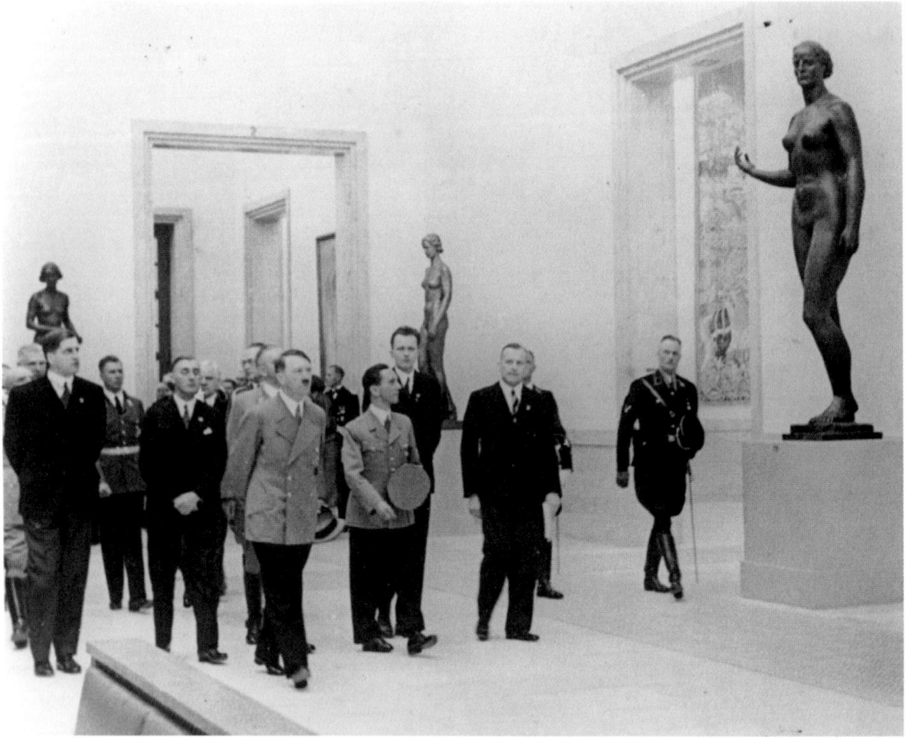

July 1938. Adolf Hitler (fourth from left) with Joseph Goebbels at the Nazi 'Day of Art' Exhibition in Munich. The exhibition included a five-mile (eight-kilometre) parade representing 2,000 years of German culture.

Julio de 1938. Adolf Hitler (cuarto por la izquierda) con Joseph Goebbels en la exhibición nazi "Día del Arte", celebrada en Múnich. La exposición incluía un desfile de ocho kilómetros que representaba 2.000 años de cultura alemana.

Luglio 1938. Adolf Hitler (quarto da sinistra) accompagnato da Goebbels all'inaugurazione della mostra nazista "Giornata dell'arte" a Monaco. L'esposizione aveva un percorso lungo 8 chilometri e metteva in mostra 2000 anni di cultura tedesca.

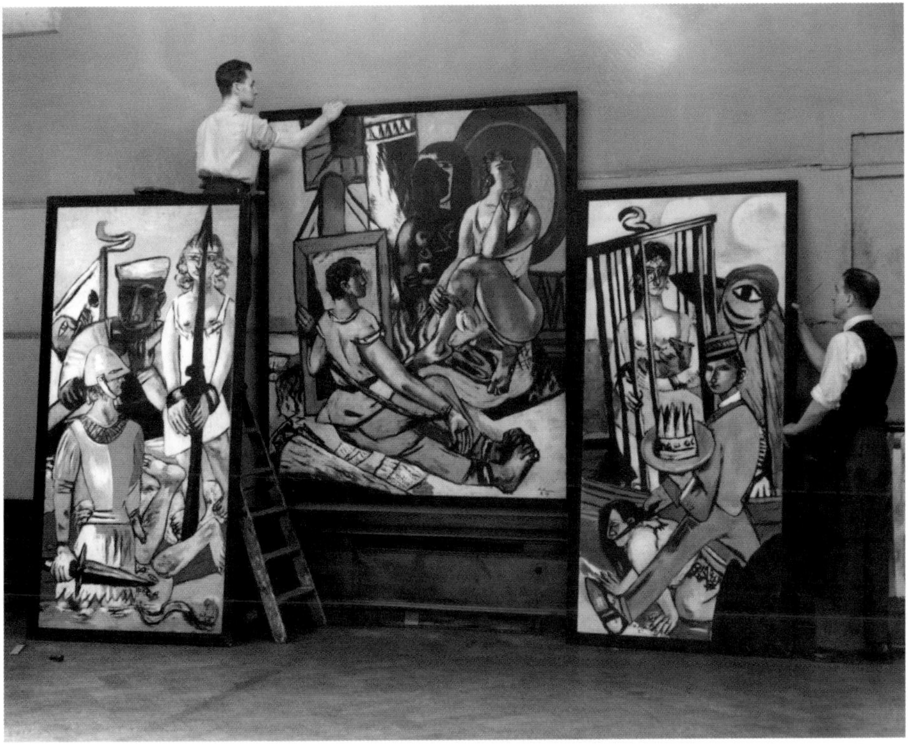

July 1938. Max Beckmann's triptych, *Temptation*, goes on show at the new Burlington Galleries, London. It was part of an exhibition of the work of German artists who had been labelled 'degenerate' by Hitler, and was staged in rivalry to the Nazi Exhibition in Munich.

Julio de 1938. El tríptico de Max Beckmann *Tentación* es instalado en las nuevas galerías de Burlington, en Londres. Formaba parte de una exposición de obras de artistas alemanes que habían sido clasificadas por Hitler como "degeneradas" y se exponían como respuesta a la exposición de los nazis en Múnich.

Luglio 1938. Installazione del trittico *Tentazione* di Max Beckmann alle nuove Burlington Galeries di Londra. Questo quadro, insieme ad altre opere di artisti tedeschi etichettati da Hitler come "degenerati", faceva parte di una mostra allestita in risposta a quella nazista di Monaco.

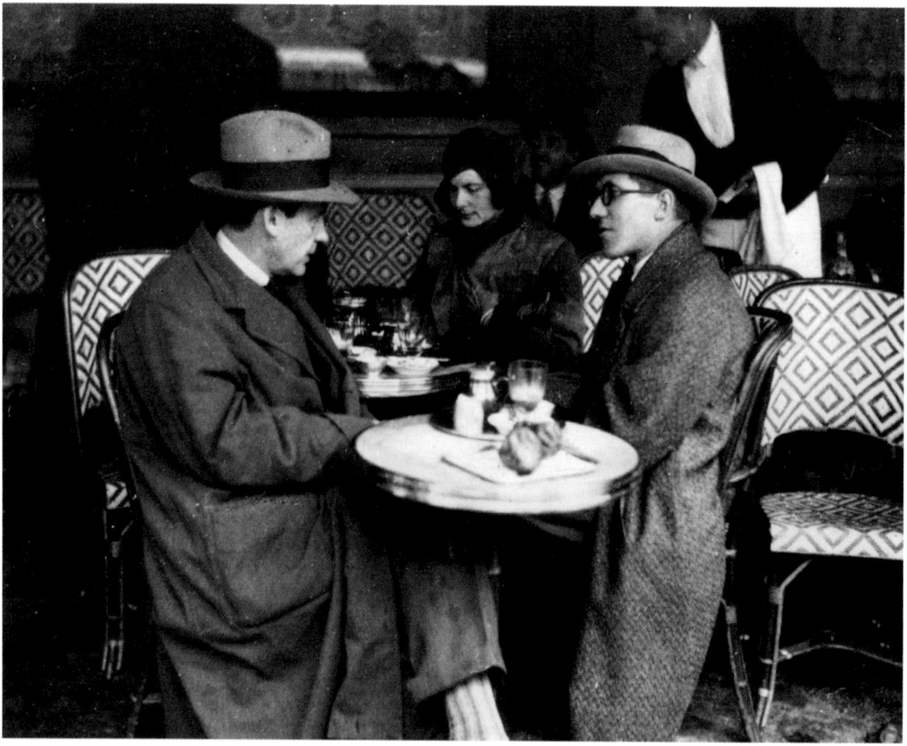

May 1939. Walter Gropius (left) with his wife, Ise Frank, and the French architect Le Corbusier at a Paris café. In 1919 Gropius founded the famous Bauhaus art school, which was closed by Hitler in 1933. Gropius and his wife fled first to Britain, then to the United States.

Mayo de 1939. Walter Gropius (izquierda) con su mujer, Ise Frank, y el arquitecto francés Le Corbusier en un café de París. En 1919 Gropius fundó la famosa escuela de arte Bauhaus, cerrada por Hitler en 1933. Gropius y su mujer huyeron primero al Reino Unido y luego a EE.UU.

Maggio 1939. Walter Gropius (a sinistra) con la moglie, Ise Frank, e l'architetto francese Le Corbusier in un caffè di Parigi. Nel 1919 Gropius aveva fondato il Bauhaus, la celebre scuola chiusa da Hitler nel 1933. Gropius e la moglie emigrarono prima in Gran Bretagna e in seguito negli Stati Uniti.

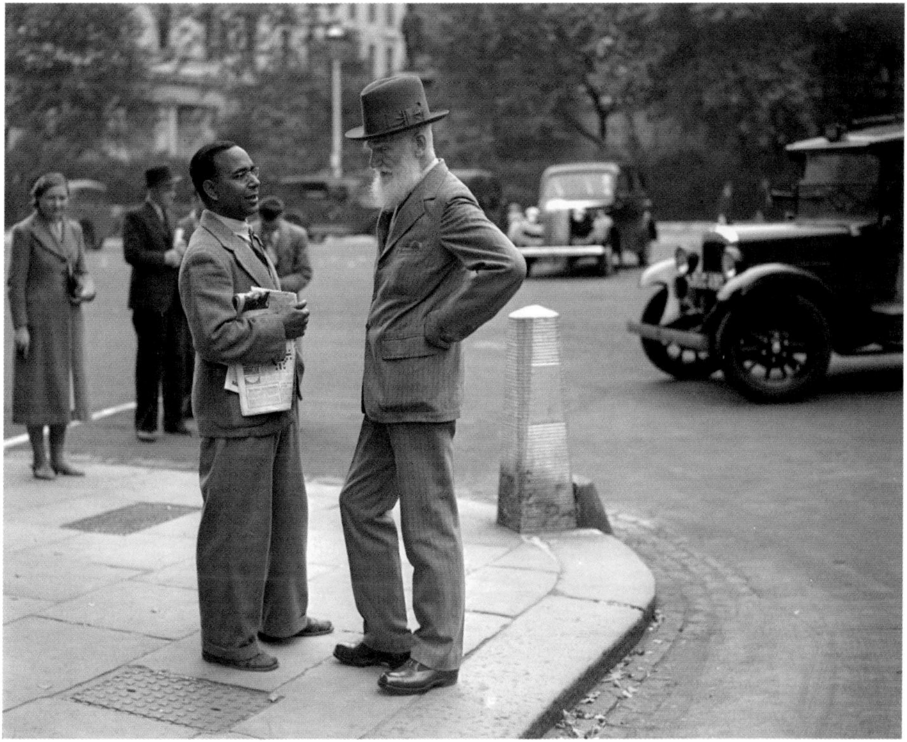

August 1939. Irish-born dramatist George Bernard Shaw outside the German embassy in London. A tough month lay ahead for pacifists as Europe hastened to war.

Agosto de 1939. El dramaturgo de origen irlandés George Bernard Shaw frente a la embajada alemana en Londres. Los pacifistas afrontaban un duro mes mientras Europa se precipitaba hacia la guerra.

Agosto 1939. Il drammaturgo irlandese George Bernard Shaw davanti all'Ambasciata tedesca a Londra. Un mese movimentato per i pacifisti mentre l'Europa precipitava in guerra.

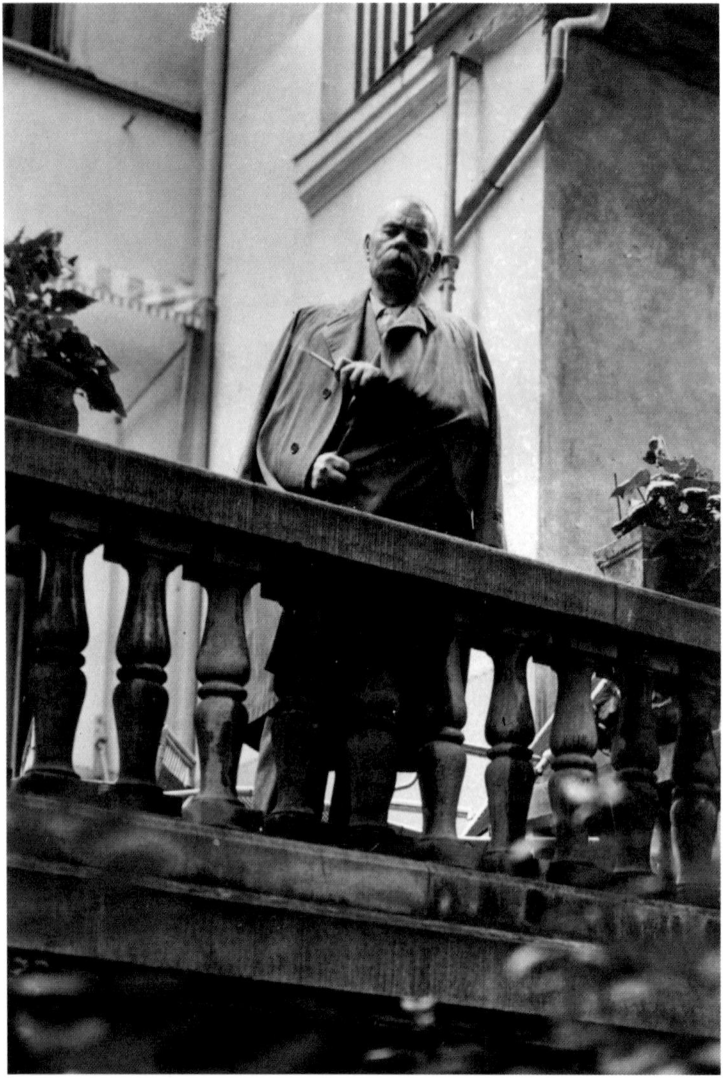

Soviet novelist and playwright Maxim Gorky, 1932. He died four years later, in mysterious circumstances, while under medical treatment.

El novelista y dramaturgo soviético Maxim Gorki, 1932. Murió cuatro años después, en circunstancias misteriosas, mientras seguía un tratamiento médico.

Lo scrittore e drammaturgo sovietico Maxim Gorky, 1932. Sarebbe morto quattro anni più tardi in circostanze misteriose nel corso di un trattamento medico.

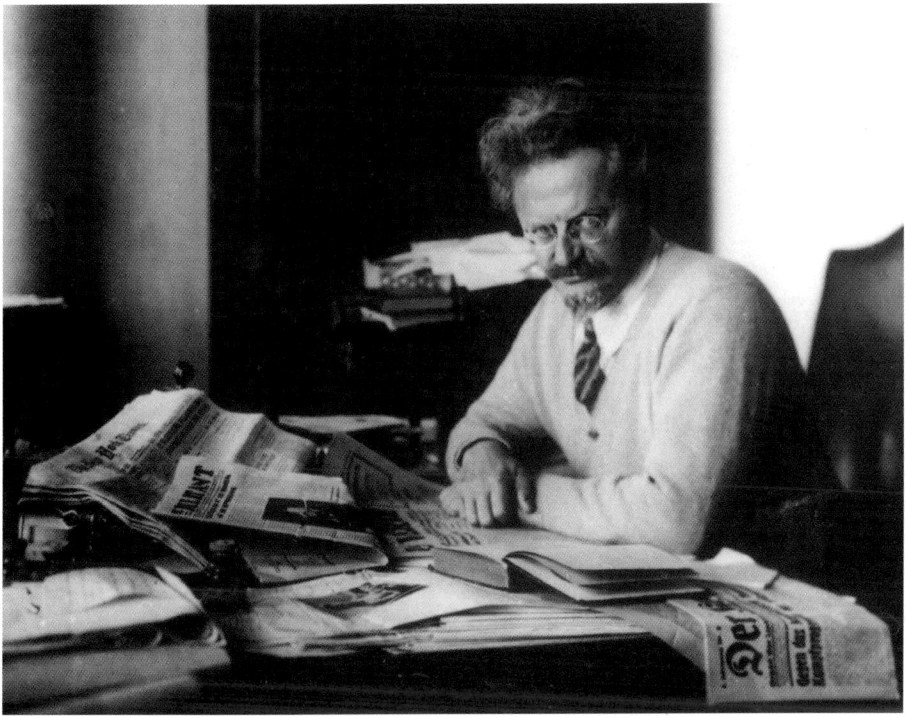

Leon Trotsky working on his *History of the Russian Revolution* in 1931. He had been banished from the Soviet Union in 1929. This picture was taken in his study at Principe in the Gulf of Guinea.

Liev Trotski trabajando en su *Historia de la Revolución Rusa* en 1931. Fue expulsado de la Unión Soviética en 1929. Esta fotografía fue tomada en Príncipe, en el golfo de Guinea.

Leone Trotsky mentre lavora alla sua *Storia della rivoluzione russa* nel 1931. Venne espulso dall'Unione Sovietica nel 1929. La foto è scattata nel suo studio a Principe, nel golfo di Guinea.

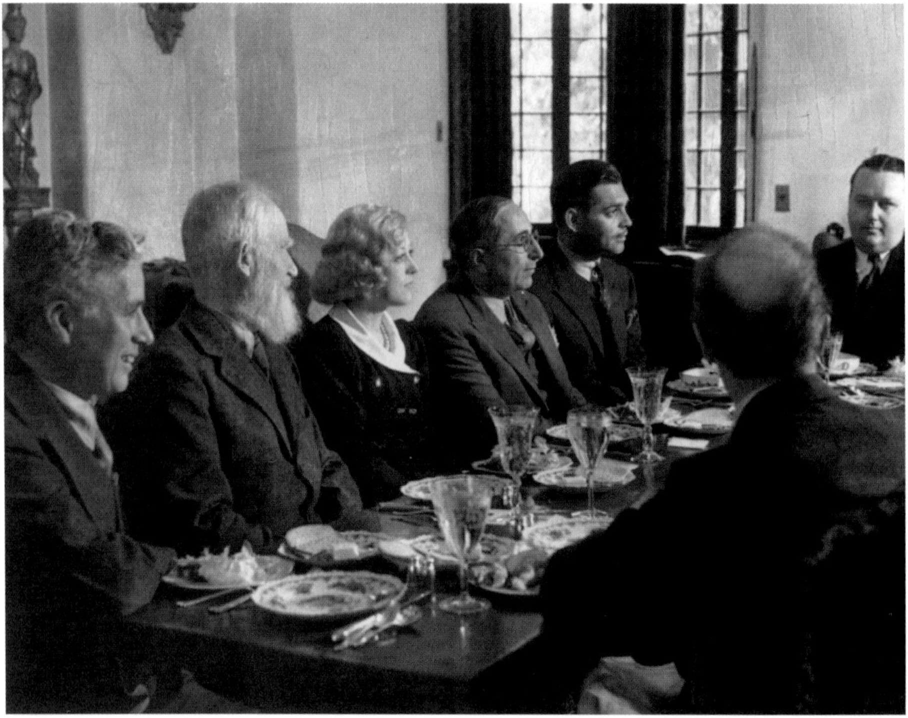

A Hollywood lunch, April 1933. (From left to right) Charlie Chaplin, George Bernard Shaw, Marion Davies, Louis B Mayer, Clark Gable and George Hearst. Shaw had been touring the States, and had given a lecture on political economy in New York. Maybe that was also the trouble here.

Almuerzo en Hollywood, abril de 1933. (De izquierda a derecha) Charles Chaplin, George Bernard Shaw, Marion Davies, Louis B. Mayer, Clark Gable y George Hearst. Shaw visitaba EE.UU. y había dado una conferencia sobre economía política en Nueva York. Quizá aquí también, y por eso, todos ponían esa cara.

Pranzo a Hollywood, aprile 1933. (Da sinistra a destra) Charlie Chaplin, George Bernard Shaw, Marion Davies, Louis B. Mayer, Clark Gable e George Hearst. Shax, reduce da una conferenza sull'economia politica a New York, stava forse qui discutendo le sue tesi, a giudicare dai volti seri dei convitati.

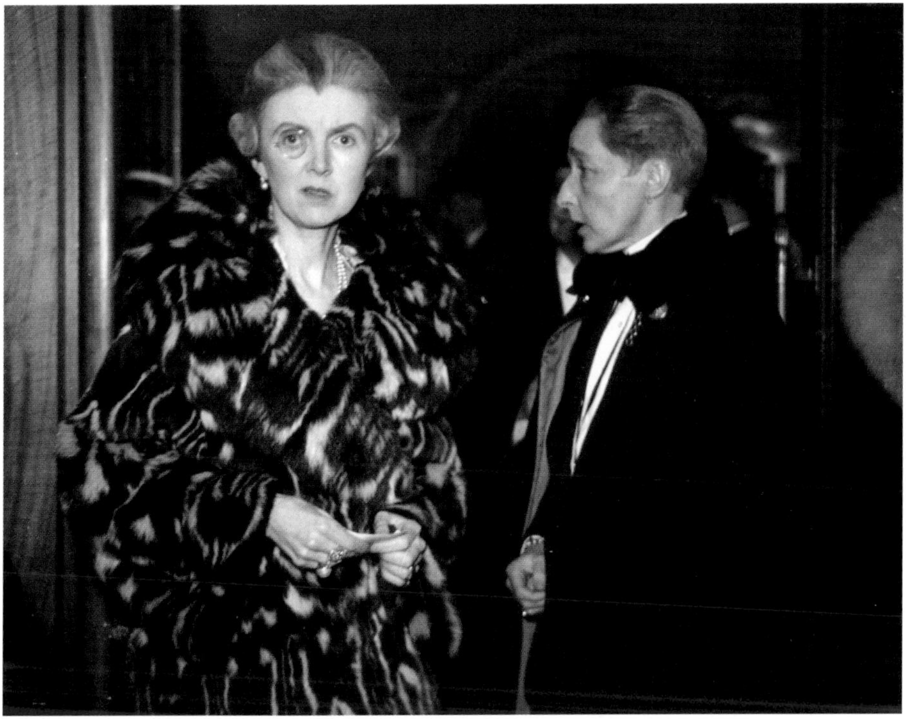

Lady Trowbridge (left) and Radclyffe Hall attend the first night of the appropriately named *When Ladies Meet* at the Lyric Theatre in London, 1933. Radclyffe Hall's open lesbianism shocked Thirties society.

Lady Trowbridge (izquierda) y Radclyffe Hall en el estreno de una obra con el acertado título de *When Ladies Meet* (cuando las mujeres se encuentran) en el Lyric Theater de Londres, 1933. El lesbianismo declarado de Radclyffe Hall causó una gran polémica en la sociedad de los años treinta.

Lady Trowbridge (a sinistra) e Radclyffe Hall alla prima dello spettacolo dal titolo appropriato, *Quando le donne s'incontrano* al Lyric Theatre di Londra, 1933. L'atteggiamento scopertamente lesbico di Radclyffe Hall aveva shockato la società degli anni Trenta.

7. Fashion
Moda
Moda

A 1934 fashion plate by Nicolet. The woman is wearing *gants de trill* and lace cuffs. Accessories such as gloves, bags, shoes and a little jewellery were of the utmost importance for the well-dressed woman in the Thirties.

Una fotografía de moda de Nicolet, 1934. La modelo lleva unos guantes de tul y puños de encaje. Los accesorios como guantes, bolsos y joyería eran esenciales para la mujer de los años treinta.

Fotografia di moda di Nicolet, 1934. La donna porta dei guanti di tulle guarniti di merletto. Gli accessori – guanti, borse, scarpe e qualche gioiello – erano molto importanti per la donna elegante degli anni Trenta.

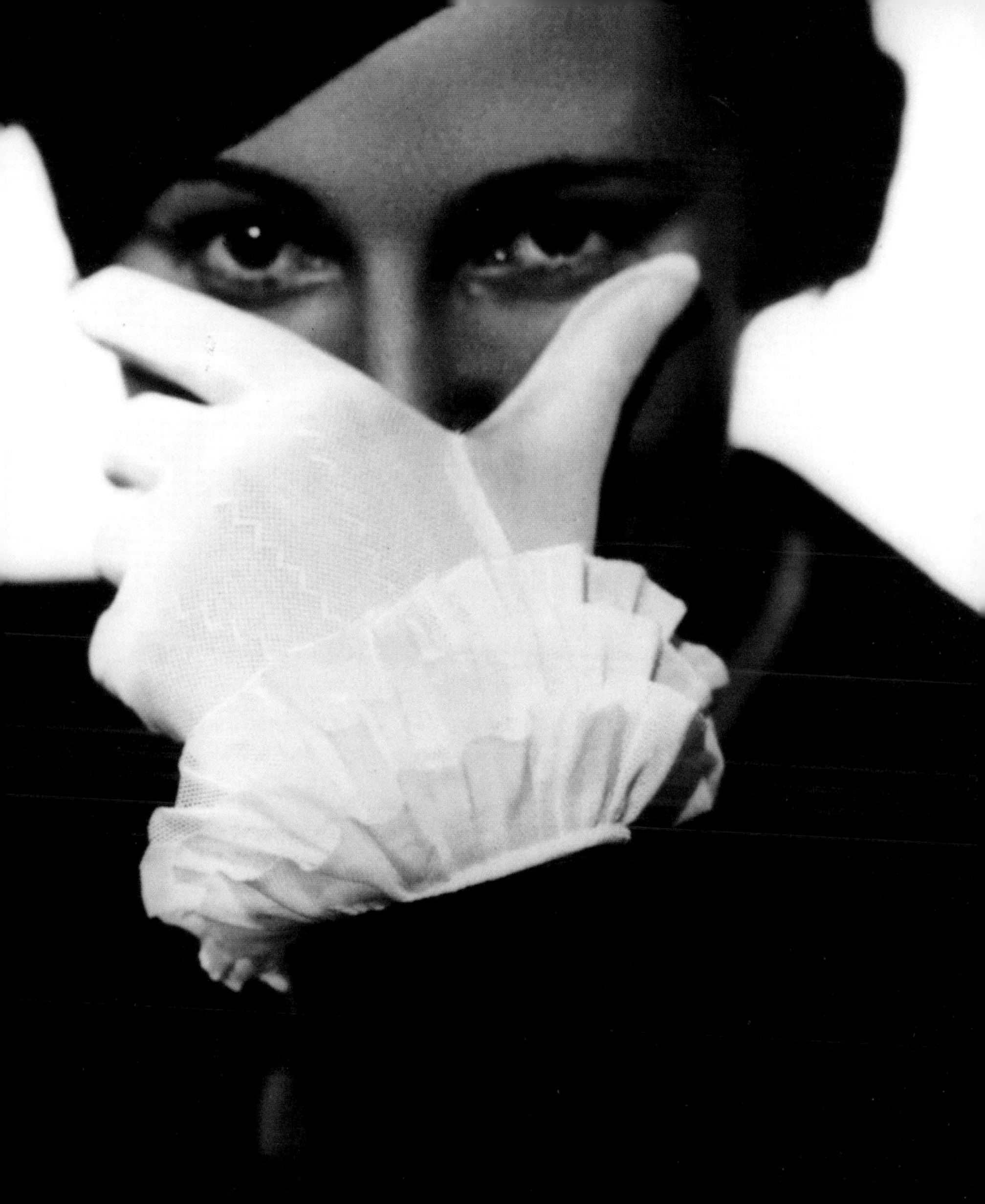

7. Fashion
Moda
Moda

The most colourful excesses of the Twenties disappeared – no college freshman would have been seen dead in a raccoon coat. Skirts crept down the leg – a well-dressed mobster like Bonnie Parker showed the merest glimpse of lower calf. Waists were nipped in, chests flat, dresses long and elegant. Slacks were bold, loose and comfortable. Hair was worn longer – the page-boy bobs of the Twenties now grew into long and lustrous tresses.

Apart from the introduction of the Windsor knot for neckwear, men's fashion hardly changed. For the well-off there was an increasing emphasis on top hat, white tie and tails, but an unemployed miner or farm hand looked little different from his unemployed grandfather.

Hats for women were snug-fitting, adorable, provocative. One look at Bette Davis in a beret or that sweet pill-box she wore in *Special Agent* and tears sprang to the eyes. For something sexier, there was nothing to beat the feather-faced gown that Ginger Rogers wore when she danced cheek to cheek with Fred in *Top Hat*, even though it got up his nose.

Paris called all the fashion shots: the rest of the world was nowhere. Fur, on the other hand, was everywhere – in those days nobody cared where it came from – on collars, hats, gloves, stoles, and cuffs. And nylon made a late entry in 1939, promising elegance for the masses.

Los excesos coloristas de los años veinte desaparecieron. Ningún estudiante que estuviera en su sano juicio se habría puesto un abrigo de mapache. Las faldas se alargaron y ni una delincuente elegante como Bonnie Parker dejaría que se entrevieran sus pantorrillas. Las caderas eran estrechas, el pecho plano, los vestidos largos y elegantes. Los pantalones eran anchos y cómodos. Se llevaba el cabello más largo; la melena a lo paje de los años veinte daba paso a largas y soberbias cabelleras.

Aparte de la introducción del nudo Windsor para las corbatas, la moda masculina apenas cambió. Para los que tenían medios, el sombrero de copa y el frac se ponían cada vez más de moda, pero los granjeros y mineros en paro no tenían un aspecto muy distinto al de sus abuelos.

Los sombreros para mujer, encantadores y provocativos, se llevaban bien ajustados. Bette Davis estaba irresistible con su boina y su tocado en la película *Agente especial*. Para los que preferían algo más sexy, nada superaba el vestido de plumas que lució Ginger Rogers mientras bailaba *cheek to cheek* (mejilla con mejilla) con Fred Astaire en *Sombrero de copa*. Daba igual que las plumas hicieran estornudar al bailarín.

París era la capital de la moda, sin duda. Y, sin duda, las pieles eran fundamentales (en aquella época no importaba su procedencia) en los cuellos, sombreros, guantes, estolas y puños. El nilón llegó más tarde, en 1939, prometiendo elegancia para las masas.

Scompaiono i vistosi eccessi dei folli anni Venti. Nessuno studente, neppure da morto, avrebbe indossato un cappotto di orsetto lavatore. Le gonne si allungano e l'elegante gangster Bonnie Parker non si sarebbe mai sognata di far intravedere il polpaccio. La vita era segnata, il petto piatto, le gonne lunge e chic. I pantaloni erano ampi e comodi e con motivi decorativi originali. Abbandonati i corti caschetti degli anni Venti, i capelli si allungano, spesso acconciati in lunghe e setose trecce.

Ad eccezione del nuovo nodo di cravatta alla Windsor, la moda maschile rimane per lo più uguale. Per chi se lo poteva permettere, erano sempre più ricercati il cappello a cilindro, la cravatta bianca e il frac. Quanto al minatore o al contadino senza lavoro, il loro abbigliamento non differiva granché da quello del nonno disoccupato.

I cappelli femminili, adorabili e provocanti, aderivano perfettamente alla testa. Bette Davis, con il berretto o il piccolo tocco che portava in *Il grande nemico*, era irresistibile. In un ambito più sexy, nulla poteva eguagliare il vestito di piume indossato da Ginger Rogers per ballare *cheek to cheek* con Fred in *Cappello a cilindro*. Poco importa se le piume la facevano starnutire.

Parigi era la capitale della moda. La pelliccia – di qualsiasi animale – diventa un accessorio di base e orna colli, cappelli, guanti, stole e maniche. Il nylon, foriero di un'eleganza di massa, sarebbe arrivato solo nel 1939.

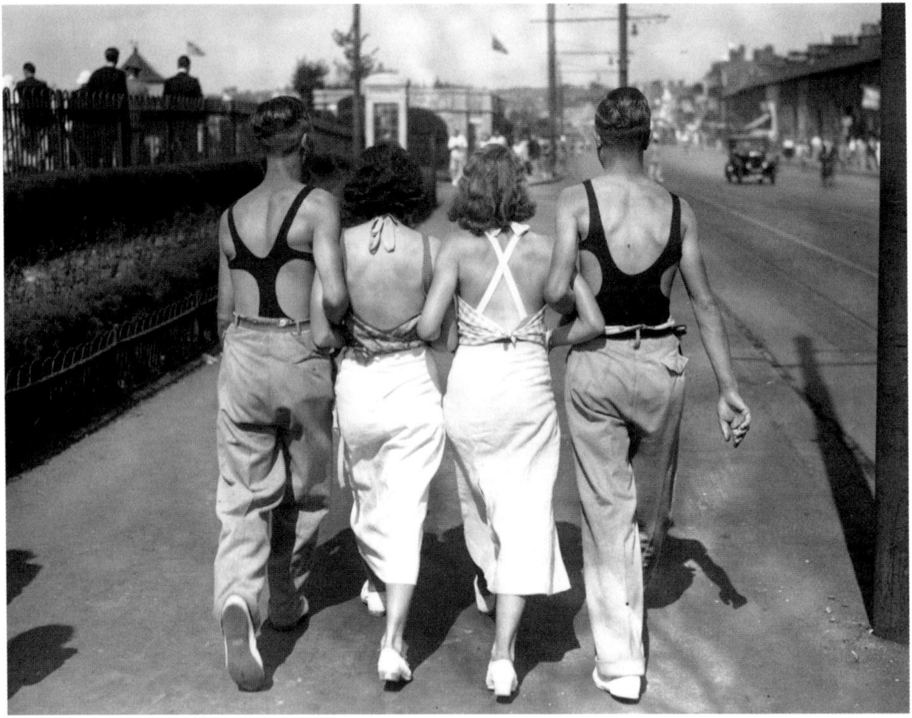

August 1934. Low-backed cheek. Two young couples stroll along the promenade at Thorpe Bay, Essex. At the seaside, more flesh was visible than ever before, though swimsuits were still in one piece.

Agosto de 1934. Espaldas al descubierto. Dos jóvenes parejas pasean en Thorpe Bay, Essex. Junto al mar, cada vez se mostraba más piel, aunque los bañadores seguían siendo de una pieza.

Agosto 1934. Schiene nude. Giovani coppie passeggiano lungo la Thorpe Bay, Essex. Anche se al mare ci si scopre sempre di più, i costumi da bagno sono ancora interi.

High-hat chic. Mrs Meade (left) and Mrs McClure, heading for Ascot in 1936, make the mistake of wearing almost identical fur jackets.

Elegancia aristocrática en Ascot, 1936. Mrs Meade (izquierda) y Mrs McClure cometen el error de llevar chaquetas de piel prácticamente idénticas en las carreras de caballos de Ascot.

Eleganza d'alta classe, Ascot, 1936. Mrs Meade (a sinistra) e Mrs McClure hanno commesso l'errore di portare giacche di pelliccia pressoché identiche.

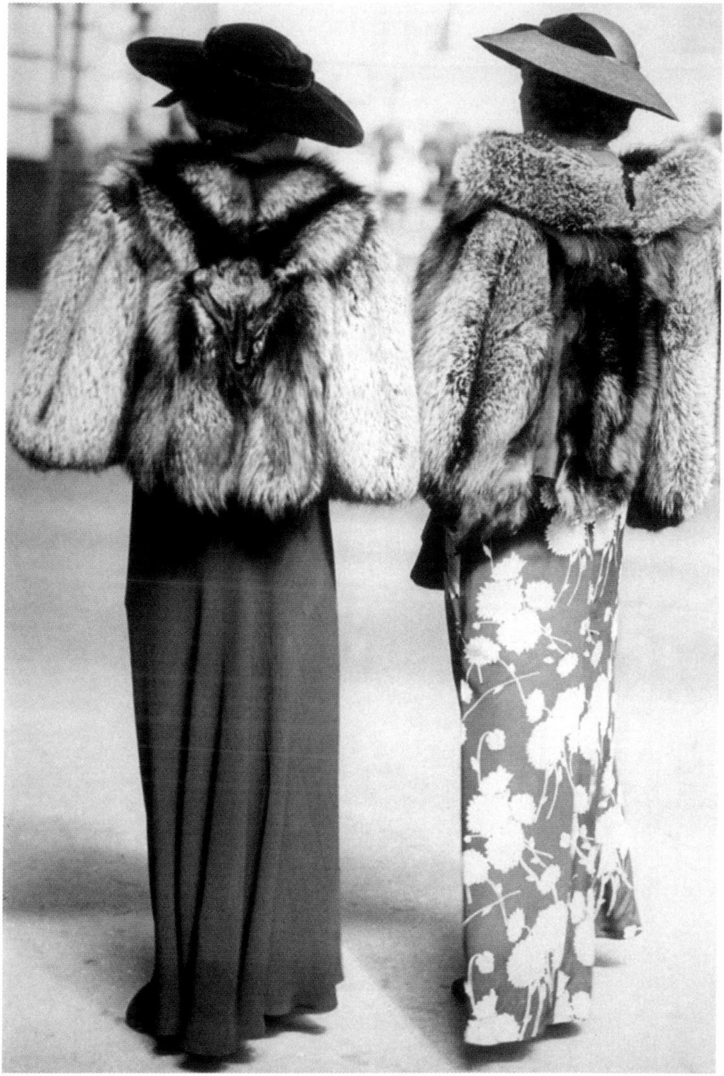

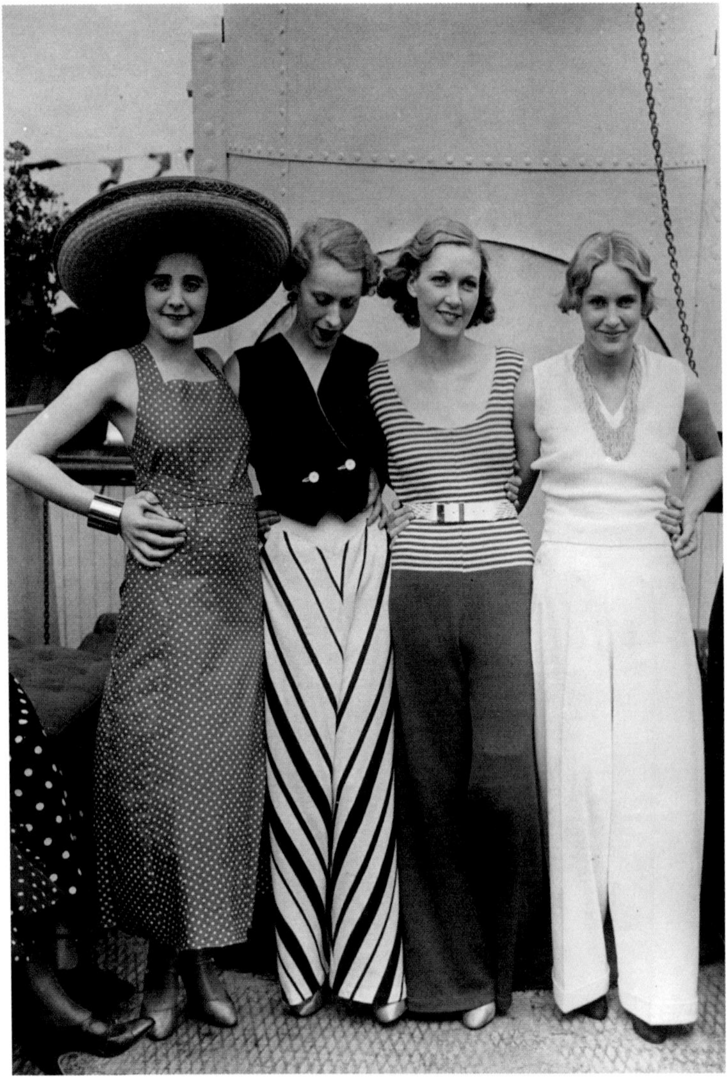

June 1932.
Wide-legged trousers and bold graphic prints mark the Nichols of Regent Street show in London.

Junio de 1932.
Los pantalones de pernera ancha con dibujos atrevidos marcan la colección de Nichols, presentada en Regent Street, Londres.

Giugno 1932.
Pantaloni ampi e motivi decorativi assai originali caratterizzano la collezione presentata da Nichols in Regent Street a Londra.

June 1939.
Muriel Oxford displays the 'boating shorts' worn beneath a wraparound skirt.

Junio de 1939.
Muriel Oxford presenta sus "shorts de marinera" para llevar debajo de una falda.

Giugno 1939.
Muriel Oxford indossa uno "short da barca" sotto a una gonna a portafoglio.

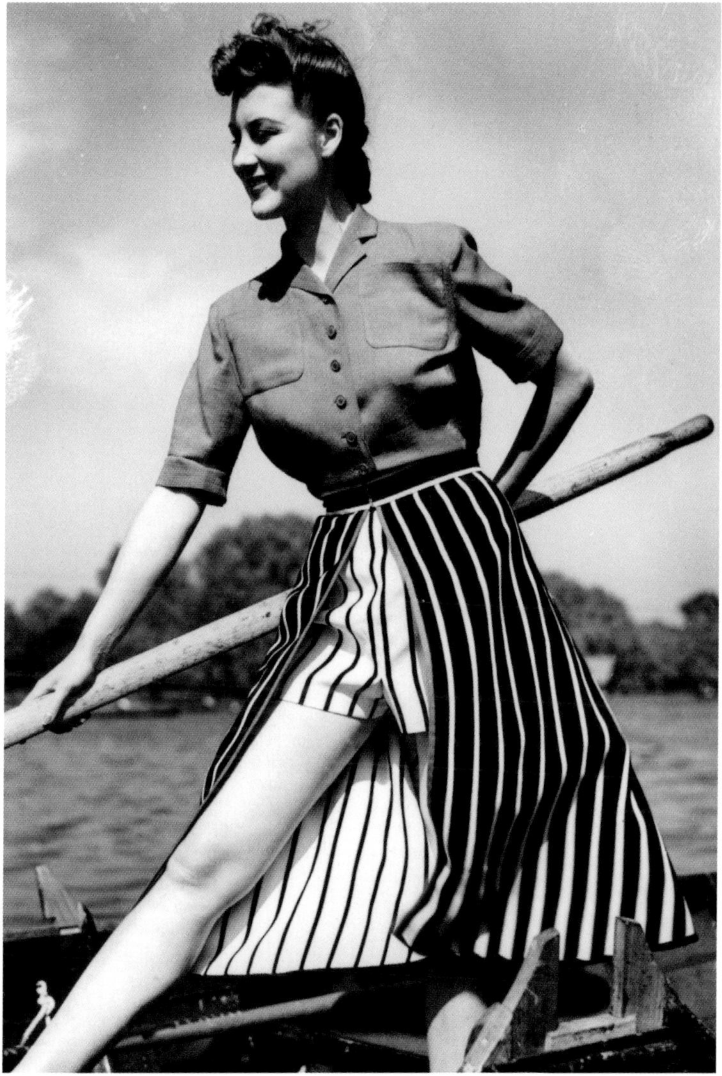

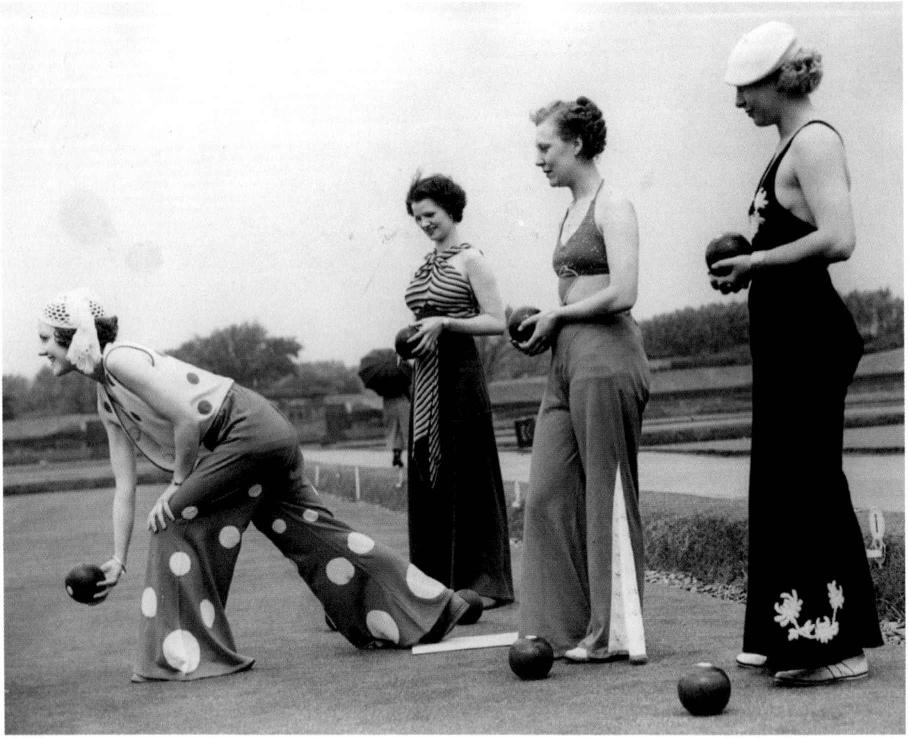

June 1938. Women bowlers at the Stanley Park club in Blackpool. Blackpool was at the height of its popularity as a seaside resort, and was 'noted for fresh air and fun'. The slacks worn by the woman about to play are typical of the time.

Junio de 1938. Jugadoras de bolos en el club de Stanley Park en Blackpool. Blackpool vivía su apogeo como localidad turística y era "apreciado por su aire fresco y sus diversiones". Los pantalones de la mujer que va a tirar son típicos de la época.

Giugno 1938. Giocatrici di bocce allo Stanley Park Club a Blackpool. Blackpool era una frequentatissima stazione balneare, "apprezzata per l'aria salubre e i divertimenti". Le donne della foto indossano tipici pantaloni dell'epoca.

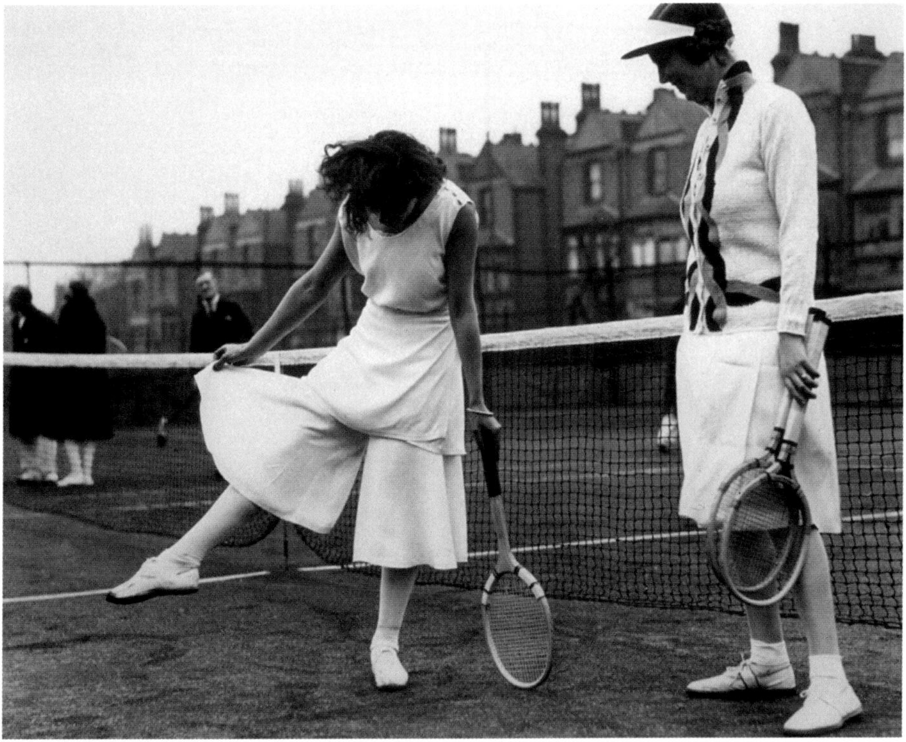

Mrs D Alusarez demonstrates the benefits of a divided skirt for women players at the North London Tennis Tournament, Highbury, London, in 1931. Her partner (or opponent) appears transfixed.

Mrs D. Alusarez muestra las ventajas de la falda-pantalón para jugadoras de tenis en el Torneo de Highbury, norte de Londres, 1931. Su compañera (u oponente) parece fascinada.

North London Tennis Tournament, Highbury, 1931. Mrs D. Alusarez mostra i vantaggi della gonna-pantalone per una giocatrice di tennis alla sua partner (o avversaria) dall'aria stupefatta.

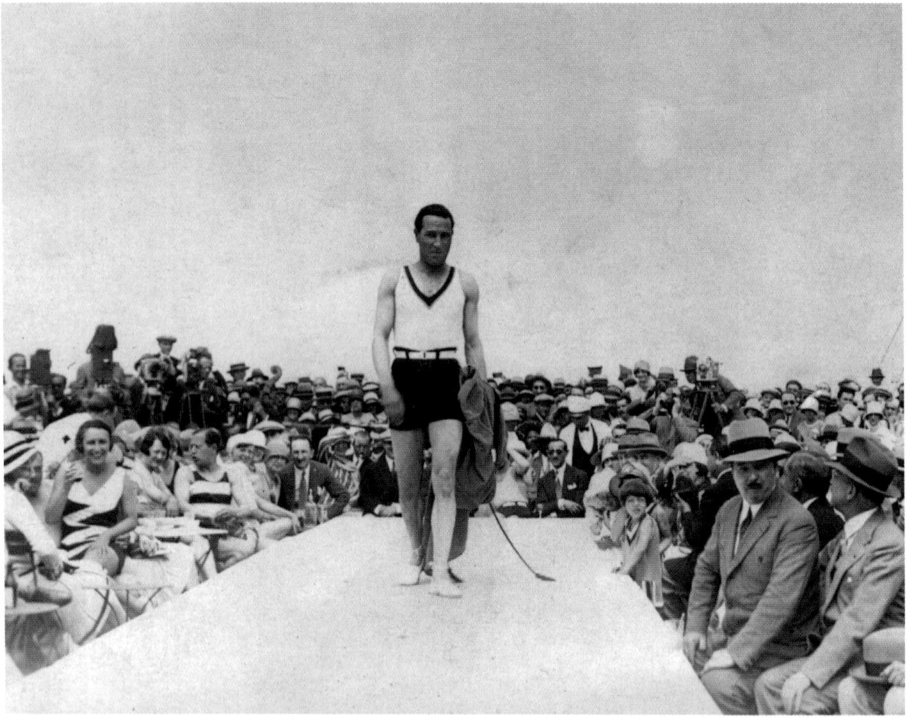

A man faces the gaze of hundreds as he models beachwear on an open-air catwalk, 1935. The photograph is all the more remarkable in that it was taken in England – not at that time a country associated with fashion design, fine weather or male models.

Un modelo en ropa de baño ante la mirada de cientos de personas en una pasarela al aire libre, 1935. La fotografía es muy curiosa, ya que está tomada en Inglaterra, que no era un país asociado al diseño de moda, buen tiempo ni modelos masculinos.

Un uomo sfila in costume da bagno su una passerella allestita all'aperto sotto lo sguardo della gente, 1935. Si tratta di una foto sorprendente perché l'Inghilterra all'epoca non era certo nota per la moda, il bel tempo e i modelli maschili.

The American film actress Frances Drake shows off her high-waisted slacks as she walks through the Paramount lot, 1934.

La actriz norteamericana Frances Drake presume de pantalones anchos mientras camina por los estudios Paramount, 1934.

L'attrice americana Frances Drake sfoggia un paio di pantaloni a vita alta negli stabilimenti della Paramount, 1934.

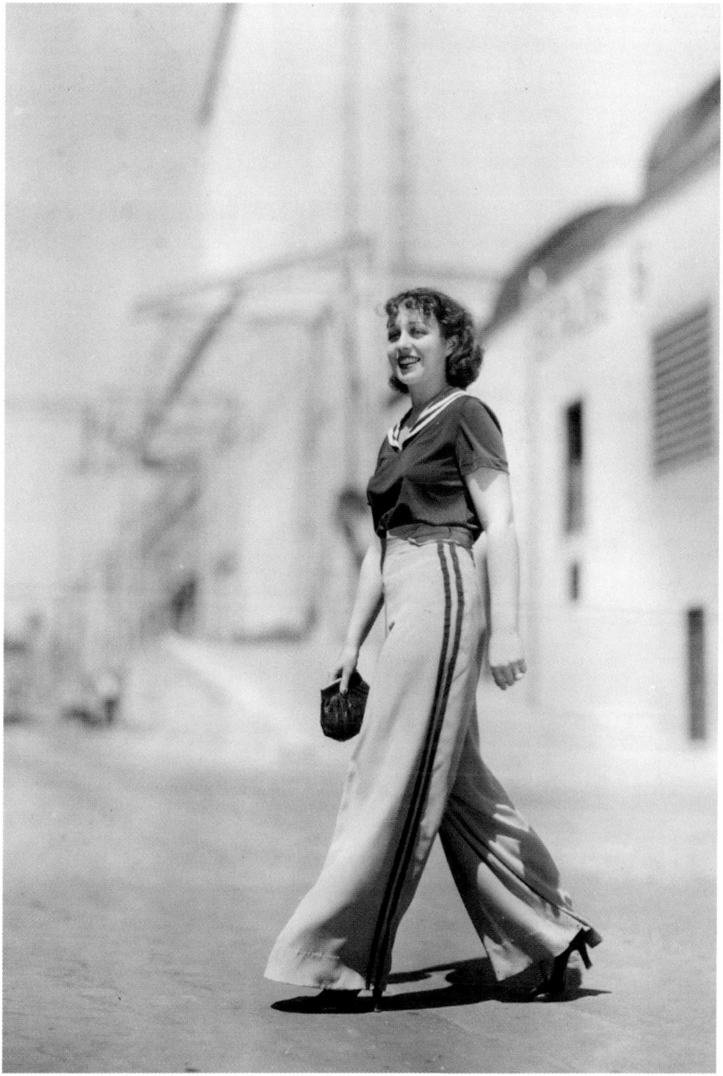

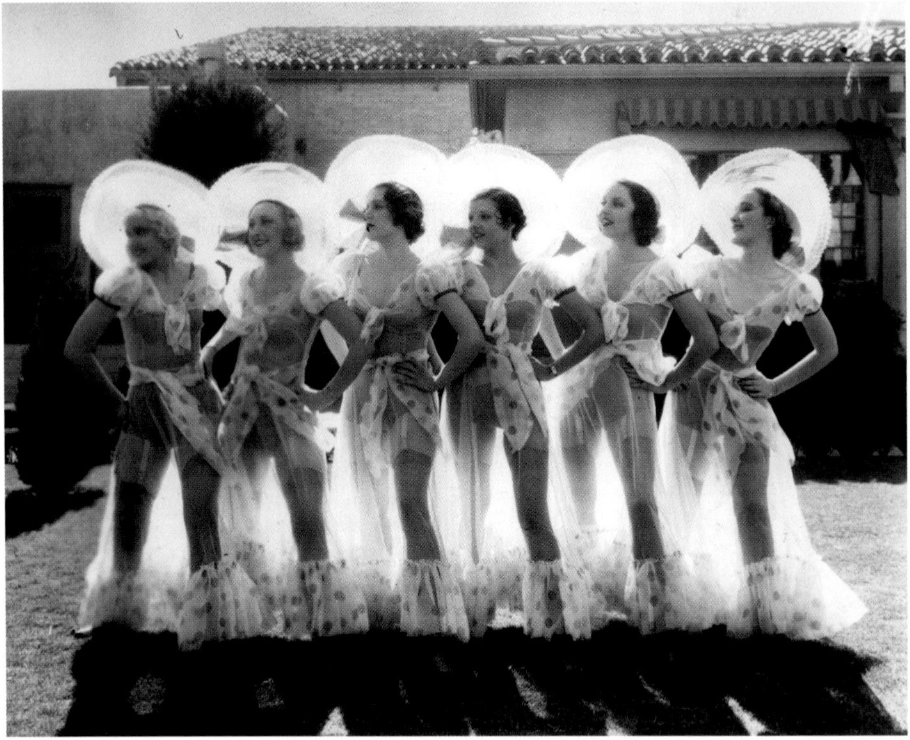

May 1933. Six of the Busby Berkeley babes from *Gold Diggers of 1933* parade outside the Warner Brothers Studio, Hollywood. The publicity material for the film boasted, 'Your dreams of perfect beauty come true!' The photographer clearly chose his lighting with great care.

Mayo de 1933. Seis de las *Buscadoras de oro* de Bubsy Berkeley posan en los exteriores de los estudios de la Warner Brothers, en Hollywood. La publicidad de la película anunciaba: "¡Sus sueños de belleza perfecta se harán realidad!". El fotógrafo sacó mucho partido de la luz.

Maggio 1933. Sei ballerine della *Danza delle luci* di Busby Berkeley, dal 1933 in posa all'esterno degli stabilimenti della Warner, Hollywood. La pubblicità del film diceva: "Il sogno della bellezza perfetta è diventato realtà!". L'illuminazione scelta dal fotografo non è certo casuale.

Lillian Harvey, 1932. Harvey was born in England, became a German film star, and then moved to Hollywood. She was known as 'the sweetest girl in the world'.

Lilian Harvey, 1932. Harvey había nacido en Inglaterra, fue una estrella del cine alemán y luego se trasladó a Hollywood. Era conocida como "la chica más dulce del mundo".

Lilian Harvey, 1932. Nata in Inghilterra, la Harvey era un'attrice di successo in Germania prima di emigrare a Hollywood. Era considerata "la ragazza più dulce del mondo".

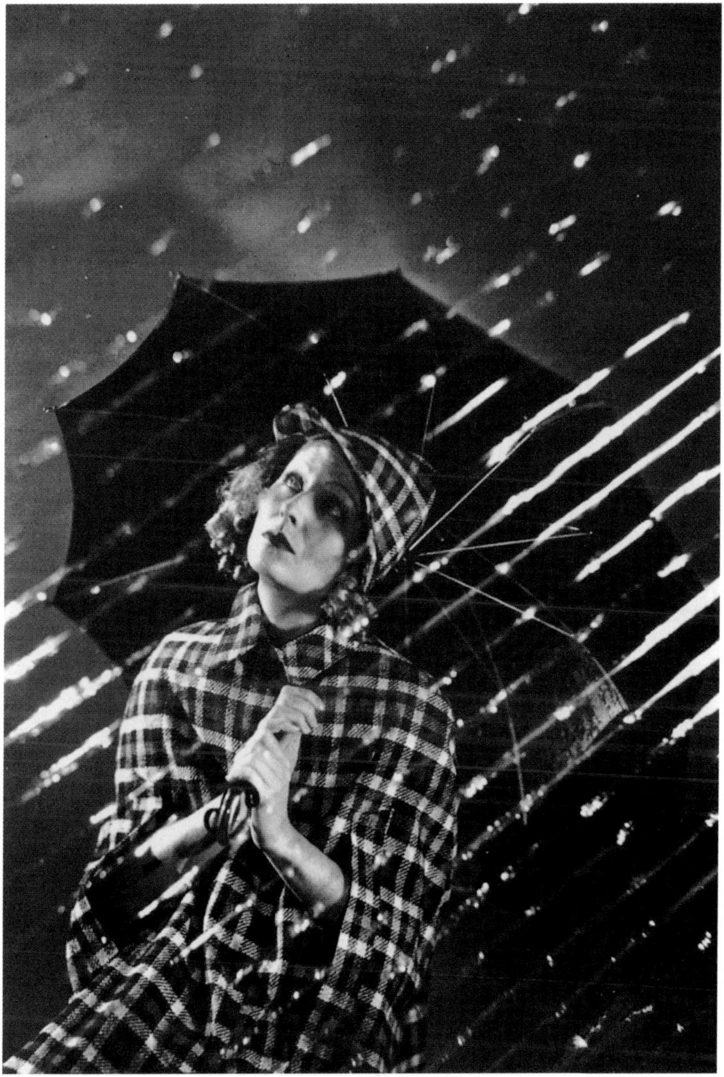

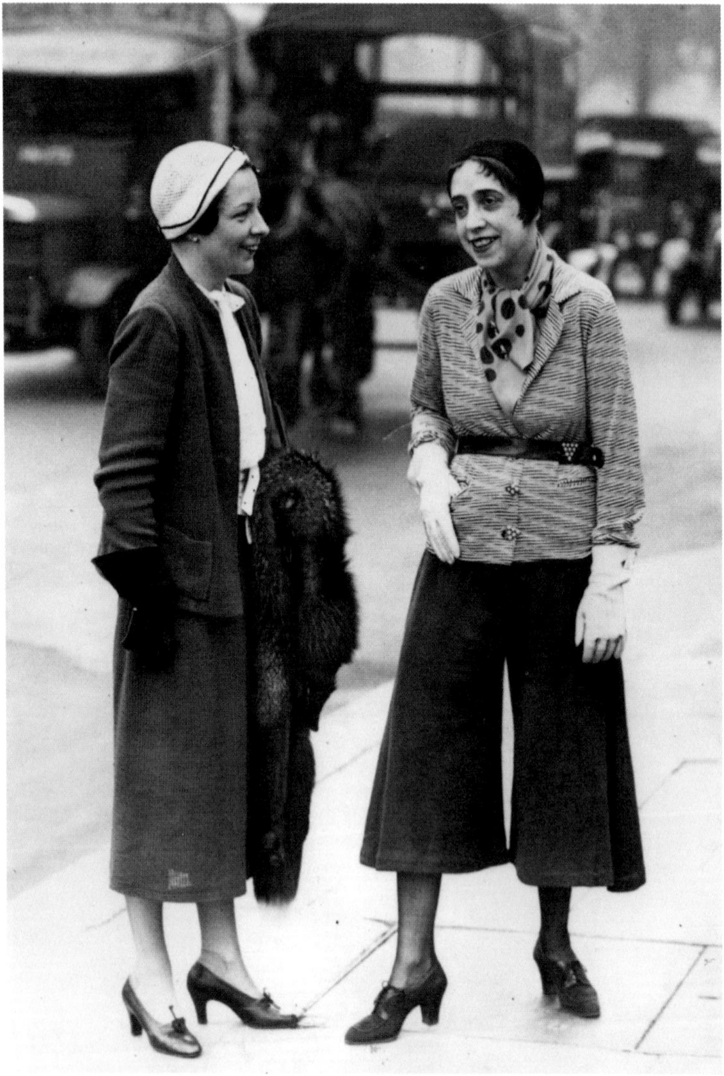

Elsa Schiaparelli (right) in Hyde Park, London, 1930. Schiaparelli was the fashion designer who pioneered 'Trousers for Women'.

Elsa Schiaparelli (derecha) en Hyde Park, Londres, 1930. Schiaparelli fue la diseñadora pionera de los "pantalones para mujeres".

La stilista Elsa Schiaparelli (a destra) a Hyde Park, Londra, 1930. Fu lei a lanciare lo slogan "pantaloni per le donne".

Amy Johnson wears a woollen suit designed for her by Schiaparelli after Johnson had flown solo from London to Cape Town, 1936.

Amy Johnson lleva un traje de lana exclusivo diseñado por Schiaparelli después de su vuelo en solitario de Londres a Ciudad del Cabo, 1936.

Amy Johnson con un completo in lana creato per lei da Elsa Schiaparelli dopo il volo solitario da Londra a Città del Capo, 1936.

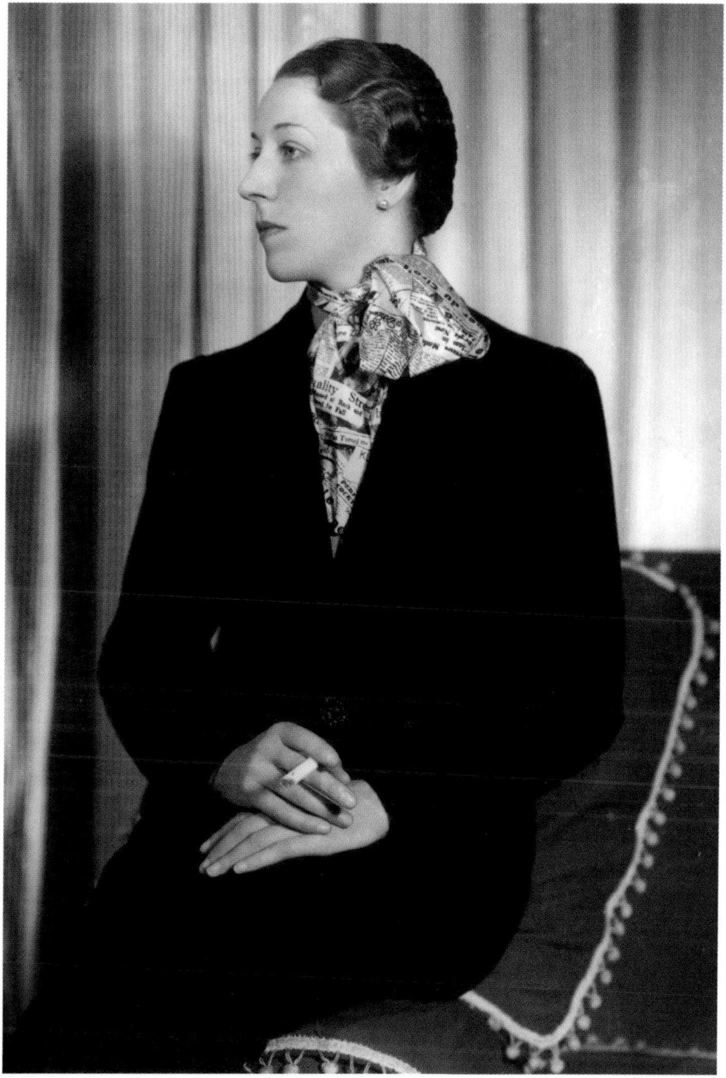

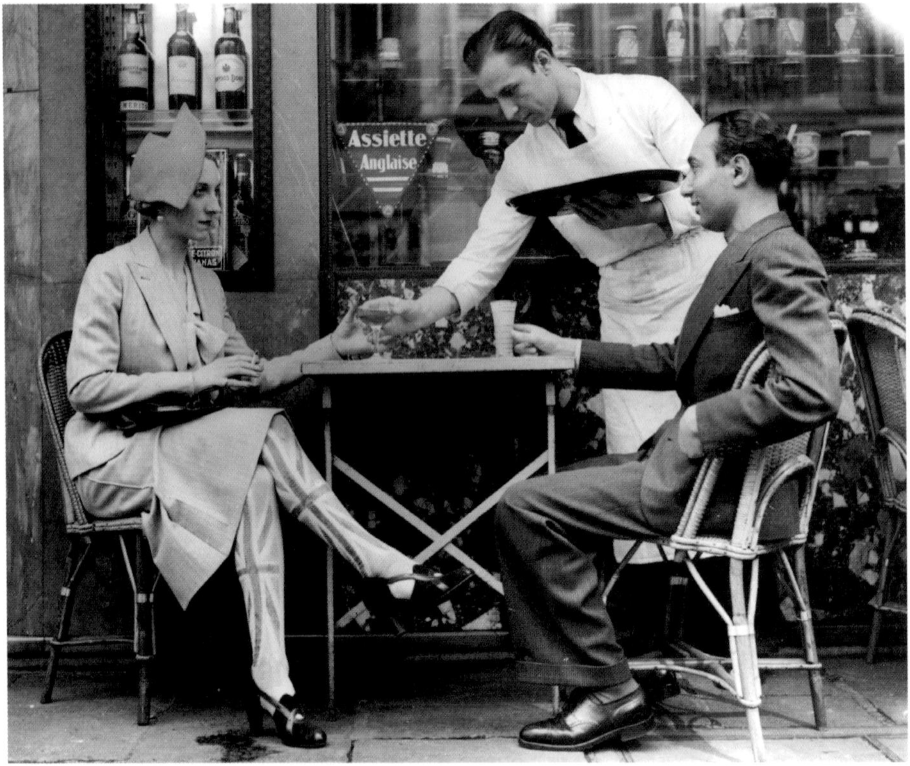

Taking the message abroad. A Parisian model wears Union Jack stockings at an open-air café, June 1938. She was almost certainly greeted with more warmth than English football fans wearing Union Jack T-shirts 60 years later.

Unas medias de bandera. Una modelo parisina lleva unas medias con la *Union Jack* en la terraza de un café, junio de 1938. Seguro que fue acogida con más entusiasmo que los hinchas ingleses con la camiseta de la *Union Jack* 60 años después.

Patriottismo inglese all'estero. Una modella parigina indossa delle calze con i colori della bandiera britannica in un caffè all'aperto, giugno 1938. È stata sicuramente accolta con maggiore entusiasmo dei tifosi di calcio inglesi che portavano T-shirt con l'Union Jack 60 anni dopo.

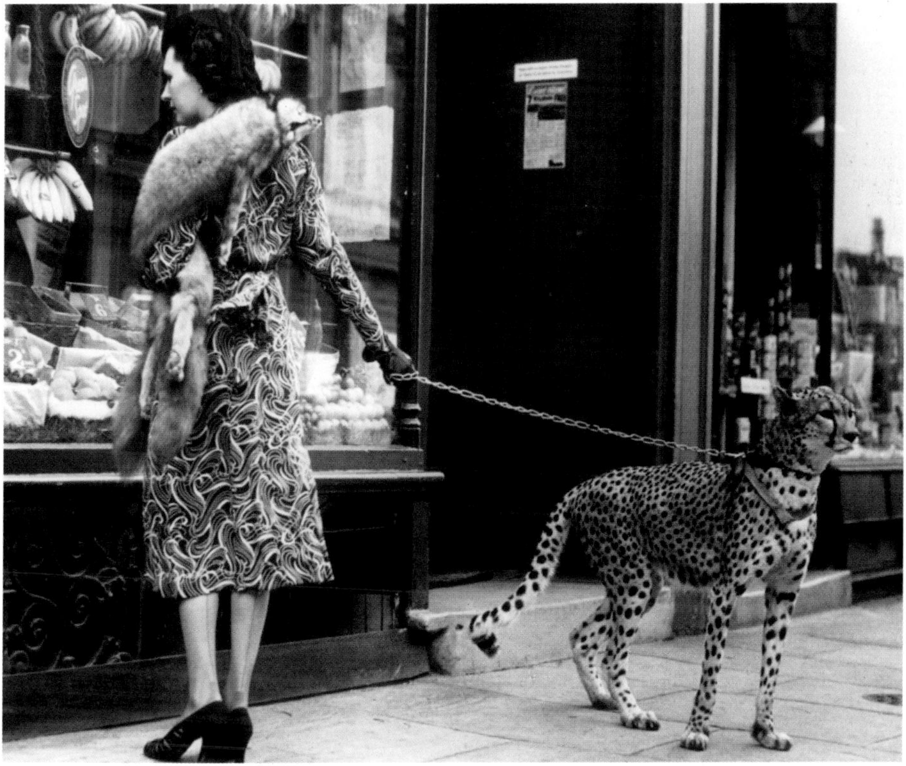

August 1939. Phyllis Gordon goes window shopping in London, with her four-year-old cheetah who was flown to Britain from Kenya. Very little time remained before clothes became rationed.

Agosto de 1939. Phyllis Gordon mirando escaparates en Londres con su guepardo de cuatro años, que había llegado en avión desde Kenya. Poco tiempo después, la ropa sería racionada.

Agosto 1939. Phyllis Gordon mentre osserva le vetrine a Londra in compagnia del ghepardo di quattro anni che si era portata dal Kenya in aereo. Solo poco tempo dopo i vestiti sarebbero stati razionati.

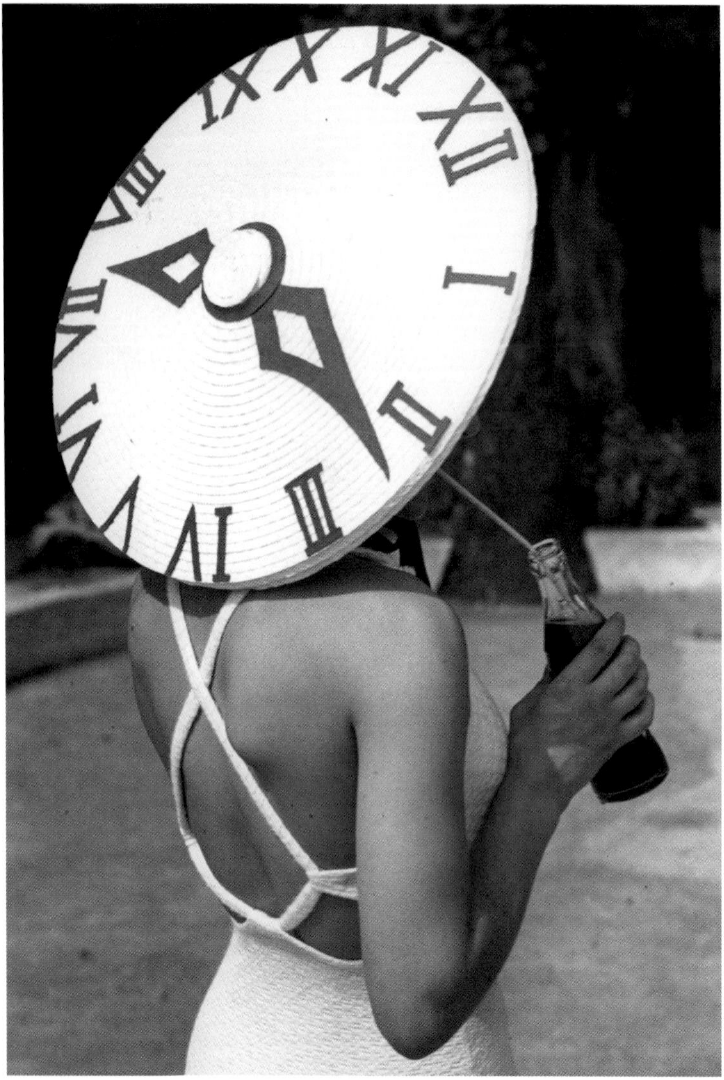

British dancer Rosemary Andrée on a summer's day at Roehampton Pool, London, June 1939. It's one way of making sure you can meet under the clock.

La bailarina británica Rosemary Andrée
en un día de verano en la piscina de Roehampton, Londres, junio de 1939. Una forma de asegurarse una cita bajo el reloj.

La ballerina britannica Rosemary Andrée alla piscina di Roehampton, Londra giugno 1939. Il cappello ideale per darsi un appuntamento sotto l'orologio.

1936. A patriotic parade in Hastings, on the south coast of England.

1936. Paseo patriótico en Hastings, en la costa sur de Inglaterra.

1936. Passeggiata patriottica a Hastings, sulla costa meridionale dell'Inghilterra.

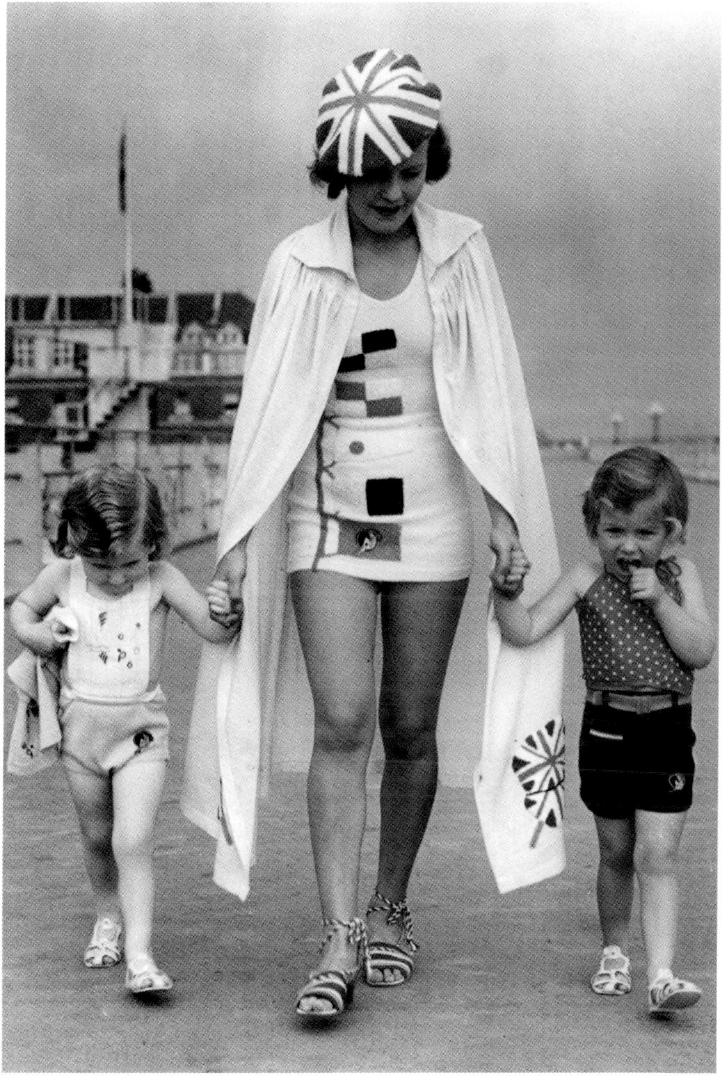

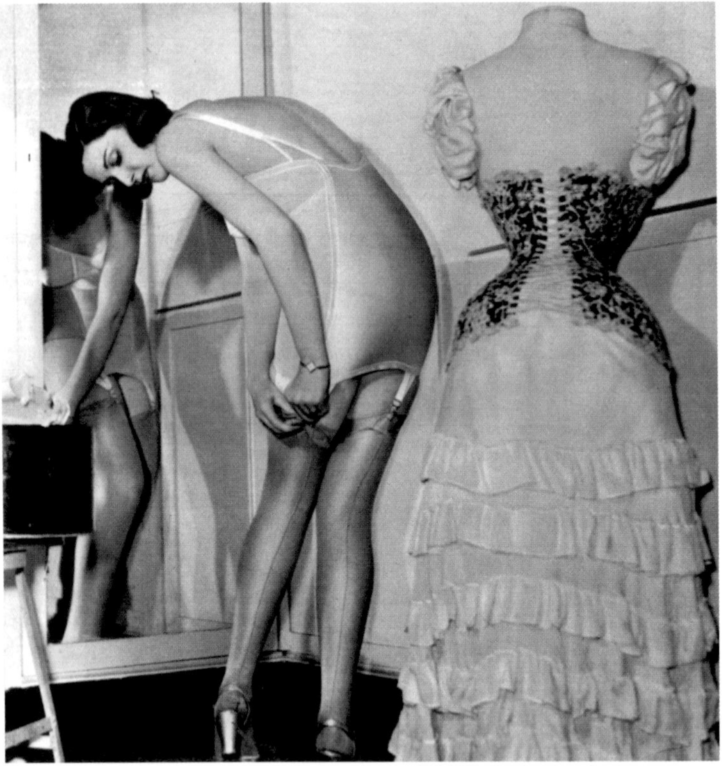

December 1938. A woman fastens her stockings as she prepares to dress for lunch. The pose is classic, and lightly titillating. From the look of the dress on the stand, the stockings were more likely to be silk than nylon.

Diciembre de 1938. Una mujer poniéndose las medias mientras se prepara para el almuerzo. La pose es clásica y ligeramente provocativa. Viendo el vestido que se iba a poner, lo más seguro es que las medias fueran de seda y no de nilón.

Dicembre 1938. Una donna si allaccia le calze mentre si veste per il pranzo. La posa è classica e leggermente provocante. Vedendo il vestito sul manichino non c'è dubbio che le calze che indossa sono di seta e non di nylon.

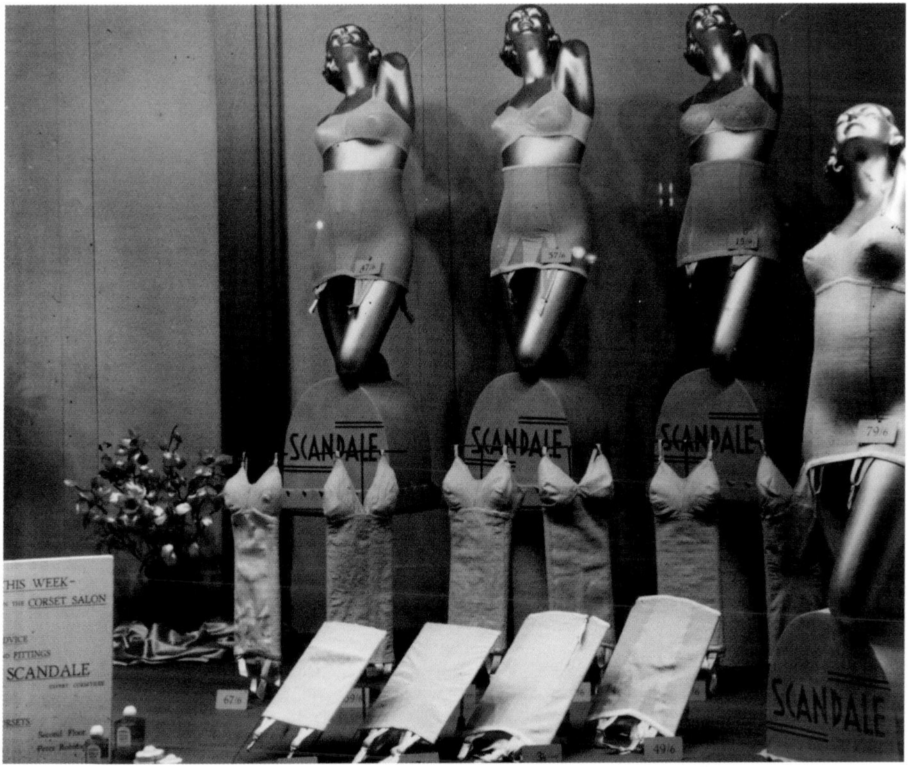

A window display of Scandale corsets, 1935. Foundation garments were still much in demand. It would take the liberating experience of a World War II war before women were happy to manage without support.

Un escaparate con corsés Scandale, 1935. Los corsés aún estaban de moda. Fue después de la Segunda Guerra Mundial cuando las mujeres liberaron sus cuerpos y llevaron ropa interior más sencilla.

Vetrina con esposti i busti Scandale, 1935. I busti erano ancora molto richiesti. Solo dopo la seconda guerra mondiale le donne useranno degli indumenti intimi meno costrittivi.

8. Science
Ciencia
Scienza

July 1932. A brilliant young scientist claims to have invented the world's most 'perfect' robot. The cost was £6,000, but for that you got a machine that could talk, sing, whistle ('for 30 minutes'), carry on a conversation, tell the time of day, read a newspaper and fire a revolver.

Julio de 1932. Un joven y brillante científico afirmaba haber inventado el robot más "perfecto" del mundo. Valía 6.000 libras, pero se trataba de una máquina que podía hablar, cantar, silbar (durante 30 minutos), mantener una conversación, decir la hora, leer un periódico y disparar un revólver.

Luglio 1932. Un giovane e brillante scienziato dichiara di avere inventato il più perfezionato dei robot. Con 6 000 sterline era possibile avere una macchina che sapeva parlare, cantare, fischiare (per 30 minuti), sostenere una conversazione, dire l'ora, leggere il giornale e usare una rivoltella.

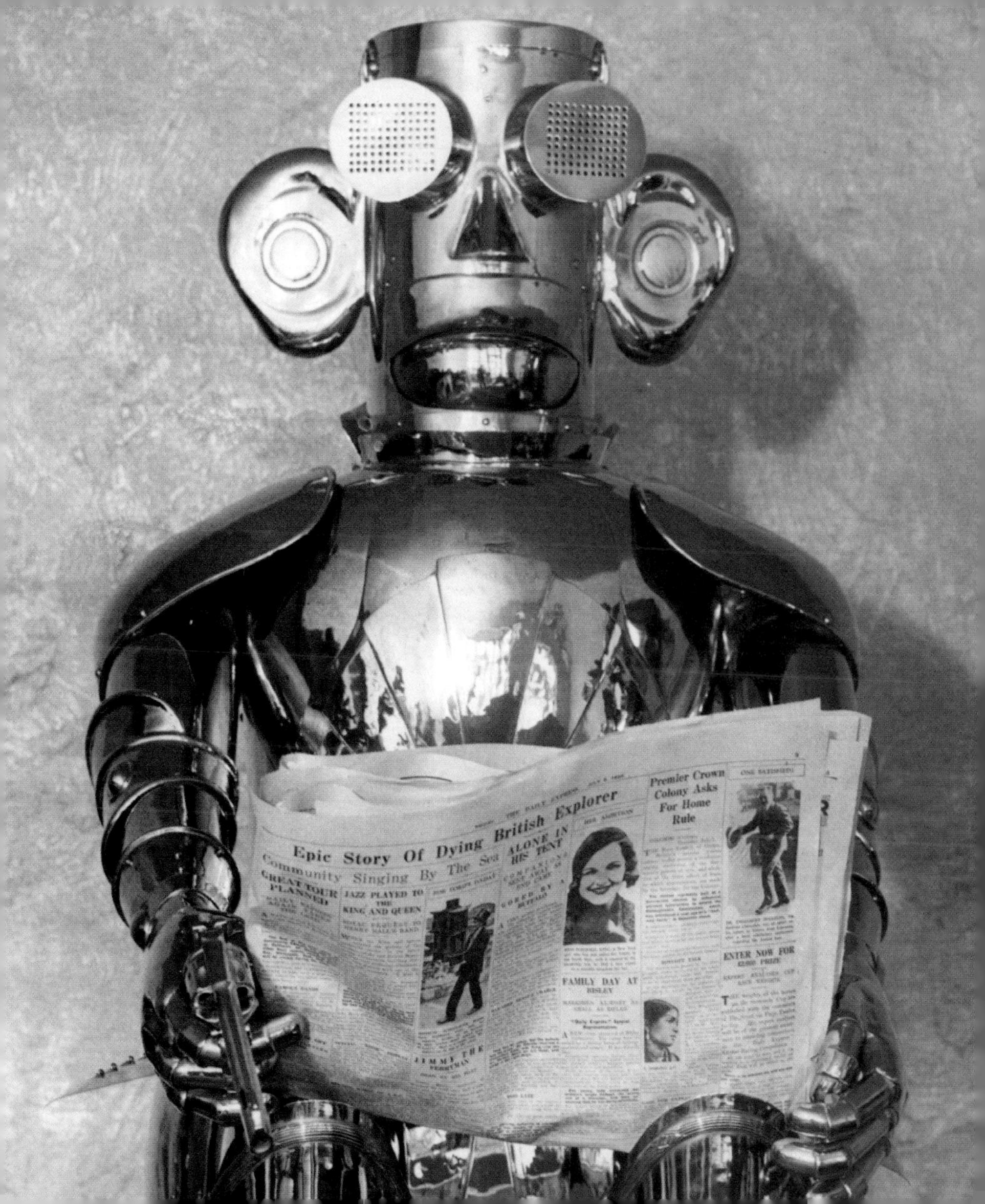
Epic Story Of Dying British Explorer
Community Singing By The Sea
ALONE IN HIS TENT
GREAT TOUR PLANNED
JAZZ PLAYED TO THE KING AND QUEEN
Premier Crown Colony Asks For Home Rule
FAMILY DAY AT BISLEY
ENTER NOW FOR
JIMMY THE

8. Science
Ciencia
Scienza

The image of Thirties science is one of laboratories crammed with resistors and rheostats, flashing bulbs and humming valves, and festooned with long coils of wire and strands of flex. It's the age of movies like *Frankenstein* and *The Invisible Man*, of eccentric inventors in workshops as cluttered as the inside of the human body.

But it was also the decade that saw the completion of the world's tallest building and the world's most beautiful bridges, the beginnings of television services, the invention of nylon and cellophane, the coming of age of radar and the rocket, and the splitting of the atom.

Most research into science or technology was devoted to projects that had a military use. The rush was on to create planes that could fly greater distances, faster and more reliably, simply because those would be the ones to win a war. Tyres were tougher, trucks more powerful, weapons deadlier than ever. Igor Sikorsky, a Russian-born aeronautical engineer, made the prototype helicopter in 1939, and George G Blaisdell invented the wind-proof Zippo cigarette lighter in 1932.

The public were delighted by all these developments – for the time being.

La imagen de la ciencia de los años treinta es la de laboratorios llenos de resistencias y reóstatos, bombillas intermitentes y válvulas echando humo, todo ello rodeado de cables e hilos eléctricos. Es la época de películas como *Frankenstein* o *El hombre invisible,* de inventos excéntricos en laboratorios tan confusos como el interior del cuerpo humano.

Pero también fue la época de la construcción del edificio más alto y los puentes más bellos del mundo, de los inicios de la televisión, de la invención del nilón y el celofán, de la llegada del radar y los cohetes, y de la división del átomo.

La mayor parte de la investigación científica y tecnológica tenía fines militares. Había prisa por crear aviones que pudieran recorrer grandes distancias, con mayor velocidad y fiabilidad, simplemente porque servirían para ganar la guerra. Los neumáticos eran más resistentes, los camiones más potentes y las armas más mortales que nunca. Igor Sikorski, un ingeniero aeronáutico de origen ruso, creó el prototipo del helicóptero en 1939, y George G. Blaisdell inventó el encendedor Zippo, a prueba de viento, en 1932.

El público estaba maravillado con todos esos avances, al menos por el momento.

L'immagine della scienza negli anni Trenta era quella di un laboratorio brulicante di resistori e reostati, d'ampolle gorgoglianti e di valvole ronzanti, attraversato da cavi e fili elettrici. È l'epoca di film come *Frankenstein* o *L'uomo invisibile* e di inventori eccentrici in laboratori complessi tanto quanto l'organismo umano.

Ma fu anche il decennio che vide la costruzione dell'edificio più alto e dei più bei ponti del mondo, gli esordi della televisione, l'invenzione del nylon e del cellophane, il perfezionamento del radar, dei missili e la fissione dell'atomo.

La maggior parte delle ricerche scientifiche e tecnologiche aveva scopi militari. C'era la corsa a creare aerei più sicuri e capaci di coprire distanze più lunghe in minor tempo possibile, semplicemente perché avrebbero consentito di vincere la guerra. I pneumatici erano più solidi, i camion più potenti e le armi più letali che mai. Nel 1939, Igor Sikorsky, un ingegnere aereonautico d'origine russa, realizzò il primo prototipo d'elicottero e, nel 1932, George G. Blaisdell inventò lo Zippo, il primo accendino antivento.

Il pubblico era esterrefatto davanti a un simile progresso – perlomeno all'inizio.

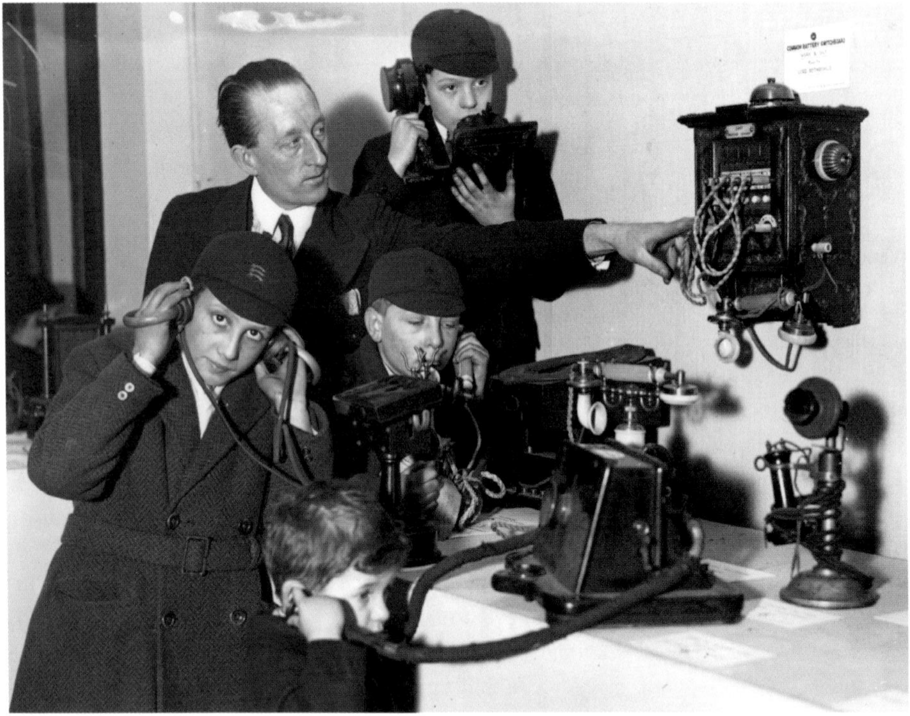

January 1932. Opening up world communication – part of the General Post Office exhibition of telephones at the Imperial Institute, Kensington, London.

Enero de 1932. Inicio de las comunicaciones a escala mundial: exposición de teléfonos de la oficina general de correos británica en el Instituto Imperial, Kensington, Londres.

Gennaio 1932. Inizio delle comunicazioni su scala mondiale – uno stand dell'esposizione delle poste e telecomunicazioni all'Imperial Institute, Kensington, Londra.

Members of the German police force use two-way radios to send and receive messages from patrols, 1935.

Miembros de la policía alemana utilizan una radio para el envío y la recepción de mensajes, 1935.

Poliziotti tedeschi utilizzano una ricetrasmittente per comunicare con le altre pattuglie, 1935.

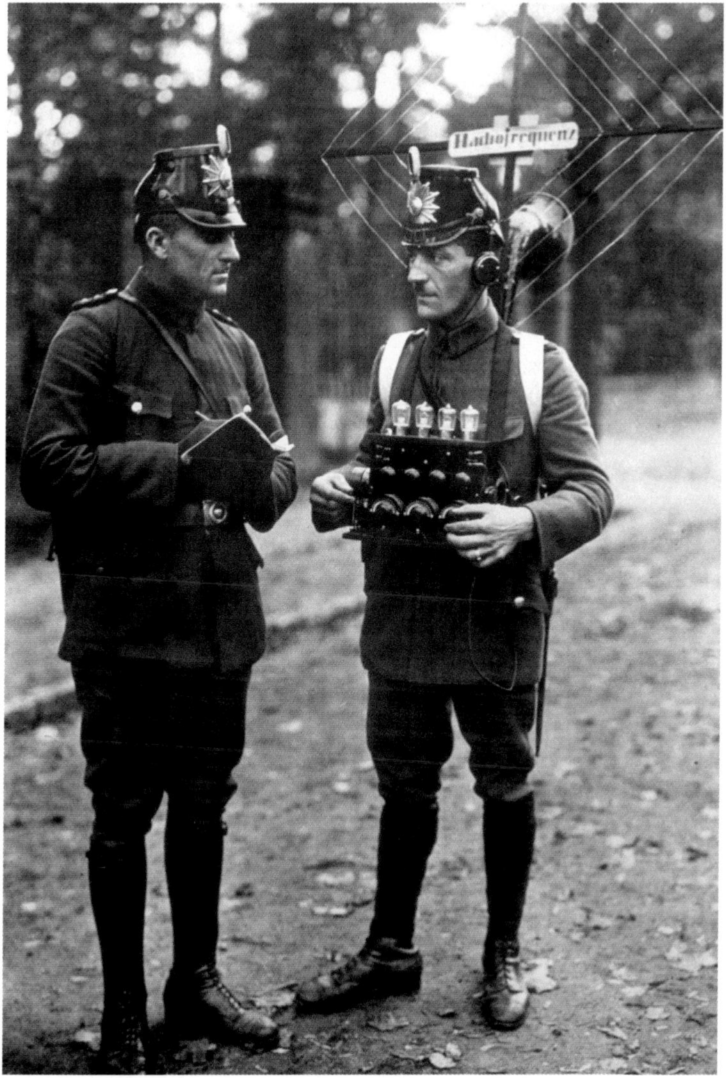

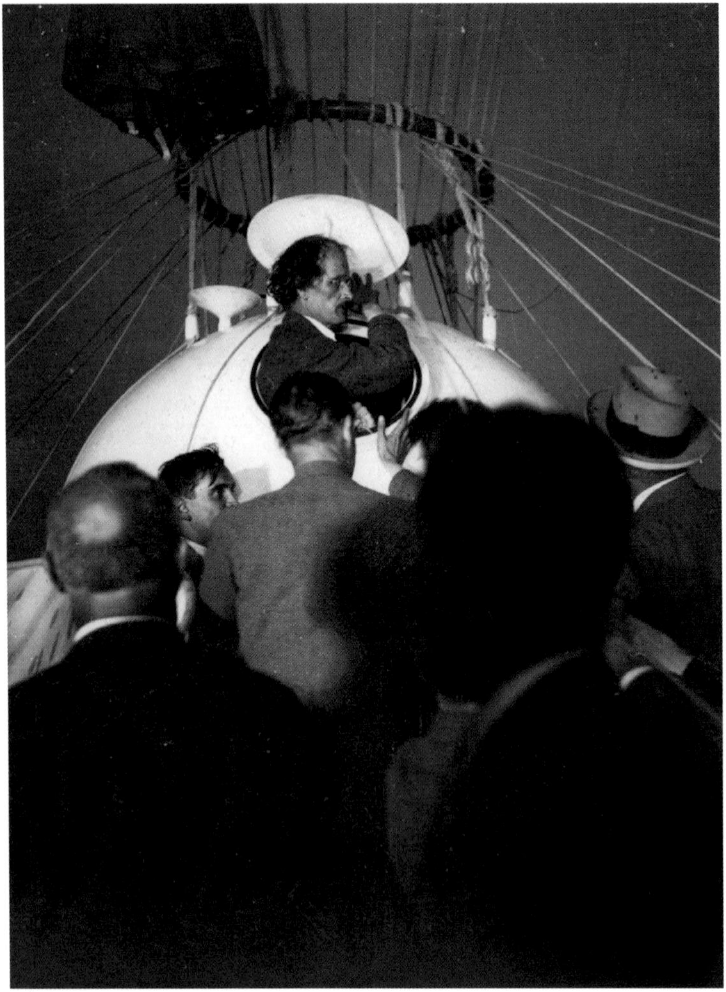

1932. The Swiss physicist, Auguste Piccard, enters his balloon before the start of his successful attempt on the world's altitude record.

1932. El físico suizo August Piccard entra en su globo, con el que conseguiría batir el récord mundial de altitud.

1932. Il fisico svizzero, Auguste Piccard, entra nel pallone con cui batterà il record di altitudine.

February 1932.
The 'dynosphere', an electrically driven wheel, is tested on the beach at Weston-super-Mare by one of its two inventors.

Febrero de 1932.
La dinosfera, una rueda con motor eléctrico, es probada por uno de sus dos inventores en la playa de Weston-super-Mare.

Febbraio 1932.
La "dynosfera", una ruota a motore elettrica, collaudata da uno dei suoi due inventori sulla spiaggia di Weston-super-Mare.

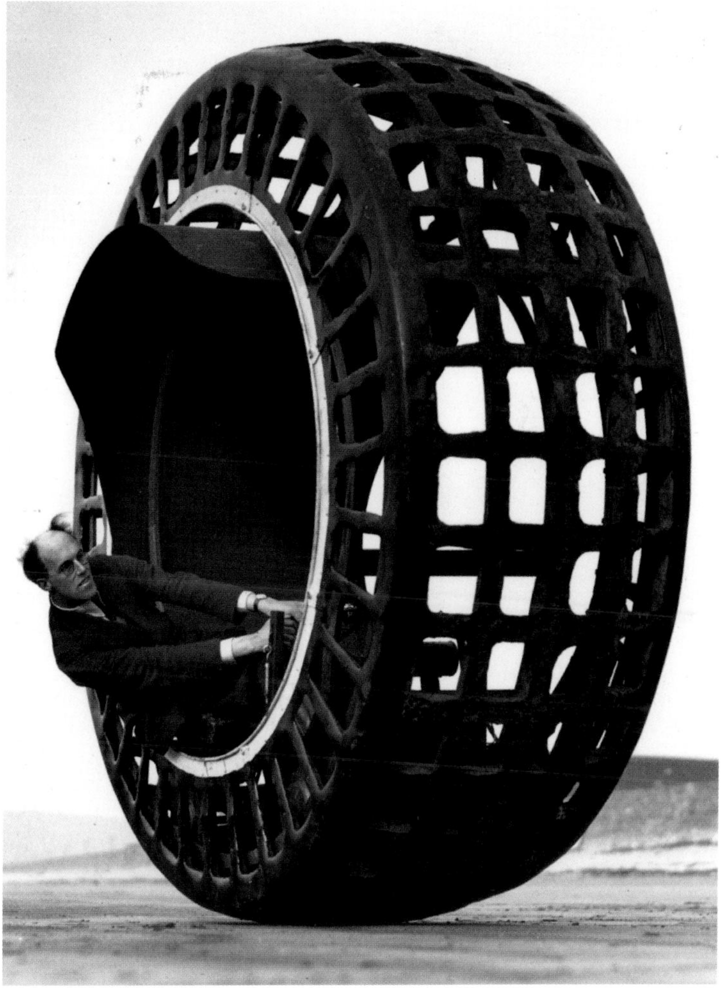

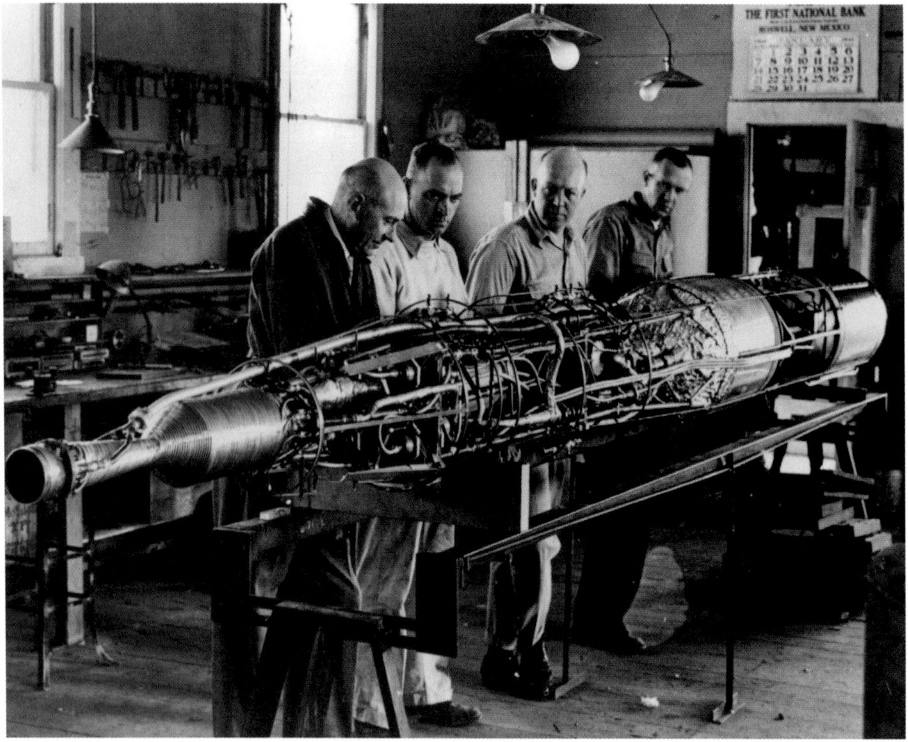

The rocket pioneer, Dr Robert Hutchinge Goddard (left) works with three of his colleagues on a prototype rocket. The casing has been removed, and the sophistication of Thirties science is clear to see.

El Dr. Robert Hutchinge Goddard (izquierda), pionero del cohete, trabaja con tres colegas en un prototipo. Como habían retirado la carcasa, se puede ver claramente la sofisticación tecnológica de los años treinta.

Il Dr Robert Hutchinge Goddard (a sinistra), pioniere della missilistica, al lavoro con tre colleghi su un prototipo. Il razzo, senza copertura, ci permette di vedere il grado di sofisticazione raggiunto dalla scienza in quegli anni.

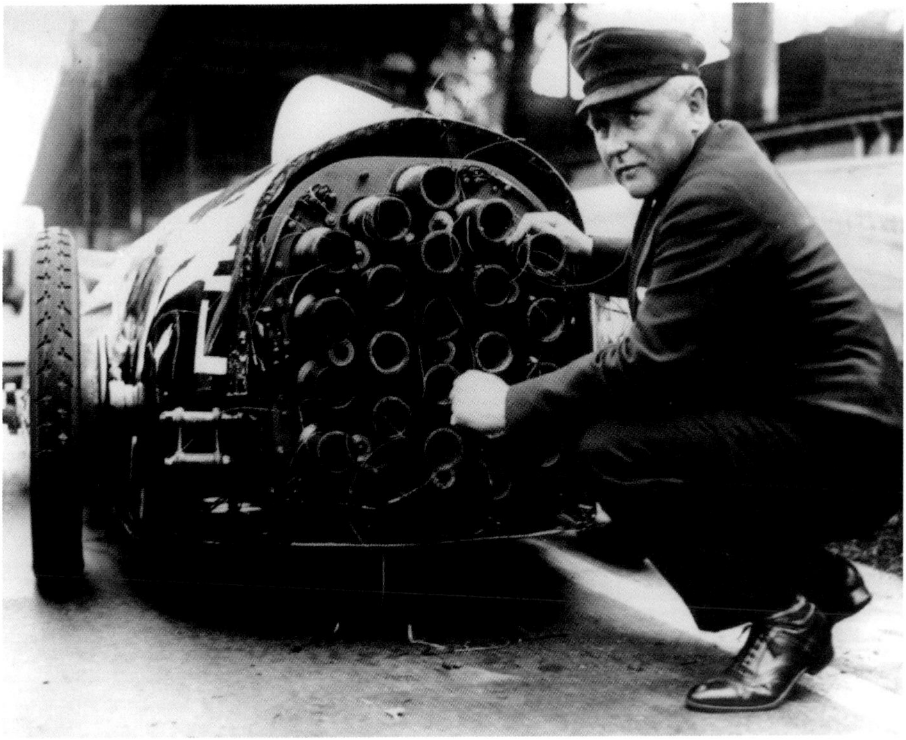

The fastest car in the world, 1932. The model is an Opel, powered by 24 rockets in the tail end. It was designed by Fritz von Opel, and was first successfully driven in Berlin.

El coche más rápido del mundo, 1932. El modelo es un Opel con 24 cohetes en su parte trasera. Fue diseñado por Fritz von Opel y probado con éxito en Berlín.

Une delle auto più veloci del mondo, 1932. Questo modello, con 24 propulsori a razzo sul retro del veicolo, fu inventato da Fritz von Opel e collaudato con successo per la prima volta a Berlino.

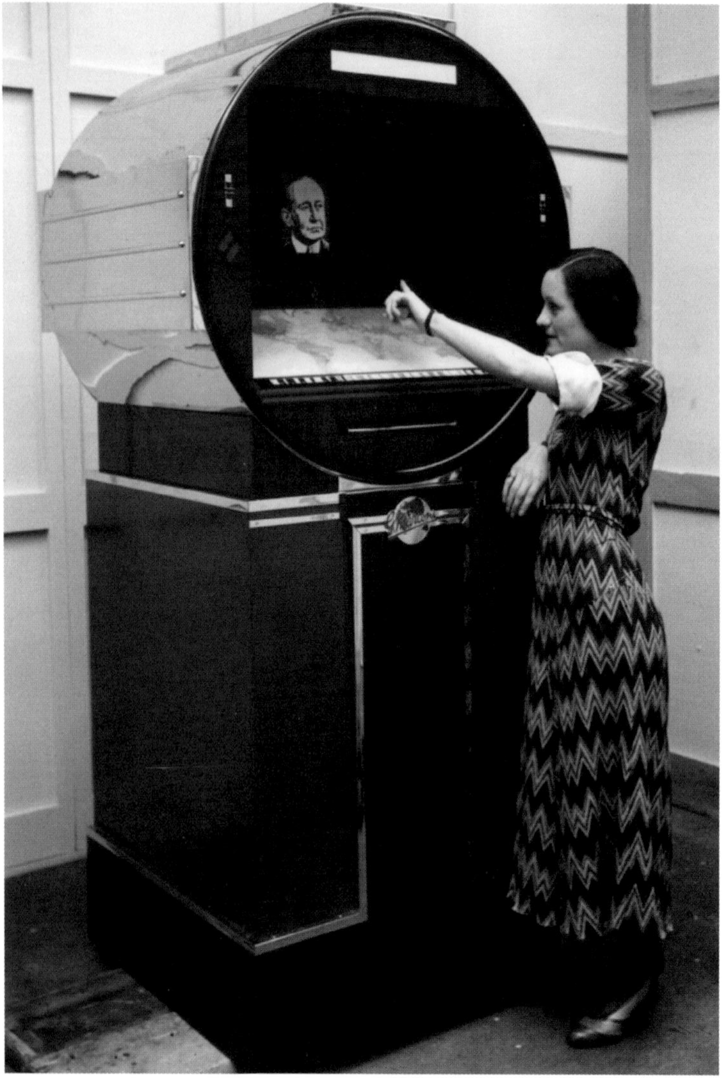

A television set at the Radio Olympia Exhibition, London, 1939. Sets like these were expected to be available to the public in 1960.

Un aparato de televisión en la exposición de Radio Olympia, Londres, 1939. Se esperaba que estos aparatos llegaran al público en 1960.

Apparecchio televisivo installato alla Radio Olympia Exhibition, Londra, 1939. La vendita al pubblico di questi apparecchi era prevista per il 1960.

Mr Grindell Matthews with his photographic gun, 1933. The gun could project a beam of light 15 miles (24 kilometres) into the sky.

Mr Grindel y su cañón fotográfico, 1933. El cañón podía proyectar un rayo de luz de 24 kilómetros de longitud.

Mr Grindell Matthews e il suo cannone fotografico, 1933. Questo cannone era in grado di proiettare nel cielo un raggio luminoso lungo 24 chilometri.

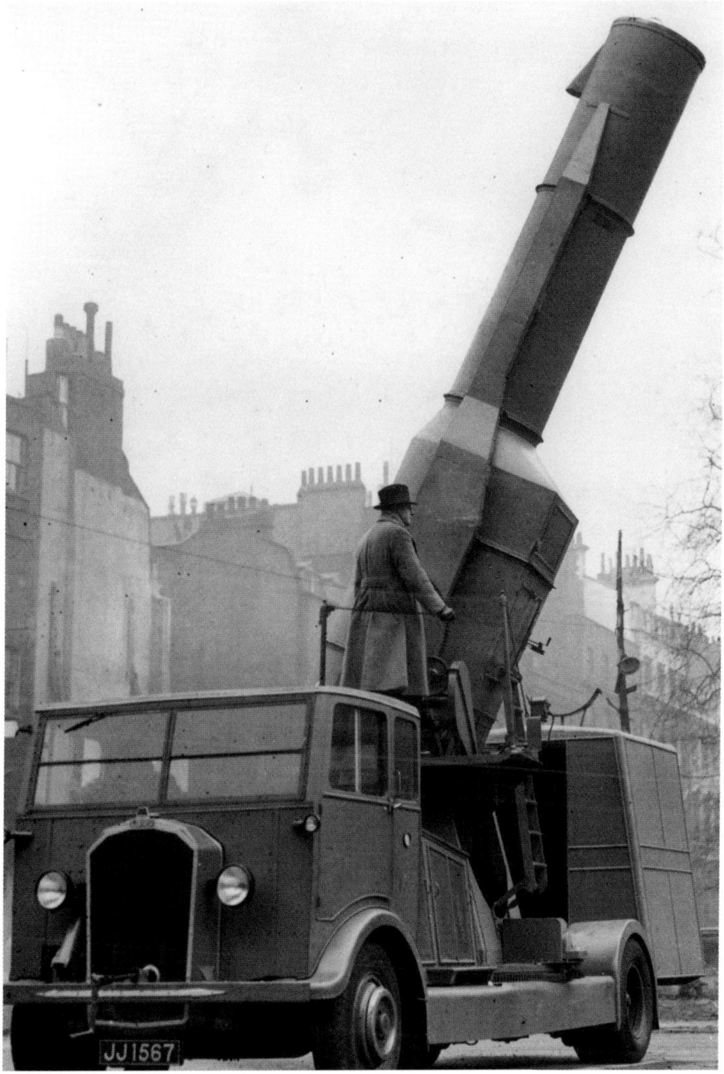

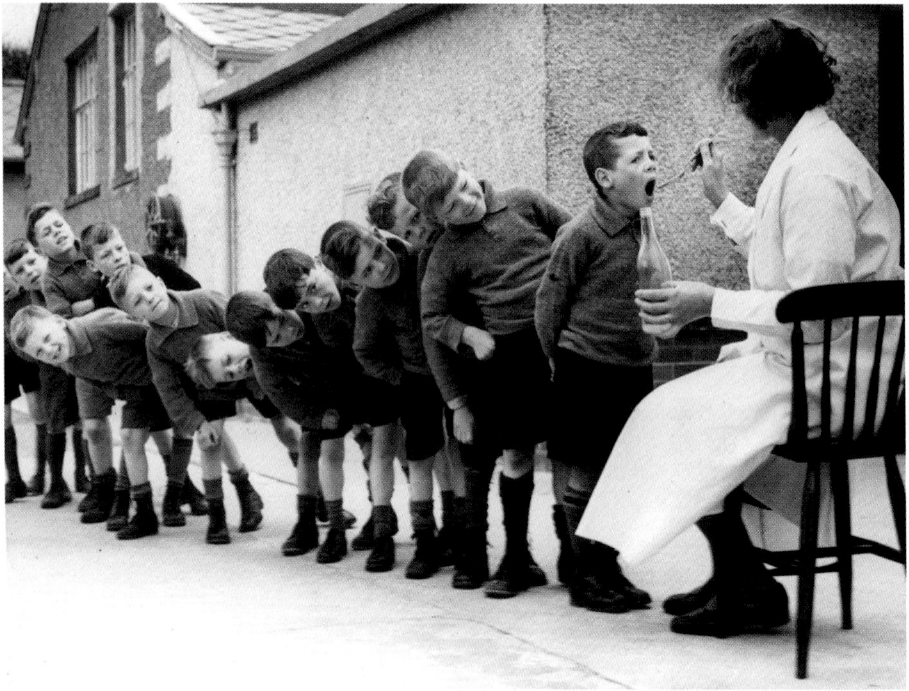

May 1939. Children from Bradford line up for a dose of medicine while on holiday in Morecambe, Lancashire. The drive for better public health accelerated towards the end of the Thirties.

Mayo de 1939. Niños de Bradford haciendo cola para tomar un medicamento durante sus vacaciones en Morecambe, Lancashire. Las campañas de sanidad pública se aceleraron al final de la década.

Maggio 1939. Bambini di Bradford in vacanza a Morecambe, Lancashire, in coda per prendere una medicina. La campagna per un migliore sistema sanitario pubblico ebbe un forte impulso alla fine degli anni Trenta.

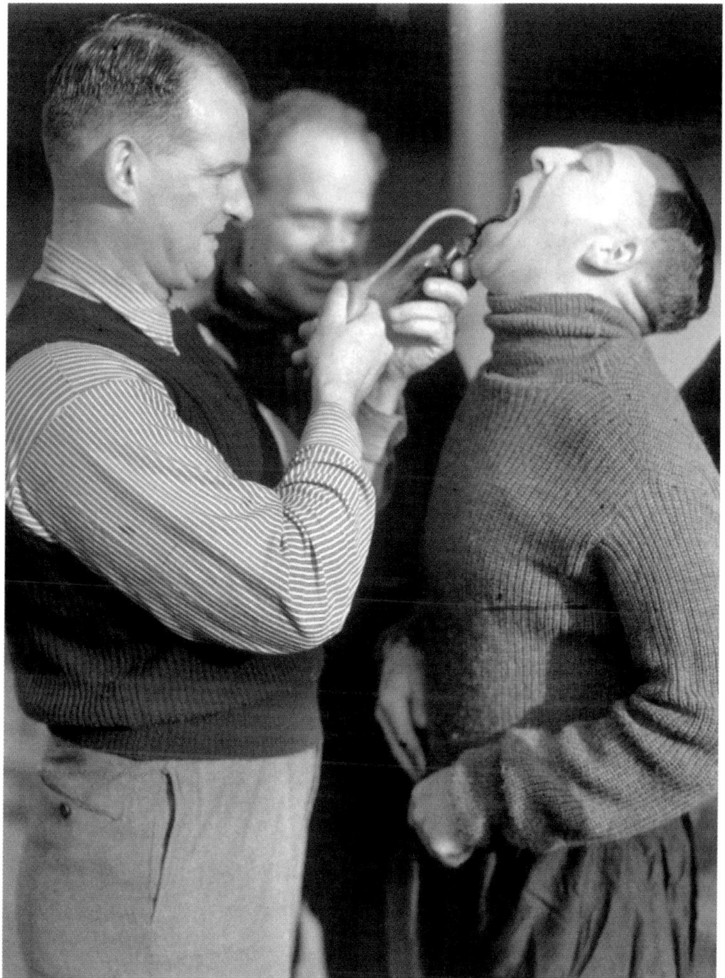

Members of the Arsenal football team get their daily anti-influenza treatment during the epidemic of 1937.

Jugadores del club de fútbol Arsenal son vacunados contra la gripe durante la epidemia de 1937.

Trattamento antinfluenzale quotidiano per i giocatori di calcio dell'Arsenal durante l'epidemia del 1937.

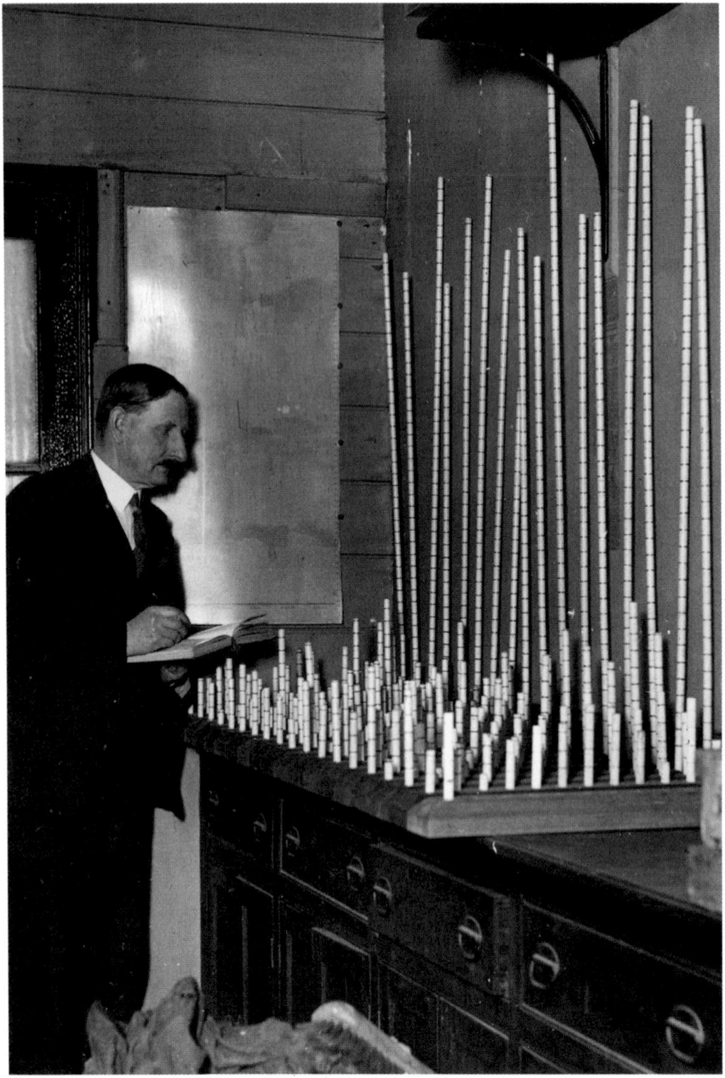

April 1932.
Mr Lock's unique system of recording the rainfall over 18 years. The short rods record the monthly fall, the long rods the annual fall.

Abril de 1932.
Mr Lock y su particular sistema de medición de las precipitaciones de lluvia durante 18 años. Las varas cortas registran las precipitaciones mensuales y las largas las anuales.

Aprile 1932.
Questo sistema unico e particolare, ideato da Mr Lock, permise di registrare il livello delle precipitazioni per 18 anni. Le aste piccole indicavano le precipitazioni mensili, le grandi quelle annuali.

London 1935.
One of the first of the Belisha beacons being installed in Hanwell Broadway. The beacons, named after the 1934 minister of transport, flashed at night, and marked pedestrian crossings.

Londres, 1935.
Instalación de una de las primeras farolas Belisha en Hanwell Broadway. Esas farolas se llamaban así en honor al ministro de transportes de 1934. Iluminaban por la noche e indicaban los pasos de los peatones.

Londra, 1935.
Installazione sulla Hanwell Broadway di una delle prime luci segnaletiche. Le luci furono chiamate Belisha in onore del ministro dei trasporti in carica nel 1934. Segnalavano i passaggi pedonali e lampeggiavano di notte.

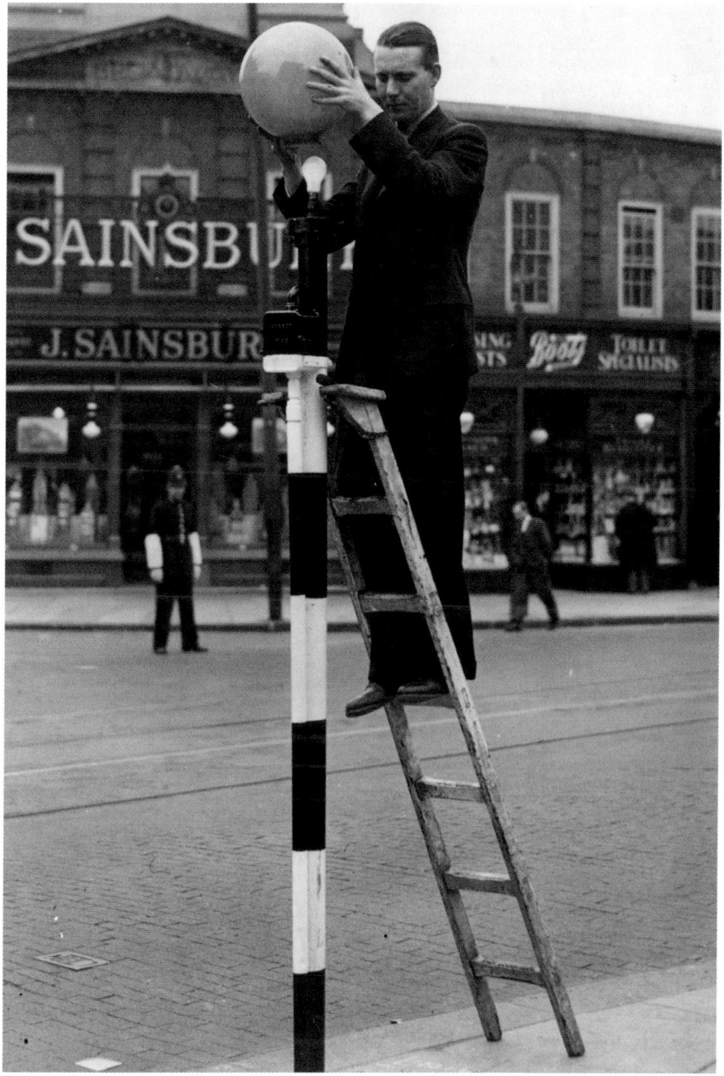

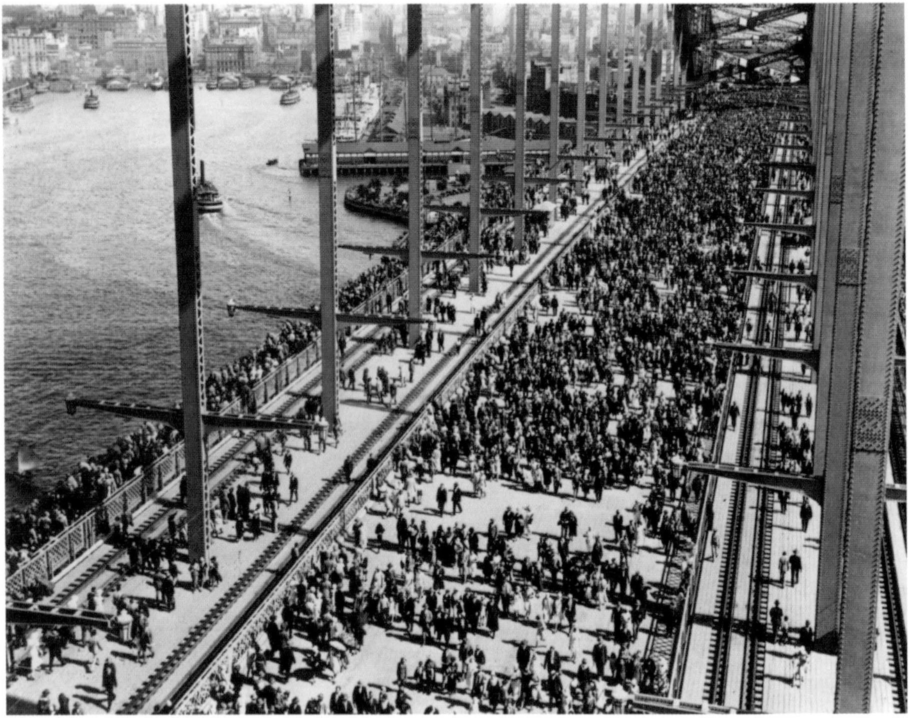

1930. Crowds swarm across Sydney Harbour Bridge on their way to the official opening ceremony. For many years the bridge was a national symbol, and the pride of all Australians.

1930. Miles de personas invaden el puente del puerto de Sidney en su ceremonia de inauguración oficial. Durante muchos años fue símbolo nacional y orgullo de los australianos.

1930. La folla invade il ponte del porto di Sidney per assistere alla cerimonia della sua inaugurazione. Il ponte fu per molto tempo un simbolo nazionale e motivo di orgoglio per gli australiani.

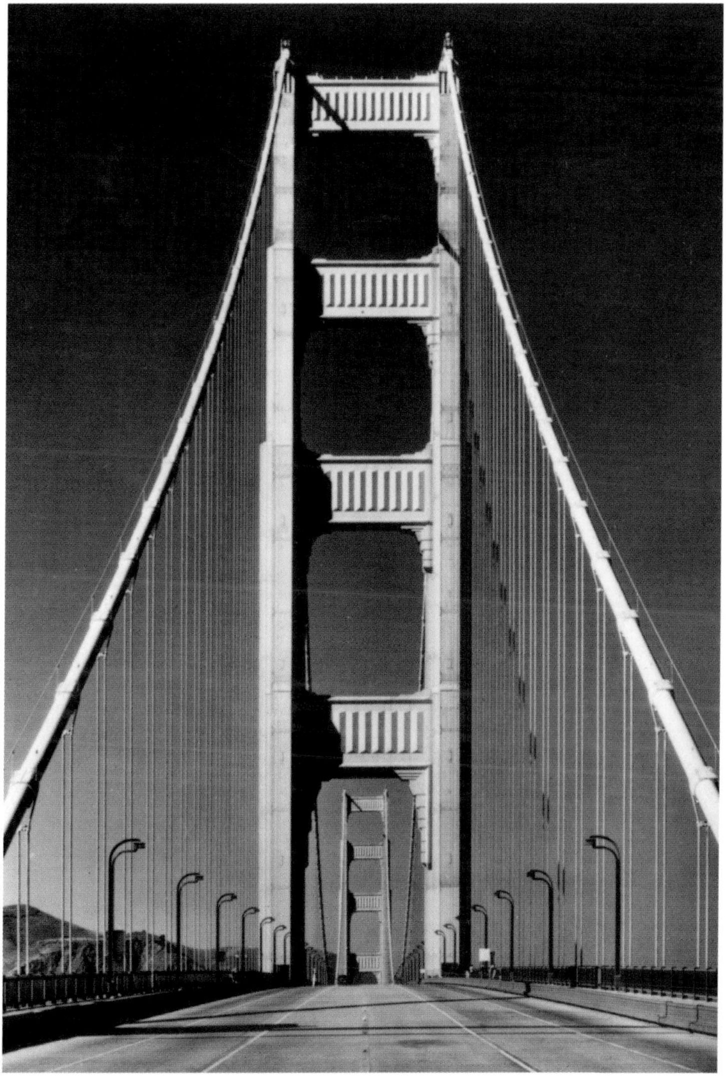

The Golden Gate Bridge, San Francisco, 1938 – a year after completion. It had a span of 4,200 feet (1,300 metres), the longest in the world.

El puente Golden Gate de San Francisco en 1938, un año antes de su finalización. Tenía 1.300 metros de luz y era el puente más largo del mundo.

Il Golden Gate Bridge, San Francisco, 1938, un anno dopo la sua costruzione. Con una campata di 1300 metri, era il ponte più lungo del mondo.

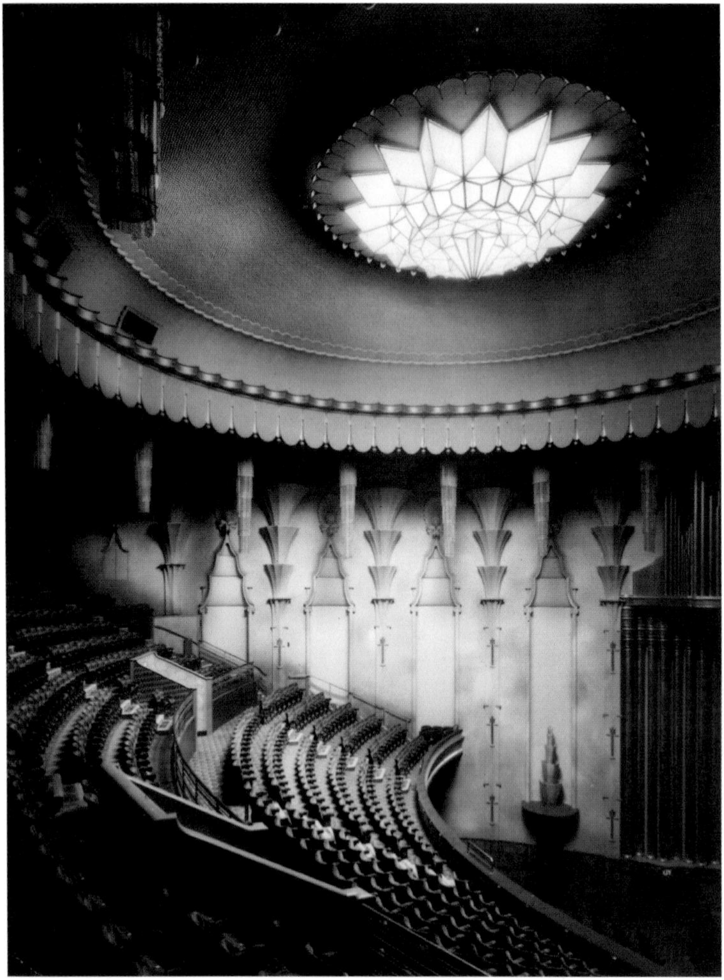

London, 1930.
The ornate interior of the New Victoria cinema. Picture 'palaces' were rightly named.

Londres, 1930.
Ornamentos interiores del cine New Victoria. Los cines llevaban el nombre de "palacio" con todo merecimiento.

Londra, 1930.
Il lussuoso interno della sala del New Victoria. I cinema avevano – non a caso – nomi di "palazzi".

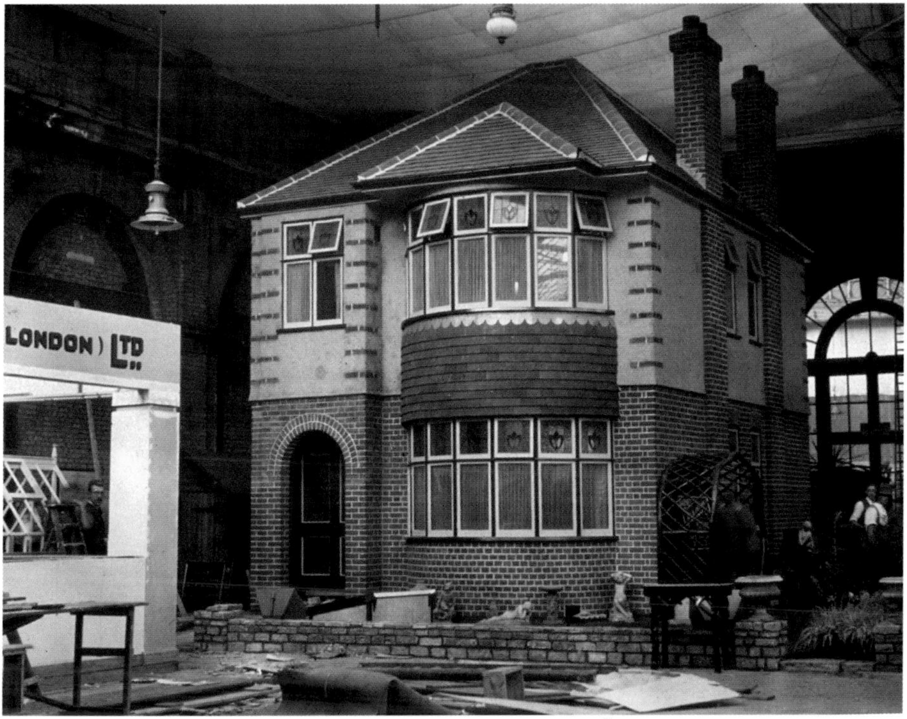

Part of the North London Exhibition at Alexandra Palace, 1932. The house is a typical Thirties 'semi-detached', built in hundreds of thousands in the suburbs on the outskirts of British cities.

Parte de la Feria del Norte de Londres, celebrada en el Alexandra Palace, 1932. Esta casa era la típica casa semiadosada de los años treinta, construida en centenares de miles de barrios del extrarradio de las ciudades británicas.

North London Exhibition, Alexandra Palace, 1932. Una tipica casa "contigua" degli anni Trenta, costruita in centinaia di migliaia di esemplari nelle periferie delle città britanniche.

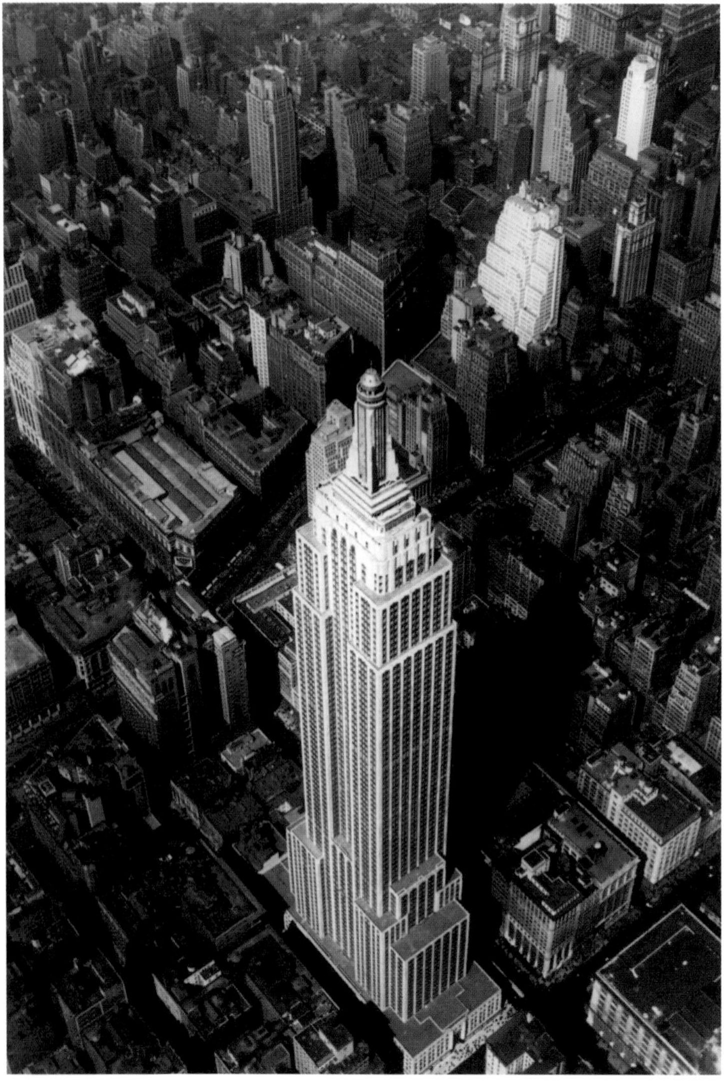

An aerial view of the Empire State Building, New York, 1935. There were also plans to build a landing mast on top for airships.

Vista aérea del Empire State Building, Nueva York, 1935. Estaba planeado construir un amarre para dirigibles en lo alto.

Veduta aerea dell'Empire State Building, New York, 1935. Sulla cima del grattacielo era stata prevista una pista di atteraggio per dirigibili.

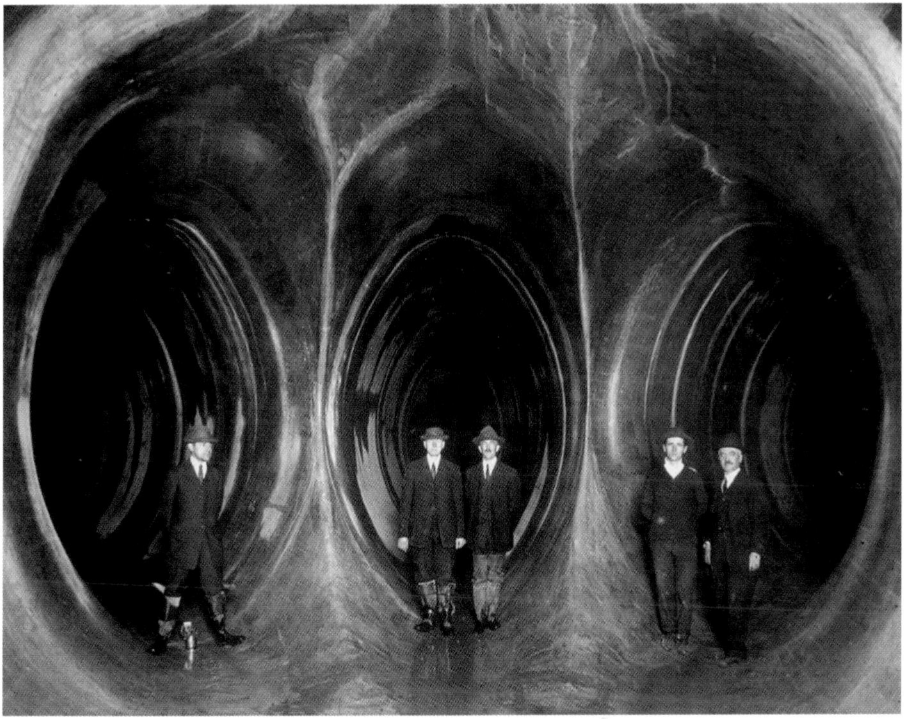

1935. The meeting point of three tunnels in New York's Catskill aqueduct. In the mid-Thirties the population of the city reached 6.4 million, and providing the essential services was a problem for the newly elected mayor, Fiorello LaGuardia.

1935. El punto de encuentro de tres túneles del acueducto de Catskill, en Nueva York. A mediados de la década de los treinta, la población de la ciudad alcanzó los 6,4 millones de habitantes y el nuevo alcalde, Fiorello LaGuardia, se enfrentó al problema de asegurar los servicios básicos.

1935. Punto d'incontro di tre gallerie dell'acquedotto di Catskill a New York. A metà degli anni Trenta la città contava 6,4 milioni d'abitanti, il che poneva al neoeletto sindaco Fiorello LaGuardia il problema di assicurare i servizi essenziali.

9. Transport
Transporte
Mezzi di trasporto

The German experimental locomotive *Railway Zeppelin*, May 1931. Although it was planned to run along conventional tracks, it was powered from the rear by a large four-bladed propeller.

Una locomotora experimental alemana en forma de zepelín, mayo de 1931. Aunque estaba pensada para ir por raíles tradicionales, utilizaba una enorme hélice de cuatro palas como propulsión trasera.

Una locomotiva sperimentale tedesca a forma di zeppelin, maggio 1931. Concepita per viaggiare su normali rotaie, era tuttavia potenziata da un'enorme elica a quattro pale posizionata sul retro.

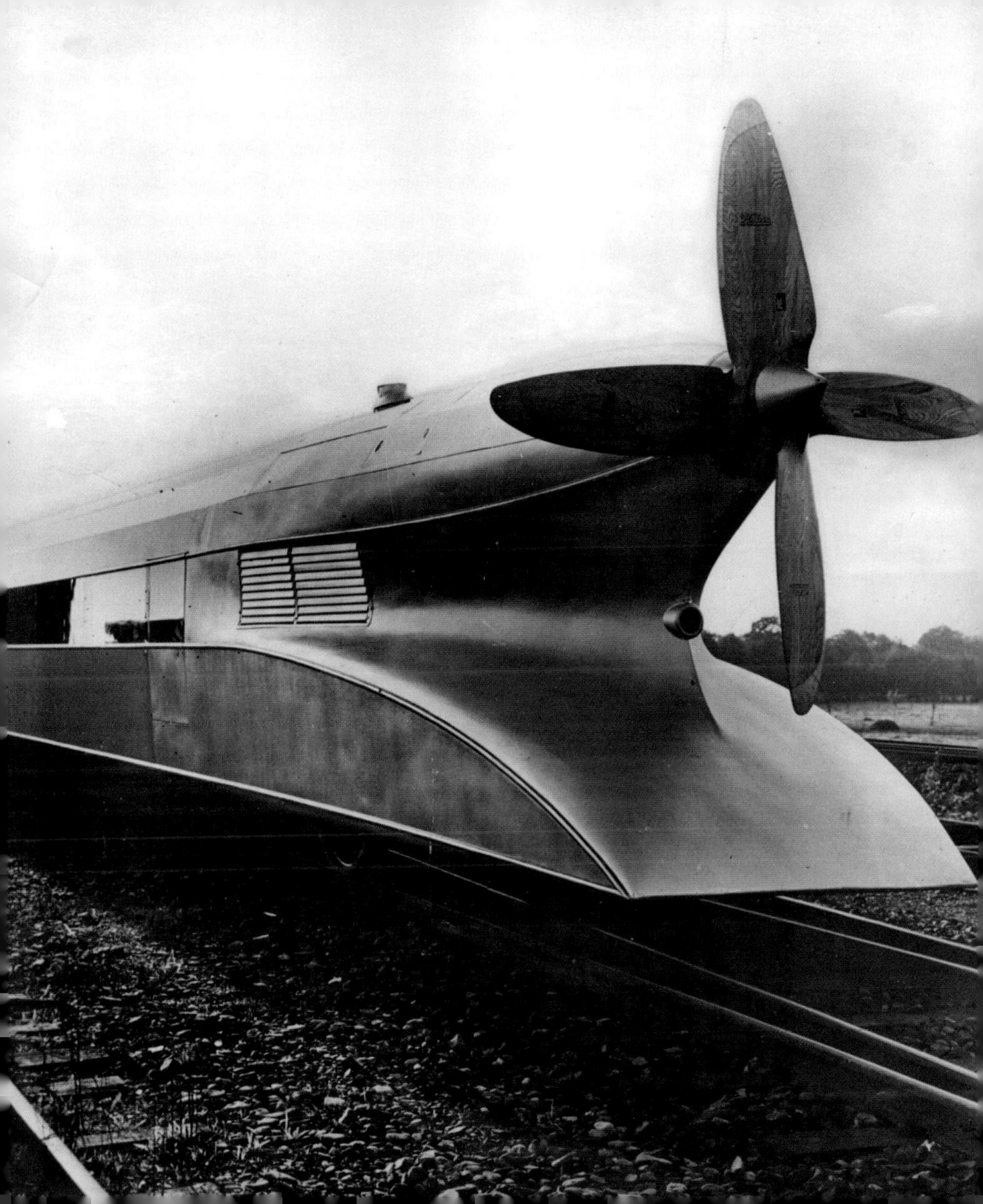

9. Transport
Transporte
Mezzi di trasporto

Faster… John Cobb broke the land speed record at Bonneville Salt Flats in 1938 and 1939. His car reached over 369 mph (590 kph). The steam locomotive *Mallard* pulled a seven-coach train weighing 240 tonnes at 126 mph (202 kph) on 3 July 1938. The following month the *Queen Mary* regained the Blue Riband by crossing the Atlantic in the record time of 3 days and 21 hours.

Further… It was possible to board the *Twentieth Century Limited* in New York – with many movie and radio stars for company – and travel to California with just one change. The *Orient Express* steamed its way from France to Istanbul. Trains sweated their way across the 496-mile (794-kilometre) Nullarbor Plain in Australia. In the skies, new air routes opened across the world, following the trails blazed by solo pioneers like Amy Johnson, Amelia Earhart and Sir Charles Kingsford Smith.

Safer… The days of deadly icebergs were over, the nights of submarine menace yet to come. The rich floated safely over the oceans of the world in the luxury of palatial liners. The newly imposed speed limits and traffic lights lessened the appalling loss of life on roads.

But the *Hindenburg* and R 101 disasters brought the age of the airship to a premature end.

Más rápido... John Cobb batió el récord de velocidad por tierra en Bonneville Salt Flats en 1938 y 1939. Su automóvil alcanzó una velocidad superior a los 590 kilómetros por hora. La locomotora a vapor Mallard consiguió mover un tren de siete vagones con un peso de 240 toneladas a una velocidad de 202 kilómetros por hora el 3 de julio de 1938. El mes siguiente, el *Queen Mary* obtuvo la banda azul al atravesar el Atlántico en un tiempo récord de 3 días y 21 horas.

Más lejos... Ya era posible, con el Twentieth Century Limited, viajar desde Nueva York —junto con muchas estrellas del cine y de la radio— a California con un solo transbordo, el Orient Express recorría a todo vapor la distancia entre Francia y Estambul y los trenes atravesaban los 794 kilómetros de las áridas llanuras de Nullabor, en Australia. En el cielo se abrían nuevas rutas por todo el mundo, siguiendo los pasos de pioneros solitarios como Amy Johnson, Amelia Earhart y sir Charles Kingsford Smith.

Más seguro... Los días de los icebergs mortales habían llegado a su fin, pero tenían que llegar las noches amenazadas por los submarinos. Los ricos atravesaban los océanos rodeados del lujo de palacios flotantes. Los límites de velocidad, impuestos recientemente, y los semáforos redujeron el número de accidentes mortales en las carreteras.

Sin embargo, los desastres del *Hindenburg* y el *R 101* marcaron el final de la era de los dirigibles.

Sempre più veloce… John Cobb batté il record del mondo di velocità a Bonneville Salt Flats nel 1938 e nel 1939. La sua auto superò i 590 km/h. Il 3 luglio 1938 la locomotiva a vapore *Mallard* trainò un treno di sette vagoni che pesavano 240 tonnellate alla velocità di 202 km/h. In agosto la *Queen Mary* attraversò l'Atlantico nel tempo record di 3 giorni e 21 ore e vinse di nuovo il Nastro azzurro.

Sempre più lontano… A New York era possibile salire sul *Twentieth Century Limited* – in compagnia di numerose stelle del cinema e della radio – e raggiungere la California effettuando un solo cambio. L'*Orient Express* collegava a tutto vapore la Francia a Istanbul. In Australia i treni percorrevano 794 km attraverso l'arida pianura di Nullarbor. Nei cieli, da un capo all'altro del mondo venivano tracciate nuove rotte, che ripercorrevano le tracce dei pionieri solitari come Amy Johnson, Amelia Earhart e Sir Charles Kingsford Smith.

Sempre più sicuri… I giorni degli iceberg assassini erano passati, si annunciavano invece le notti minacciose dei sottomarini. I ricchi attraversavano gli oceani di tutto il mondo nella più totale sicurezza a bordo di lussuosi palazzi galleggianti. I nuovi limiti di velocità e i semafori ridussero lo spaventoso numero dei morti sulla strada.

Ma le catastrofi dello zeppelin *Hindenburg* e dell'R 101 misero termine bruscamente all'era dei dirigibili.

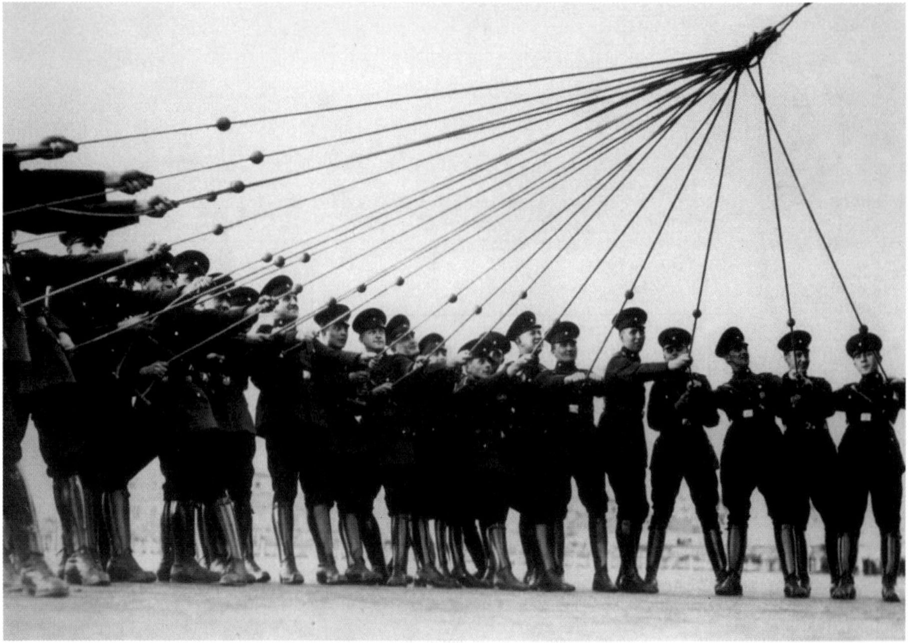

World ambassador for luxury flight. A group of Berlin *Schupos* (policemen) help to land and anchor the *Graf Zeppelin*, 1935. Of all the giant airships, the *Graf Zeppelin* had the finest safety record.

El embajador mundial de los vuelos de lujo. Un grupo de *Schupos* (policías) berlineses ayudan a aterrizar y amarrar el *Graf Zeppelin,* 1935. De todos los dirigibles, el *Graf Zeppelin* estaba considerado como el más seguro.

Ambasciatore nel mondo del volo di lusso. Un gruppo di *Schupos* (poliziotti) di Berlino aiutano il *Graf Zeppelin* a posarsi al suolo, 1935. Di tutti i dirigibili giganti il *Graf Zeppelin* era considerato il più sicuro.

Huge crowds gather in Tokyo to admire the *Graf Zeppelin*, 1930. At the beginning of the Thirties, airships dominated international air travel, though doubts had been expressed about safety even in the Twenties.

Una gran multitud reunida en Tokio para admirar el *Graf Zeppelin*, 1930. A principios de la década, los dirigibles dominaban los viajes internacionales, aunque ya en los años veinte se había puesto en duda su seguridad.

Un'immensa folla riunita a Tokio per ammirare il *Graf Zeppelin*, 1930. All'inizio degli anni Trenta i dirigibili reppresentavano il primo mezzo di trasporto aereo internazionale, anche se negli anni Venti erano state espresse riserve sulla loro sicurezza.

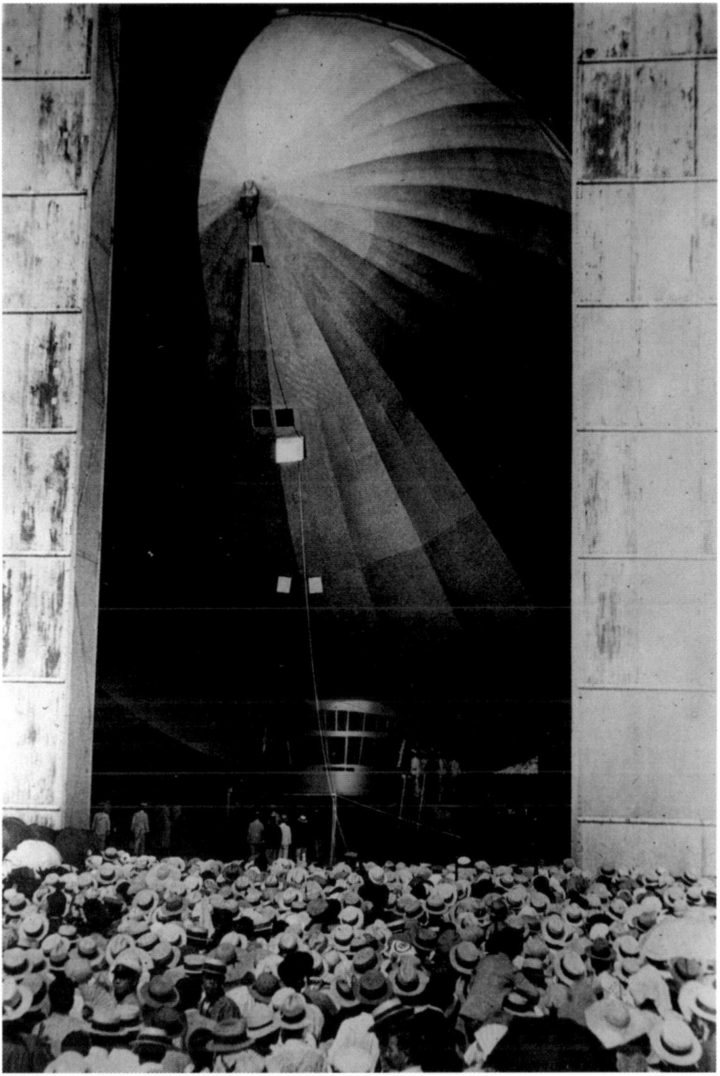

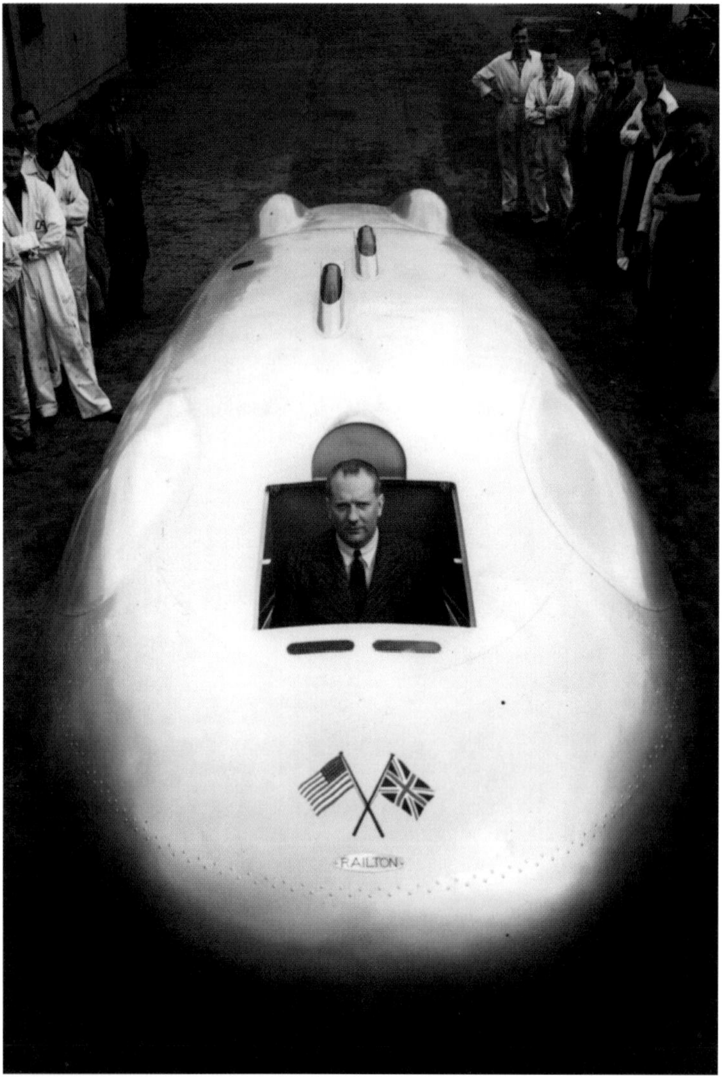

May 1938. John Cobb in his Railton Racer at Brooklands Race Track, England. It was the year he first broke the world land speed record.

Mayo de 1938. John Cobb en su automóvil de carreras Railton en el Circuito de Brooklands, Inglaterra. Fue el primer año que batió el récord de velocidad por tierra.

Maggio 1938. John Cobb nel suo veicolo da corsa fabbricato da Railton sul circuito di Brooklands, Inghilterra. In quello stesso anno batté per la prima volta il record del mondo di velocità su terra.

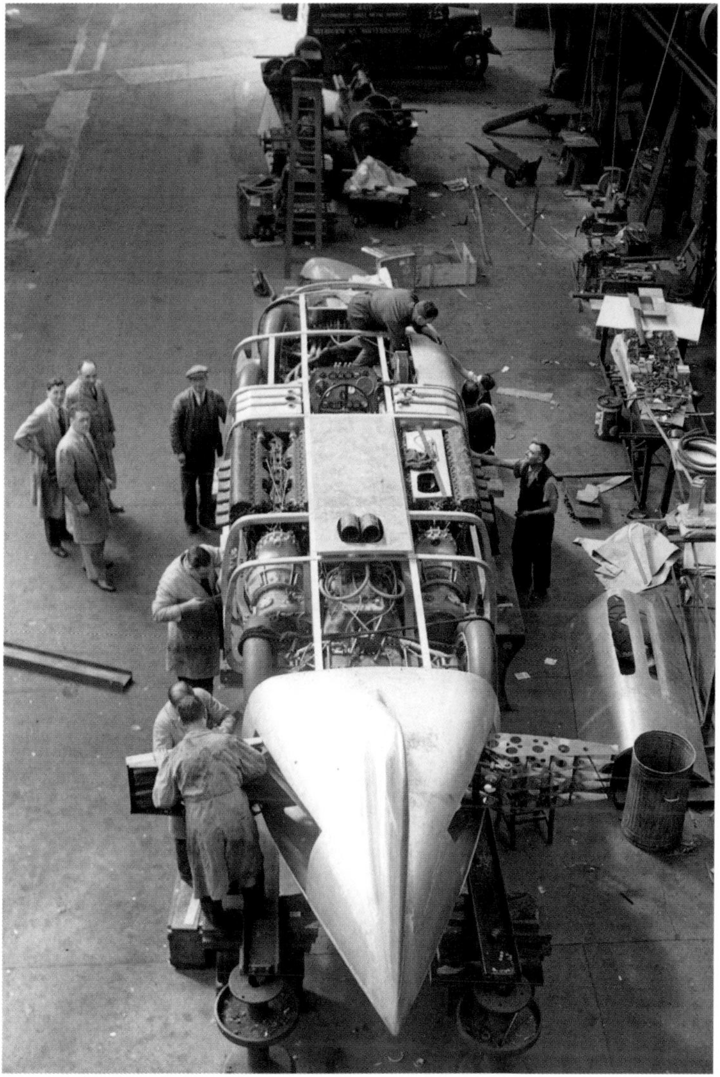

George Eyton's streamlined car behind guarded doors at Wolverhampton, England, August 1937.

El coche a vapor de George Eyton en un local vigilado en Wolverhampton, Inglaterra, agosto de 1937.

L'auto a vapore di George Eyton in un hangar sorvegliato a Wolverhampton, Inghilterra, agosto 1937.

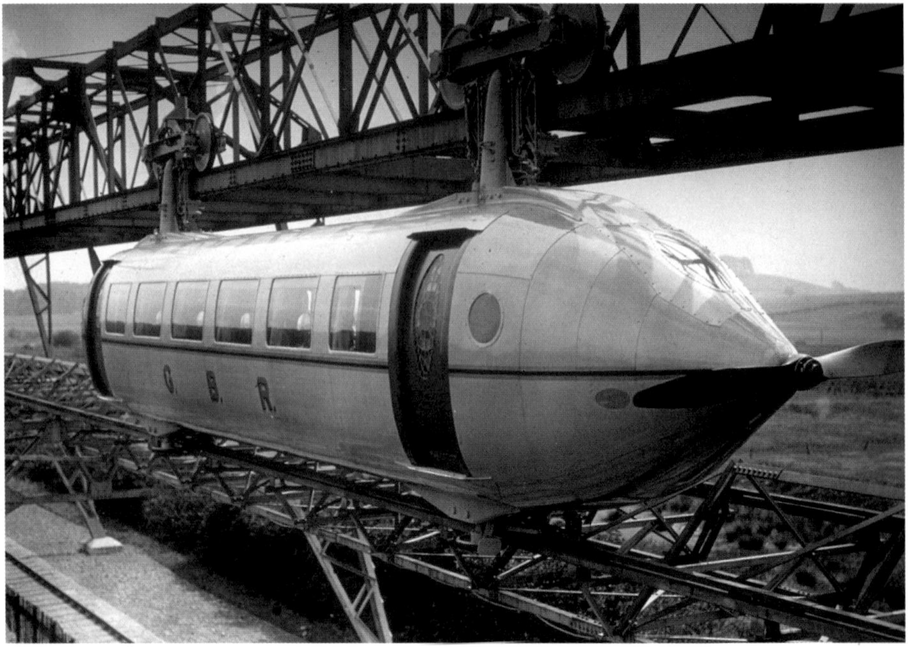

Working on the Bennie Railplane, 1930. This was an experimental passenger train to be driven by air turbines. It was planned to run on a monorail suspended from girders, but, like many Thirties innovations, it was not commercially viable.

Trabajando en el tren-avión *Bennie,* 1930. Era un tren de pasajeros experimental que funcionaba con turbinas de aire. Estaba pensado para circular por monorraíl suspendido de vigas, pero, como muchas innovaciones de los años treinta, no era comercialmente viable.

Al lavoro sull'aereo-treno *Bennie*, 1930. Si trattava di un treno passeggeri sperimentale dotato di turbine ad aria. Avrebbe dovuto viaggiare su una monorotaia sospesa a delle putrelle, ma, come molte invenzioni degli anni Trenta, fu un progetto commercialmente non realizzabile.

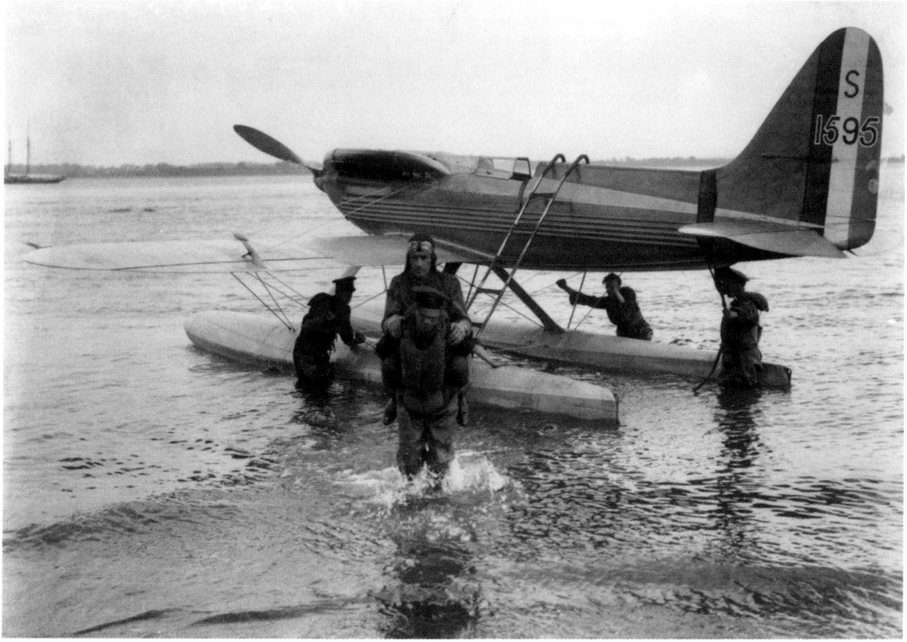

1931. Flight Lieutenant F W Long is carried ashore from S1595, a Vickers Supermarine S6B. The plane won the 12th annual Schneider Trophy Race at a speed of 341 mph (546 kph).

1931. El teniente de aviación F.W. Long es llevado a tierra desde su avión S1595, un Vickers Supermarine S6B. El avión ganó el 12° trofeo anual Schneider al alcanzar una velocidad de 546 kilómetros por hora.

1931. Il tenente F. W. Long scende dal suo aereo, un S1595-Vickers Supermarine S6B, dopo aver vinto il XII Schneider Trophy Race alla velocità di 546 km/h.

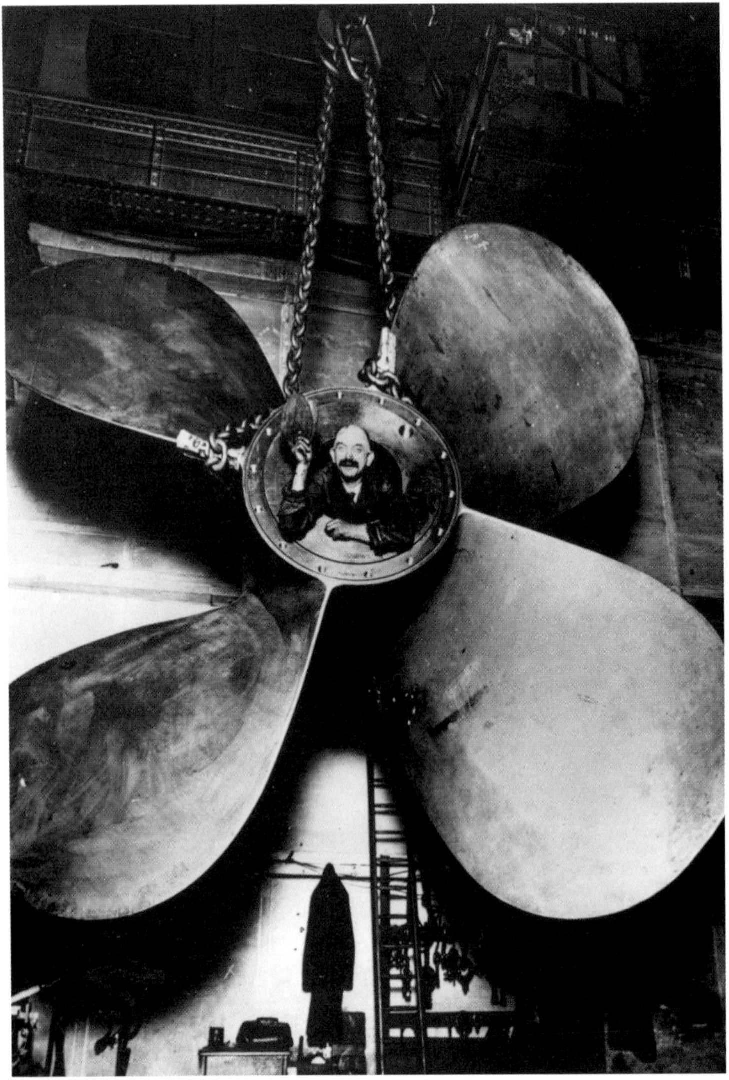

One of the four giant Turbiston bronze propellers for the German transatlantic liner *Europa* at the manufacturers in London, 1936.

Una de las cuatro hélices gigantes de bronce Turbiston del transatlántico alemán *Europa* en las fábricas de dicha empresa en Londres, 1936.

Una delle quattro eliche giganti in bronzo fabbricate per il transatlantico tedesco *Europa* dalle officine Turbiston a Londra, 1936.

1933. The *Prinzregent Luitpold* passes under the Forth Bridge, keel uppermost. The ship was part of the German fleet scuttled at Scapa Flow in 1919.

1933. El *Prinzregent Luitpold* pasa por el puente Forth con la quilla hacia arriba. El buque formaba parte de la flota alemana hundida en Scapa Flow en 1919.

1933. Il *Prinzregent Luitpold* passa sotto il Forth Bridge, la chiglia ben al di sopra del livello dell'acqua. La nave faceva parte della flotta tedesca autoaffondata a Scapa Flow nel 1919.

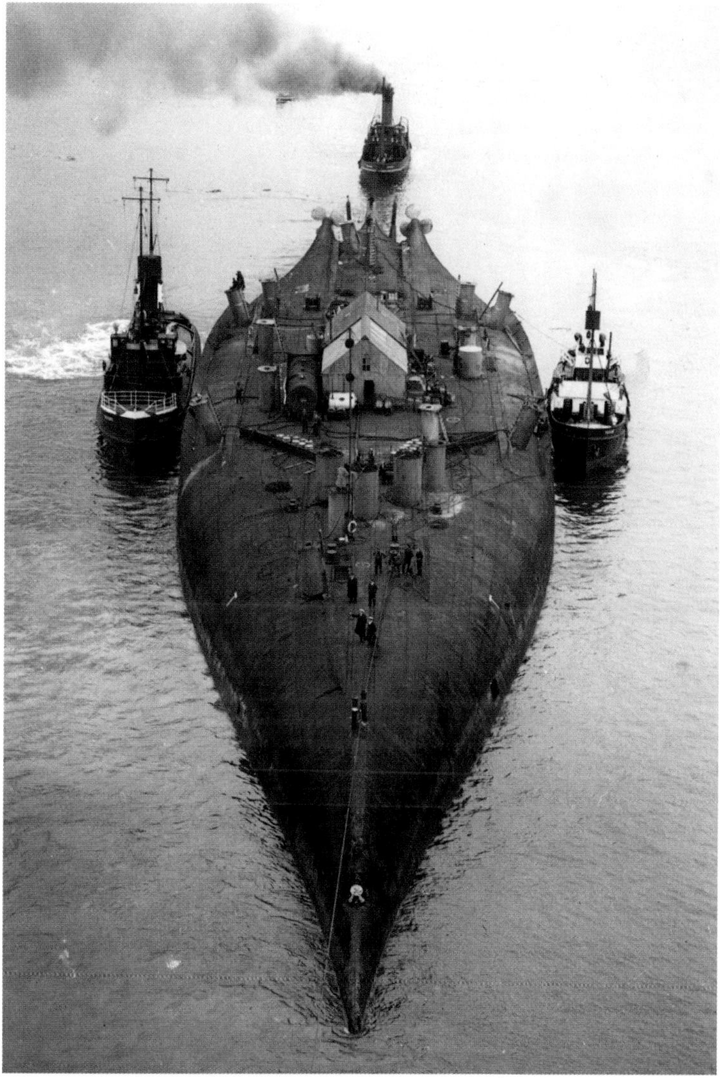

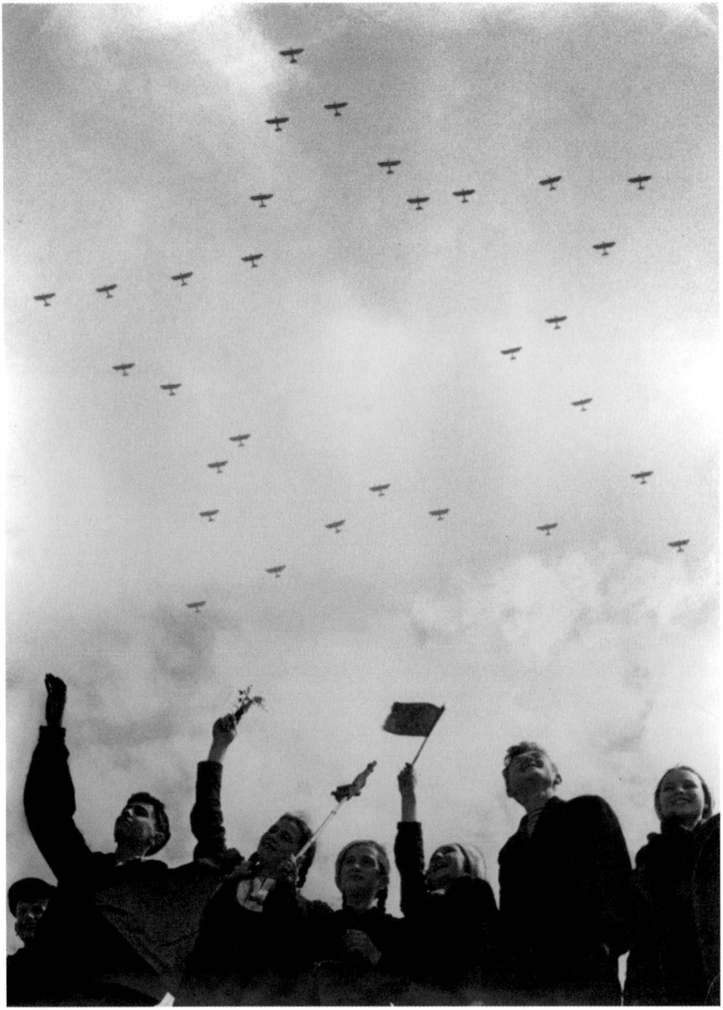

Ivan Shagin's photograph of Soviet citizens celebrating the 1936 Aviation Day in Tushino, Moscow.

Esta fotografía de Ivan Shagin muestra unos ciudadanos soviéticos celebrando el día de la aviación en 1936 en Tushino, Moscú.

Cittadini sovietici festeggiano il Giorno dell'Aviazione a Tushino, Mosca, nel 1936. Foto di Ivan Shagin.

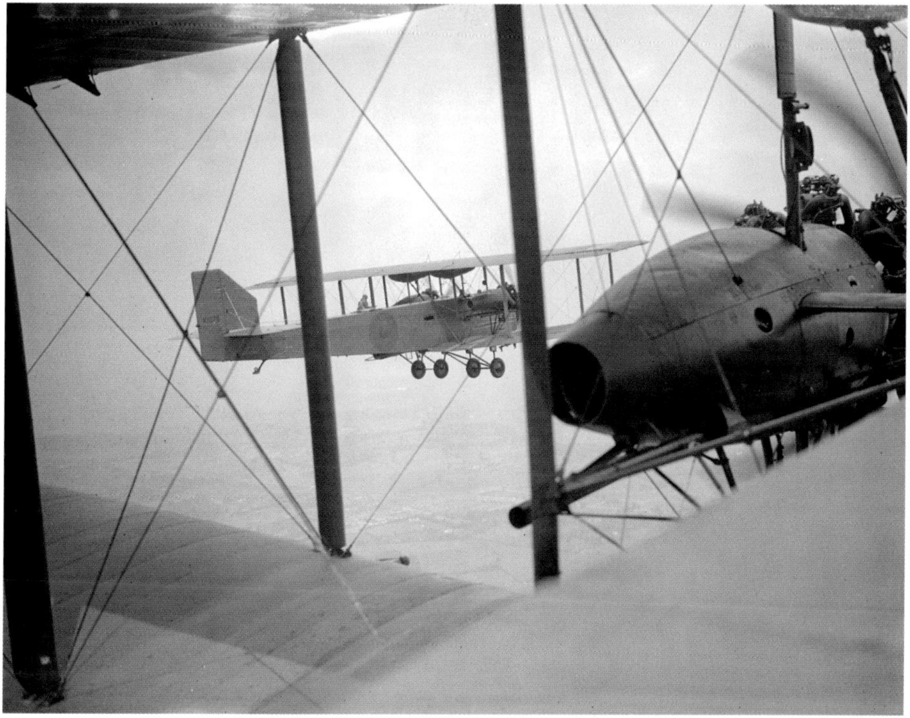

A view from the rear gunner's seat in a 99B Squadron bomber at an air pageant, Northolt Aerodrome, London, June 1933. At the time, both biplanes probably constituted the cream of Royal Air Force machines.

Vista desde la ametralladora trasera de un bombardero *Squadron 99B* durante una exhibición aérea en el aeródromo de Northolt, Londres, junio de 1933. En esa época, estos dos biplanos estaban considerados probablemente los mejores aviones de la Royal Air Force.

Veduta dalla postazione sul retro del cannoniere di un bombardiere 99B in occasione di un raduno aereo al Northolt Aerodrome, Londra, giugno 1933. All'epoca, questi due biplani erano considerati probabilmente i migliori aerei della Royal Air Force.

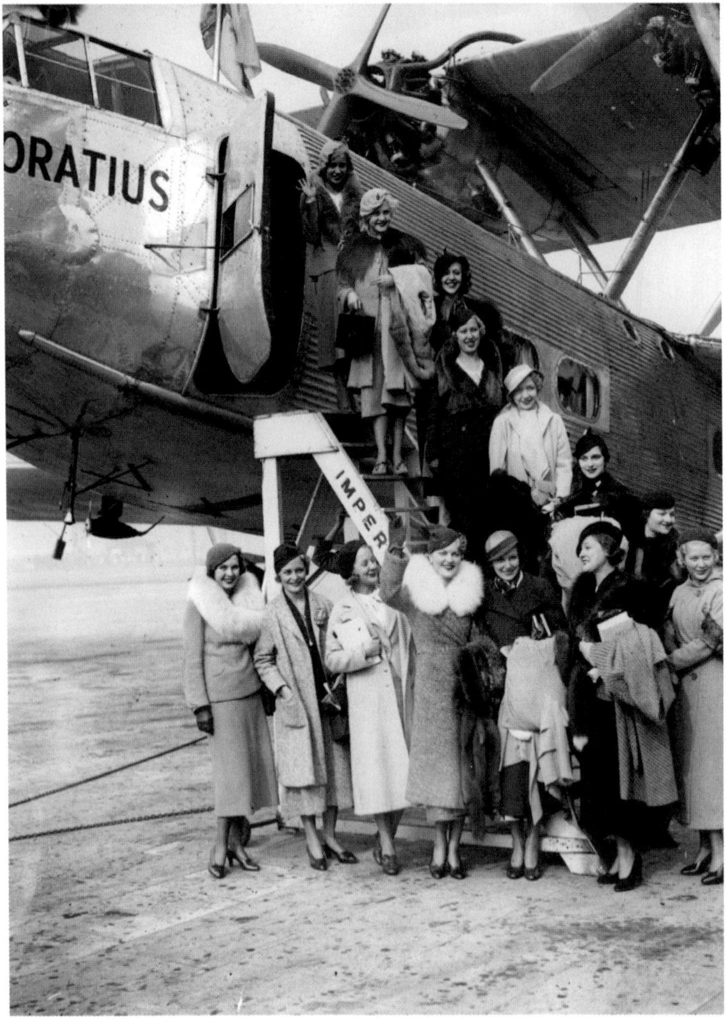

October 1933. The New York Midnight Follies arrive at Croydon Airport, London. The plane is *Horatius*, one of the Handley Page Hannibal Class in use by Imperial Airways.

Octubre de 1933. La compañía neoyorquina Midnight Follies llega al aeropuerto de Croydon, Londres. El avión es el *Horatius*, que formaba parte de la flota de Handley Page Hannibal utilizada por Imperial Airways.

Ottobre 1933. L'arrivo all'aereoporto di Croydon, Londra, delle New York Midnight Follies. Soprannominato *Horatius*, l'aereo faceva parte della flotta del Handley Page Hannibal utilizzata dall'Imperial Airways.

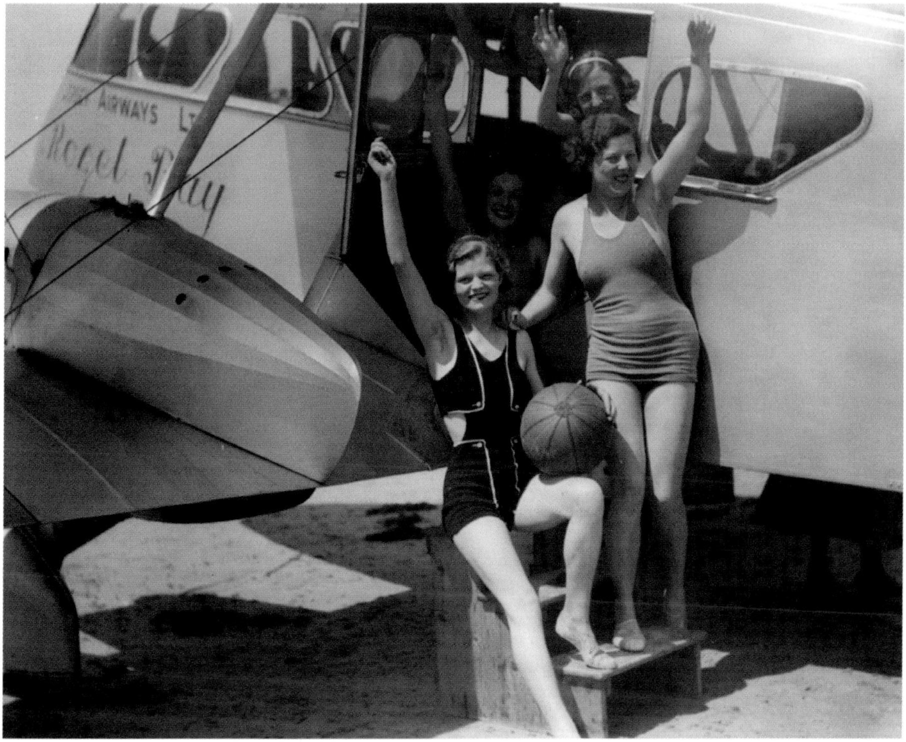

August 1934. Holidaymakers on Jersey in the Channel islands pose for the camera before setting off on a joyride. Many pilots from World War I eked out a living offering 'ten minute hops' from grass runways at seaside resorts.

Agosto de 1934. Bañistas en Jersey, una isla del Canal de la Mancha, posan antes de subir al avión. Muchos pilotos de la Primera Guerra Mundial se sacaban algún dinero extra ofreciendo "vuelos de diez minutos" en localidades turísticas.

Agosto 1934. Alcune giovani donne in vacanza a Jersey, un'isola della Manica, posano davanti alla macchina fotografica prima del decollo. Molti piloti della prima guerra mondiale arrotondavano lo stipendio sulle piste delle stazioni balneari proponendo "voli di dieci minuti".

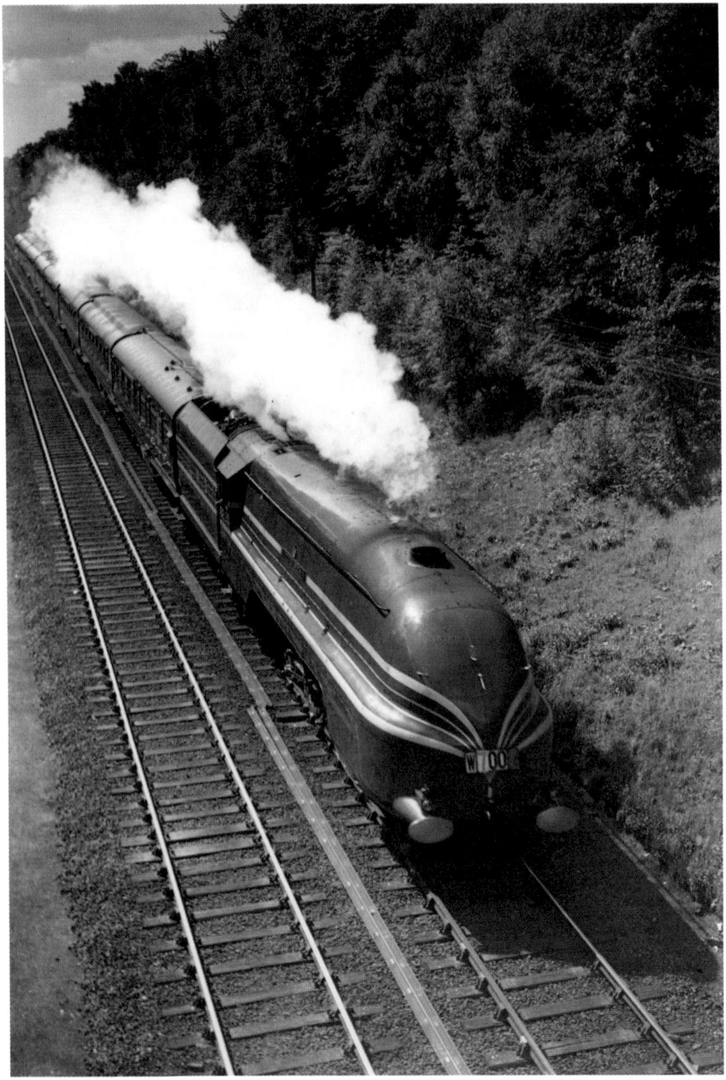

June 1937.
The streamlined *Coronation Scot* on a test run to Crewe. The train had been named to celebrate the coronation of George VI in May.

Junio de 1937.
La locomotora aerodinámica *Coronation Scot* en un trayecto de prueba a Crewe. El tren recibió ese nombre en honor a la coronación del rey Jorge VI en mayo.

Giugno 1937.
Viaggio di collaudo del *Coronation Scot* sul tragitto per Crewe. Al treno era stato dato questo nome in onore dell'incoronazione di Giorgio VI in maggio.

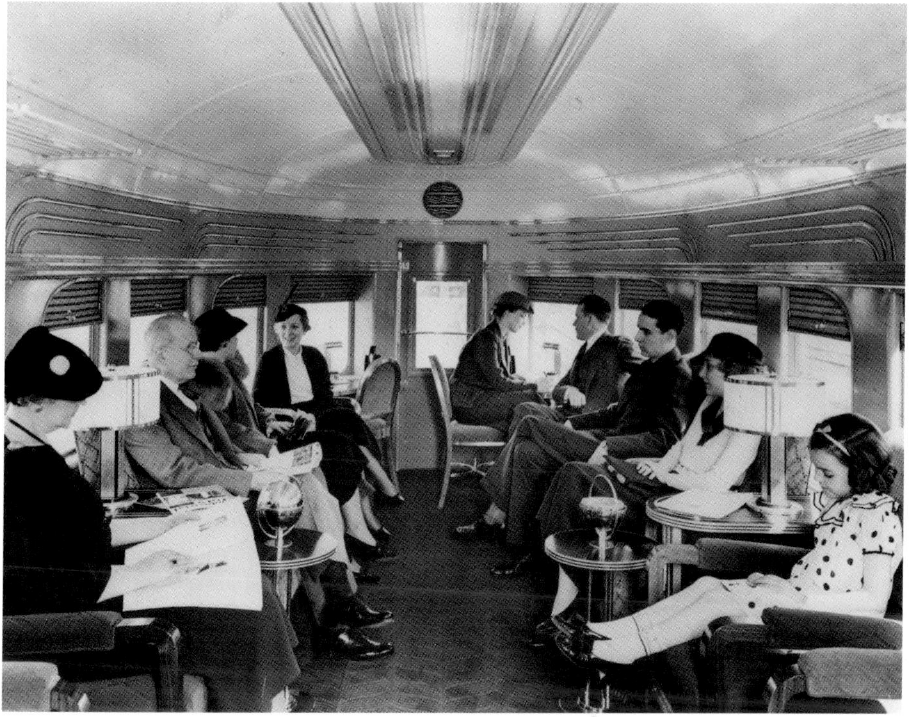

The streamlined lounge and observation car of the diesel-powered *Green Diamond* of the Illinois Central railroad system. The new train had been introduced to speed services to Chicago.

Sala de descanso y observación del tren *Green Diamond,* con motor diesel, de la compañía ferroviaria Illinois Central. El nuevo tren se había puesto en circulación para acelerar los servicios con destino a Chicago.

La vettura salone del *Green Diamond,* un treno diesel della compagnia ferroviaria Illinois Central. Era stato messo in circolazione per accelerare il servizio sulla linea per Chicago.

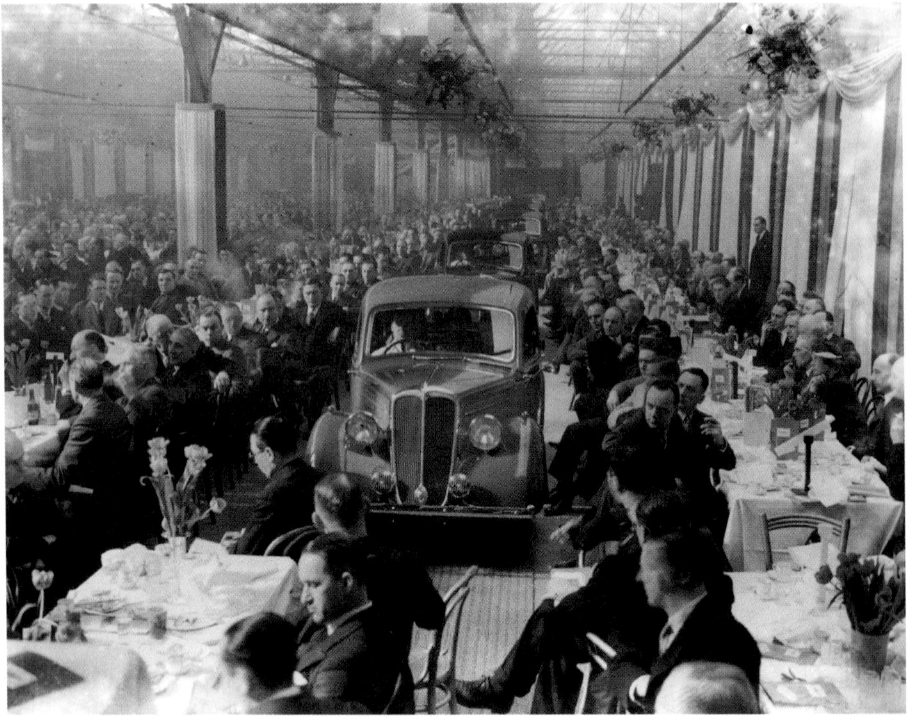

The Standard Motor Company's convention luncheon at the shop floor in Coventry, March 1936. The luncheon included a parade of new models. Standard Motor's successes in the Thirties were the 'Big Nine' and 'Big Sixteen', the first cars with an integrated fire-extinguishing system.

Almuerzo en un taller de la Standard Motor Company en Coventry, que incluía la presentación de nuevos modelos, marzo de 1936. El gran éxito de la empresa Standard Motor fue el "Big Nine" y el "Big Sixteen", los primeros coches con un sistema de extinción de fuego incorporado.

Pranzo in un capannone della Standard Motor Company a Coventry, marzo 1936, e presentazione dei nuovi modelli. I due grandi successi della Standard Motor negli anni Trenta furono la "Big Nine" e la "Big Sixteen", le prime auto dotate di un sistema d'avviamento integrato.

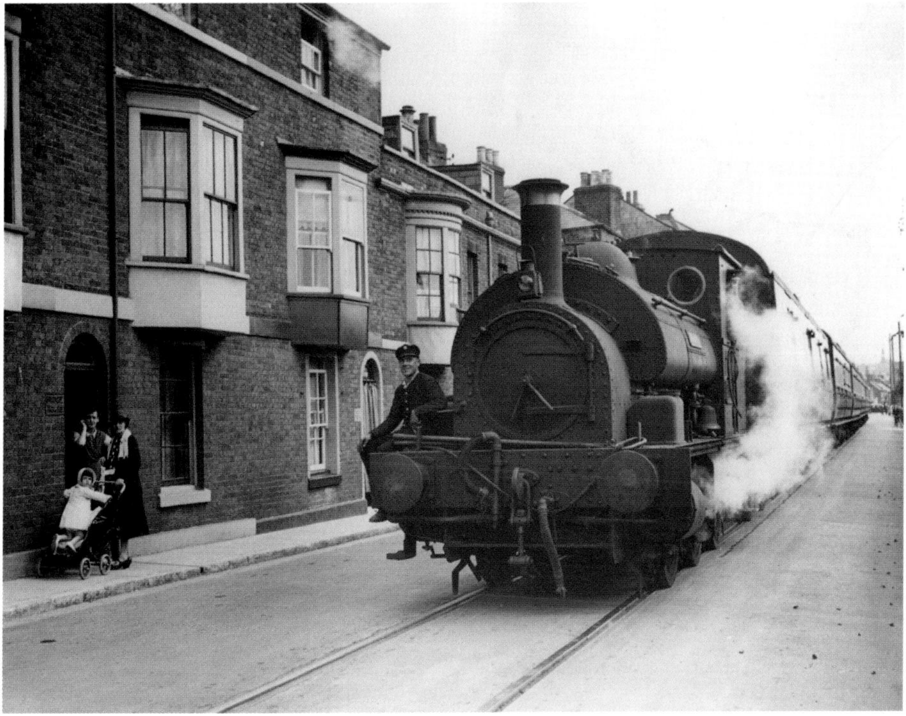

June 1938. Coaches from the Channel Islands Boat Express are hauled through the streets of Weymouth by a humble tank engine. A flagman sits on the front of the locomotive, ringing a bell to warn pedestrians of the train's approach.

Junio de 1938. Vagones de la compañía Channel Islands Boat Express son remolcados por las calles de Weymouth por una simple locomotora. Un empleado va sentado delante del tren y avisa con una campana a los peatones.

Giugno 1938. Vagoni della compagnia Channel Islands Boat Express sono rimorchiati attraverso le strade di Weymouth da una semplice locomotiva. Un ferroviere, seduto sul davanti del treno, agita una campana per avvertire i piedoni del suo passaggio.

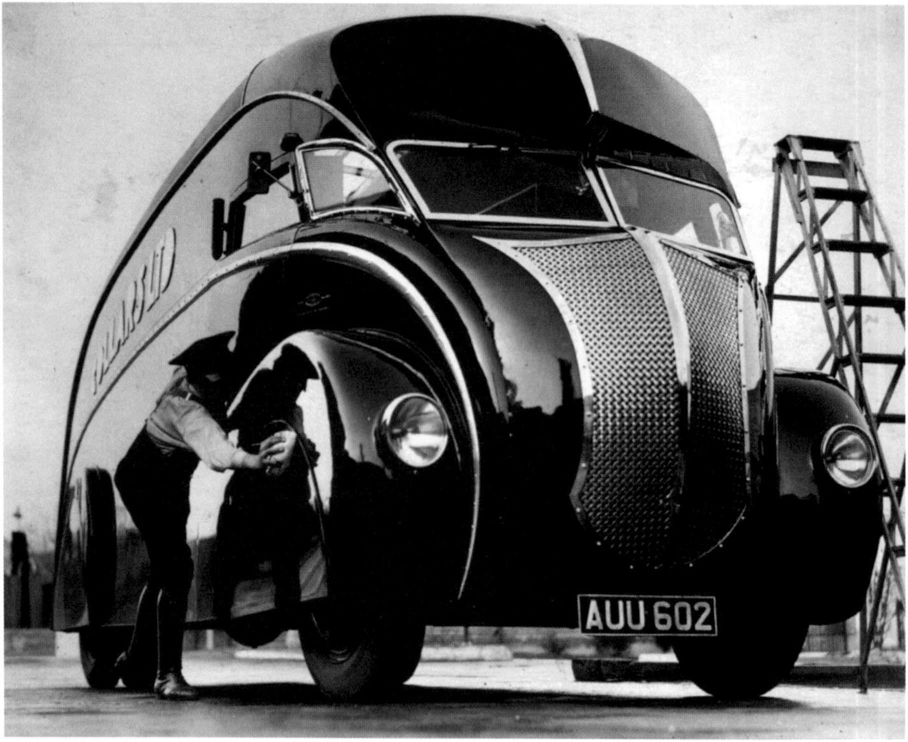

In the age when everything had to be streamlined – a streamlined truck body rests on a standard 2-ton Commer chassis at Wembley, December 1933. Streamlining was expensive, and the added aerodynamic body parts made maintenance more difficult.

En la época en que todo tenía que ser aerodinámico, la carrocería de un camión aerodinámico descansa sobre un chasis Commer de dos toneladas en Wembley, diciembre de 1933. La creación de vehículos de este tipo era muy cara y las partes que se tenían que añadir hacían que el mantenimiento aún lo fuera más.

All'epoca tutto doveva essere aerodinamico. La carrozzeria di questo camion aereodinamico è posto su uno chassis Commer standard di due tonnellate, Wembley, dicembre 1933. I pezzi di carrozzeria aereodinamici oltre che costosi comportavano una manuntezione più difficile.

1935. An aerial view of a traffic jam at the entrance to the Holland Tunnel in New York.

1935. Vista aérea de un embotellamiento en la entrada del túnel Holland de Nueva York.

1935. Veduta aerea di un ingorgo all'ingresso del Holland Tunnel a New York.

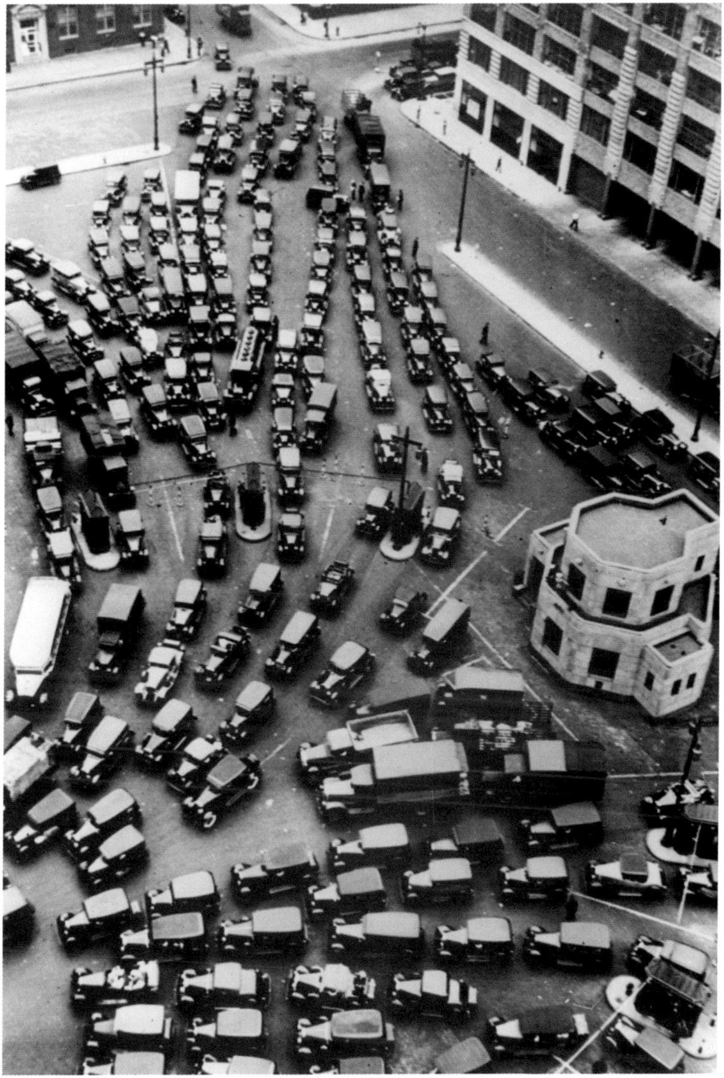

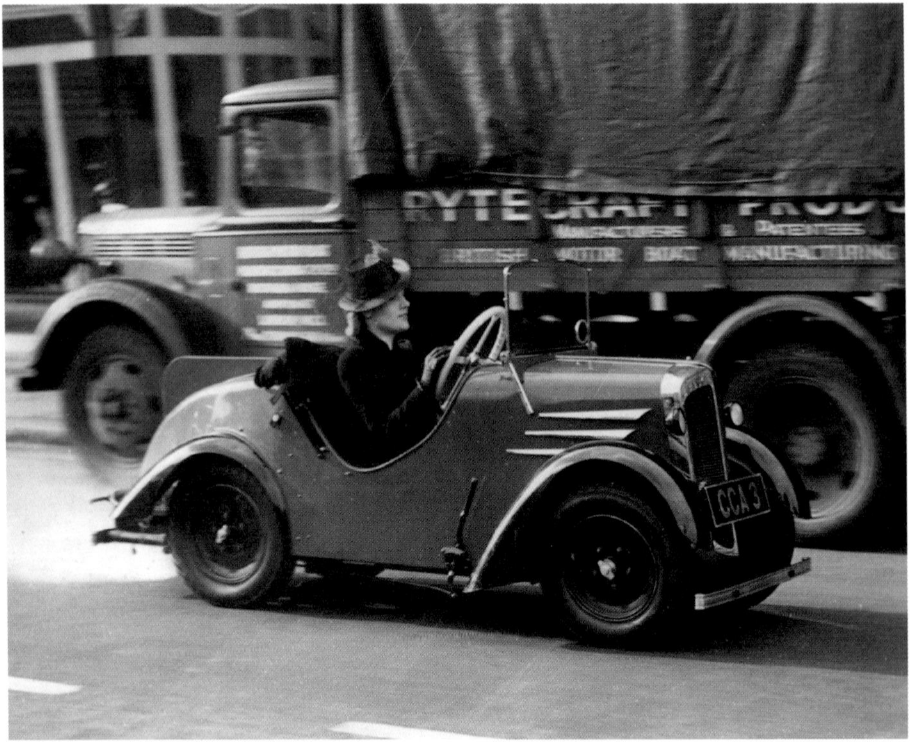

London, 1939. Two attempts to beat petrol rationing following the outbreak of war. A woman drives a car said to be capable of covering 80 miles (130 kilometres) to a gallon of petrol. If she ran out of petrol she could always tuck the car under her arm and walk home with it.

Londres, 1939. Dos formas de afrontar el racionamiento de combustible que siguió al estallido de la guerra: una mujer conduce un automóvil capaz de recorrer 130 kilómetros con sólo 4,5 litros de combustible. Si se le acababa, siempre podía ponerse el vehículo bajo el brazo y llevarlo a casa.

Londra 1939. Due modi per far fronte al razionamento della benzina stabilito all'inizio della guerra. Questa donna guida un'auto capace di percorrere 130 chilometri con soli 4,5 litri di benzina. Se avesse finito la benzina, avrebbe sempre potuto caricarsi l'auto sotto braccio e rientrare a piedi.

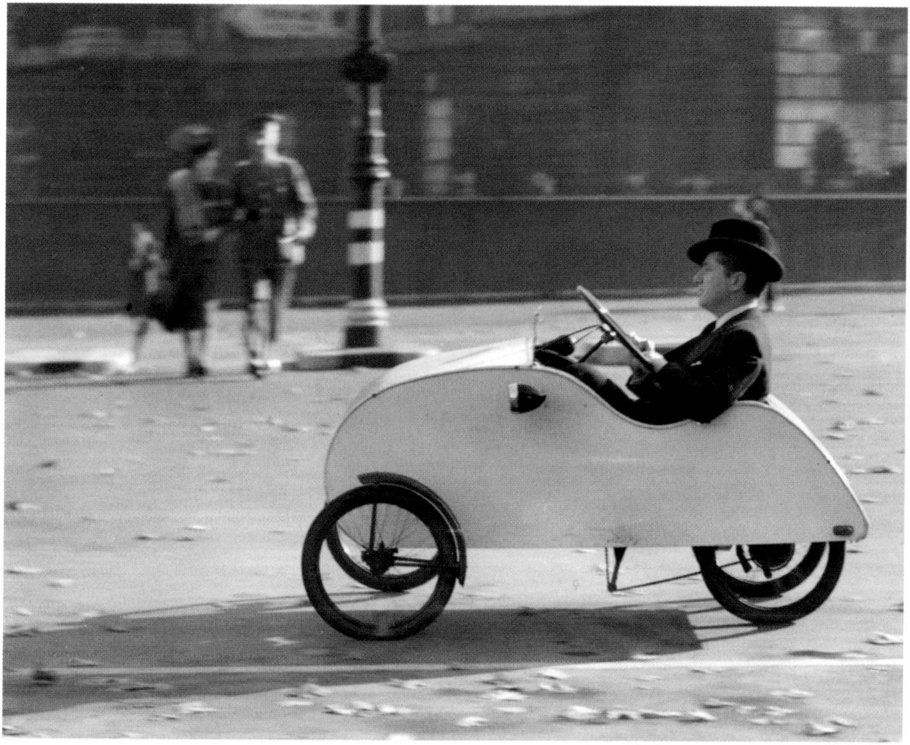

November 1939. A tiny Velocar moves slowly through Hyde Park, London. The car was powered by two pedals, like a child's toy. It was probably quicker to walk.

Noviembre de 1939. Un pequeño automóvil llamado "velocar" moviéndose lentamente por Hyde Park, Londres. El coche estaba provisto de dos pedales, como si fuera de juguete. Probablemente se iba más rápido andando.

Novembre 1939. Una miniauto a pedali attraversa Hyde Park a Londra a passo d'uomo. Il veicolo funzionava a pedali, come un giocattolo. Molto probabilmente era più veloce andare a piedi.

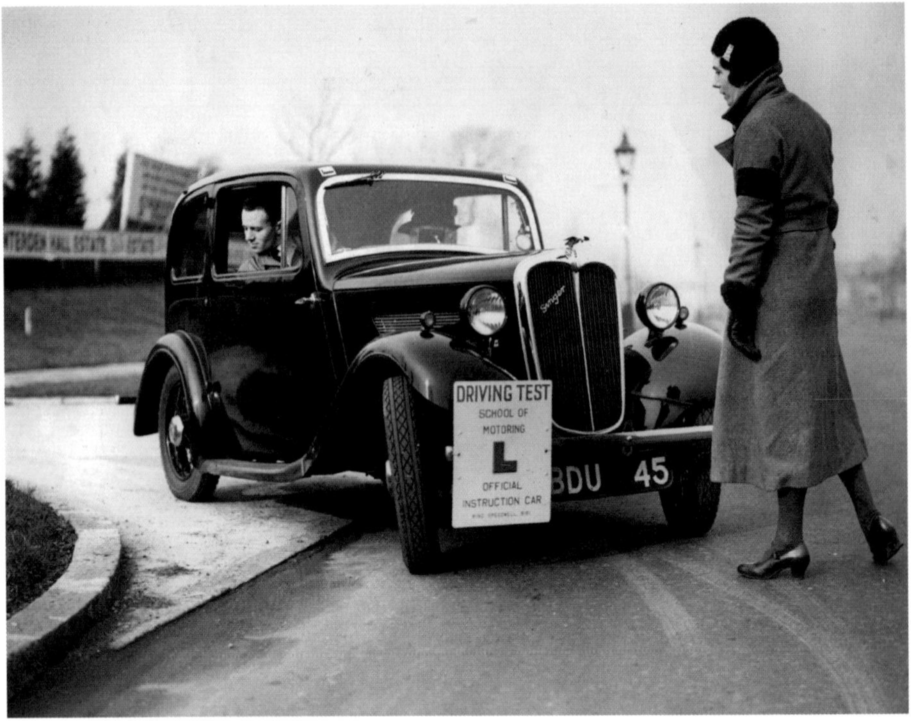

February 1936. Miss Victoria Worsley, a driving instructor, teaches one of her pupils how to reverse round a corner. Driving tests had been introduced two years earlier.

Febrero de 1936. Mrs Victoria Worsley, profesora de autoescuela, enseña a un alumno a dar marcha atrás en una esquina. Los exámenes de conducción se habían introducido dos años antes.

Febbraio 1936. Miss Victoria Worsley, istruttrice in una autoscuola, insegna a un allievo come fare marcia indietro a un angolo di strada. L'esame di guida era stato introdotto da soli due anni.

February 1937.
The new 30mph sign, Westway, London. For a disastrous few years, Britain scrapped the speed limit on roads altogether.

Febrero de 1937.
La nueva señal que limita la velocidad a 30 millas por hora, Westway, Londres. Durante unos años desastrosos, en Gran Bretaña se intentó evitar cualquier limitación de velocidad en las carreteras.

Febbraio 1937.
Il nuovo cartello stradale con il limite di velocità di 30 miglia all'ora, Westway, Londra. Per alcuni tragici anni, la Gran Bretagna non aveva imposto limiti di velocità sulle strade.

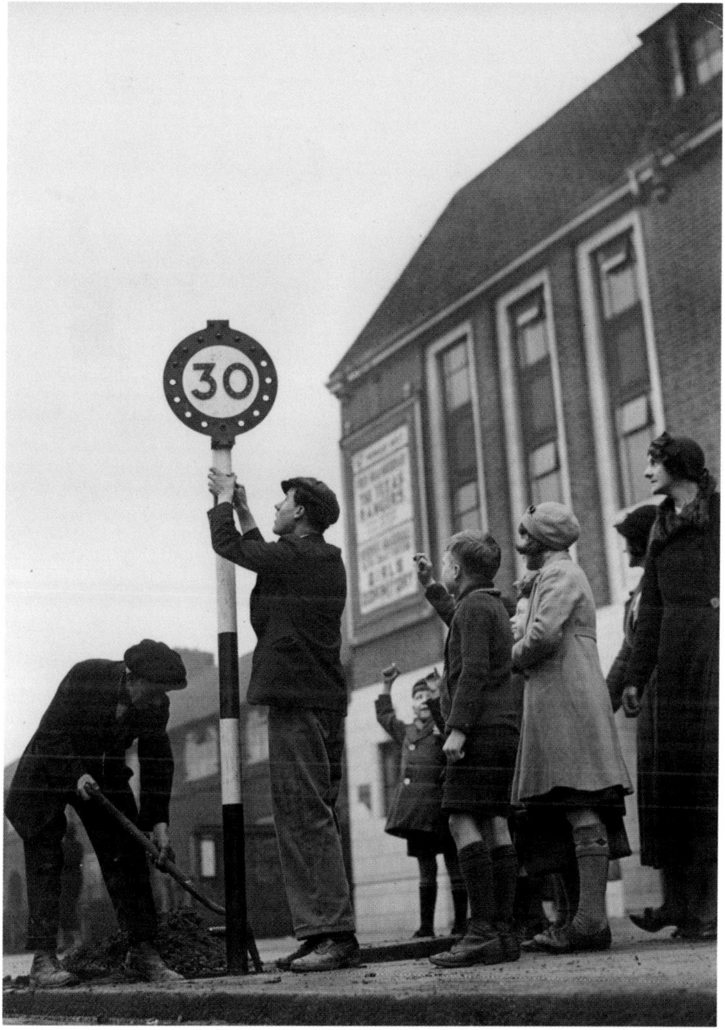

10. Sport
Deporte
Sport

Jesse Owens at the start of the 200 metres final in Berlin, 1936. Owens won in the Olympic record time of 20.7 seconds. He won four gold medals altogether. Lutz Long, the German athlete who came second to Owens in the Long Jump, became a close friend.

Jesse Owens en el inicio de la final de los 200 metros en Berlín, 1936. Owens ganó la carrera con una marca de 20,7 segundos, con lo cual superó el récord olímpico. Consiguió un total de cuatro medallas de oro. Lutz Long, el atleta alemán que quedó segundo detrás de Owen en salto de longitud, se convirtió en un gran amigo suyo.

Jesse Owens alla partenza della finale dei 200 metri a Berlino, 1936. Owens vinse con il tempo di 20,7 secondi, battendo il record olimpico. Vinse quattro medaglie d'oro. Lutz Long, l'atleta tedesco arrivato secondo dopo Owens nel salto in lungo, diventò un suo grande amico.

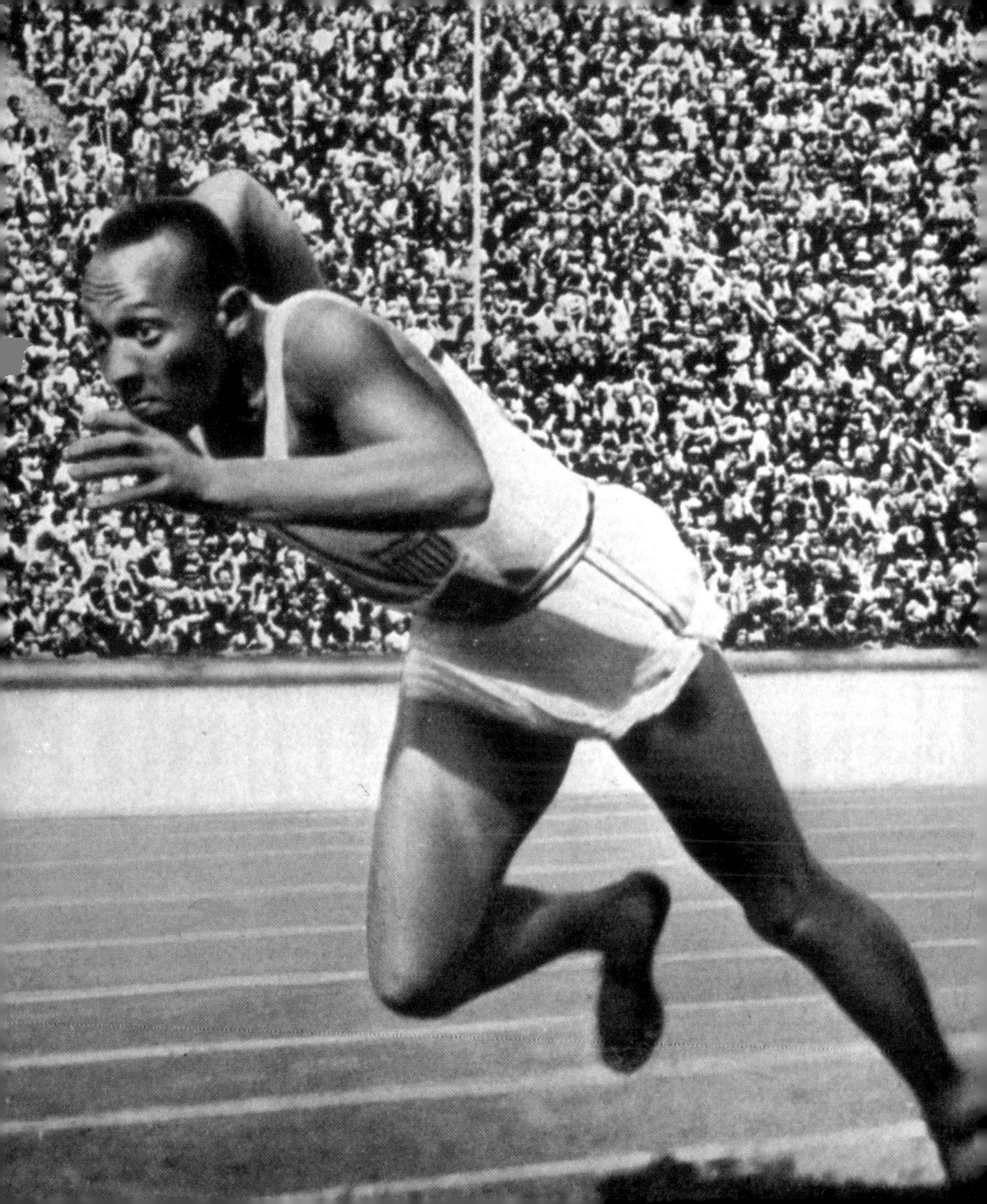

10. Sport
Deporte
Sport

It was a time of high drama in sport. 'Bodyline' bowling in a cricket tour of Australia threatened to rupture Anglo-Australian relations. The triumphalism of the 1936 Berlin Olympic Games, filmed by Leni Riefenstahl, was destroyed by the black athlete Jesse Owens.

International football came of age with the first World Cup competition, organized in South America and virtually ignored by Europe save for those countries that sent teams – France, Romania and Belgium. A crowd of 100,000 saw Uruguay beat Argentina 4-3.

Like most aspects of life in the Thirties, it was a sporting age of the masses. Huge crowds gathered to watch football, rugby, skating, marathon dance competitions and any type of racing – horse, greyhound, car, motorcycle and aeroplane.

Records were created and then shattered on an almost daily basis. Australia's Don Bradman emerged as the most efficient cricket machine of all time. Fred Perry gave British tennis its last Wimbledon glory for a couple of generations. Mussolini had better luck than Hitler, when he saw Italy beat Czechoslovakia in the second World Cup final in 1934.

And in 1932 a film camera proved that a goal should have been disallowed in a Wembley Cup Final – shades of things to come.

Era una época de gran dramatismo en el mundo del deporte. Un incidente en un partido de críquet supuso una amenaza para las relaciones entre Australia y el Reino Unido. El triunfalismo alemán de los Juegos Olímpicos de Berlín, filmados por Leni Riefenstahl, fue demolido por la actuación del atleta negro Jesse Owens.

El primer Campeonato Mundial abrió la era del fútbol internacional. Este campeonato se organizó en Sudamérica y fue prácticamente ignorado en Europa, excepto en los países que enviaron sus selecciones: Francia, Rumania y Bélgica. Cien mil espectadores vieron la final, en la que Uruguay venció a Argentina por cuatro a tres.

Como en otros aspectos de la vida de los años treinta, el deporte también pasó a ser un espectáculo de masas. El fútbol, el rugby, el patinaje, las maratones de baile o cualquier tipo de competición (carreras de caballos, automóviles, motocicletas o aviones) atraían a un gran número de espectadores.

Casi cada día se batían nuevos récords. El australiano Don Bradman se reveló como el jugador de críquet más efectivo de todos los tiempos. Fred Perry dio al tenis británico días de gloria en Wimbledon durante un par de generaciones. Mussolini tuvo más suerte que Hitler, ya que Italia venció a Checoslovaquia en el segundo Mundial de fútbol de 1934.

En 1932 una cámara probó que un gol marcado en la final de la copa inglesa en Wembley debería haber sido anulado: el amanecer de una nueva era.

Fu un'epoca ricca di drammi per lo sport. Un incidente accaduto nel corso di un grande torneo di cricket minacciò di rompere i rapporti anglo-australiani. Il trionfalismo delle Olimpiadi di Berlino nel 1936, filmati da Leni Riefenstahl, fu annientato dall'atleta di colore Jesse Owens.

Il calcio diventò un fenomeno internazionale. La prima Coppa del mondo, organizzata in America del Sud, fu disdegnata dall'Europa, a eccezione della Francia, della Romania e del Belgio. 100.000 persone assistettero alla partita che vide l'Uruguay battere l'Argentina 4 a 3.

Lo sport, negli anni Trenta, diventò un fenomeno di massa. Folle enormi assistevano a partite di calcio e di rugby, a concorsi di pattinaggio su ghiaccio, a maratone di ballo e a ogni genere di corse: cavalli, cani, auto, moto e aerei.

Quasi ogni giorno venivano battuti dei record. L'australiano Don Bradman diventò il miglior giocatore di cricket di tutti i tempi. Il tennis britannico, grazie a Fred Perry, visse momenti di gloria a Wimbledon, gli ultimi per molto tempo. Nel 1934, Mussolini assistette alla vittoria dell'Italia contro la Cecoslovacchia nella finale della seconda Coppa del mondo.

Nel 1932, infine, un film dimostrò che un goal segnato nella finale della Coppa di Wembley avrebbe dovuto essere annullato – era l'alba di una nuova era.

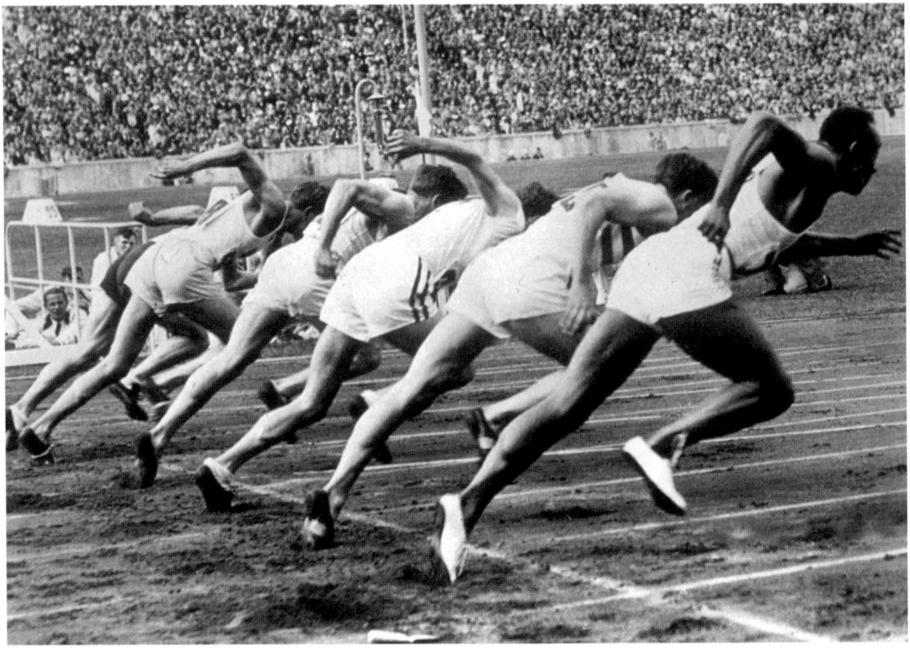

Jesse Owens is off to a flyer. His three other gold medals were in the 100 metres and the 4x100 metres relay and the long jump. When he won the 200 metres, the whole stadium rose in tribute to the black athlete from Ohio State. Hitler had already left.

Jesse Owens corre hacia la victoria. Sus otras tres medallas de oro fueron en los 100 metros lisos, en la carrera de relevos de 4 x 100 y en salto de longitud. Cuando ganó la final de los 200 metros, todo el público del estado ovacionó al atleta negro del estado de Ohio. Hitler ya se había marchado.

Jesse Owens decolla verso la vittoria. Aveva già vinto tre medaglie d'oro, una nei 100 metri, una nella staffetta 4x100, e una nel salto in lungo. Quando vinse i 200 metri, tutto lo stadio si alzò in ovazione dell'atleta di colore dell'Ohio. Hitler se n'era già andato.

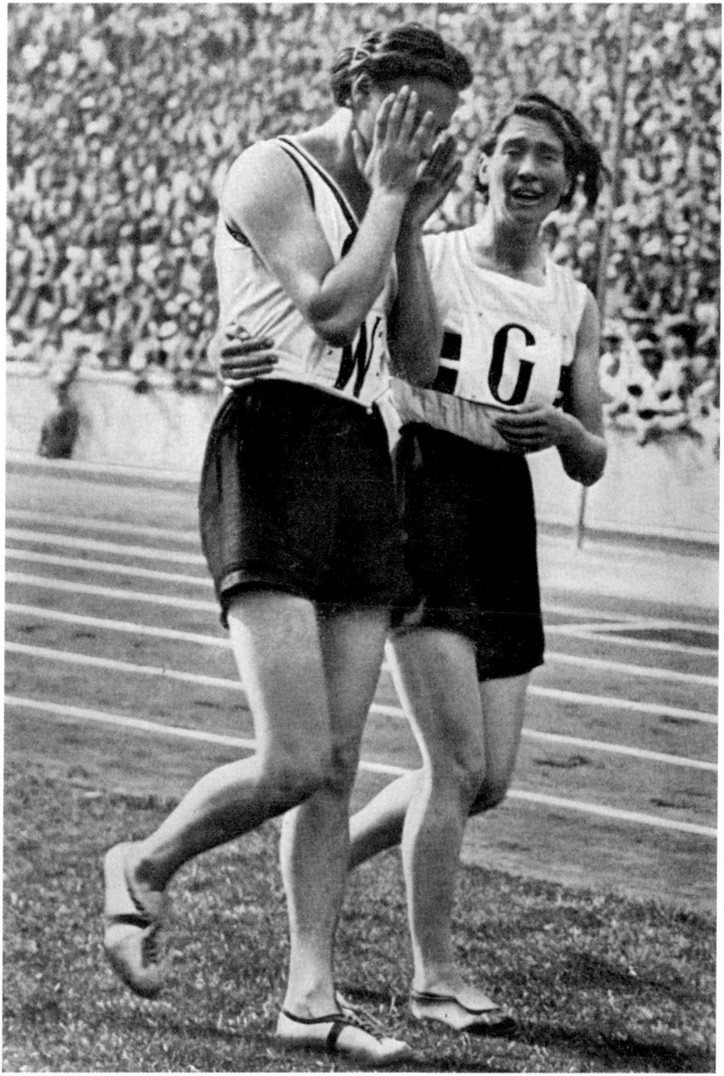

Käthe Krauß in tears after a bad handover cost the German women's team gold in the 4x100 metres relay, August 1936. It wasn't her fault.

Käthe Krauß llora después de que un mal pase del testigo alejara al equipo alemán de la medalla de oro de los 4 x 100 metros. Agosto de 1936. No fue por su culpa.

Käthe Krauß in lacrime dopo un brutto passaggio del testimone che costò la medaglia d'oro ai tedeschi nella stafetta 4x100, agosto 1936. Non fu colpa sua.

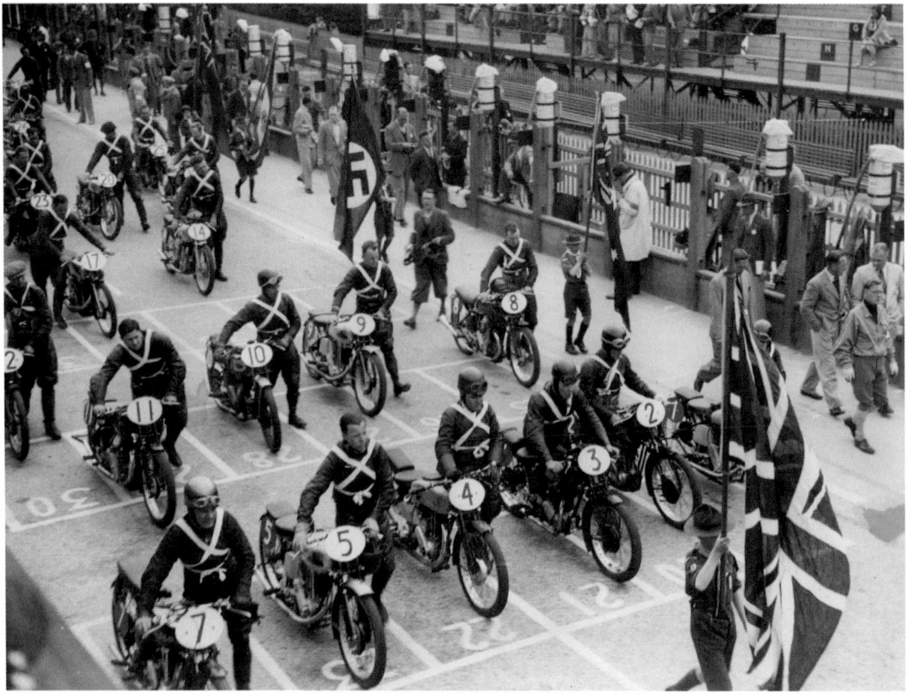

The start of a motorcycle race during the Berlin Olympics, 1936. Motorcycling was not part of the Olympics, but the sport was enormously popular and glamorous during the Thirties.

El inicio de una carrera de motocicletas durante los Juegos Olímpicos de Berlín, 1936. El motociclismo no era una disciplina olímpica, pero era muy popular en la década de los treinta.

Partenza di una corsa di moto durante le Olimpiadi di Berlino, 1936. La moto non faceva parte delle discipline olimpiche, ma era uno sport molto popolare negli anni Trenta.

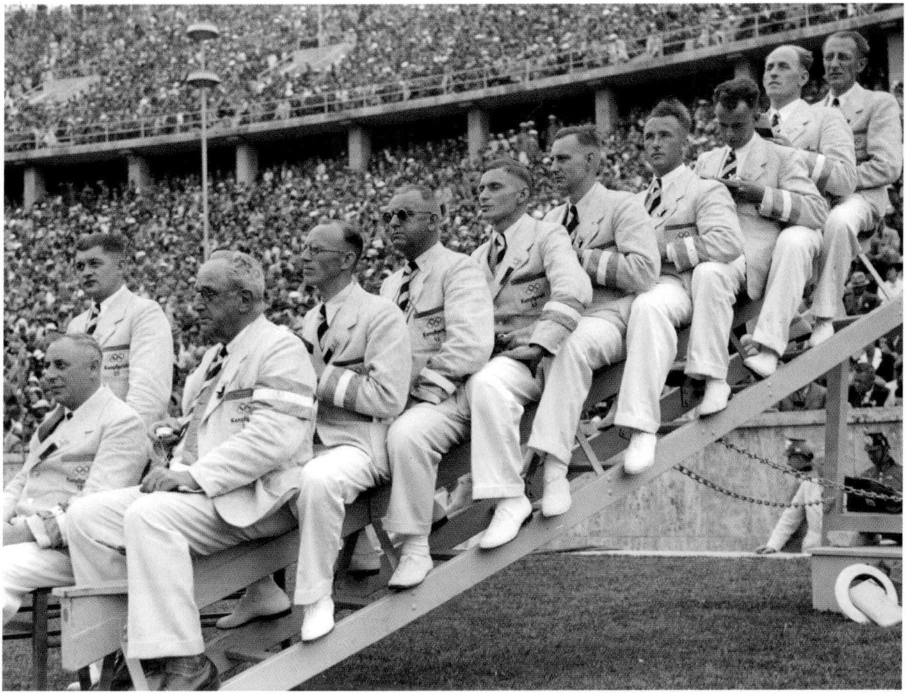

A phalanx of officials at the Berlin Olympics. Timings lacked the accuracy of modern athletics. Each official timed a different runner, but whether all stop watches started simultaneously is debatable.

Un grupo de jueces en las Olimpiadas de Berlín. El cronometraje carecía de la precisión de las pruebas atléticas modernas. Cada juez cronometraba a un corredor diferente, aunque es más difícil saber si todos pulsaban el botón del cronómetro simultáneamente.

Funzionari delle Olimpiadi di Berlino. Il cronometraggio non era così preciso come al giorno d'oggi. Ogni funzionario cronometrava un diverso atleta – non sapremo mai, però, se tutti facevano partire il loro cronometro nello stesso istante.

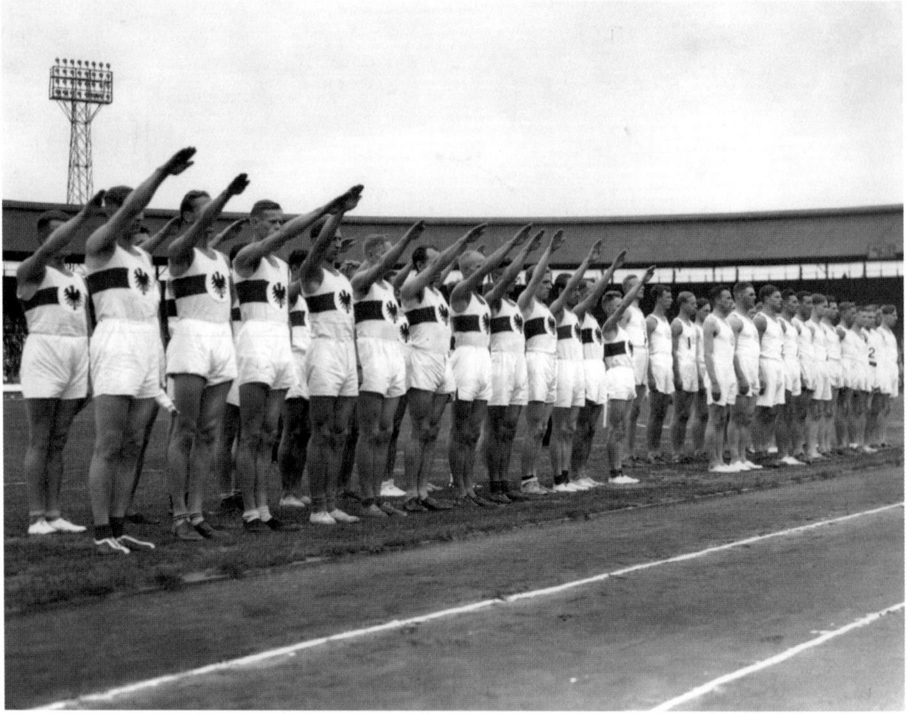

August 1933. Just a few months after Hitler is appointed chancellor, a team of German athletes give the Nazi salute while their national anthem is played at the White City, London. Five years later, an English football team gave the same salute in Berlin.

Agosto de 1933. Pocos meses después de que Hitler fuera nombrado canciller, un equipo de atletas alemanes saluda a la manera nazi mientras suena su himno en White City, Londres. Cinco años más tarde, un equipo de fútbol inglés saludaría del mismo modo en Berlín.

Agosto 1933. Alcuni mesi dopo la nomina di Hitler a cancelliere, atleti tedeschi fanno il saluto nazista mentre viene eseguito l'inno nazionale allo stadio White City, Londra. Cinque anni dopo, una squadra di calcio inglese fece lo stesso saluto a Berlino.

Ball markers in the Gleneagles gloom, Scotland, 1936. The occasion was the Ryder Cup golf match between Britain and the United States.

Los marcadores de bola soportando el mal tiempo en Gleneagles, Escocia, 1936. Era un partido de golf de la Ryder Cup entre EE.UU. y Gran Bretaña.

Tempo da lupi per i segnalatori di palle a Gleneagles in Scozia, 1936, in occasione della partita di golf della Ryder Cup tra Stati Uniti e Gran Bretagna.

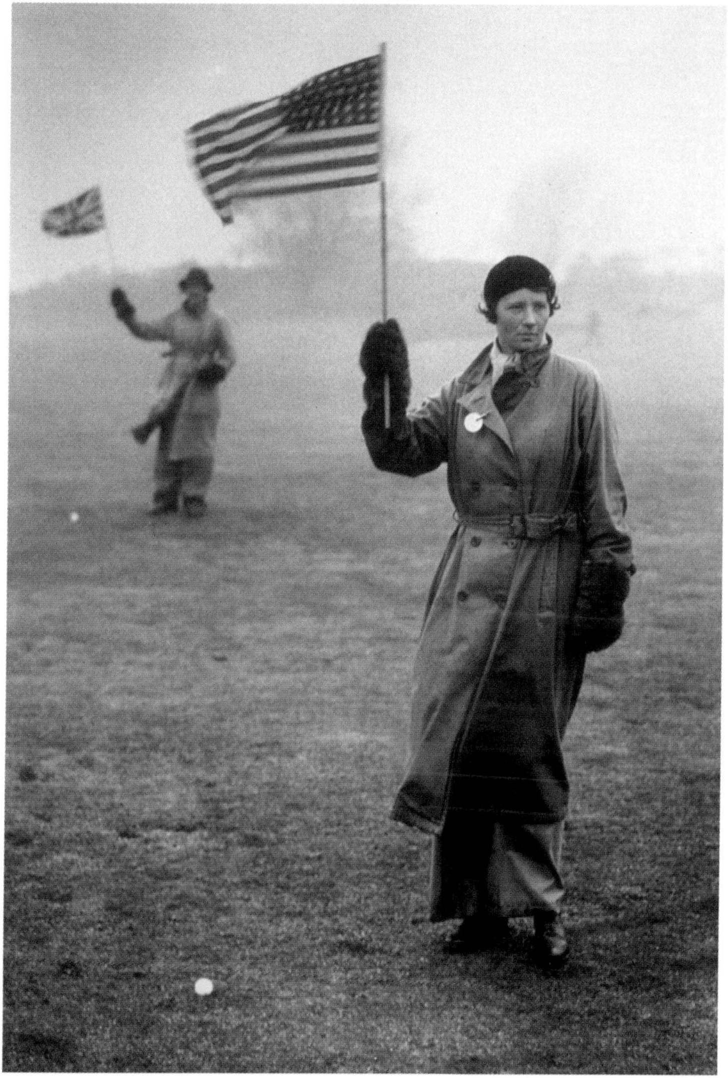

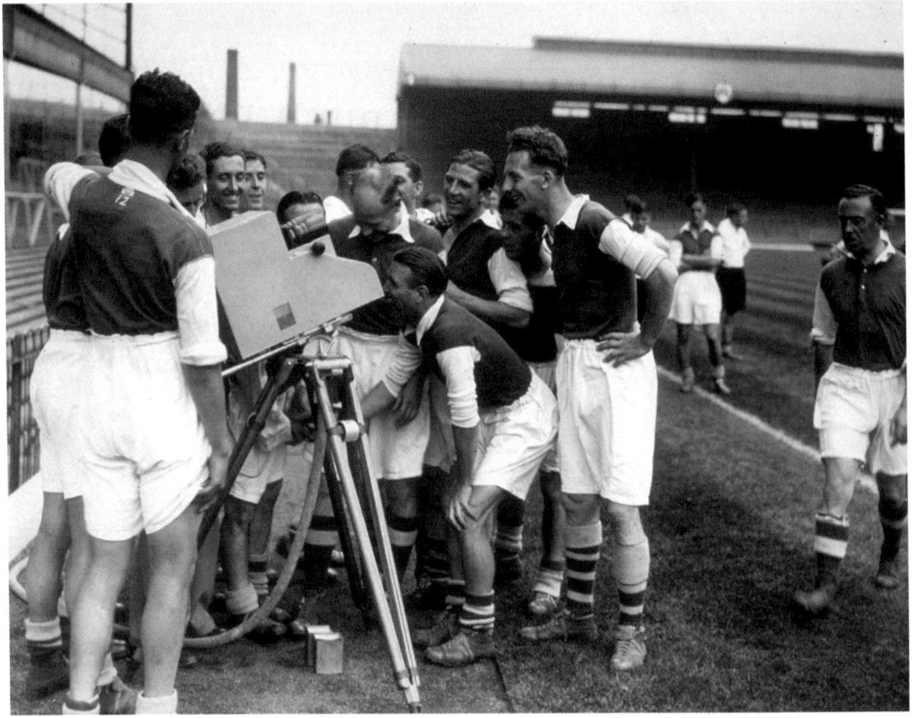

The Arsenal football team gather round a mobile television unit, 1937. They were the first English footballers to be seen on television, in a practice game against Arsenal Reserves. The 1938 Cup Final – between Preston and Huddersfield – was the first to be televised, to an audience of 10,000.

Los jugadores del Arsenal alrededor de una unidad móvil de televisión, 1937. Fueron los primeros futbolistas ingleses que aparecieron en televisión en un partido de entrenamiento contra los suplentes del mismo equipo. La final de la copa de 1938 entre Preston y Huddersfield fue la primera televisada y tuvo una audiencia de 10.000 espectadores.

Giocatori della squadra dell'Arsenal intorno a una cinepresa della televisione, 1937. Furono i primi calciatori ad apparire in televisione in occasione di una partita di allenamento. La finale della Coppa del 1938, tra Preston e Huddersfield, fu la prima a essere trasmessa per televisione davanti a un pubblico di 10.000 spettatori.

The English captain Blenkinsop shakes hands with his Spanish opposite number, Ricardo Zamora, Highbury, 1931. England won 7-1.

El capitán de la Selección Española, Ricardo Zamora, saluda a su homólogo inglés, Blenkinsop, en Highbury, 1931. Inglaterra ganó por 7 a 1.

Il capitano inglese del Blenkinsop stringe la mano al capitano spagnolo, Ricardo Zamora, Highbury, 1931. L'inghilterra vinse 7 a 1.

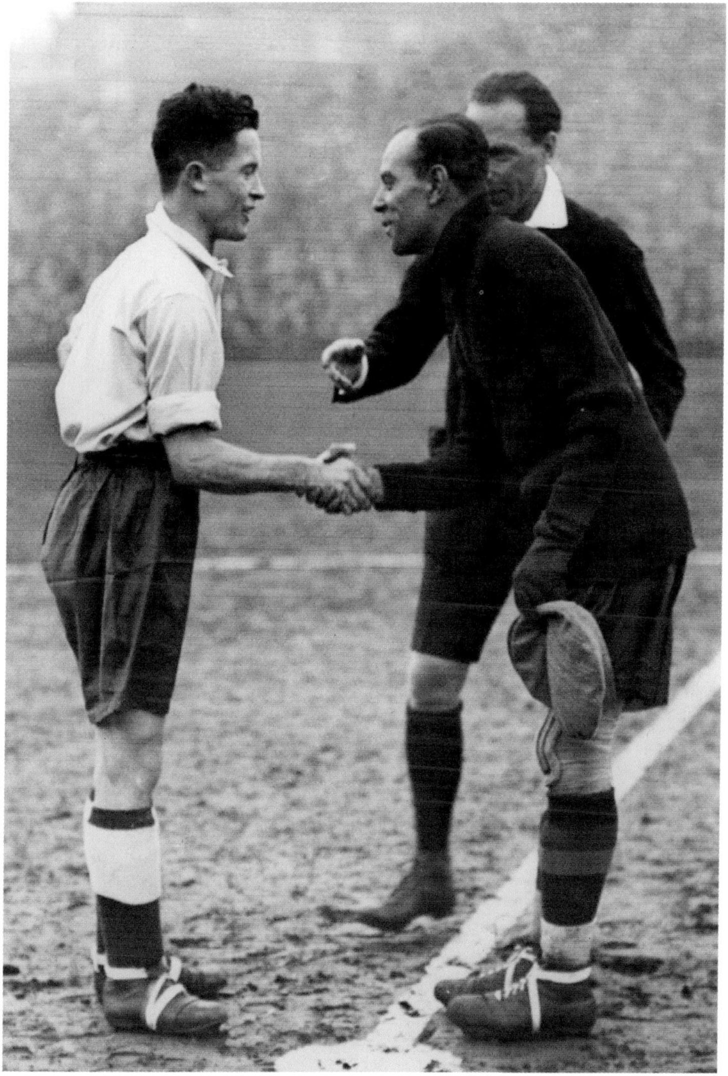

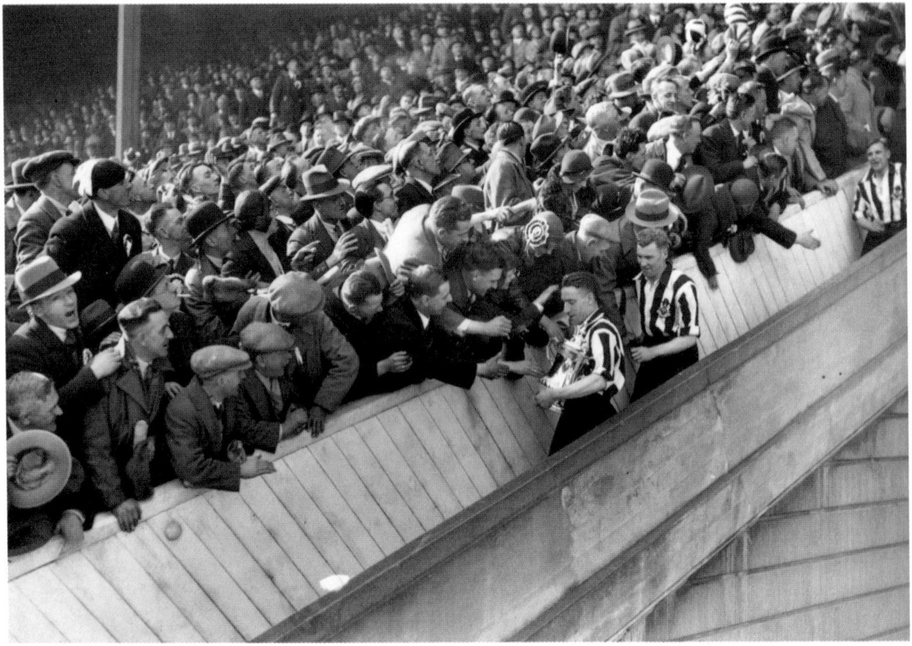

The Wembley crowd, April 1932. Newcastle beat Arsenal 2-1 in the Cup Final, but Movietone News cameras showed after the game that their first goal should have been disallowed. That night the referee, Mr W Harper, insisted, 'It was a goal… as God is my judge!'

El público de Wembley, abril de 1932. El Newcastle venció al Arsenal por dos a uno en la final de la copa, aunque las cámaras de Movietone News demostraron después del partido que su primer gol debería haber sido anulado. Aquella noche, el árbitro, Mr W. Harper, insistió: "iera gol y Dios es mi juez!".

Folla a Wembley, aprile 1932. Il Newcastle batté l'Arsenal 2 a 1 nella finale di coppa, ma le cineprese della Movietone News mostrarono dopo la partita che il primo goal del Newcastle avrebbe dovuto essere annullato. La sera stessa, l'arbitro, W. Harper, dichiarò che "il goal era stato segnato e che Dio gli era testimone!".

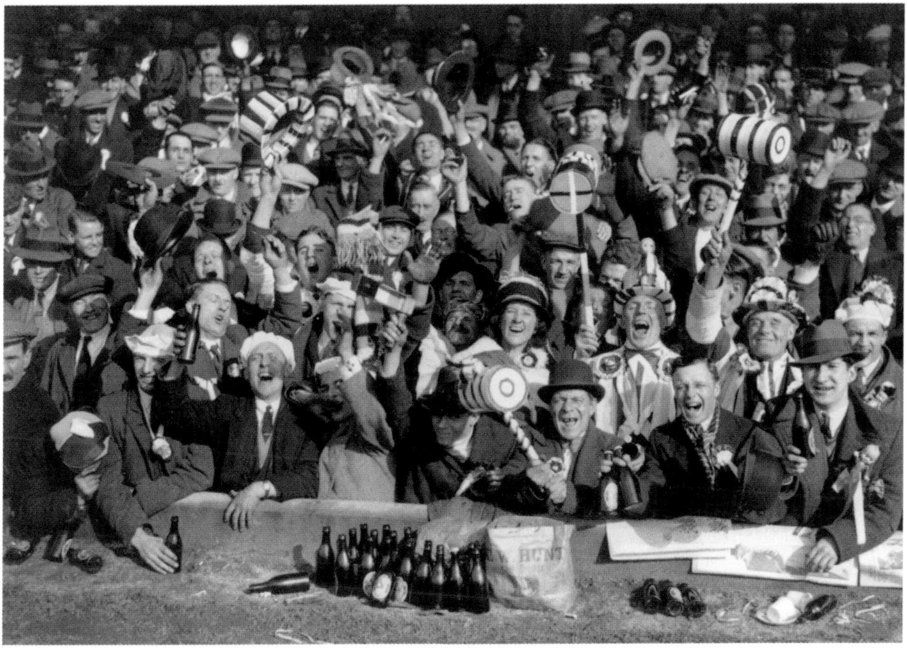

March 1933. West Ham supporters in ebullient mood for the FA Cup Semi-Final against Everton. The match was played at Wolverhampton. Everton won 2-1, and went on to win the Final.

Marzo de 1933. Los seguidores del West Ham, muy eufóricos en la semifinal de la copa inglesa contra el Everton. El partido se jugaba en Wolverhampton, el Everton ganó por dos a uno y luego venció en la final.

Marzo 1933. L'entusiasmo dei tifosi del West Ham durante la semifinale della Coppa della FA disputatasi a Wolverhampton contro l'Everton che vinse 2 a 1 e che avrebbe vinto la finale.

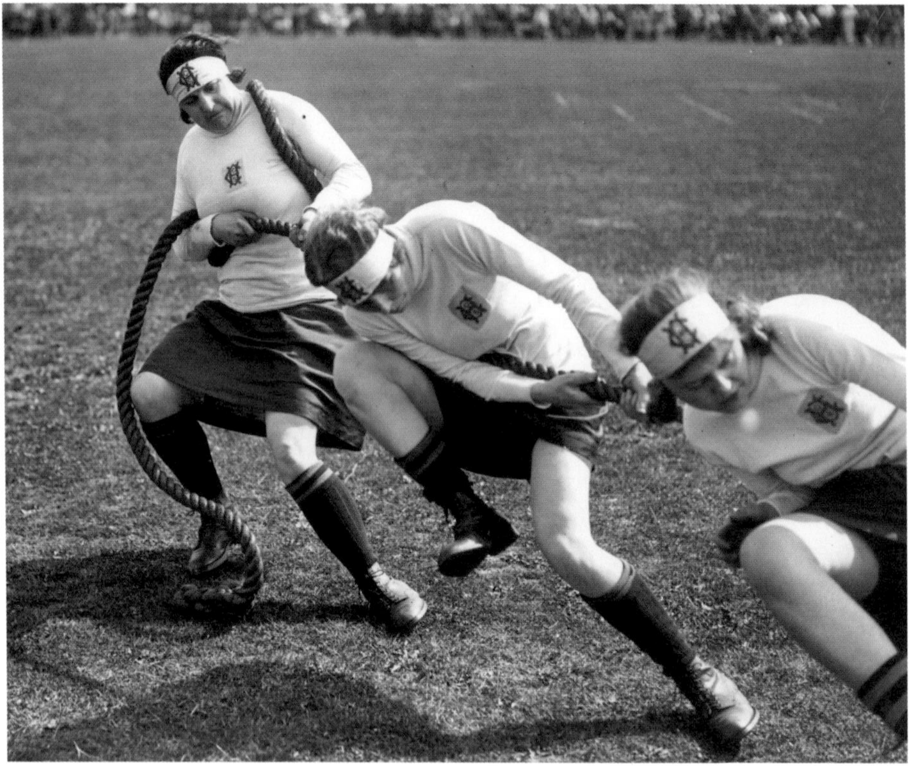

June 1930. A women's tug-of-war team in the Lyons Club annual sports at Sudbury, near London. Lyons owned a vast string of hotels, restaurants and tea shops, and employed thousands of women as 'nippies' (waitresses), serving 160 million meals a day.

Junio de 1930. Un equipo femenino de tiro de cuerda en el torneo anual del Lyons Club, en Sudbury, cerca de Londres. Lyons poseía una cadena de hoteles, restaurantes y salones de té, tenía miles de camareras empleadas y servía más de 160 millones de comidas al día.

Giugno 1930. Squadra femminile di tiro alla fune nel torneo annuale del Lyons Club a Sudbury, nei pressi di Londra. Lyons possedeva una grande catena di alberghi, ristoranti e sale da tè, in cui erano impiegate migliaia di cameriere, che servivano più di 160 milioni di pasti al giorno.

A lone goalkeeper practises in an empty football stadium, 1939. Football was to take a back seat for five years.

Un portero de fútbol entrena sólo en un estadio vacío, 1939. El fútbol pasaría a un segundo plano durante cinco años.

Un portiere si allena da solo al centro dello stadio vuoto, 1939. Nei successivi cinque anni il calcio avrebbe occupato una posizione di secondo piano.

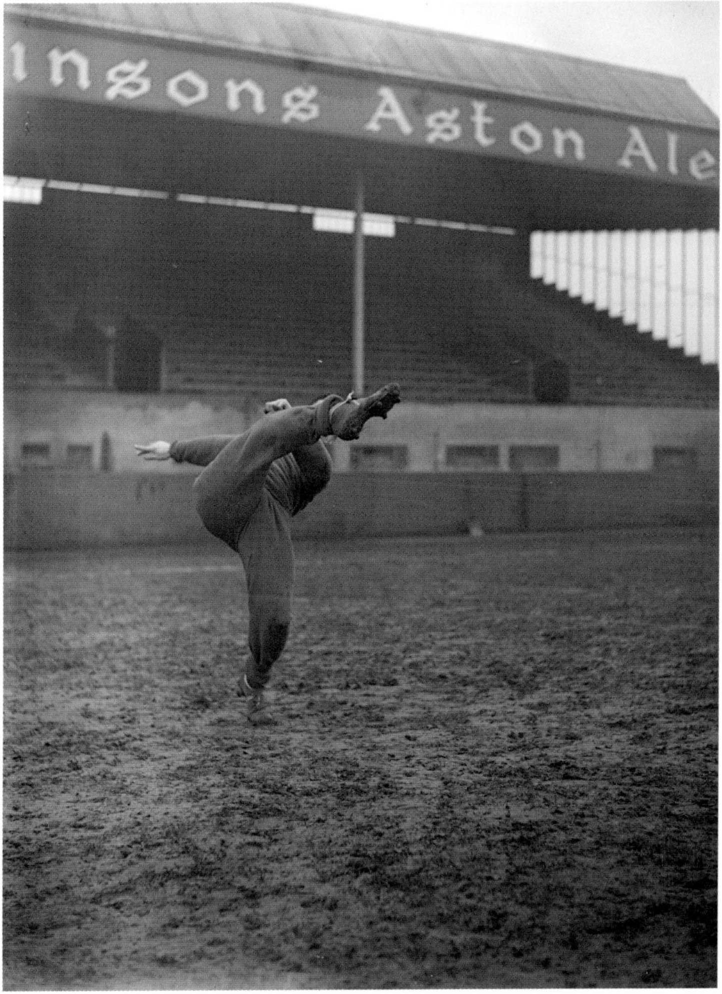

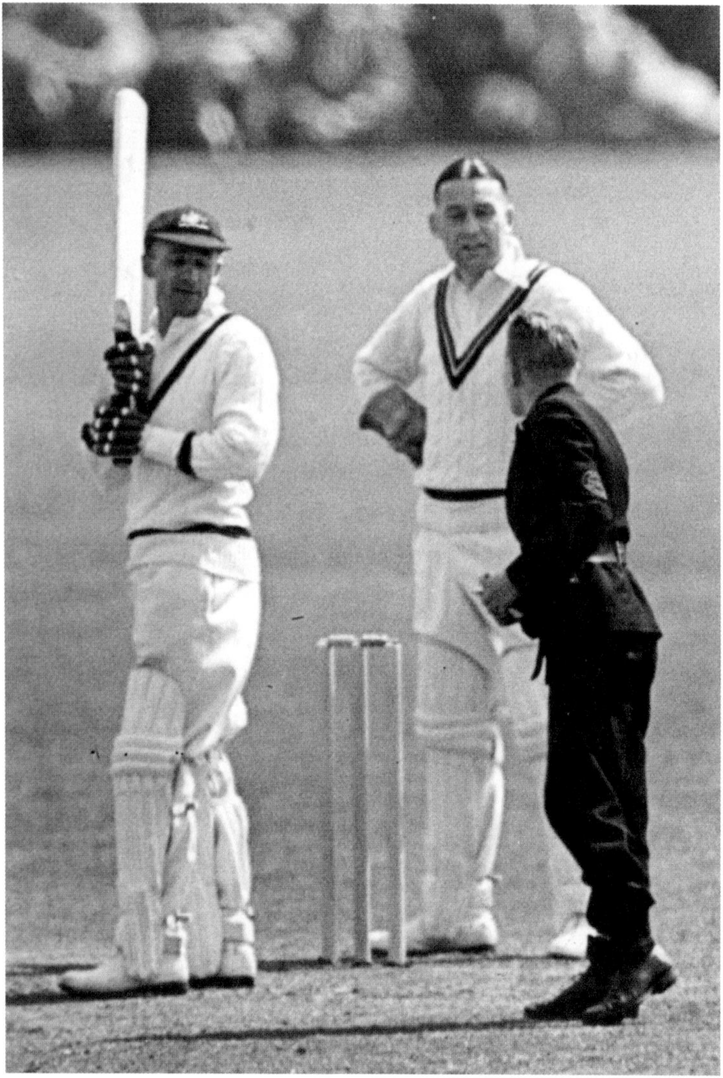

April 1938.
Don Bradman, the Australian batsman, gets a telegram on the pitch at Worcester. He was in the middle of scoring 258.

Abril de 1938.
Don Bradman, el bateador australiano, recibe un telegrama en el terreno de Worcester. Estaba a punto de marcar 258 puntos.

Aprile 1938.
Consegna di un telegramma a Don Bradman, il battitore australiano, sul campo di Worcester. Era sul punto di segnare 258 punti.

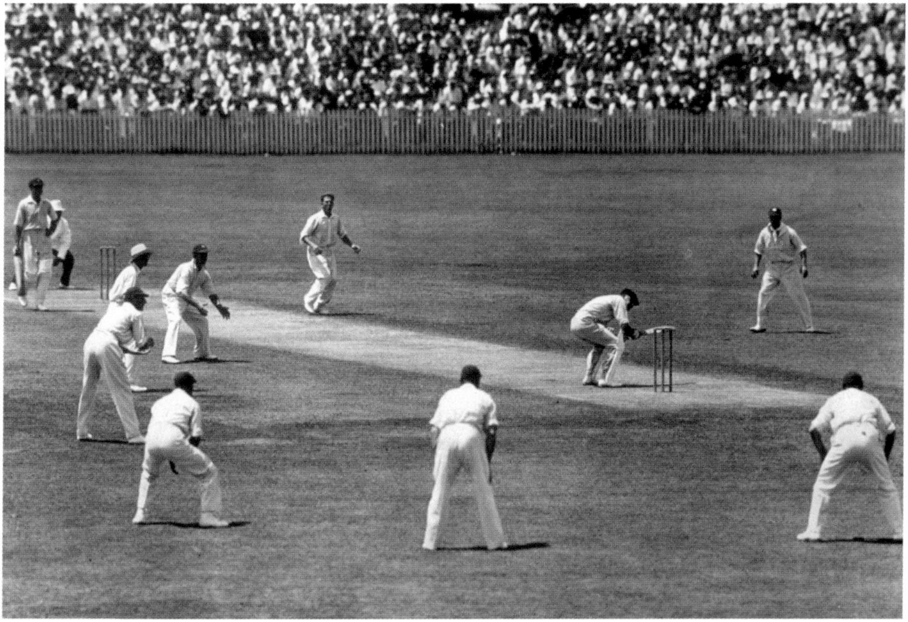

Brisbane, March 1933. Australian batsman Woodfull ducks to avoid a ball from Larwood in the 'Bodyline' tour. Later, Woodfull was hit just above the heart. In the Australian dressing room, the England manager was met with the words, 'There's two teams out there and only one of them's playing cricket.'

Brisbane, marzo de 1933. El bateador australiano Woodfull evita la bola de Larwood durante el torneo Bodyline. Más tarde, Woodfull recibió un golpe cerca del corazón. El entrenador inglés fue recibido en el vestuario australiano con las palabras: "ahí afuera hay dos equipos y sólo uno juega a críquet".

Brisbane, marzo 1933. L'australiano Woodfull evita la palla di Larwood durante il torneo della Bodyline. Più tardi venne colpito vicino al cuore. Negli spogliatoi degli australiani l'allenatore inglese fu accolto con queste parole: "Fuori ci sono due squadre, ma una sola gioca a cricket".

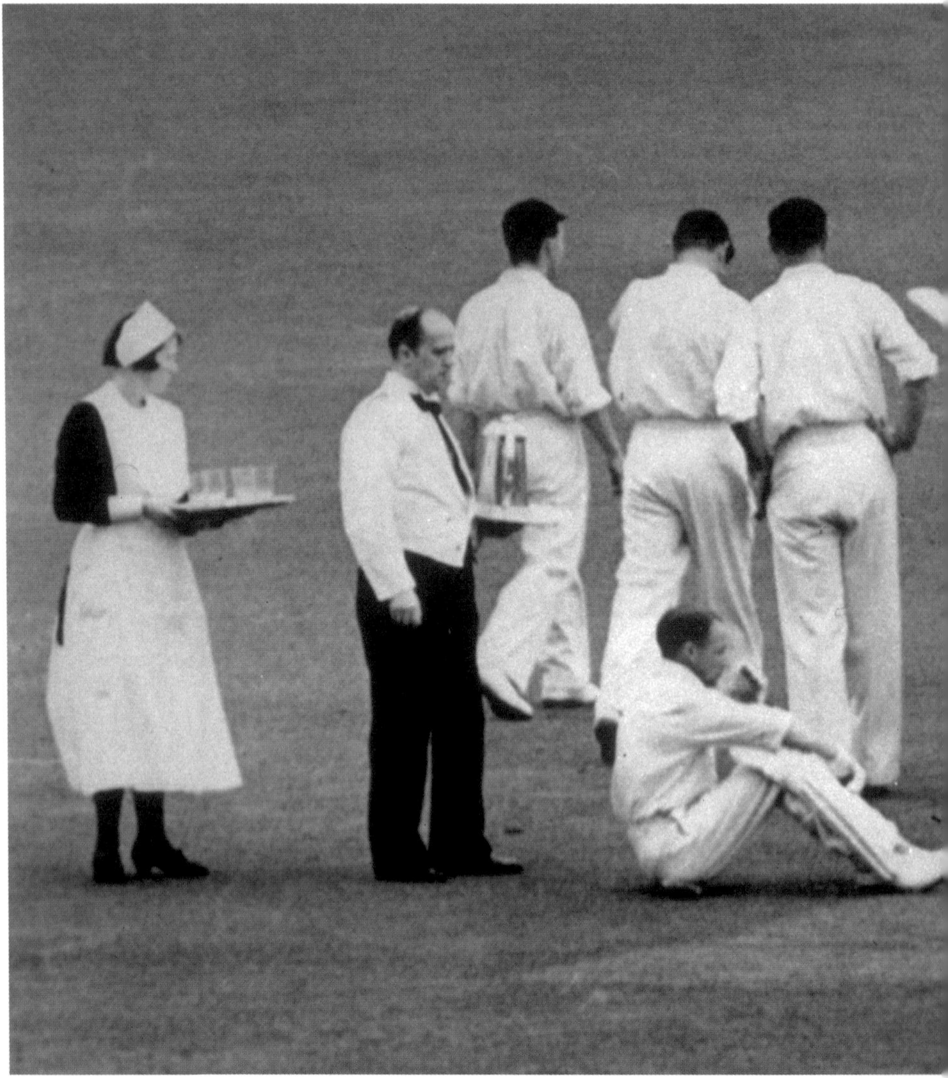

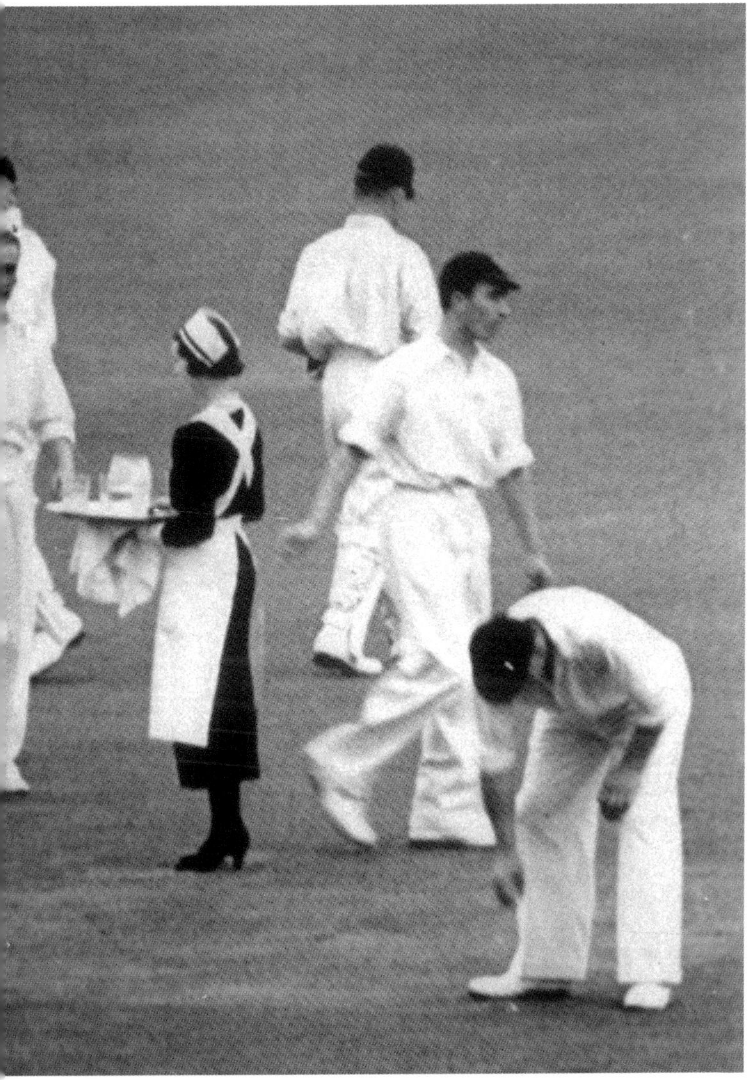

The tea break during the Leeds Test, England v Australia, 1938. Bradman failed for once, making only 103.

Pausa para el té en el torneo de Leeds, disputado entre Inglaterra y Australia, 1938. Bradman falló una vez y sólo marcó 103 puntos.

Pausa per il tè durante il torneo di Leeds in cui si affrontavano l'Inghilterra e l'Australia, 1938. Bradman in quell'occasione segnò solo 103 punti.

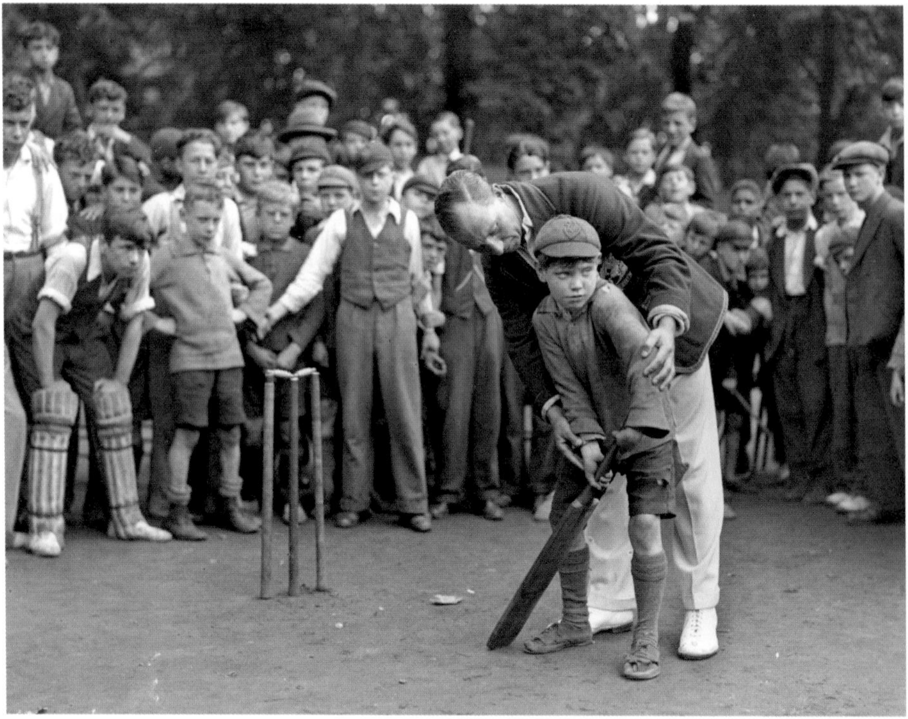

July 1931. The Surrey and England cricketer, Andy Sandham, coaching children at the Foundling Hospital, London. Sandham scored over a hundred centuries in first class cricket, and was the first batsman to score a triple century in a Test match.

Julio, 1931. El jugador de Surrey y de la Selección Inglesa, Andy Sandham, entrenando a los niños en el hospital de Foundling, Londres. Sandham anotó centenares de puntos en la liga principal de críquet y fue el primer bateador en conseguir un triple cien en un partido internacional.

Luglio 1931. Il giocatore di cricket del Surrey e della nazionale inglese, Andy Sandham, con alcuni bambini al Foundling Hospital, Londra. Sandham segnò centinaia di punti nelle partite di serie A e fu il primo a segnare un triplo cento in una partita internazionale.

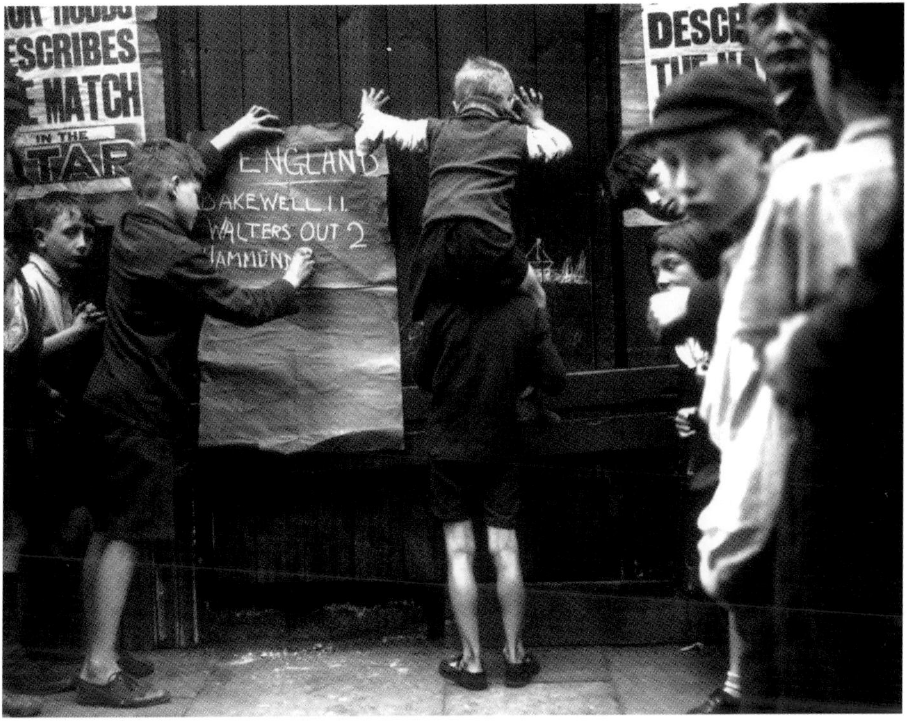

Children snatch a glimpse of cricket at The Oval, London, 1933. The fence round the ground was at that time full of gaps and cracks. Many children successfully sneaked in without paying. Today there is an impenetrable brick wall.

Niños mirando el partido de críquet desde el exterior de The Oval, Londres, 1933. La valla estaba llena de grietas y muchos niños podían ver el partido sin pagar. Ahora hay un muro de ladrillos impenetrable.

Alcuni ragazzini seguono una partita di cricket dall'esterno di The Oval, Londra, 1933. All'epoca, molti bambini riuscivano a entrare senza pagare. Oggi è stato costruito un muro in mattoni invalicabile.

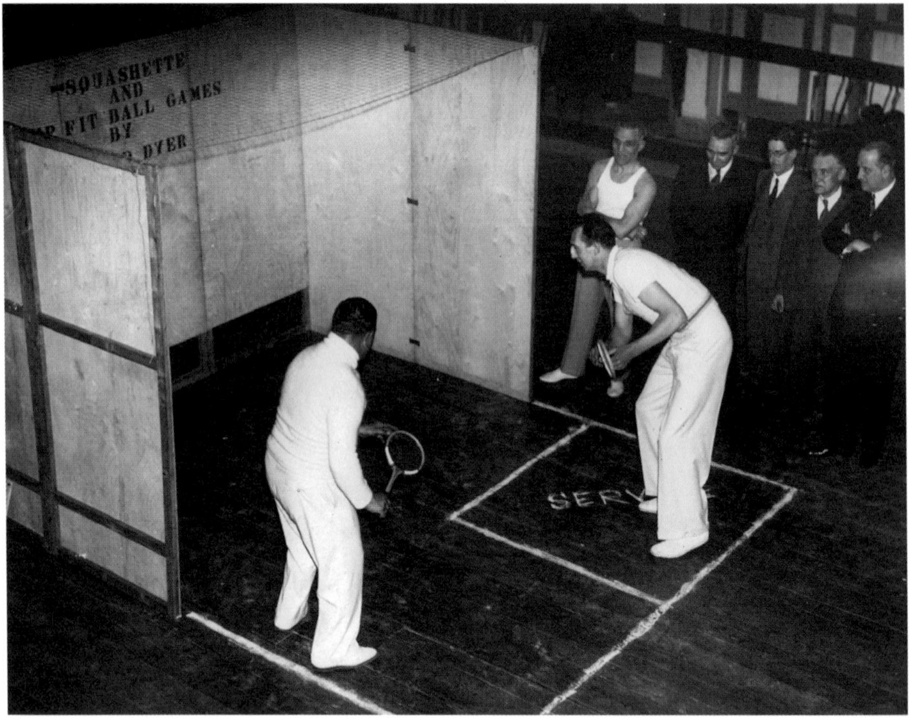

March 1937. A game of 'squashette' at the Dulwich Municipal Baths, London. The player on the right is Fred Dyer who invented this portable squash court. It was not a success.

Marzo de 1937. Un partido de "mini-squash" en los baños municipales de Dulwich, Londres. El jugador de la derecha es Fred Dyer, que inventó la pista de squash portátil.

Marzo 1937. Partita di "minisquash" ai Dulwich Municipal Baths, Londra. Il giocatore a destra è Fred Dyer, l'inventore di questo campo di squash portatile.

A member of the Oxford crew practises in front of a mirror for the 1935 University Boat Race. Oxford lost for the 12th time in succession.

Un miembro del equipo de remo de Oxford entrena ante un espejo para la carrera universitaria de 1935. Oxford perdió por duodécima vez consecutiva.

Un membro della squadra di Oxford si allena davanti a uno specchio in vista della regata universitaria del 1935. Oxford perse per la dodicesima volta consecutiva.

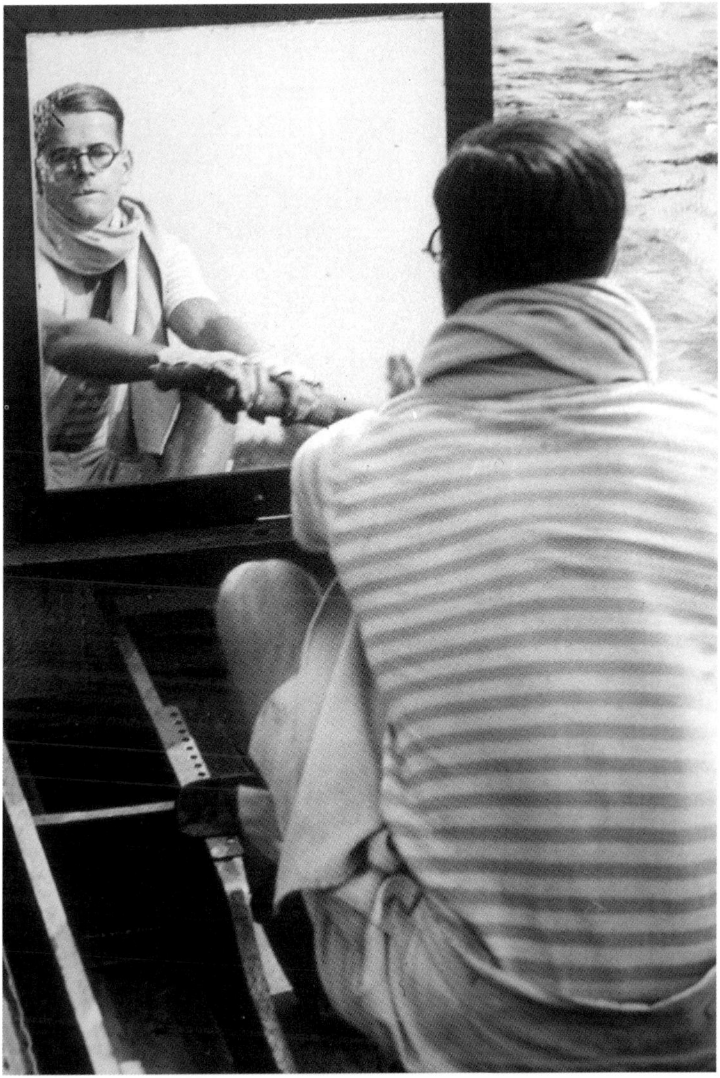

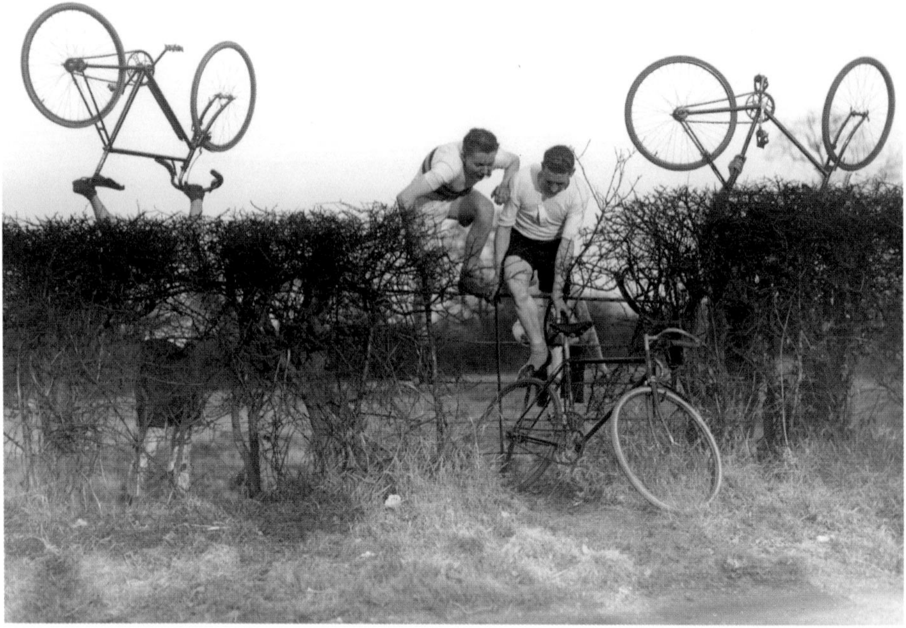

March 1932. A cross-country race between cyclists and harriers at Enfield, near London. Novelty competitions such as this were frequent and popular in the Thirties.

Marzo de 1932. Una carrera a campo traviesa entre ciclistas y corredores de *cross* en Enfield, cerca de Londres. Era una época de novedades en cuanto a tipos de competiciones.

Marzo 1932. Una corsa campestre tra ciclisti e podisti a Enfield, vicino a Londra. Negli anni Trenta le novità nel campo delle gare sportive erano frequenti e molto popolari.

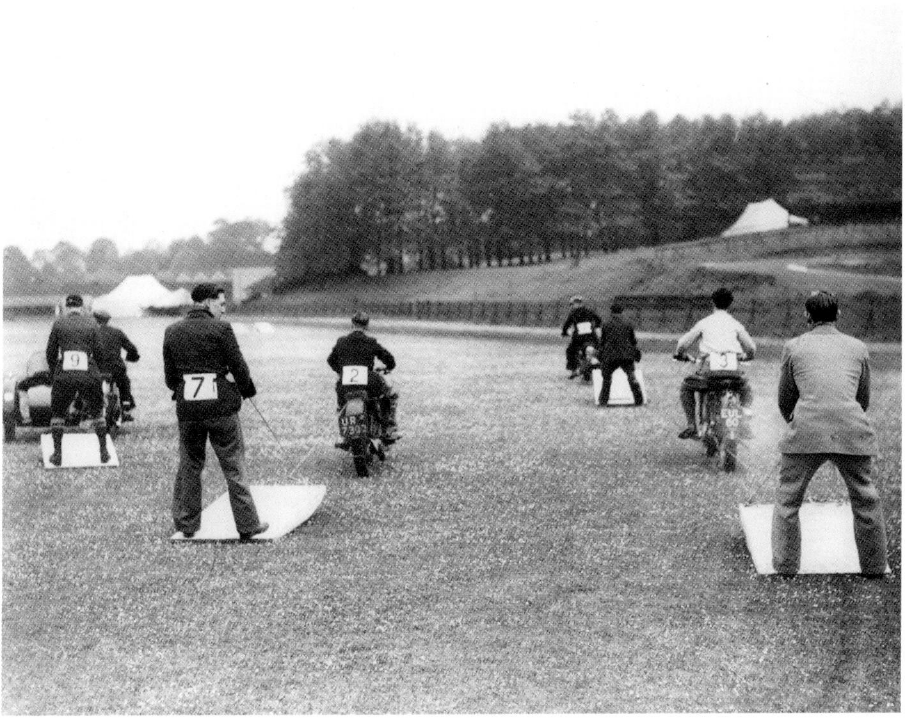

June 1938. At a motorcycle rodeo in the grounds of the Crystal Palace, London. The riders are practising a surfboarding technique. The park was the venue for many sports: sidecar polo, midget-car racing, boxing, speedway, cricket and even dog and cat shows.

Junio de 1938. Un rodeo con motocicletas en los jardines del Crystal Palace, Londres. Los motociclistas practicaban una nueva técnica con una especie de tabla de surf. En este parque también se practicaron deportes de todo tipo: polo con sidecar, carreras de minivehículos, boxeo, críquet y hasta concursos de perros y gatos.

Giugno 1938. Rodeo motociclistico nei giardini del Crystal Palace, Londra in cui viene provata una nuova tecnica di surfing. Il parco accoglieva avvenimenti molto diversi tra loro: polo con il side-car, corse di miniauto, incontri di boxe, di cricket e perfino concorsi per cani e per gatti.

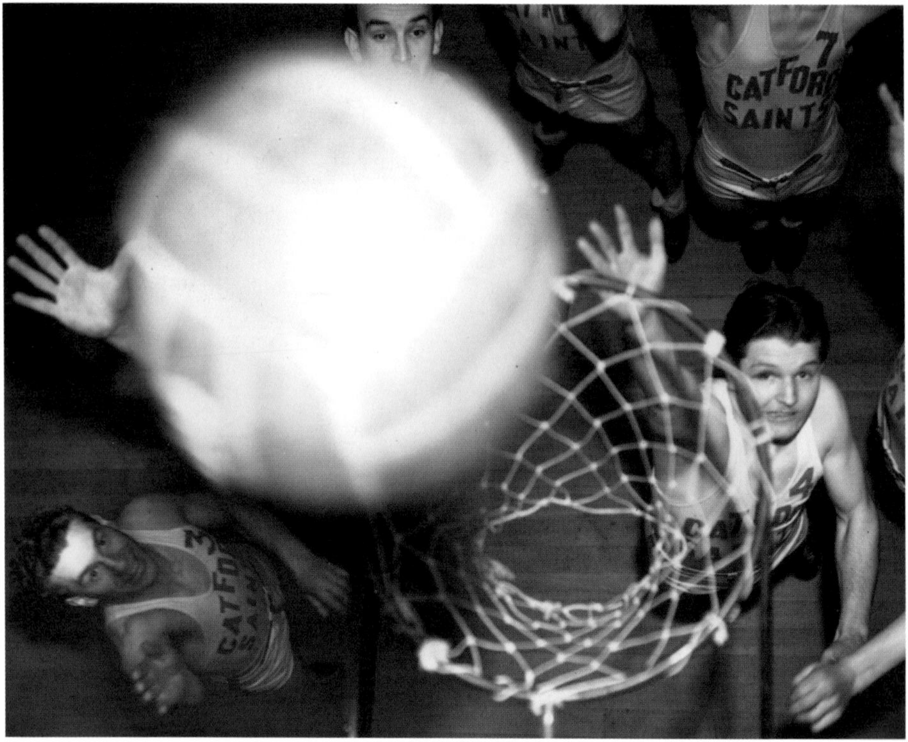

February 1938. A basketball training session for the Catford Saints. The team were trained by Brigham Young the Fifth, great-great-grandson of the founder of the Mormon Church.

Febrero de 1938. Una sesión de entrenamiento de baloncesto del equipo Carford Saints. El equipo era entrenado por Brigham Young V, tataranieto del fundador de la iglesia mormona.

Febbraio 1938. Allenamento della squadra di pallacanestro dei Catford Saints. L'allenatore era Brigham Young V, il pro-pronipote del fondatore della Chiesa dei mormoni.

11. Children
Los más pequeños
Bambini

June 1939. Two young Jewish refugees from Germany at a porthole of the liner *St Louis*. They had originally sailed to Miami, then to Lisbon. In both places they were denied entry. Now they are staring at Antwerp.

Junio de 1939. Dos niños judíos refugiados que habían salido de Alemania en el barco *St Louis*. Primero fueron a Miami y luego a Lisboa, pero en ambos lugares se les negó la entrada. En la foto están esperando en Amberes.

Giugno 1939. Due piccoli rifugiati ebrei tedeschi guardano dall'oblò della *Saint-Louis*. Salpati originaraiamente per Miami e poi per Lisbona, dove non avevano ottennuto il permesso di sbarcare, sono ora in attesa ad Anversa.

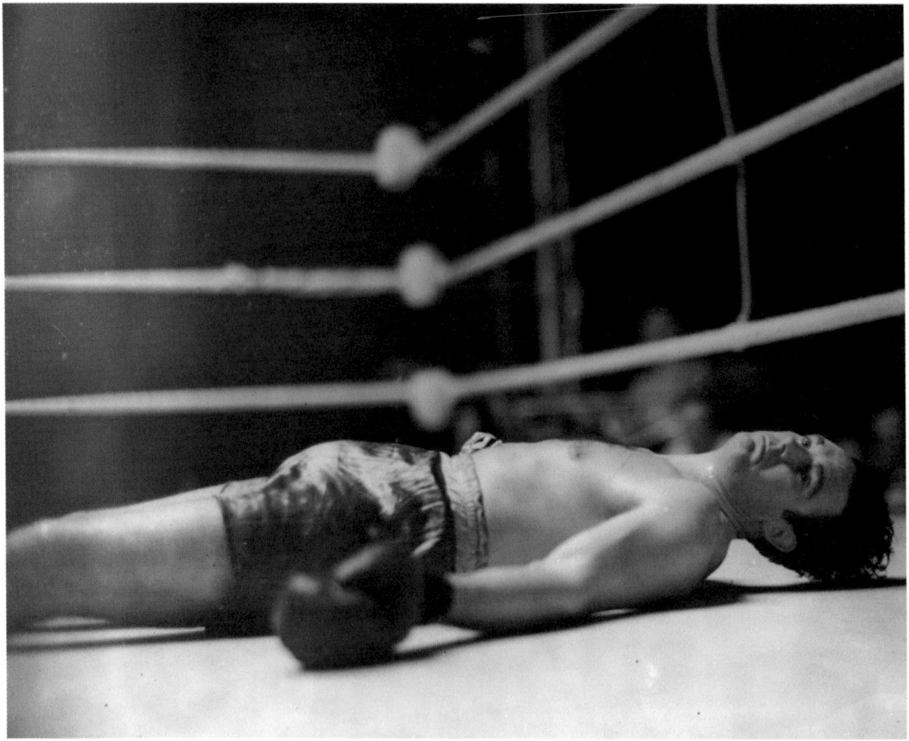

A little drop of the Irish. Jack Doyle, the Irish heavyweight, lies sprawled on the canvas after being knocked out by Eddie Phillips at White City, London, in 1939. Doyle was not a lucky boxer against Phillips. In a 1938 fight, he swung a punch at Phillips, missed, fell out of the ring, and was counted out.

Un golpe de más. Jack Doyle, el peso pesado irlandés, tendido en la lona después de ser tumbado por K.O. por Eddie Phillips en White City, Londres, en 1939. Doyle no tuvo suerte contra Phillips: en un combate en el año anterior, iba a pegar a Phillips pero falló el golpe, cayó al suelo y fue descalificado.

Un colpo di troppo. Jack Doyle, il peso massimo irlandese, steso al suolo dopo essere stato messo K.O. da Eddie Phillips al White City, Londra, 1939. Doyle non ha mai avuto fortuna con Phillips. In un incontro del 1938, tirò un pugno a Phillips, lo mancò, cadde dal ring e venne squalificato.

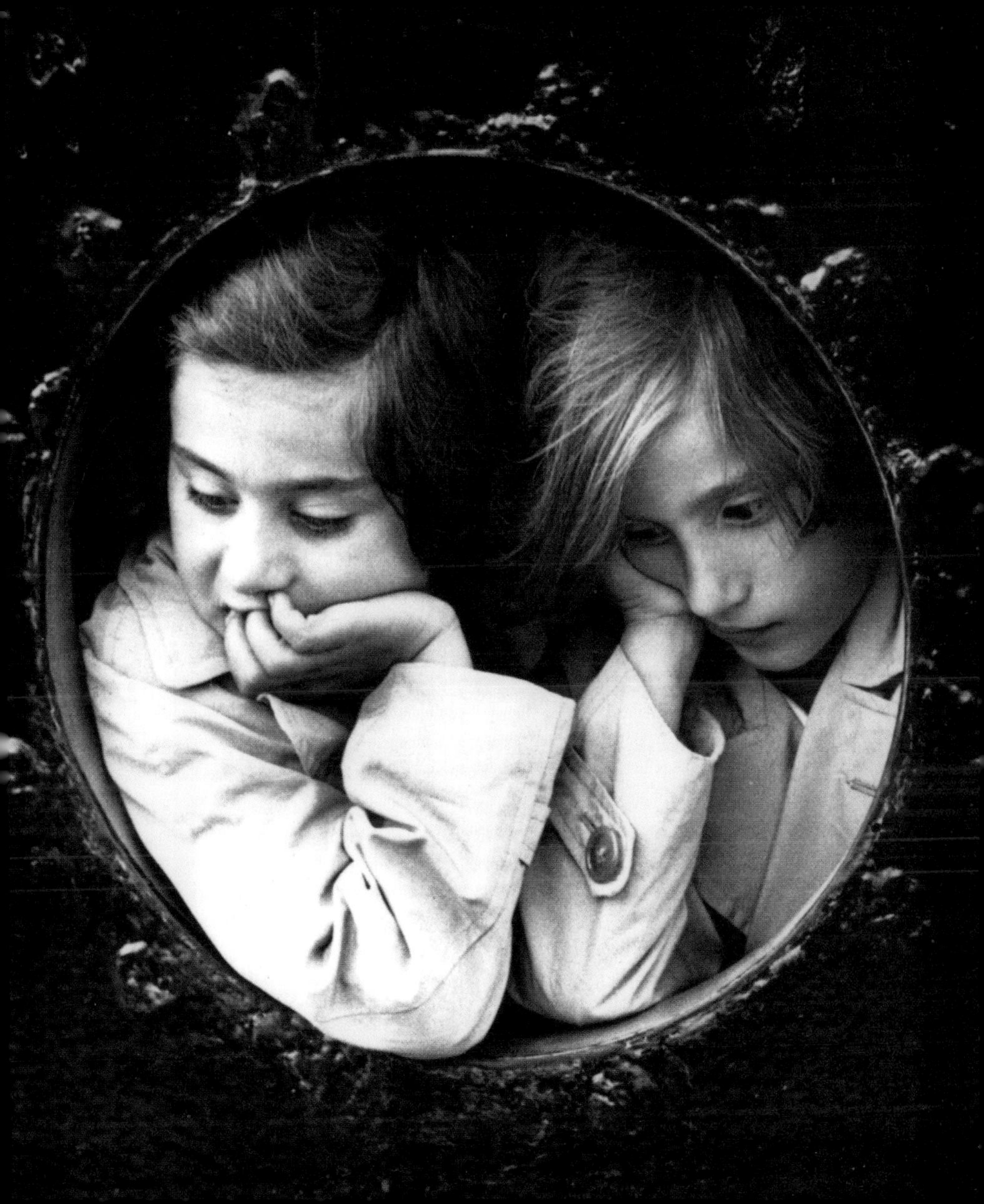

11. Children
Los más pequeños
Bambini

Most adults look back on their childhood with fondness. Those who grew up in the Thirties are no exception. By modern standards it was a time of great freedom for children – there were woods to be explored, streams to be dammed, birds' nests to be plundered. They knew little of the restrictions placed on contemporary children, and nothing of the licence granted to contemporary teenagers. It was one last Indian summer of bucolic play before the winter of industrialization and urbanization closed in on us all.

Role models changed. Christopher Robin and his nursery toys gave way to child star Shirley Temple. Winnie-the-Pooh's poetry came second to Shirley's tap-dancing skills.

Schools were often places of fear, where punishment was summary and physical, and authority was traditional and unquestioned. Children passed this cruelty on to smaller children and to animals. For the rich and middle classes, although no less cruelly treated at their expensive schools, there were the consolations of wonderful toys: electric train sets, construction kits, pedal cars that were midget versions of the real thing, ponies that were real, and extravagantly beautiful doll's houses.

The poor often had to be content with empty tins, bits of wood, and recycled nails.

La mayoría de los adultos guardan buenos recuerdos de su infancia. Los que crecieron durante la década de los treinta no son una excepción. Teniendo en cuenta los criterios actuales, fue un período en el que los niños gozaban de mucha libertad: había bosques para explorar, presas para construir y nidos para robar. Los niños sabían poco de las restricciones que se imponen a los niños de hoy y nada de la permisividad que tienen los adolescentes actuales. Fue como un último "veranillo de San Martín" de juegos bucólicos antes de la llegada de la industrialización y la urbanización.

Los referentes cambiaron. Christopher Robin y sus juguetes infantiles abrieron paso a la estrella infantil Shirley Temple. La poesía del oso Winnie Poo quedó en segundo lugar, detrás de la habilidad con el claqué de Shirley.

Las escuelas eran normalmente lugares terribles, con castigos físicos primitivos, y la autoridad era tradicional e incuestionada. Los niños aplicaban esa misma crueldad a otros niños menores que ellos y a los animales. Los de clase alta y media, aunque no sufrían la misma crueldad en sus caras escuelas, se consolaban con fantásticos juguetes: trenes eléctricos, juguetes de construcción, vehículos de pedales que eran reproducciones reducidas de los reales, ponis de verdad y casas de muñecas de extravagante belleza.

Los pobres debían contentarse a menudo con latas vacías, trozos de madera y clavos reciclados.

La maggior parte degli adulti conserva un dolce ricordo della propria infanzia, chi è cresciuto durante gli anni Trenta non fa eccezione. Rispetto a quelli di oggi, i bambini di allora avevano più tempo libero – per esplorare le foreste, costruire delle dighe, rubare i nidi degli uccelli – e non conoscevano né le restrizioni cui sono sottoposti i bambini oggi né la permissività di cui beneficano gli adolescenti. Fu come una lunga estate indiana, l'ultima dove si poteva giocare fuori prima dell'arrivo di un'era industriale e urbana che avrebbe costretto tutti a vivere all'interno.

Cambiavano i punti di riferimento. Christopher Robin, il creatore di Winnie-the-Pooh, e i suoi personaggi cedettero il posto alla diva-bambina Shirley Temple, relegando la poesia dell'orsetto al secondo posto, dietro Shirley e il suo tip-tap.

La scuola era un luogo che incuteva paura e dove le punizioni erano primitive e soprattutto fisiche e dove l'autorià non veniva mai messa in discussione. I bambini applicavano la stessa crudeltà sui più piccoli di loro e sugli animali. Nelle scuole private, anche i bambini delle classi agiate subivano lo stesso trattamento, ma, per consolarsi, possedevano bellissimi giocattoli: trenini elettrici, il meccano, miniautomobiline a pedali, poney in carne e ossa e meravigliose case per bambole.

I poveri spesso dovevano accontentarsi di latte di conserva vuote, pezzetti di legno e chiodi riciclati.

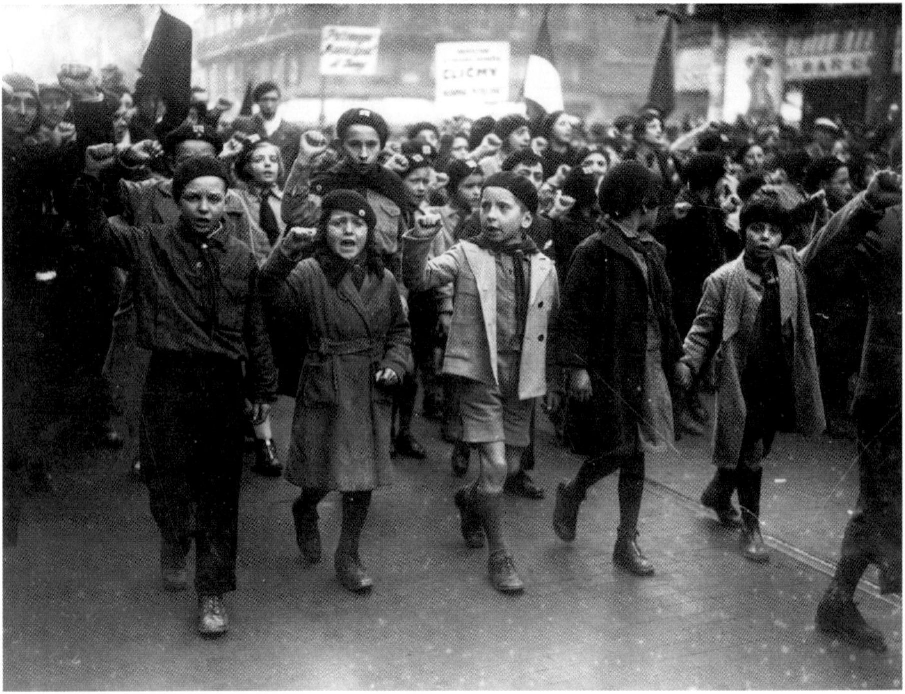

February 1936. Young demonstrators take part in a Popular Front march through Paris. Led by Léon Blum, this was the year the Popular Front was elected to power in France. It was an uneasy coalition of communists, liberals and socialists, united solely in their opposition to fascism.

Febrero de 1936. Jóvenes manifestantes participan en una marcha del Frente Popular de París. Fue el año en que el Frente Popular, dirigido por Léon Blum ganó las elecciones francesas. Era un coalición difícil que agrupaba comunistas, liberales y socialistas, unidos sólo por su oposición al fascismo.

Febbraio 1936. Ragazzini alla manifestazione del Fronte Popolare, Parigi. In quello stesso anno il Fronte Popolare, guidato da Léon Blum, vinse le elezioni. Era una difficile coalizione di comunisti, liberali e socialisti, uniti unicamente dall'opposizione al fascismo.

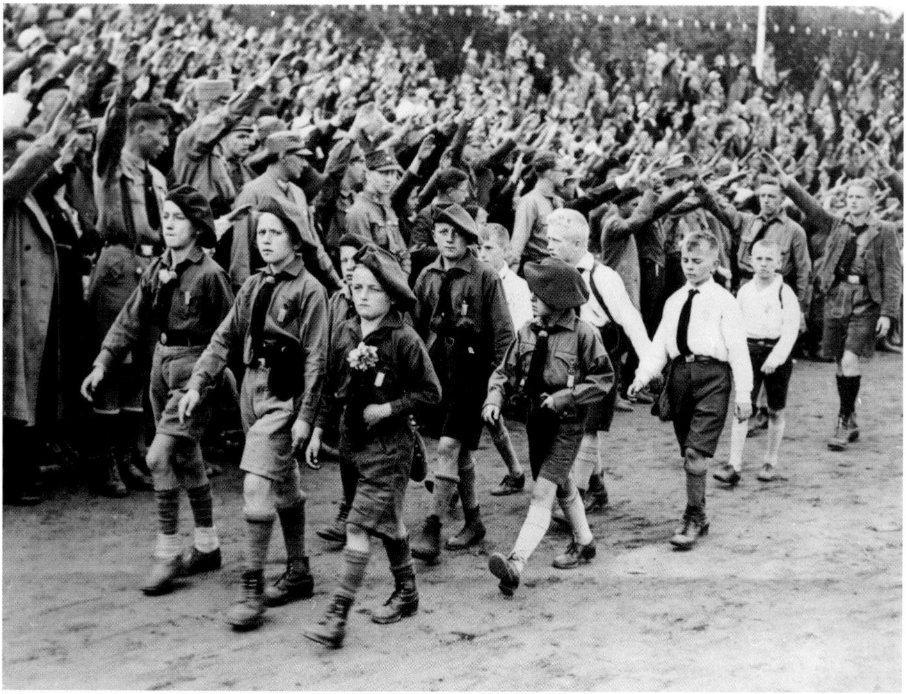

October 1932. A group of young National Socialists in Potsdam. The occasion was the inaugural Reich Youth Convention of the party.

Octubre de 1932. Un grupo de jóvenes nacionalsocialistas en Potsdam. El desfile celebraba la convención inaugural de las Juventudes del Reich, organizada por el partido.

Ottobre 1932. Sfilata di giovani nazionalsocialisti a Potsdam in occasione dell'inaugurazione di una festa della Gioventù del Reich, organizzata dal partito.

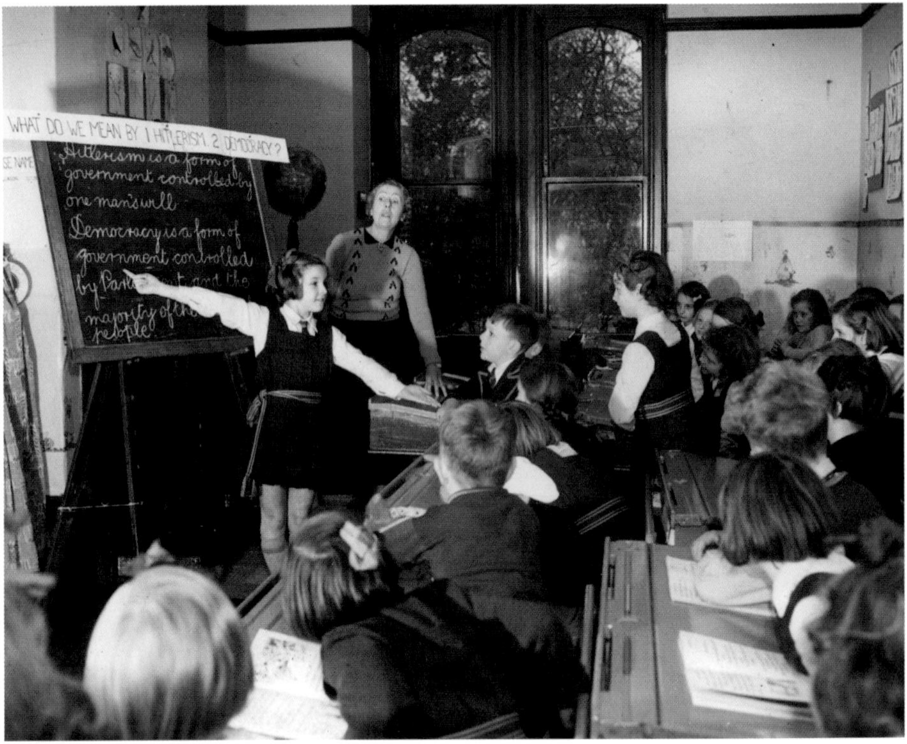

Seven-year-old Jacqueline Loman addresses a class at Cheadle High School, near Manchester. Once a week her teacher gives a lesson on current affairs, after which the pupils discuss the chosen topic. This lesson had been on the subject of 'democracy and Hitlerism'.

Jacqueline Loman, de siete años, se dirige a sus compañeros en la escuela de Cheadle, cerca de Manchester. Una vez a la semana, la profesora daba una lección sobre temas de actualidad, sobre los que más tarde los alumnos debatían. Esta lección tenía como tema "la democracia y el régimen de Hitler".

Jacqueline Loman, sette anni, prende la parola davanti alla classe nella scuola di Cheadle, nei pressi di Manchester. Una volta alla settimana la maestra teneva una lezione su un fatto di attualità, su cui poi discuteva con gli allievi. Quel giorno la lezione verteva sul tema "democrazia e Hitler".

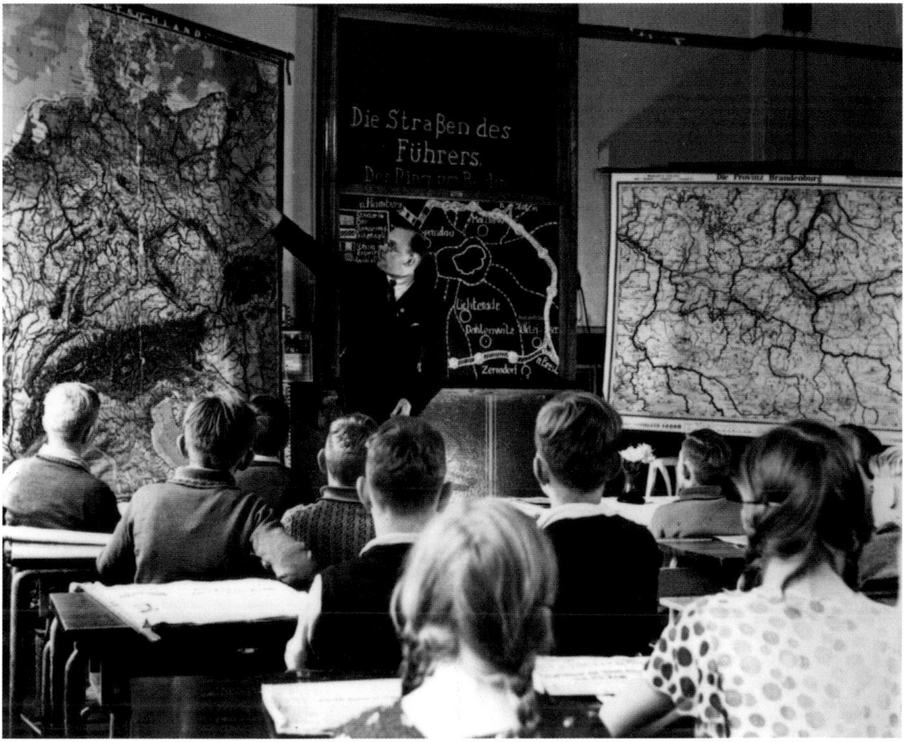

Meanwhile, a couple of hundred miles away… A German teacher gives a lesson to his class on the importance of Danzig (now Gdansk, Poland), in the Polish Corridor that separated East Prussia from the rest of Germany.

Mientras tanto, a cientos de kilómetros... Un profesor alemán habla sobre la importancia de Danzig (actualmente Gdansk, Polonia) y del corredor polaco que separaba la Prusia del Este del resto de Alemania.

Contemporaneamente, a qualche chilometro di distanza… un maestro tedesco teneva una lezione sull'importanza di Danzica (oggi Gdansk, Polonia) nel corridoio polacco che separava la Prussia dal resto della Germania.

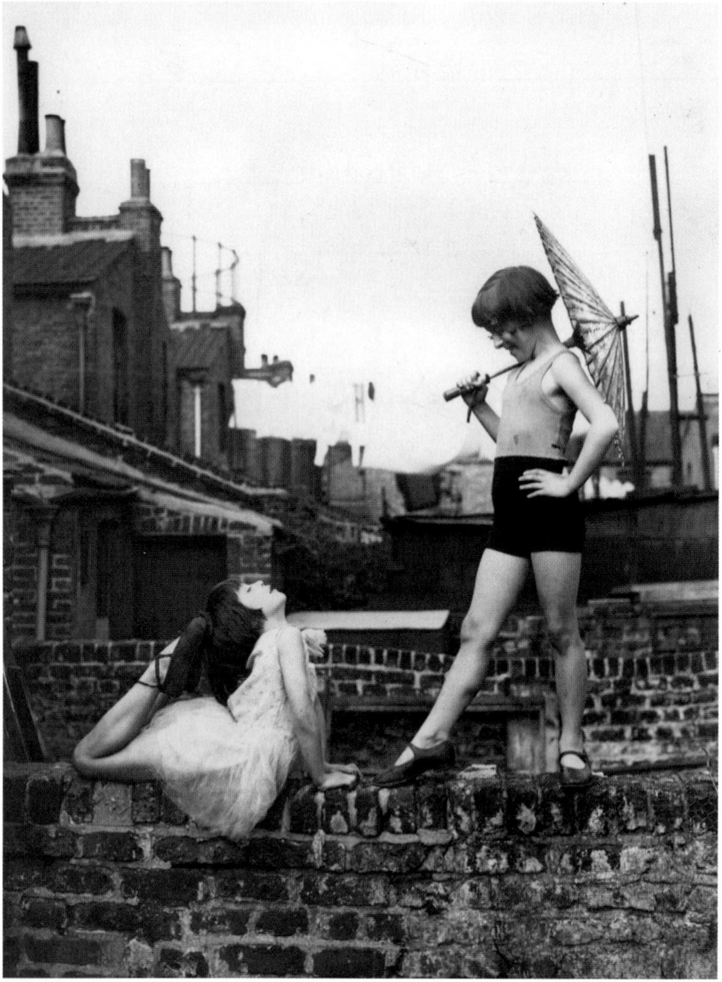

June 1935. Violet Hutchinson (aged 8) and Betty Putt (aged 7) rehearse a back garden ballet in Poplar, East London.

Junio de 1935. Violet Hutchinson, de ocho años, y Betty Putt, de siete, ensayan una pieza de ballet en el patio trasero de una casa de Poplar, East London.

Giugno 1935. Violet Hutchinson (otto anni) e Betty Putt (sette anni) provano un balletto nel giardino di una casa di Poplar, Londra.

August 1934. Outward Bound! A home-made raft takes to the water at the popular seaside resort of Frinton-on-Sea, Essex.

Agosto de 1934. ¡A toda vela! Una balsa de fabricación casera es colocada en el agua en la famosa localidad costera de Frinton-on-Sea, Essex.

Agosto 1934. Avanti tutta! Una zattera fatta in casa e messa in acqua a Frinton-on-Sea, una famosa stazione balneare dell'Essex.

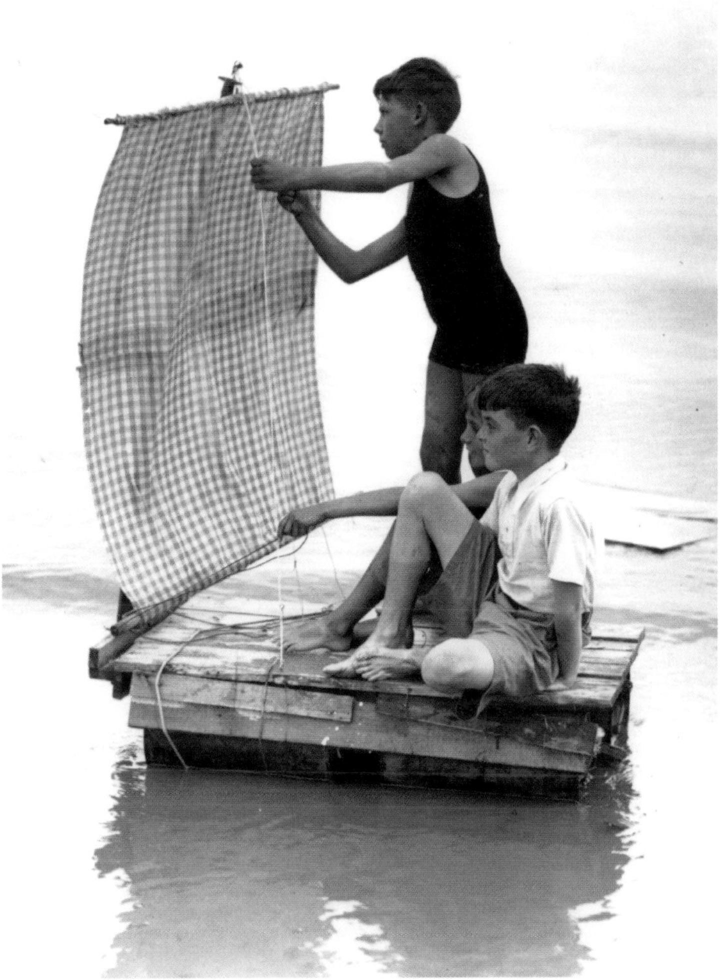

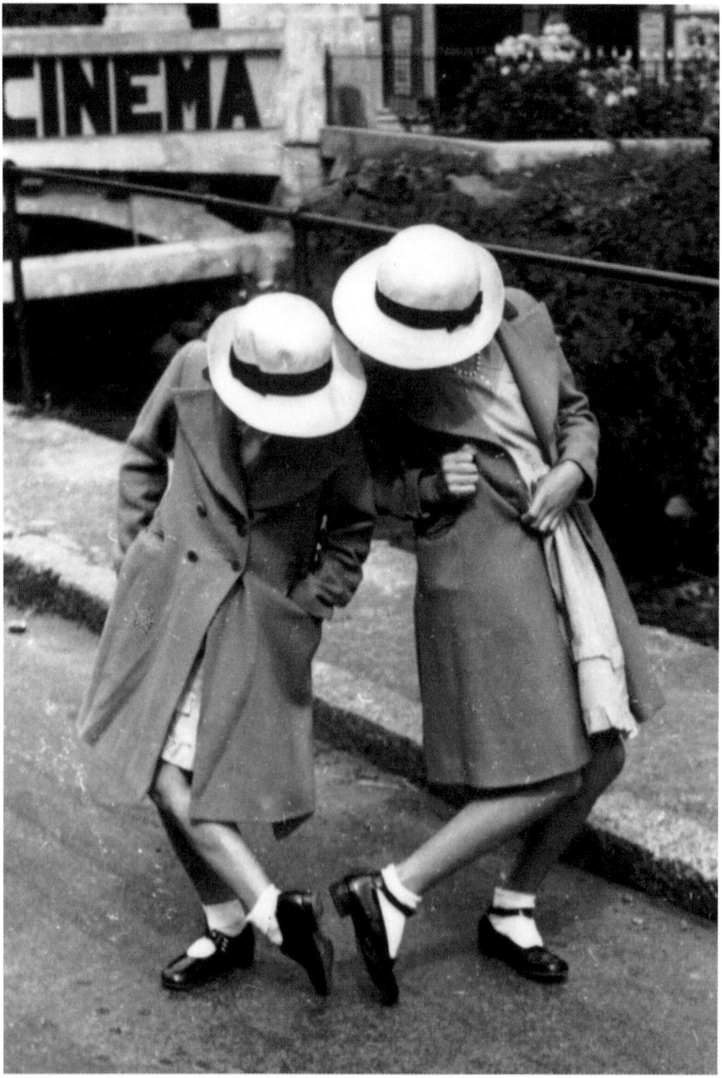

October 1938. What the well-dressed schoolgirl is wearing – a cameo of village life in England.

Octubre de 1938. Lo que llevan las colegialas elegantes. Una instantánea de la vida cotidiana de un pueblo de Inglaterra.

Ottobre 1938. La bella divisa delle studentesse – squarcio di vita quotidiana in un paesino inglese.

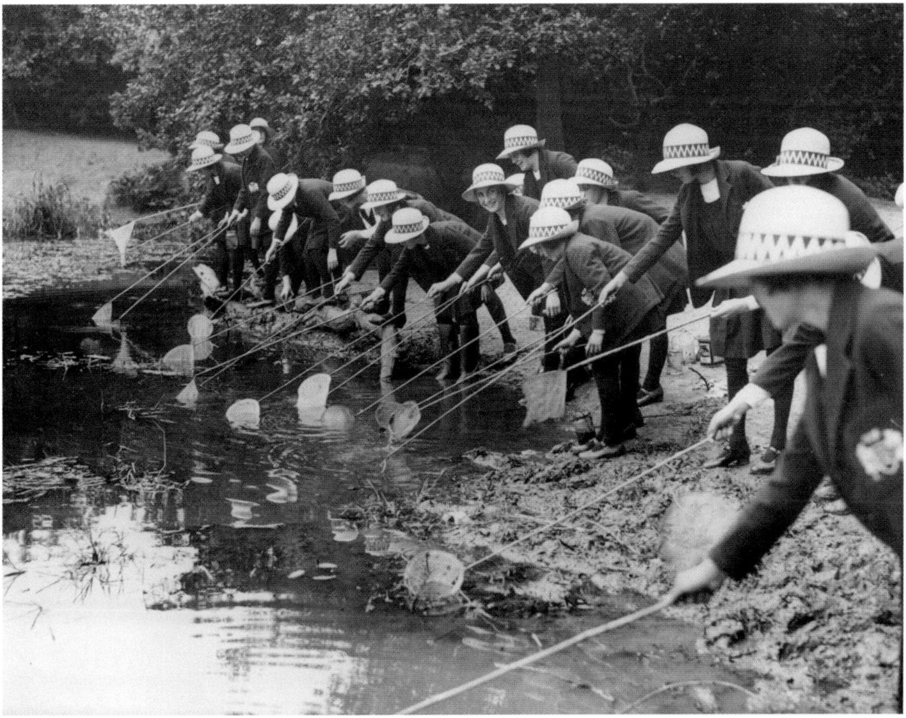

May 1934. Girls from the Woodford County High School collect specimens for their aquarium from a pond in Epping Forest, London. It was a time when schools insisted that every schoolchild wore a hat or a cap.

Mayo de 1934. Alumnas de la escuela del condado de Woodford en un estanque del bosque de Epping, Londres, intentando atrapar peces para su acuario. En aquella época, todos los estudiantes debían llevar sombrero.

Maggio 1934. Studentesse della Woodford County High School raccolgono esemplari per l'acquario da uno stagno nella Epping Forest, Londra. All'epoca tutti gli studenti dovevano portare un cappello.

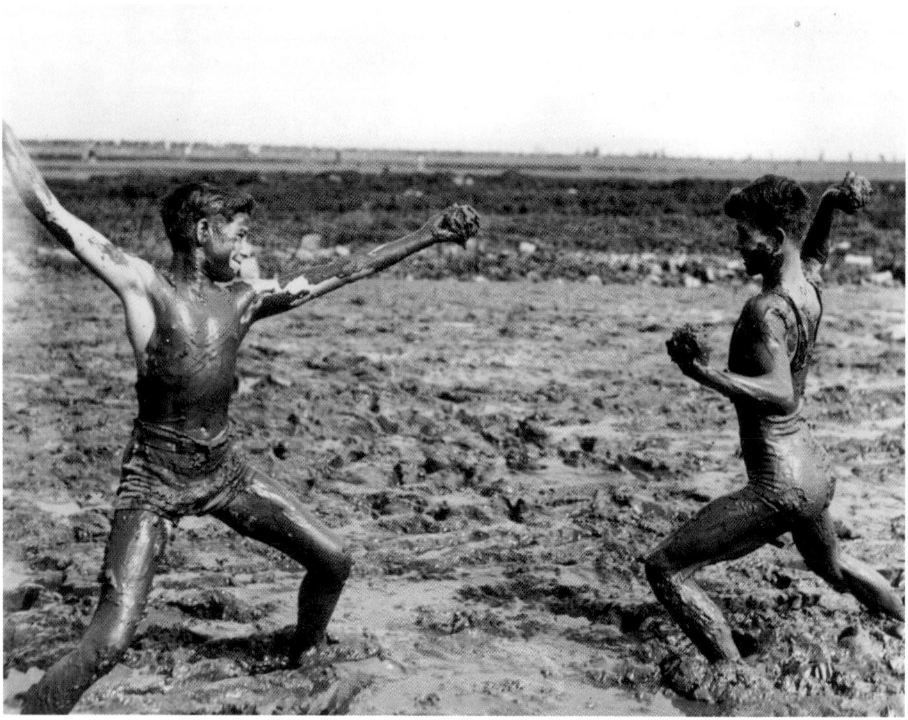

September 1937. The joys of a fight with wet sand, Lavernock, South Wales. The photograph was probably taken at a weekend, as most children would have been back at school by that date. If so, these are almost certainly local children, from Barry or Penarth.

Septiembre de 1937. La alegría de la lucha en arena mojada, Lavernock, sur de Gales. La fotografía probablemente se tomó un fin de semana, cuando la mayoría de los niños ya debían haber empezado de nuevo las clases. Si era así, los niños de la foto eran de un pueblo cercano, como Barry o Penarth.

Settembre 1937. La gioia di una lotta con la sabbia bagnata, Lavernock, Galles del sud. Questa foto deve essere stata scattata durante un week-end, perché in quel periodo la maggior parte dei bambini sarebbe già dovuta essere a scuola. Questi bambini sono probabilmente di un villaggio vicino, Barry o Penarth.

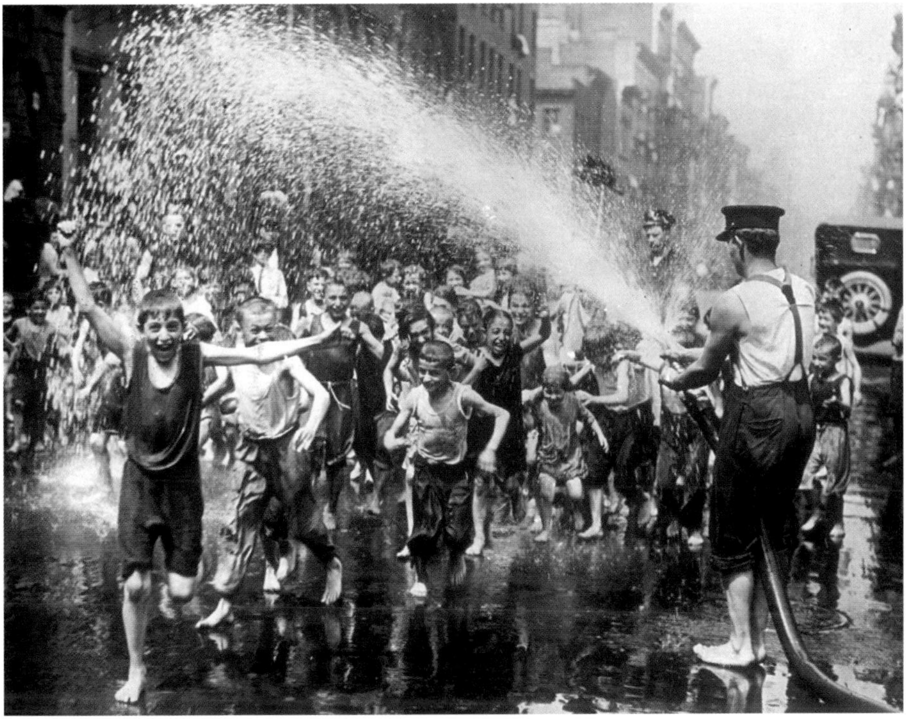

Firemen turn their hoses on children, London 1935. This is not riot control – the city was sweltering in a heat wave that summer. In those days, firemen had time to play with children.

Bomberos mojando a los niños con sus mangueras, Londres 1935. No es una brigada antidisturbios, sino que les ayudan a soportar la ola de calor de aquel verano. En aquellos tiempos los bomberos tenían tiempo de jugar con los niños.

Bambini innaffiati con le pompe antincendio, Londra, 1935. Nessuna sommossa in vista. Quell'estate la città fu colpita da un'ondata di calore e i pompieri disponevano di un po' di tempo per giocare con i bambini.

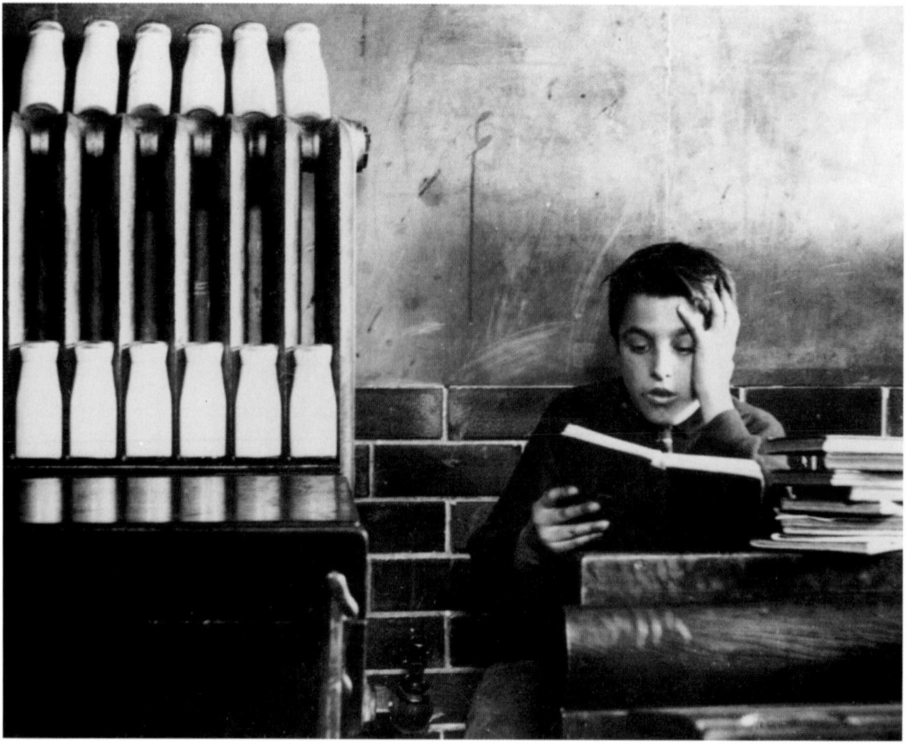

December 1937. A small boy waits for the school milk to thaw by the radiators. The daily arrival of school milk, the clatter of the crate, the rattle of the bottles, was the high point of the day for many children.

Diciembre de 1937. Un niño espera a que se descongele la leche que está encima de los radiadores. El momento en que traían la leche a la escuela, con todo el ruido de cajas y de botellas que entrechocaban, era para muchos niños el punto álgido del día.

Dicembre 1937. Un ragazzino aspetta che il latte scongeli al calore del calorifero. La consegna del latte a scuola – in un cozzare di bottiglie e di tazze di latta – era per molti bambini il momento più atteso della giornata.

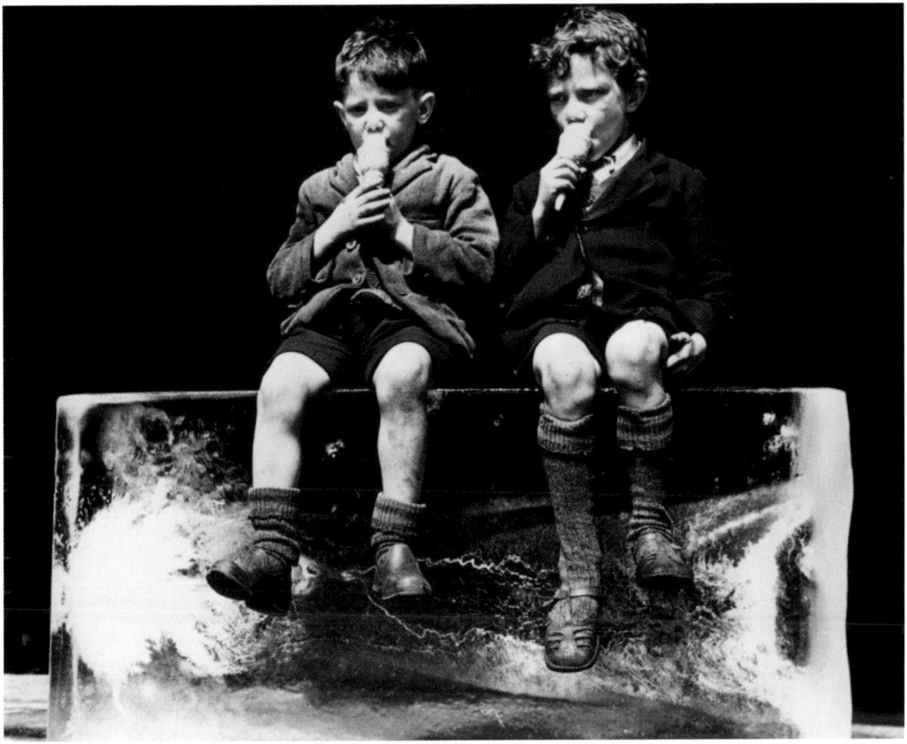

Another summer, another heat wave in London – this time in August 1939. The blocks of ice were almost certainly destined for a fishmonger's, at a time when freezers or chilled cabinets were rarely seen.

Otro verano, otra ola de calor, esta vez en agosto de 1939. Los bloques de hielo se destinaban al comercio de pescado, ya que no había ni frigoríficos ni cámaras refrigeradoras.

Un'altra estate, un'altra ondata di calore a Londra, questa volta nell'agosto del 1939. Questo blocco di ghiaccio era senz'altro destinato a un pescivendolo perché, all'epoca, sia i congelatori che i frigoriferi erano rari.

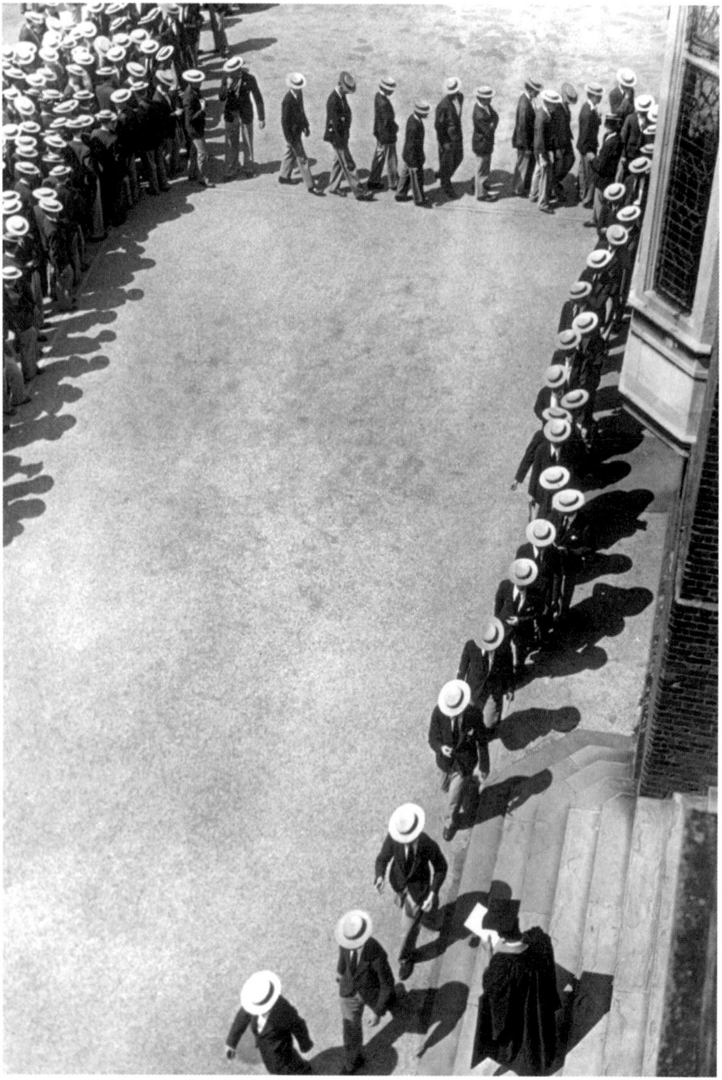

Harrow schoolboys line up for the 'Bill' (call-over) at the start of the School Speech Day, 1935.

Alumnos de la escuela privada de Harrow en fila mientras pasan lista antes de la ceremonia escolar, 1935.

Studenti della scuola privata di Harrow si mettono in fila per l'appello prima dell'inizio di una cerimonia scolastica, 1935.

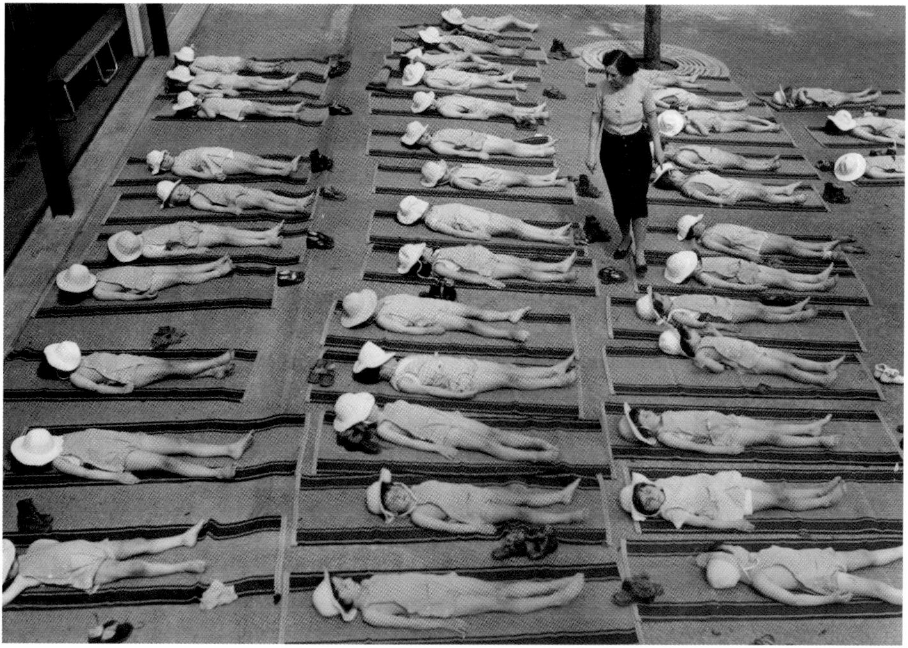

Lying down on the job – pupils at a progressive school in Paris, April 1939. Much emphasis was placed on the importance of rest and fresh air in the development of children in the Thirties. Most infants were supposed to lie down after midday dinner.

Durmiendo en horas de servicio: alumnos de una escuela progresista de París, abril de 1939. En esta década se ponía mucho énfasis en la importancia del descanso y el aire fresco en el desarrollo de los niños. La mayoría de los alumnos debía hacer una siesta después del almuerzo.

Dormire nell'orario di lavoro – allievi di una scuola progressista di Parigi, aprile 1939. Negli anni Trenta s'insisteva molto sull'importanza del riposo e dell'aria aperta per un buono sviluppo del bambino. La maggior parte dei bambini doveva fare il riposino dopo il pranzo.

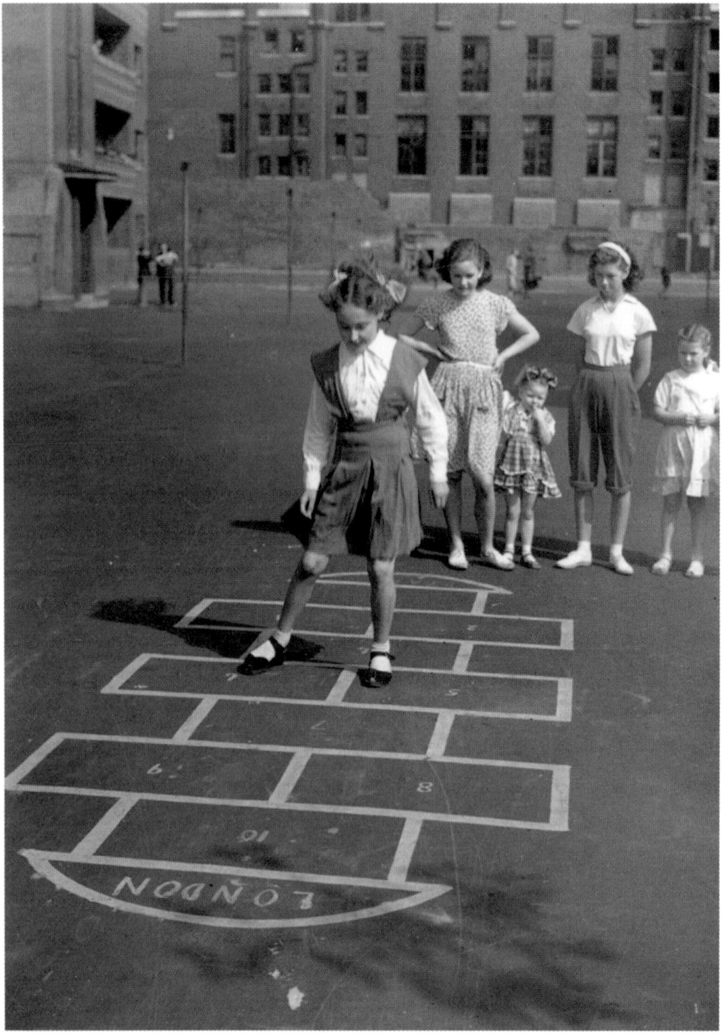

July 1931. Hopscotch in a school playground. The poet Laurie Lee wrote, 'Old boots, ragged stockings, torn trousers and skirts went skidding around me...' – *Cider with Rosie*.

Julio de 1931. Jugando a la rayuela en el patio de una escuela. El poeta Laurie Lee escribió en *Cider with Rosie*: "Botas viejas, medias rotas y pantalones y camisas harapientas giran a mi alrededor".

Luglio 1931. Il gioco della campana in un cortile di una scuola. Il poeta Laurie Lee scriveva in *Cider with Rosie*: "Intorno a me volteggiavano scivolando vecchi stivali, calzini a brandelli, pantaloni e gonne stracciate".

June 1938. A giant globe in the playground of a school in Paris. In just a couple of years the globe would be considerably out of date.

Junio de 1938. Un planisferio gigante en el patio de una escuela de París. En un par de años, estaría considerablemente desfasado.

Giugno 1938. Un planisfero gigante in un cortile di una scuola di Parigi. Solo qualche anno e sarebbe già risultato datato.

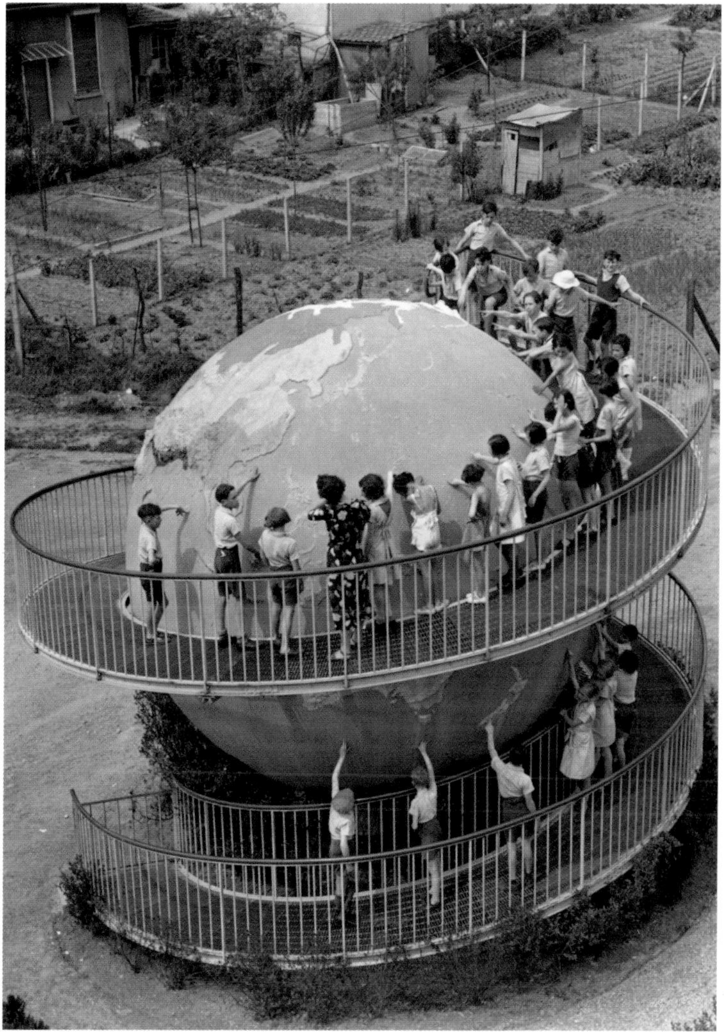

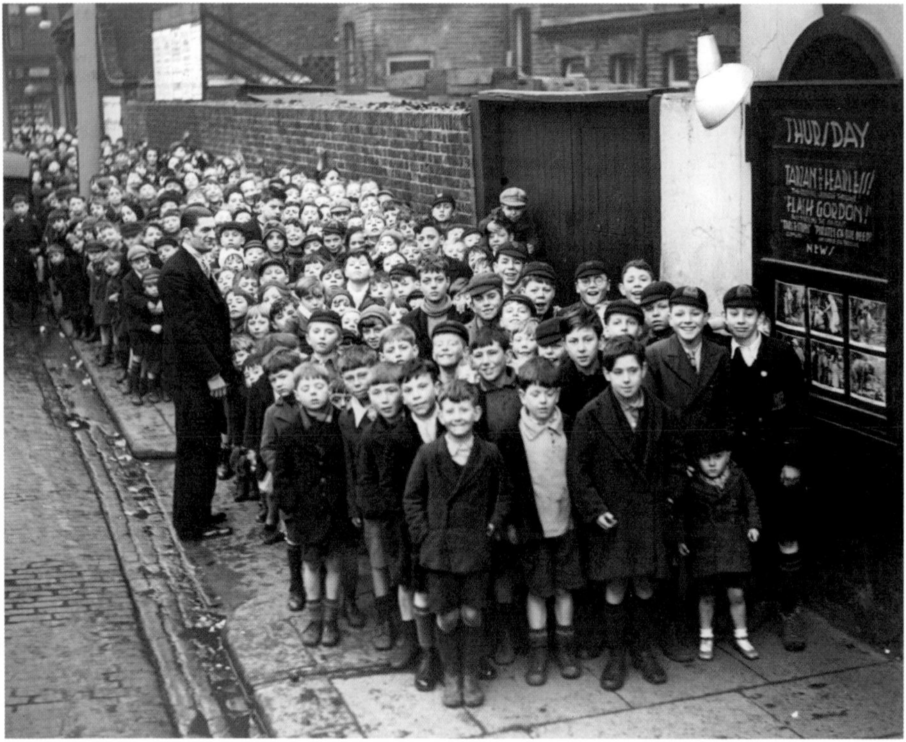

London, 1937. Queueing for the Saturday morning matinée outside a Plaistow cinema. The feature serial was *Flash Gordon*. A contemporary account described how the children rushed out of the cinema at the end of the show, and gave 'hell to the policeman on duty in the street outside'.

Londres, 1937. Haciendo cola para la matinal de un cine de Plaistow. Se proyectaba el serial *Flash Gordon*. Un escrito de la época contaba que los niños salían corriendo después de la película y "hacían la vida imposible a los policías de servicio en la calle".

Londra, 1937. Coda davanti a un cinema di Plaistow per lo spettacolo del sabato mattina. In programma, *Flash Gordon*. Testimoni dell'epoca raccontano che dopo avere visto il film i bambini uscivano dal cinema correndo e "facendo arrabbiare i poliziotti in servizio sulla strada".

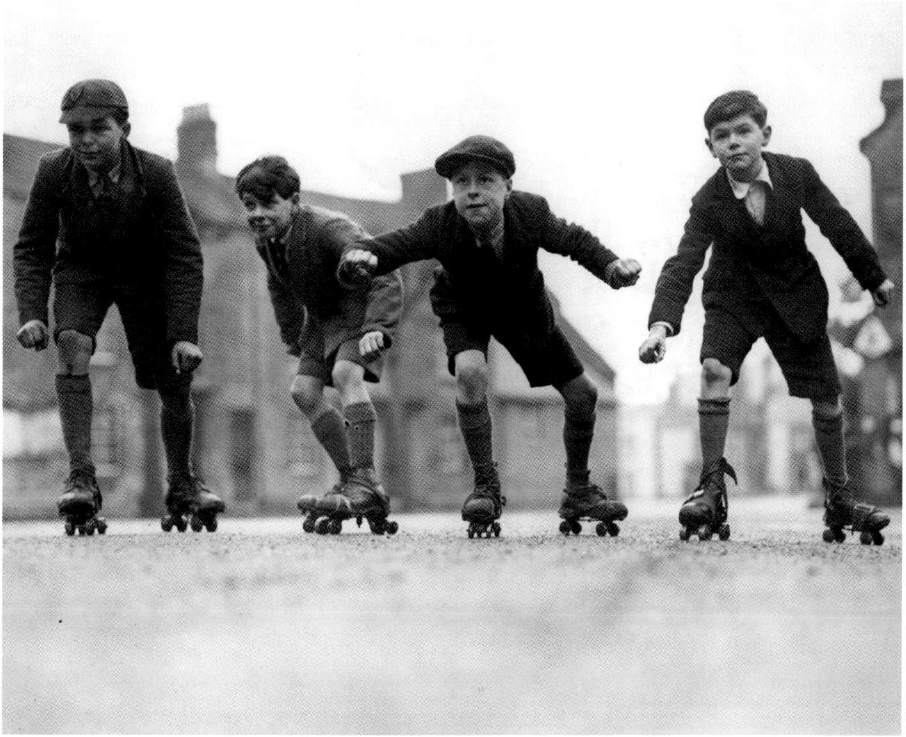

Wonder on wheels, Oxford, March 1933. Roller-skating became a craze in the Thirties, with clubs and rinks all over Europe and the United States.

Maravilla sobre ruedas, Oxford, marzo de 1933. Los patinadores hicieron furor en los años treinta: se crearon clubes y pistas de patinaje en toda Europa y EE.UU.

Meraviglie sui pattini a rotelle, Oxford, marzo 1933. I pattini a rotelle facevano furore negli anni Trenta. In Europa e negli Stati Uniti sorsero ovunque club e piste.

12. All human life
Cosas de la vida
Fatti della vita

May 1939. Mr and Mrs Townsend of Stanton Harcourt, Oxfordshire, celebrate their golden wedding anniversary. They announced that they were 'still as much in love as ever'. When they married, radio, powered flight, the motor car and the cinema did not exist.

Mayo de 1939. Mr y Mrs Townsend de Stanton Harcourt, Oxfordshire, celebran sus bodas de oro. Afirmaban que estaban "más enamorados que nunca". Cuando se casaron no existía la radio, el vuelo a motor, el automóvil ni el cine.

Maggio 1939. Mr e Mrs Townsend di Stanton Harcourt, Oxfordshire, celebrano le nozze d'oro. Dichiararono di essere sempre innamorati l'uno dell'altra. Quando si sono sposati non esistevano ancora la radio, l'aereo, l'automobile e il cinema.

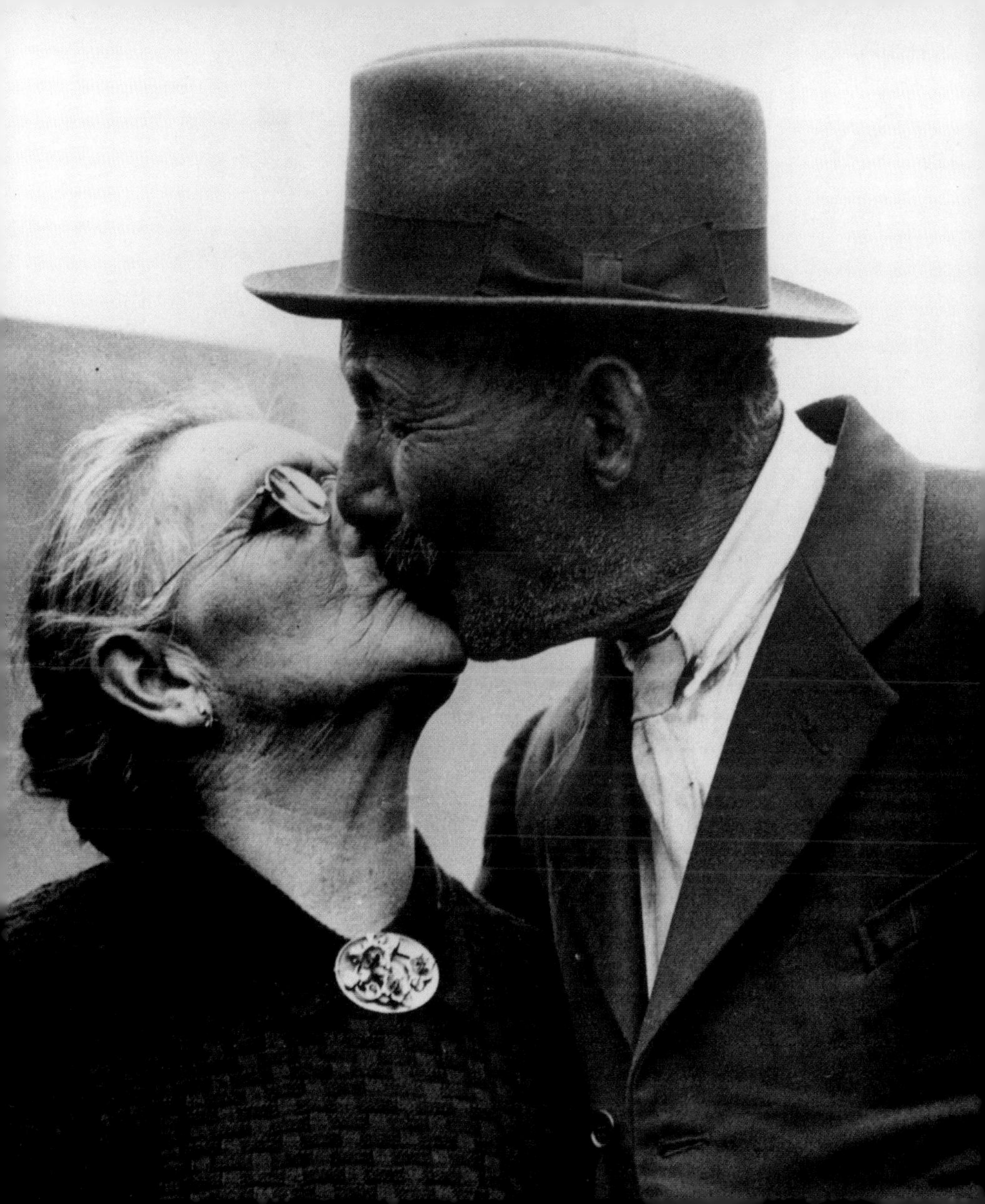

12. All human life
Cosas de la vida
Fatti della vita

There was still plenty of time and space for eccentrics and oddities to thrive in the Thirties. The programme at an average music hall would include at least one novelty act, every village had its 'character', and freak shows were to be found in most travelling fairs. A notable eccentric, the defrocked Vicar of Stiffkey, was killed while lion taming at Skegness in 1932.

Disasters made the news. A hundred and twenty people died in an earthquake in California in 1933. Millions were made homeless by floods in Louisiana in 1937. The liner *Morro Castle* caught fire in September 1934, and 130 people died in the flames. Seventy-three sailors of the US Navy were drowned when the airship *Akron* crashed into the sea in 1933. As many people were killed on the roads as today, when there is ten times the volume of traffic.

It was easier to pull the wool over people's eyes. A teenage girl from the Isle of Man managed to persuade her parents, the newspapers and a credulous public that she owned a talking ferret. Count Victor Lustig fraudulently sold the Eiffel Tower for scrap. Hans van Meegeren began his successful career painting fake 'old masters'.

The motto of the Thirties could well have been W C Fields' misanthropic saying: 'Never give a sucker an even break.'

En los años treinta aún había mucho tiempo y espacio para excentricidades y situaciones insólitas. El programa de cualquier *music hall* siempre incluía al menos un número nuevo, cada pueblo tenía su "carácter" y en cualquier feria ambulante se podían ver fenómenos. Un notable excéntrico, el vicario de Stiffkey (que colgó los hábitos) murió mientras domaba un león en Skegness en 1932.

Los desastres llenaban los titulares. Ciento veintidós personas murieron en un terremoto en California en 1933. Millones de personas quedaron sin hogar en las inundaciones de

Louisiana de 1937. El barco de pasajeros *Morro Castle* se incendió en septiembre de 1934 y murieron 130 personas. Setenta y tres marineros de la armada norteamericana se ahogaron cuando el dirigible *Akron* cayó al mar en 1933. El número de víctimas de accidentes de circulación era similar al actual, aunque el tráfico era diez veces menor.

Era muy fácil hacer creer cosas a la gente. Una chica de la isla de Man consiguió convencer a sus padres, a la prensa y al público de que tenía un hurón que hablaba. El conde Victor Lustig vendió la Torre Eiffel como chatarra de forma fraudulenta. Hans van Meegeren empezó su exitosa carrera pintando "obras maestras" falsas.

El lema de los años treinta podría haber sido aquella frase misántropa de W.C. Fields: "nunca des una segunda oportunidad a un tonto".

Negli anni Trenta c'era ancora sufficiente tempo e spazio per l'eccentricità e le cose insolite. Quasi tutti i music-hall proponevano almeno un numero nuovo nel programma, ogni paese aveva il suo "scemo del villaggio" e nelle fiere non mancavano mai i fenomeni da baraccone. Nel 1932, un rispettato ed eccentrico vicario che aveva lanciato la toga alle ortiche di Stiffkey, fu ucciso a Skegness mentre cercava di addomesticare un leone.

I giornali vivevano di catastrofi. Nel 1933, 120 persone furono uccise in un terremoto in California. Le inondazioni del 1937 in Louisiana provocarono milioni di senzatetto. La nave *Morro Castle* prese fuoco nel settembre del 1934 e 130 persone vi trovarono la morte. Nel 1933, 73 marinai della flotta americana annegarono nell'incidente causato dal dirigibile *Akron* caduto in mare. Il numero delle persone morte sulla strada era altrettanto alto di quello attuale, quando la circolazione era invece dieci volte inferiore.

La gente era ingenua. Un'adolescente dell'isola di Man riuscì a convincere i genitori, i giornali e un pubblico credulone che il suo furetto parlava. Il conte Victor Lustig riuscì a vendere fraudolamente la torre Eiffel come rottame. Hans van Meegeren iniziava ad avere successo con i suoi falsi capolavori artistici. Lo slogan degli anni Trenta avrebbe potuto essere una citazione del misantropo W. C. Fields: " Non date mai una seconda possibilità a un babbeo".

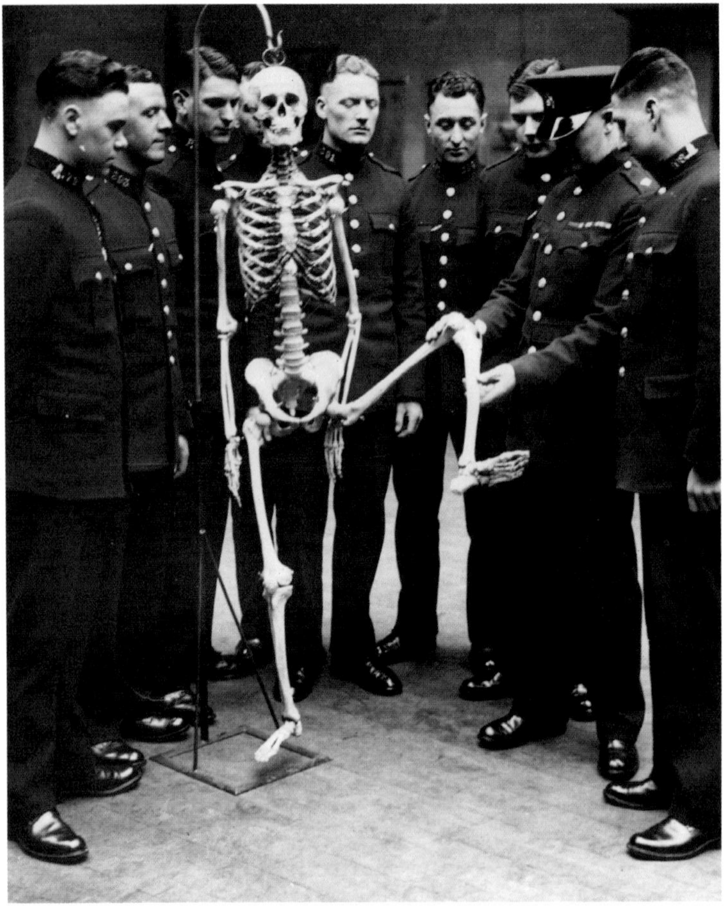

April 1937. Members of the Lancashire Police receive an unlikely looking first-aid lesson at Lancaster Castle.

Abril de 1937. Miembros de la policía de Lancashire reciben una curiosa lección de primeros auxilios en el castillo de Lancaster.

Aprile 1937. Membri della polizia del Lancashire assistono a una lezione quanto meno insolita di pronto soccorso a Lancaster Castle.

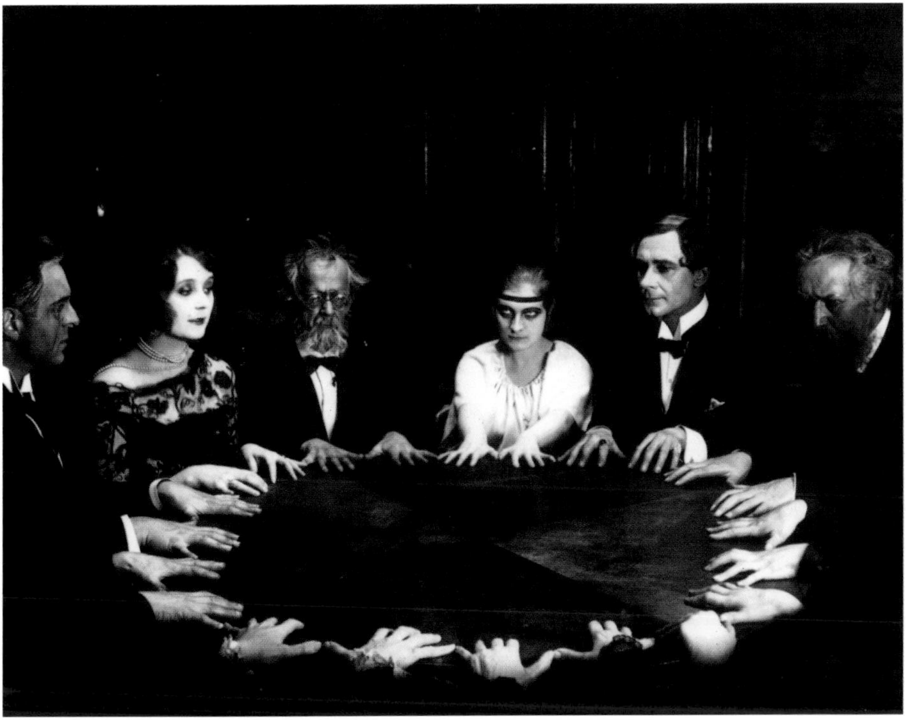

Dabbling with the spirit world at a seance in Berlin, 1930. In the Thirties, belief in psychic phenomena was probably more widespread than it is today.

Sesión de espiritismo en Berlín, 1930. En la década de los treinta, las creencias en fenómenos sobrenaturales estaban probablemente más extendidas que ahora.

Seduta spiritica a Berlino, 1930. La credenza nei fenomeni paranormali era negli anni Trenta sicuramente più diffusa di oggi.

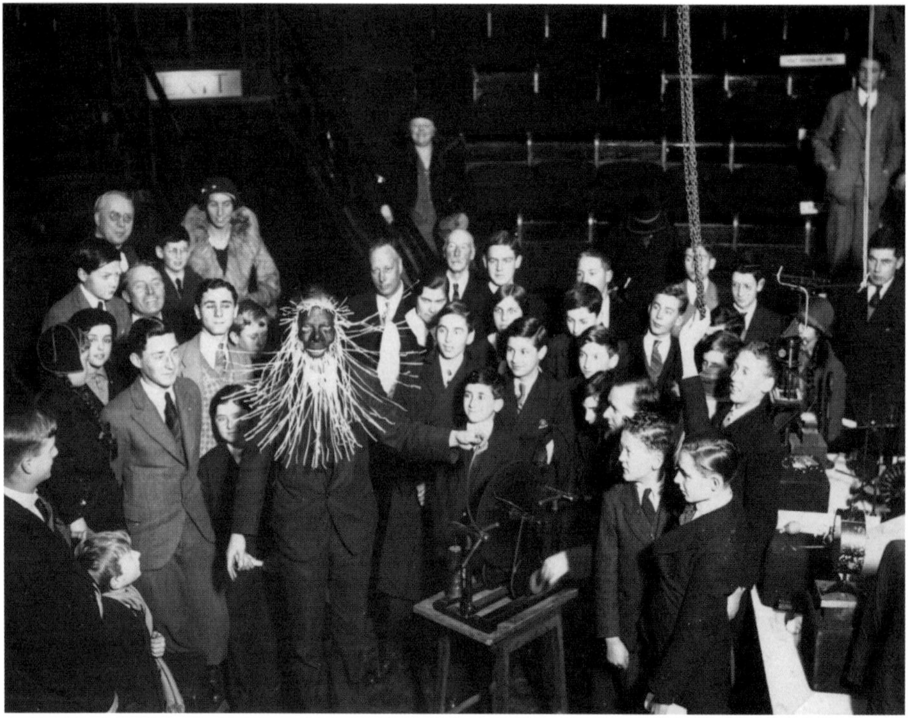

December 1930. Professor Tindall demonstrates the effect of 'electrification' on hair. The professor, wearing a special electric mask, was speaking to schoolchildren at a Christmas lecture at the Royal Institute in London.

Diciembre de 1930. El profesor Tindall muestra los efectos de la electrificación sobre el cabello utilizando una máscara especial mientras habla con estudiantes en una conferencia de Navidad en el Royal Institute de Londres.

Dicembre 1930. Gli effetti dell'elettricità sui capelli del professor Tindall, protetto da una speciale maschera elettrica, nel corso di una conferenza tenuta agli studenti del Royal Institute di Londra a Natale.

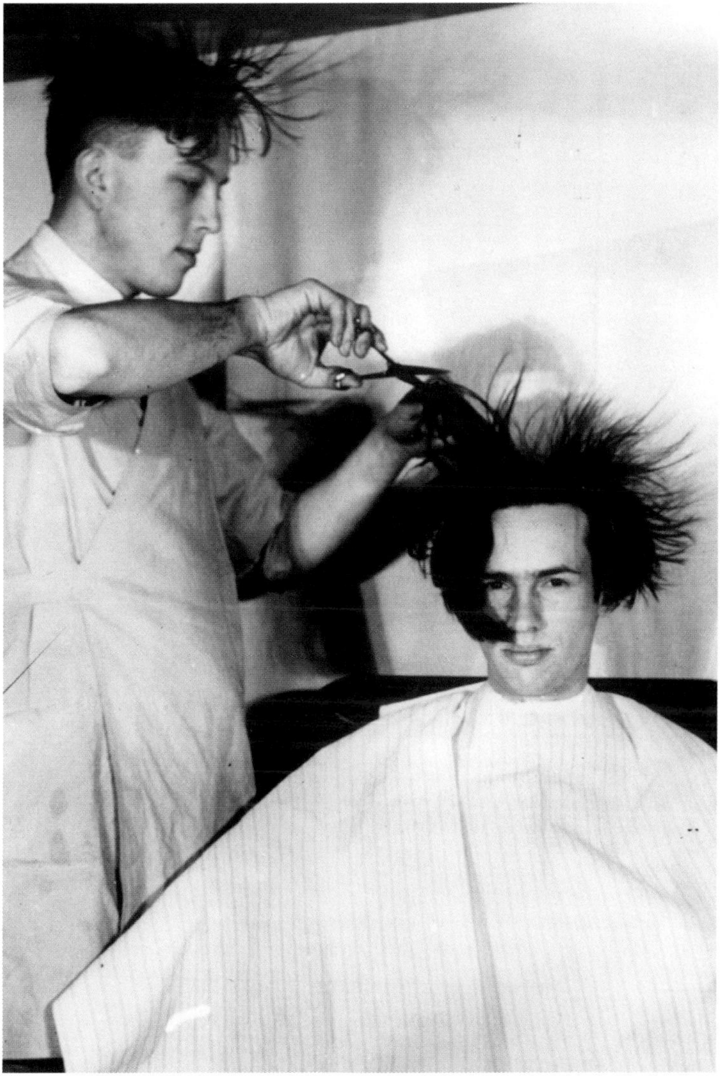

Theory into practice – a barber cuts a customer's hair that has been charged with static electricity, 1930.

De la teoría a la práctica: un barbero corta el pelo de un cliente cargado de electricidad estática, 1930.

Dalla teoria alla pratica – un barbiere taglia i capelli a un cliente carico di elettricità statica, 1930.

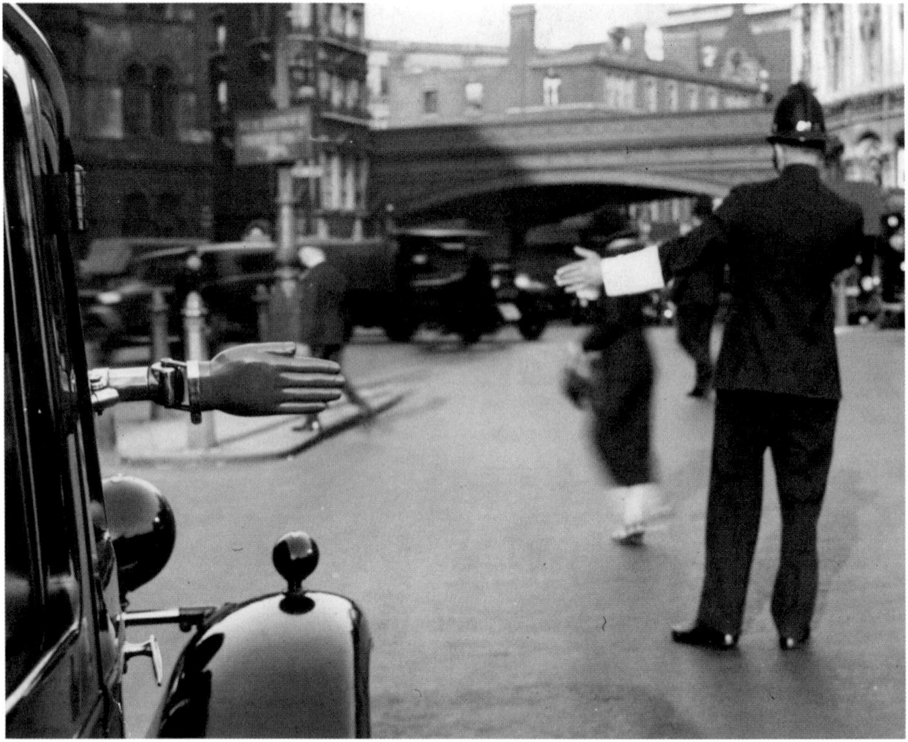

Extending a helping hand, London 1934. A motorist uses a newly designed 'dummy hand' to signal the direction in which he intends to drive. It was supposed to ease traffic flow. It was not a success.

Tender la mano, Londres 1934. Un conductor utiliza una mano falsa para indicar la dirección en la que quiere girar. Se suponía que daría una mayor fluidez al tráfico, pero no tuvo éxito.

Mano tesa, Londra, 1934. Un automobilista utilizza una mano finta per segnalare il cambio di direzione. Questo nuovo tipo di segnaletica, concepita per facilitare la circolazione, non ottenne un grande successo.

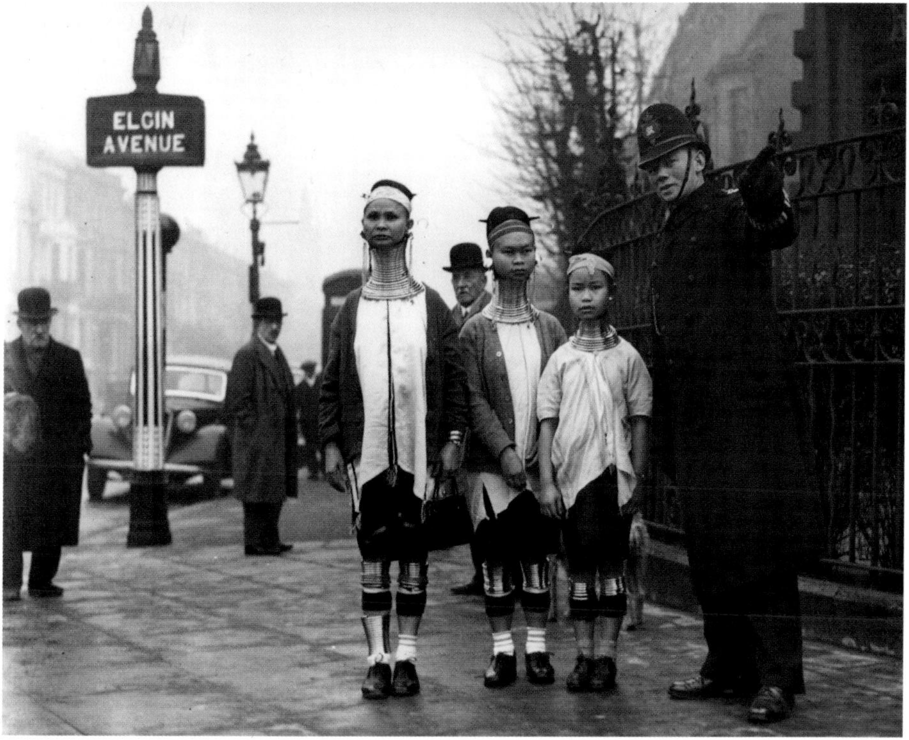

Extending the neck, London, 1935. Three giraffe-necked women from Burma ask directions from a London policeman.

Extender el cuello, Londres, 1935. Tres mujeres jirafa de Birmania le preguntan una dirección a un policía londinense.

Collo allungato, Londra, 1935. Tre donne-giraffe birmane chiedono un'indicazione stradale a un poliziotto londinese.

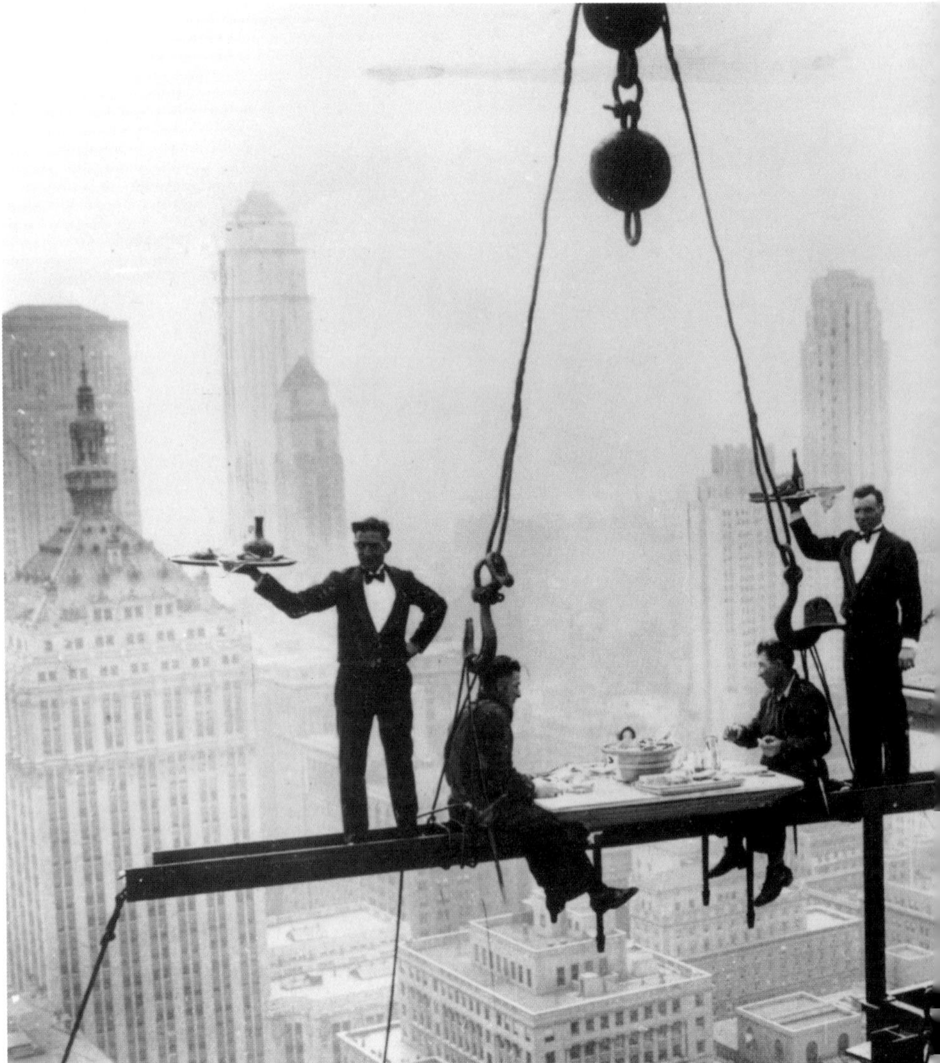

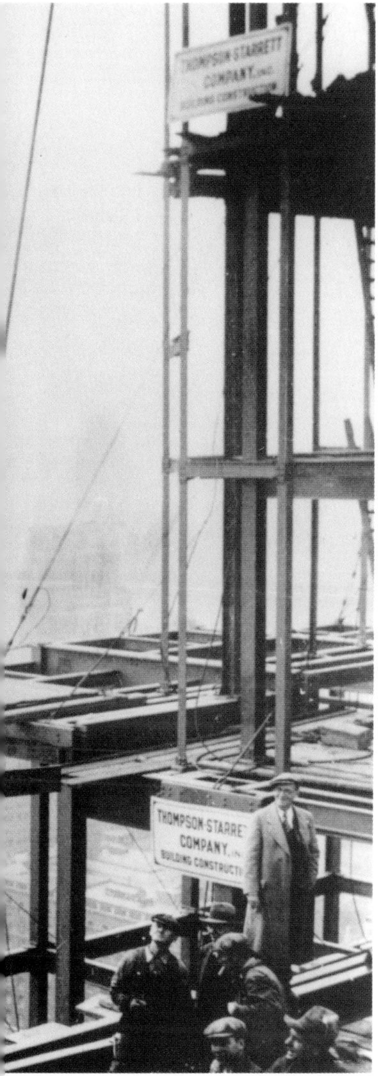

November 1930. Waiters serve construction workers on the Empire State Building in New York. Pictures of such daredevil action were great publicity, but it is unlikely that the men in this photograph were real waiters.

Noviembre de 1930. Dos camareros atienden a dos obreros de la construcción en el Empire State Building de Nueva York. Las fotografías de un acto tan arriesgado tuvieron mucha difusión, aunque es poco probable que los dos hombres de la fotografía fueran realmente camareros.

Novembre 1930. Camerieri servono alcuni operai sull'Empire State Building a New York. Fotografie di una simile audacia avevano grande successo, ma è inverosimile che si trattasse di veri camerieri.

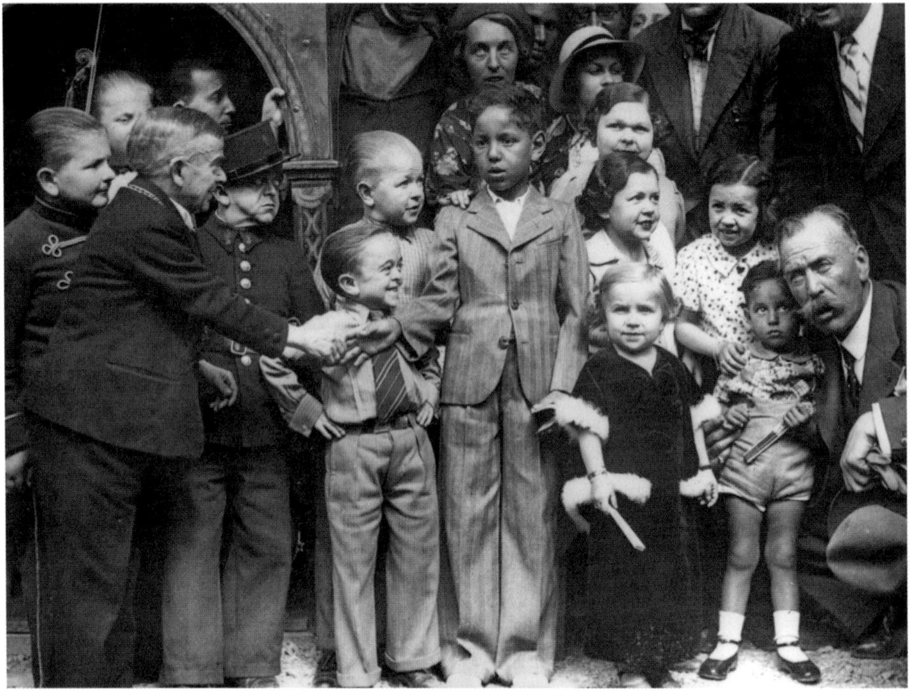

A band of midgets greet the son of the Sultan of Morocco during his visit to the Paris Exhibition, 1930. The Sultan's son seems bewildered but the midgets are taking it in their stride.

Un grupo de enanos saluda al hijo del sultán de Marruecos durante su visita a la Exposición de París de 1930. El hijo del sultán parece algo desconcertado, pero los enanos actúan con toda normalidad.

Un gruppo di nani accoglie il figlio del sultano del Marocco in visita all'Esposizione di Parigi, 1930. Benché il figlio del sultano abbia un'aria alquanto attonita i nani fanno finta di nulla.

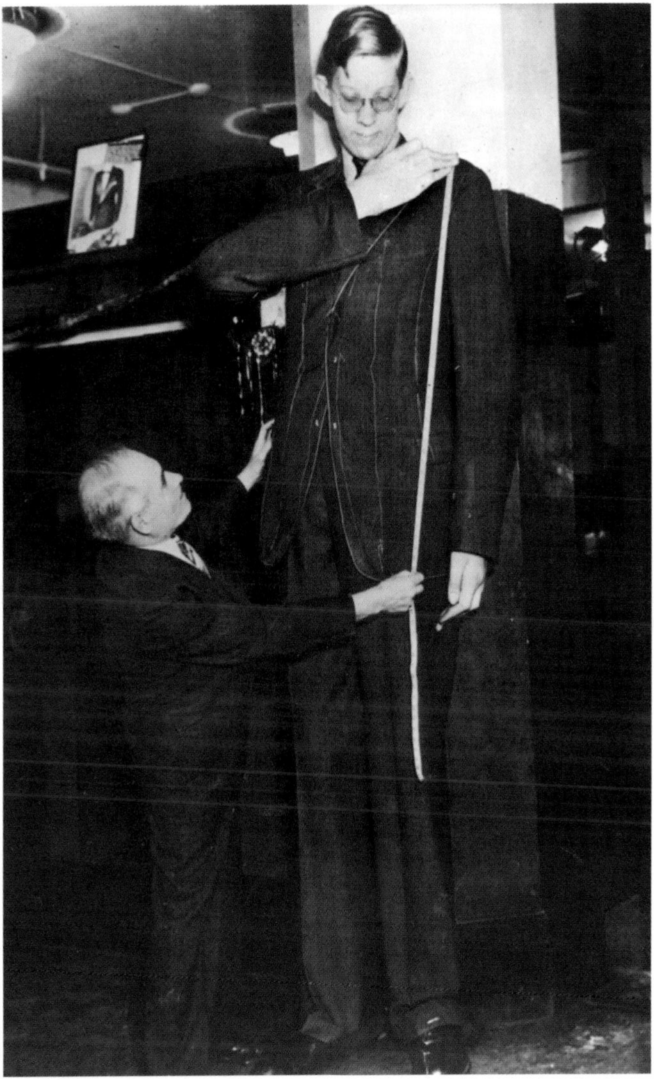

Robert Wadlow of Illinois being measured for a jacket, 1939. At 8 feet 11 inches (2.7 metres) Wadlow was the tallest man in the world. He died the following year, aged 22.

Robert Wadlow, de Illinois, se toma medidas para que le confeccionen una chaqueta. Con una altura de 2,70 metros, Wadlow era sin duda el hombre más alto del mundo. Murió el año siguiente, a la edad de 22 años.

Robert Wadlow, originario dell'Illinois, si fa prendere le misure per una giacca. Alto 2,7 metri, Wadlow era l'uomo più alto del mondo. Morì l'anno seguente, all'età di 22 anni.

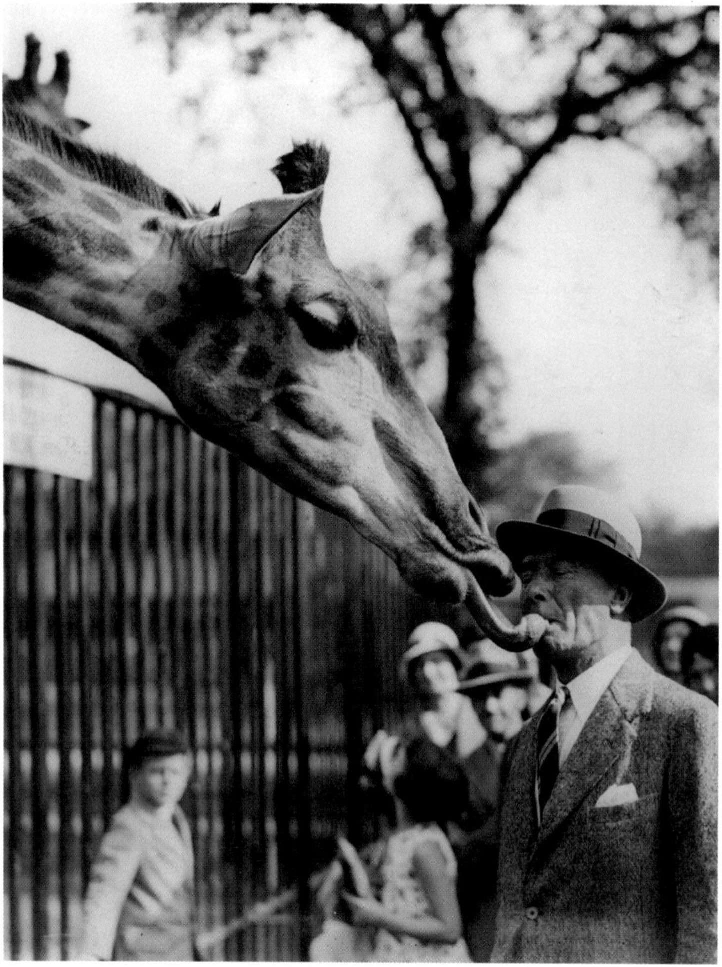

1933. A true British eccentric, Captain Pfeiffer, is photographed at the London Zoological Society, offering a biscuit to one of the giraffes.

1933. Un auténtico excéntrico británico, el capitán Pfeiffer, fotografiado en el zoo de Londres mientras ofrecía una galleta a una jirafa.

1933. Un vero britannico eccentrico. Il capitano Pfeiffer fotografato mentre offre una fetta di torta a una giraffa dello zoo di Londra.

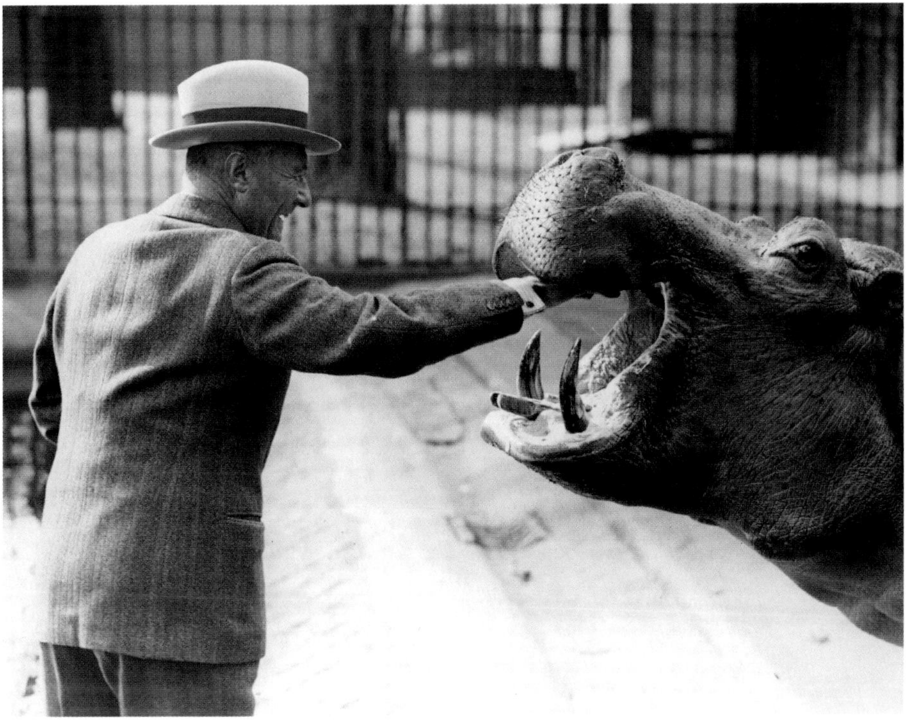

1934. Captain Pfeiffer, still at the London Zoological Society, puts his hand inside the mouth of Joan the hippopotamus. Sadly, there are no pictures from 1935.

1934. De nuevo, el capitán Pfeiffer en el zoo de Londres poniendo la mano en la boca de un hipopótamo. Es una lástima que no haya fotos de 1935.

1934. Il capitano Pfeiffer, sempre allo zoo di Londra, introduce la mano nella bocca di Joan l'ippopotamo. Purtroppo non esiste nessuna foto che ci illustri cosa avesse fatto l'anno successivo.

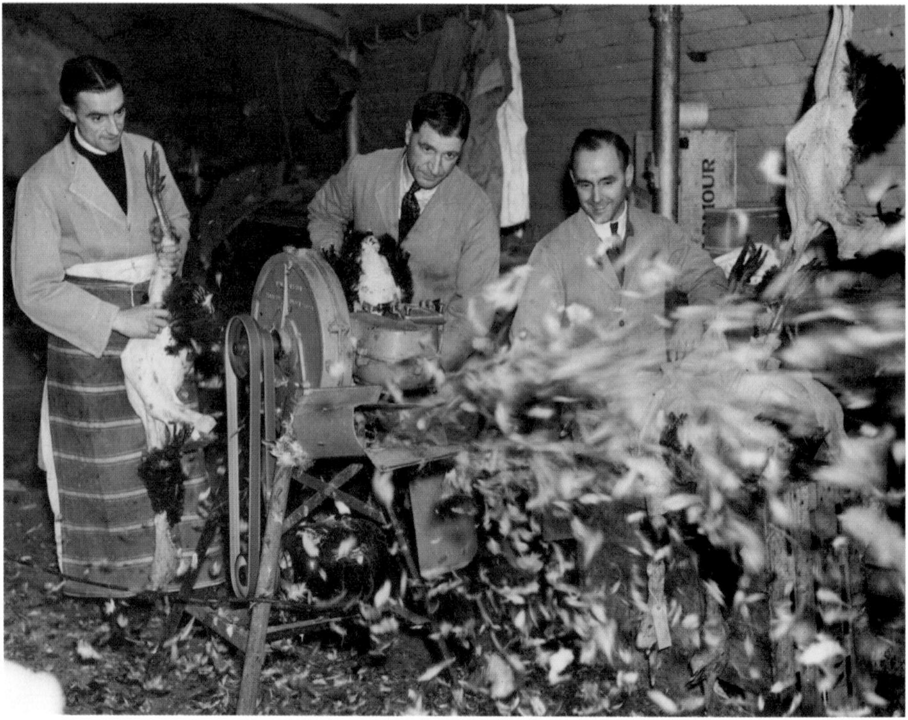

December 1938. Staff at Spiers and Pond's poultry department prepare turkeys for the Christmas market, London. The diplomat Harold Nicholson noted in his diary, 'It has been a bad year. A foul year. Next year will be worse.'

Diciembre de 1938. Empleados del departamento de aves de Spiers y Pond preparan pavos para el mercado de Navidad en Londres. El diplomático Harold Nicholson anotó en su diario: "Ha sido un mal año. Un año horrible. El año que viene será peor".

Dicembre 1938. Impiegati del reparto pollame della Spiers and Pond preparano i tacchini per Natale, Londra. Tratto dal diario del diplomatico Harold Nicholson: "È stato un brutto anno. Un anno terribile. L'anno prossimo sarà peggiore".

One of the first arrivals at the Grand International Poultry, Pigeon and Rabbit Show at Crystal Palace, November 1932.

Uno de los primeros en llegar a la Gran Exposición Internacional de Aves y Conejos en el Crystal Palace, noviembre de 1932.

Uno dei primi arrivati alla Grande Esposizione Internazionale dei volatili e dei conigli al Crystal Palace, novembre 1932.

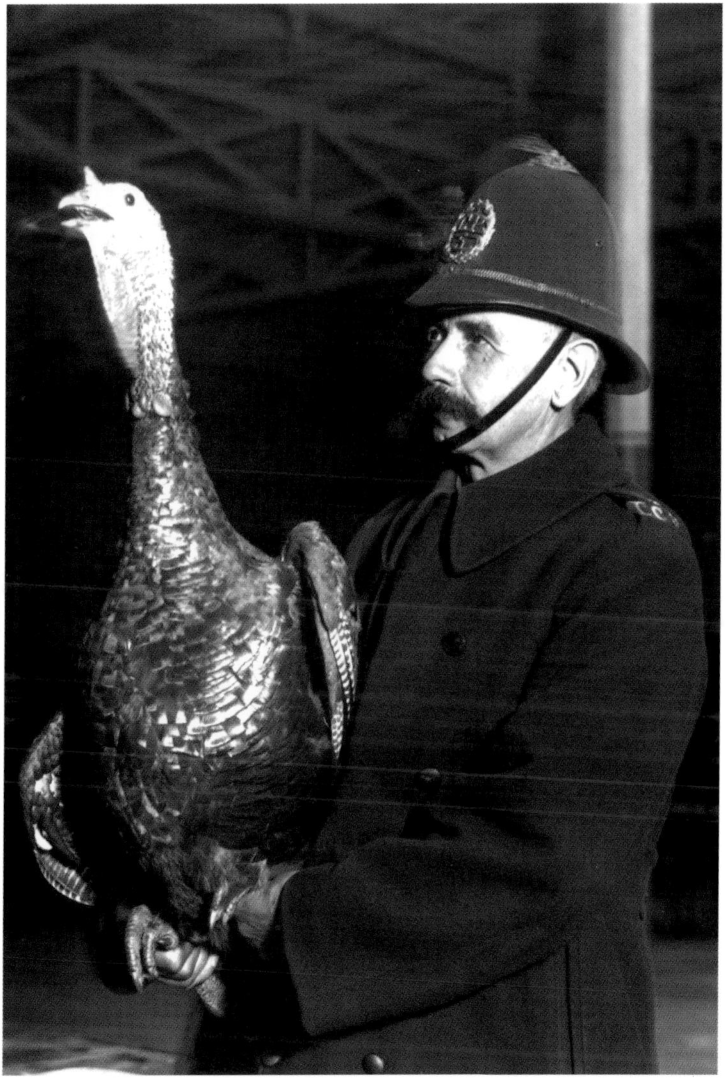

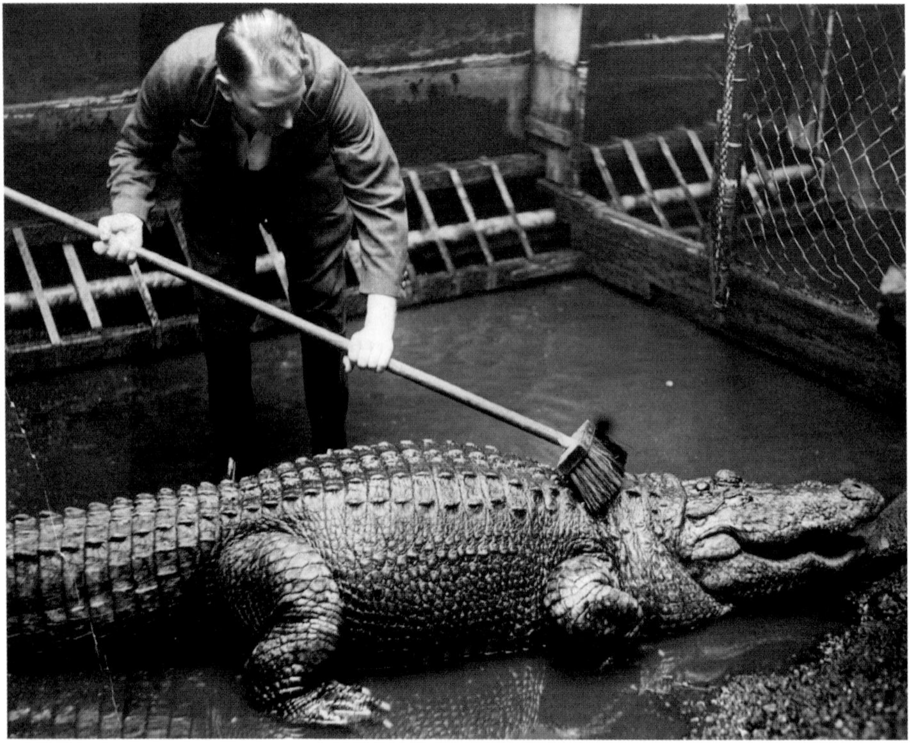

Unlikely Friendships, One. An alligator gets a wash-and-brush-up at a zoo, 12 April 1935.

Amistades peligrosas, primera parte. Un caimán es lavado y cepillado en el zoo. 12 de abril de 1935.

Strana amicizia, I. Toilette per un alligatore dello zoo, 12 aprile 1935.

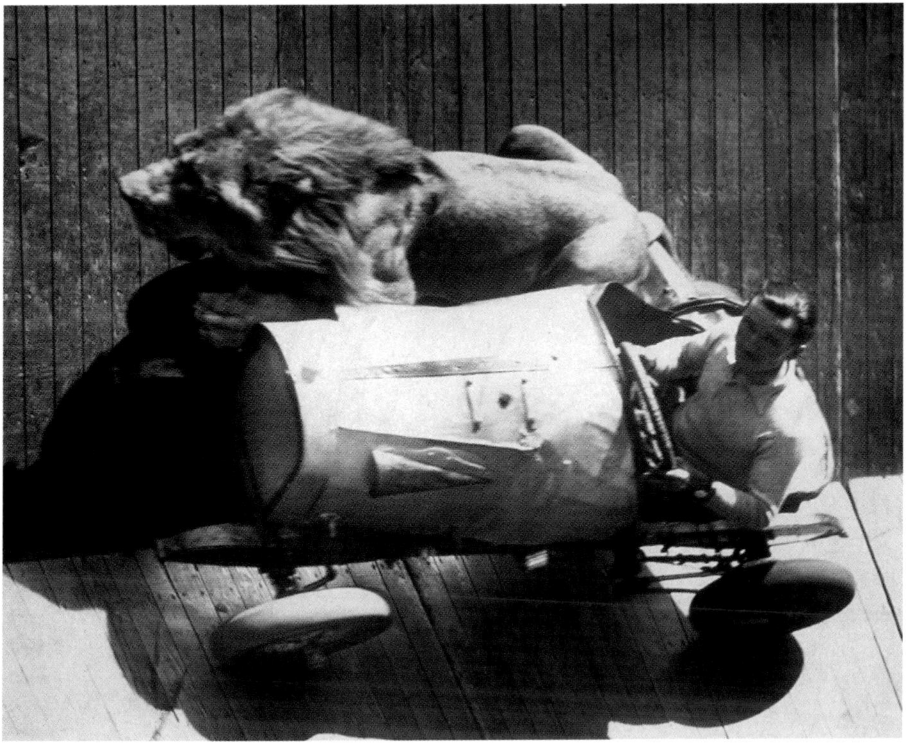

Unlikely Friendships, Two. Mr Egbert takes his five-year-old lion for a ride on the Wall of Death at Mitcham Fair near London, 1935. One assumes the couple were part of the fair – it seems hardly likely that they just turned up for the ride.

Amistades peligrosas, segunda parte. Mr Egbert saca a pasear a su león, de cinco años de edad, por el "muro de la muerte" en la Feria de Mitcham, cerca de Londres, 1935. Lo más normal es que fueran parte de la feria, aunque quizá sólo estaban allí por casualidad.

Strana amicizia II. Mr Egbert porta il suo leone di cinque anni a fare un giro sul "muro della morte" alla fiera di Mitcham nei pressi di Londra, 1935. Molto probabilmente erano una delle attrazioni della fiera; è del tutto inverosimile, infatti, che si trovassero lì per caso.

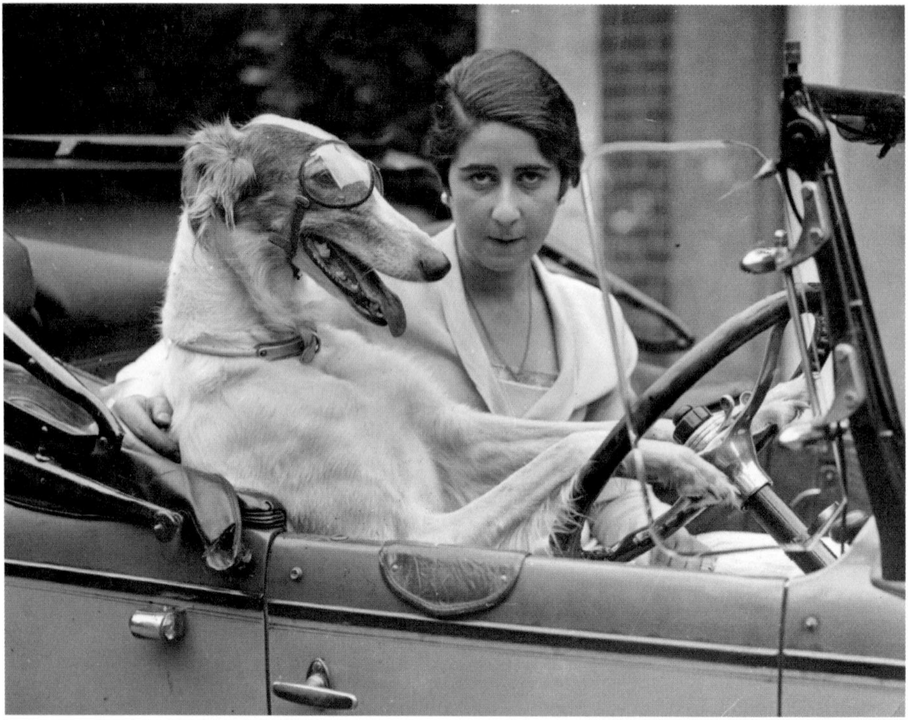

In the year following the 1929 collapse of the Wall Street stock market, it was very difficult to recruit reliable staff, and families were often forced to employ the most unlikely-looking cooks, maids and chauffeurs.

En el año que siguió a la crisis del mercado de valores de Wall Street en 1929 fue muy difícil contratar personal de confianza y las familias tenían que contar a menudo con los más extraños cocineros, criados o conductores.

Dopo il crack della borsa di Wall Street nel 1929, era molto difficile trovare personale domestico affidabile e le famiglie dovevano spesso ricorrere ai più insoliti cuochi, camerieri e chauffeur.

An ostrich, with its neck well bandaged against the cold, sets out to pull a light cart, 1930.

Un avestruz, con el cuello cubierto para protegerse del frío, preparado para tirar de un carro, 1930.

Uno struzzo, con una sciarpa per proteggere il collo, è pronto per la corsa, 1930.

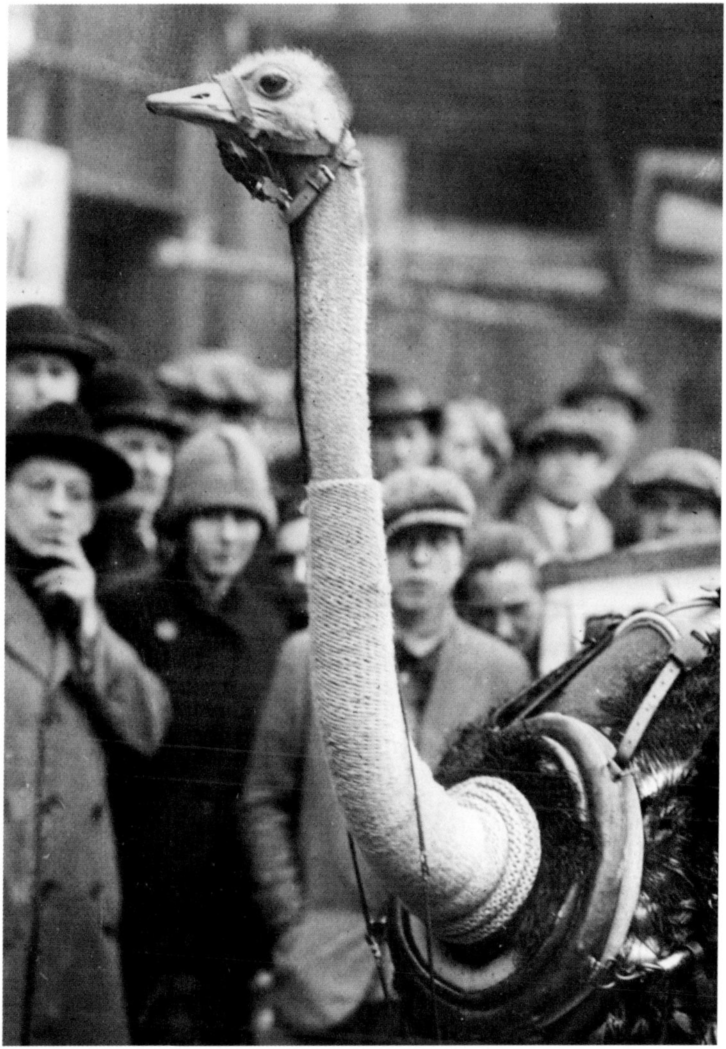

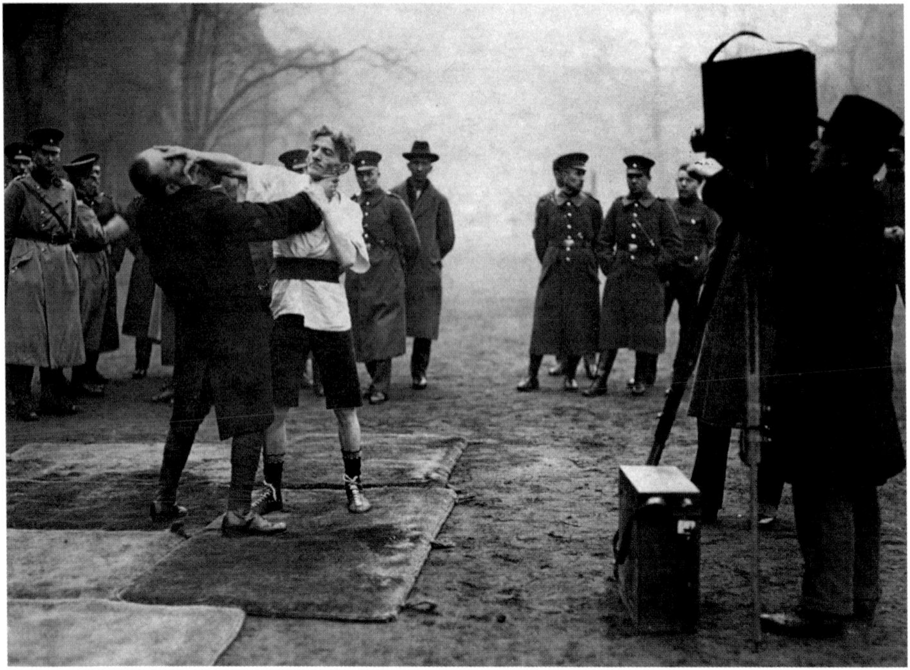

Unarmed combat. The Swiss-born jujitsu master, Adolf Tobler, sets out to demonstrate some new holds to members of the Berlin Police, 1935. History, alas, does not record what happened to Monsieur Tobler.

Combate sin armas. El maestro de jiu-jitsu de origen suizo, Adolf Tobler, enseña nuevas llaves a los miembros de la policía berlinesa, 1935. Sin embargo, Monsieur Tobler no dejó ninguna huella en la Historia.

Combattimento senza armi. Adolf Tobler, il maestro di jiu-jitsu di origine svizzera, insegna delle nuove prese a due poliziotti berlinesi, 1935. Sfortunatamente non si sa cosa sia successo Monsieur Tobler.

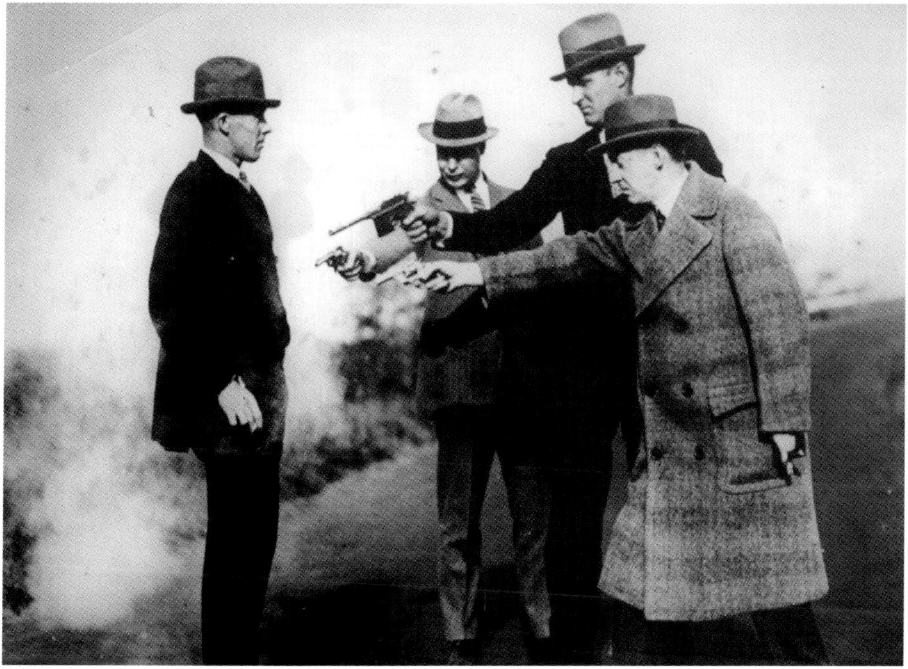

Armed combat. Detectives test bullet-proof vests at very close range, 1930. What happened to the bullet-proof vest, or the man inside it, remains a mystery, though one can assume that their futures were inextricably linked.

Combate con armas. Unos detectives prueban un chaleco antibalas disparando a bocajarro, 1930. Lo que pasó con el chaleco y con el hombre que lo llevaba es un misterio, aunque cabe pensar que tuvieron un futuro común.

Combattimento armato. Alcuni poliziotti collaudano un giubbotto antiproiettili, 1930. Non si sa cosa sia accaduto al giubbotto e all'uomo che lo indossava. Dipendeva tutto dall'esito del test.

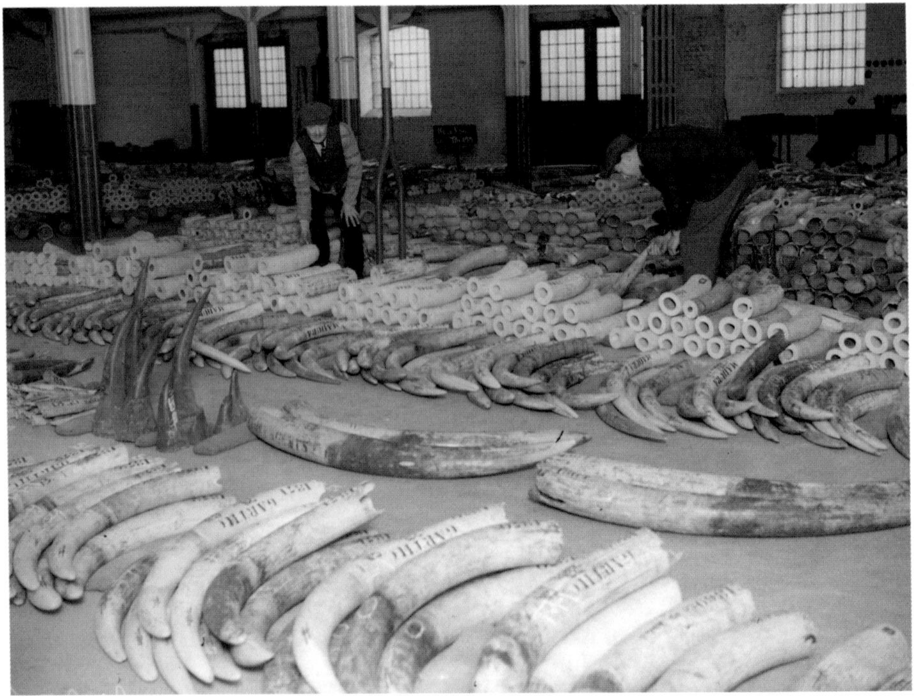

A hoard of elephant tusks in a London warehouse, 1930. There were then no restrictions on the ivory trade. It was simply one of the thousands of products that poured into London from the far-flung British Empire.

Un almacén lleno de colmillos de elefante, Londres 1930. No había restricciones en el comercio del marfil. Se trataba simplemente de uno de los miles de productos que Londres importaba desde los confines del Imperio Británico.

Zanne d'elefante in un magazzino di Londra, 1930. Il commercio dell'avorio non era sottoposto ad alcun genere di restrizione. L'avorio era solo uno dei tanti prodotti importati a Londra dai quattro angoli dell'impero britannico.

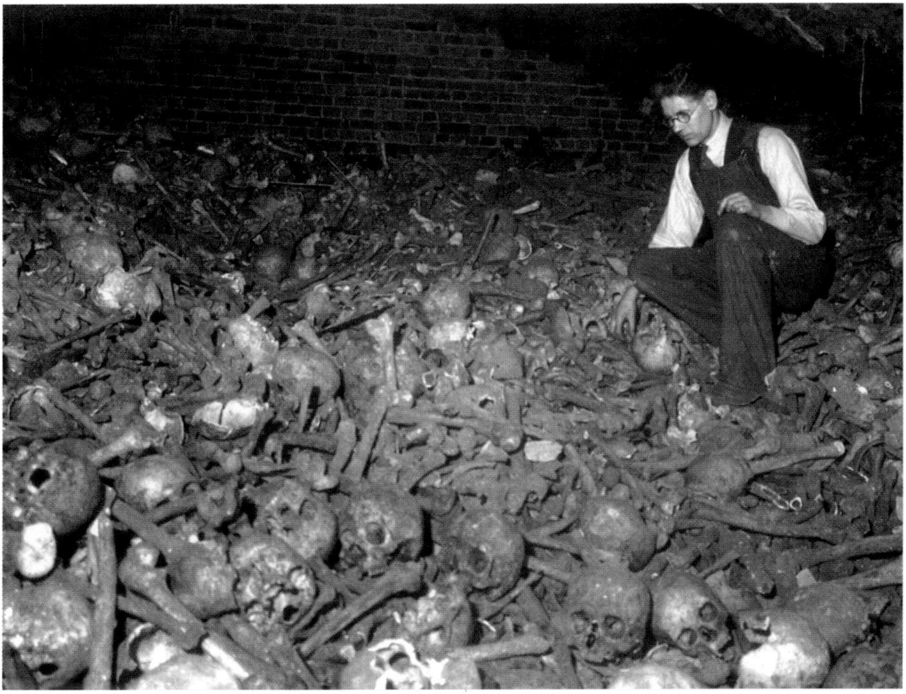

The charnel-house beneath the church of St Martin-in-the Fields, Trafalgar Square, London, 1936. The vaults had been opened up prior to their demolition. The crypt of the church became an air-raid shelter during the war.

Osario de la iglesia de St Martin-in-the-Fields, Trafalgar Square, Londres, 1936. Se había abierto el sótano antes de la demolición y la cripta de la iglesia pasó a ser un refugio antiaéreo durante la guerra.

Ossario della chiesa di St-Martin-in-the-Fields, Trafalgar Square, Londra, 1936. Prima della loro demolizione i sotterranei furono aperti al pubblico. Durante la guerra la cripta della chiesa veniva usata come rifugio antiaereo.

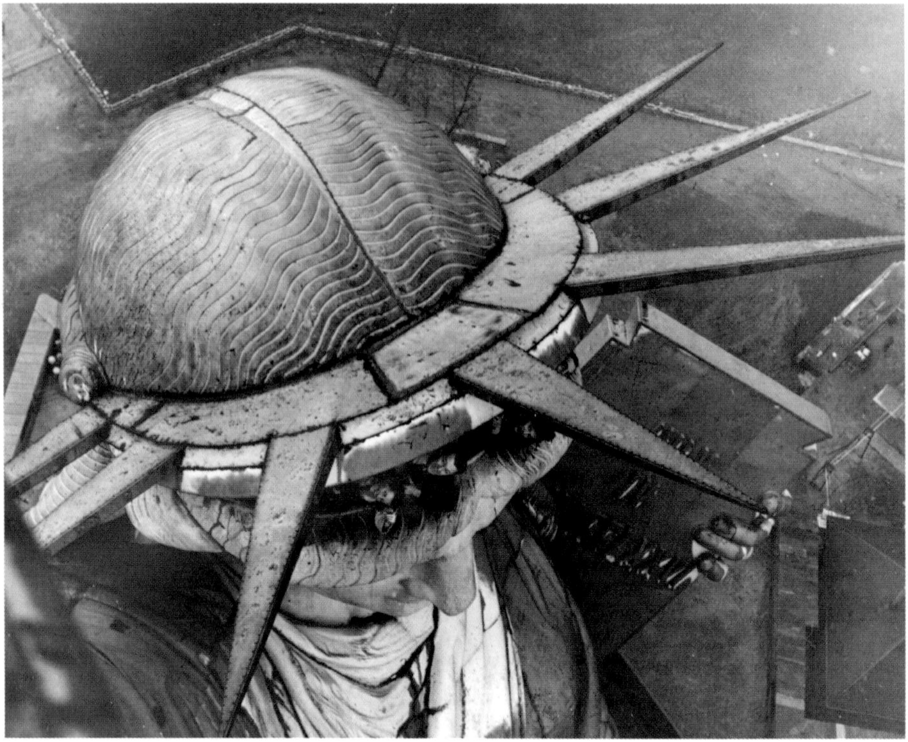

Symbolic woman, one. The head of the Statue of Liberty, New York Harbour, 1930. The statue was originally made in France in the 1880s.

Mujer símbolo, primera parte. La cabeza de la Estatua de la Libertad, puerto de Nueva York, 1930. La estatua fue creada en Francia en la década de 1880.

Donna simbolica I. La testa della statua della Libertà, porto di New York, 1930. La statua venne fabbricata in Francia negli anni 1880.

Symbolic woman, two. This giant Britannia was carved from stone by Monsieur Desruelles in 1937, to commemorate the British Expeditionary Force of 1914.

Mujer símbolo, segunda parte. Esta Britannia gigante fue esculpida en piedra por Monsieur Desruelles en 1937 en honor al cuerpo expedicionario británico de 1914.

Donna simbolica II. Questa Britannia gigante in pietra fu scolpita da Monsieur Desruelles nel 1937 per commemorare il British Expeditionary Force del 1914.

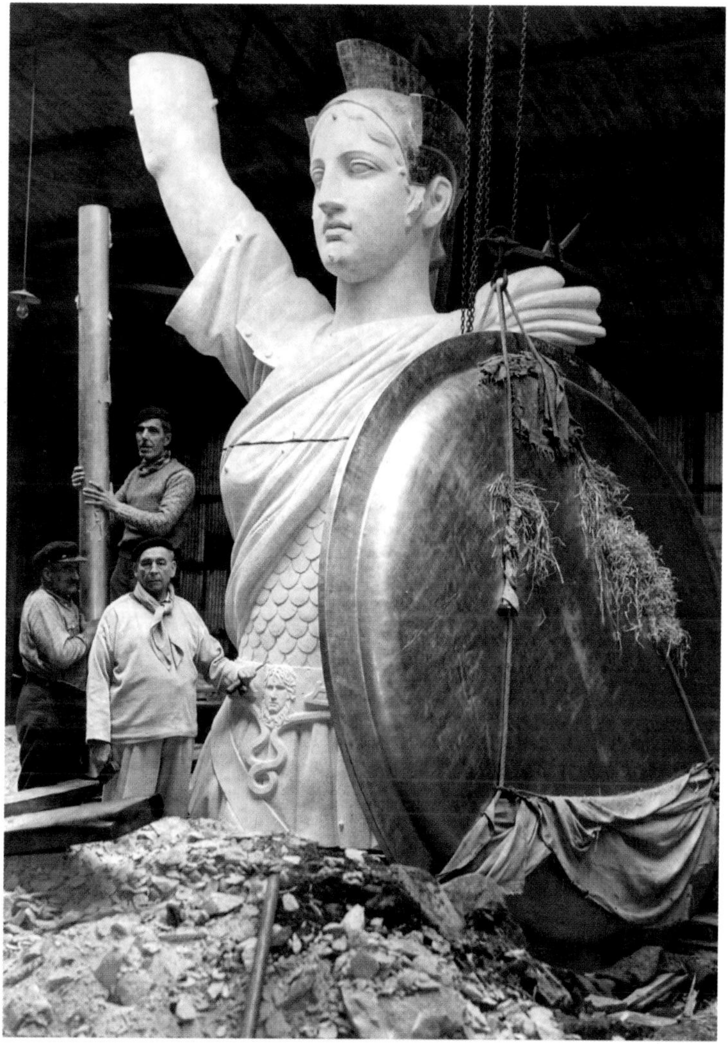

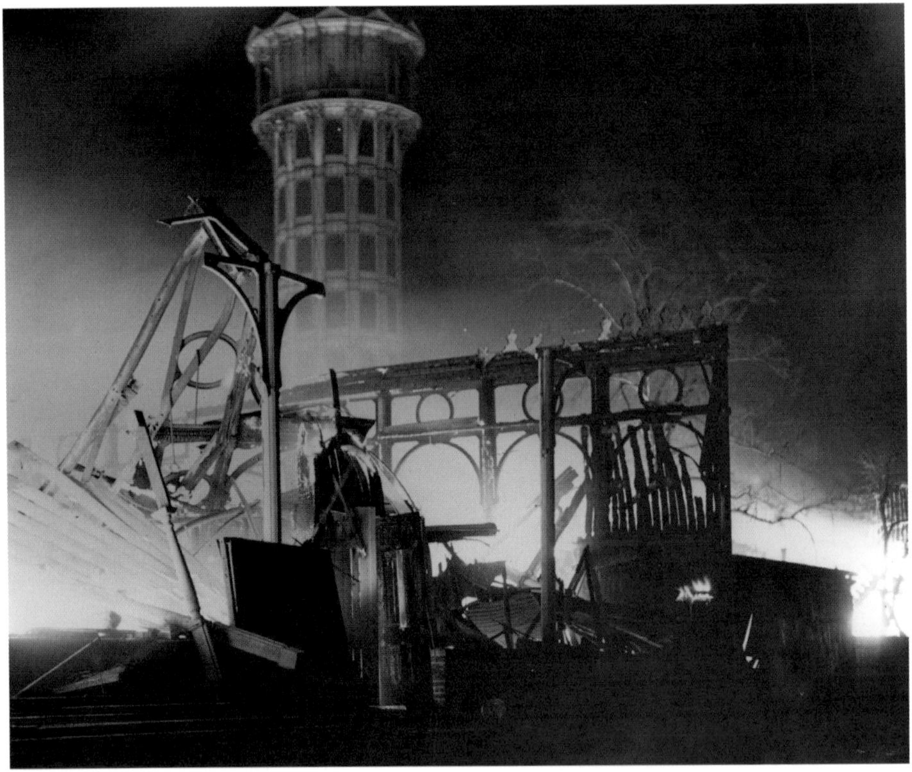

30 November 1936. The destruction of the Crystal Palace. The huge palace of glass and iron went up in flames, probably as a result of a burning cigarette being left in a paint store. The glow could be seen from 50 miles (80 kilometres) away. Molten glass ran down the streets of south London. But no one was killed.

30 de noviembre de 1936. Destrucción del Crystal Palace. El inmenso palacio de cristal y hierro fue destruido por las llamas, posiblemente a consecuencia de una colilla encendida que alguien dejó en el almacén de pinturas. El incendio se podía ver desde 80 kilómetros de distancia. El vidrio fundido corría por las calles del sur de Londres. Sin embargo, no hubo muertos.

30 novembre 1936. Il Crystal Palace, gigantesco palazzo in ferro e vetro, in preda al fuoco. Le fiamme, molto probabilmente causate da un mozzicone di sigaretta nel magazzino delle vernici, erano visibili fino a 80 chilometri di distanza. Il vetro fuso colò nelle strade del sud di Londra. Non ci furono però vittime.

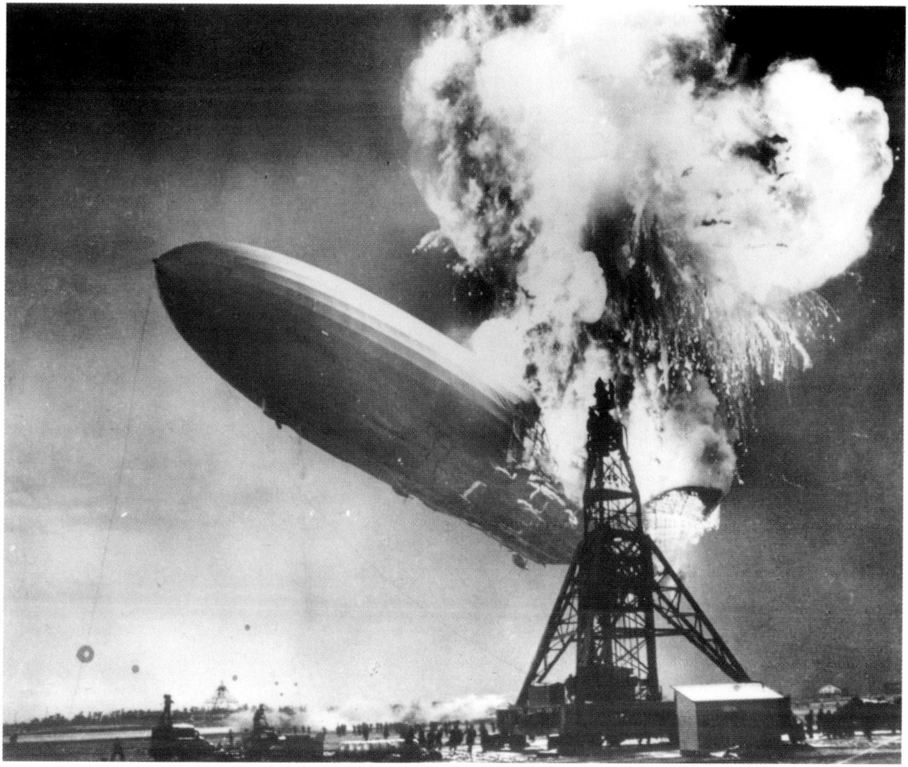

6 May 1937. The *Hindenburg* disaster at Lakehurst, New Jersey. The airship was completing its flight from Frankfurt with 97 people on board. Three hundred feet (100 metres) above ground it suddenly burst into flames. Thirty three people died and many more were injured.

6 de mayo de 1937. El desastre del *Hindenburg* en Lakehurst, New Jersey. El dirigible llegaba procedente de Fráncfort con 97 pasajeros. A cien metros del suelo estalló en llamas. Murieron treinta personas y hubo un gran número de heridos.

6 maggio 1937. La catastrofe del *Hindenburg* a Lakehurst, New Jersey. Il dirigibile, che aveva a bordo 97 passeggeri, stava concludendo il volo partito da Francoforte. Prese improvvisamente fuoco a 100 metri dal suolo. Trenta persone furono uccise e ben di più ferite.

13. Heading for war
La inminencia de la guerra
In marcia verso la guerra

February 1939. Women workers at a factory in Southend, England, practising their gas-mask drill. Gas masks were distributed to the British public long before the start of the war. They smelt of rubber and made you feel sick – but that was better than being gassed.

Febrero de 1939. Trabajadoras de una fábrica de Southend, Inglaterra, probando el uso de las máscaras de gas. Estas máscaras se distribuyeron entre la población mucho antes de que empezara la guerra. Tenían un olor muy fuerte a goma que hacía vomitar, pero era mejor eso que morir a causa del gas.

Febbraio 1939. Esercitazioni con le maschere antigas di alcuni operai di una fabbrica di Southend, Inghilterra. Le maschere antigas furono distribuite alla popolazione britannica molto prima dell'inizio della guerra. Avevano un forte odore di gomma e provocavano la nausea, ma era comunque meglio che morire asfissiati.

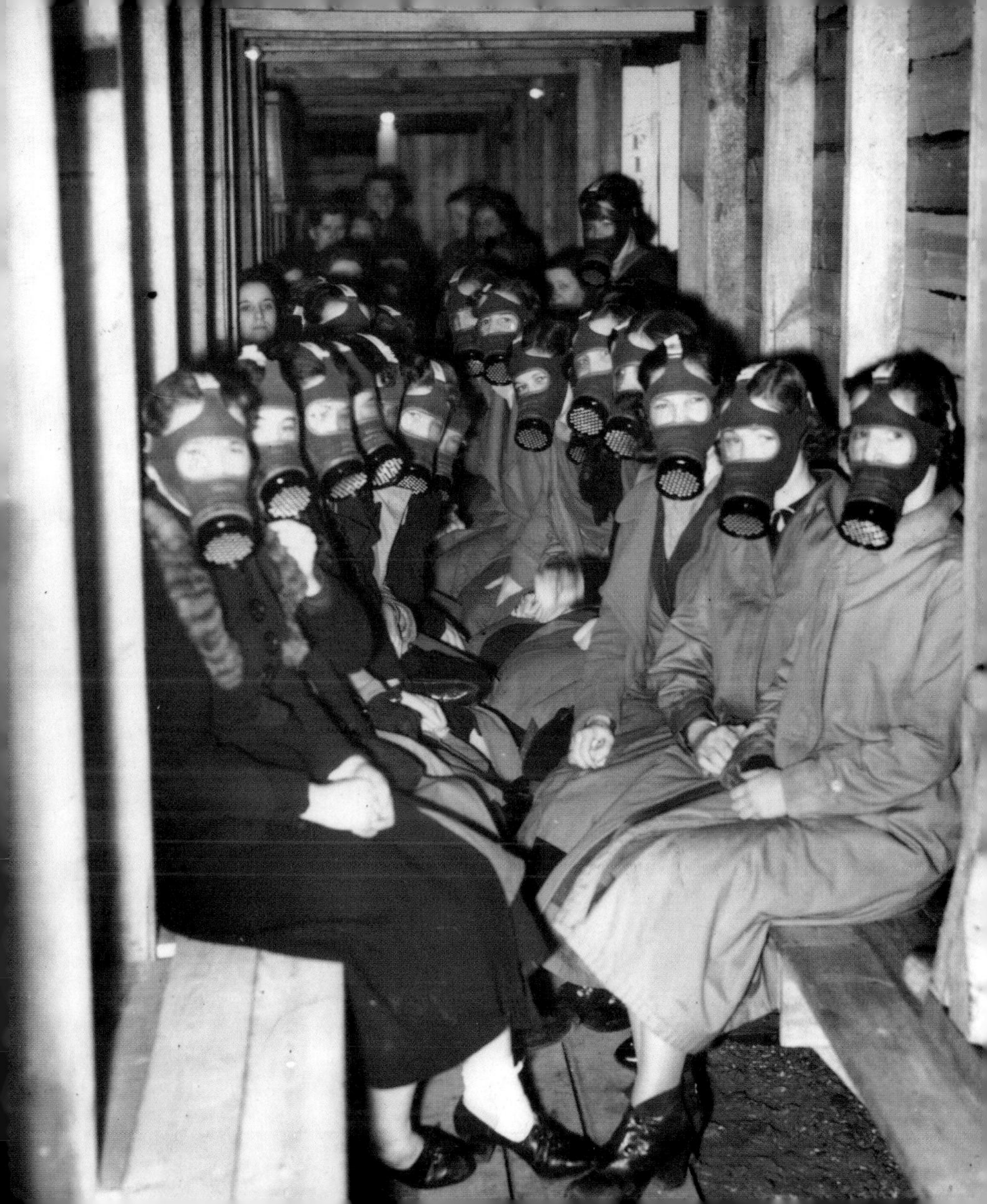

13. Heading for war
La inminencia de la guerra
In marcia verso la guerra

Sixty years or more later, the debate still continues as to who should be blamed for World War II. Was it Clemenceau and Lloyd George, for the punitive peace terms they inflicted on Germany after World War I? Was it the Weimar Republic, for its seemingly easy-going approach to the massive problems of the Twenties? Was it the fault of those who gave way to Hitler's demands? Should Woodrow Wilson and the United States not have turned their backs on Europe in 1919? Was the weak dithering of the League of Nations responsible?

Whoever was to blame, the accelerating progression was clear for all to see. In March 1938, Nazis troops entered Austria, proclaiming the Anschluss (annexation). Seven months later they moved into Czechoslovakia's Sudetenland, as Hitler announced, 'Thus we begin our march into the great German future.' By March 1939, they were in Prague.

Chamberlain did his feeble best at Munich, but by then sandbags were being filled, shelters were being built, and every nation in Europe – save Switzerland – was stockpiling weapons.

The final steps were taken in August. Troops mobilized in Poland, France requisitioned her railways, Britain closed the Mediterranean and the Baltic to British merchant ships.

The following month, the German army crossed the Polish frontier.

Después de más de sesenta años, aún se discute sobre quién fue el culpable de la Segunda Guerra Mundial. ¿Fueron Clemenceau y Lloyd George, por las medidas punitivas que aplicaron a Alemania después de la Primera Guerra Mundial? ¿Fue la República de Weimar y su aparente indolencia en la aproximación a los problemas masivos de los años veinte? ¿Fue culpa de los que consintieron las exigencias de Hitler? ¿Fueron Woodrow Wilson y EE.UU. los responsables por haber dado la espalda a Europa en 1919? ¿Fue la falta de firmeza de la Sociedad de Naciones?

Fuera quien fuera, todo el mundo veía claramente cómo los acontecimientos se precipitaban. En marzo de 1938, las tropas nazis entraron en Austria y proclamaron la *Anschluss,* la anexión a Alemania. Siete meses más tarde, los soldados llegaron a los Sudetes, en Checoslovaquia, mientras Hitler anunciaba: "Así empezamos nuestra marcha en la futura gran Alemania". En marzo de 1939 estaban en Praga.

El Ministro de Exteriores británico, Chamberlain, hizo todo lo que pudo en Múnich, pero por aquel entonces se llenaban sacos de arena, se construían refugios, y todos los países europeos —excepto Suiza— organizaban sus arsenales.

Los pasos finales se llevaron a cabo en agosto. Se movilizaron tropas en Polonia, Francia requisó sus ferrocarriles y el Reino Unido cerró el Mediterráneo y el Báltico a la marina mercante británica.

Un mes más tarde, el ejército alemán cruzó la frontera polaca.

Sono passati più di sessant'anni e si continua a dibattere su chi debba ricadere la responsabilità della seconda guerra mondiale. Su Clémenceau e Lloyd George, che inflissero alla Germania delle condizioni di pace troppo dure? Sulla Repubblica di Weimar che aveva affrontato con troppa leggerezza i gravi problemi degli anni Venti? Su Woodrow Wilson e gli Stati Uniti che voltarono le spalle all'Europa nel 1919 ? O ancora sulla Società delle Nazioni che non si comportò con sufficiente fermezza?

Chiunque fosse il responsabile, tutti potevano vedere l'accelerata progressione dei fatti. Nel marzo 1938 i soldati nazisti entrarono in Austria proclamando l'*Anschluss* (l'annessione al Terzo Reich). Sette mesi più tardi annettevano i territori sudeti della Cecoslovacchia. Come Hitler aveva dichiarato: "Era iniziato il cammino per una futura grande Germania". Nel marzo 1939 i tedeschi erano a Praga.

A Monaco, Chamberlain fece del suo meglio, ma tutte le nazioni d'Europa, a eccezione della Svizzera, iniziavano a riempire sacchi di sabbia, a costruire rifugi e ad ammassare armi.

Le ultime misure furono decise in agosto. Truppe furono mobilitate in Polonia, la Francia requisì le ferrovie e la Gran Bretagna proibì il Mediterraneo e il Baltico alla marina mercantile britannica.

Un mese più tardi, l'esercito tedesco attraversava il confine polacco.

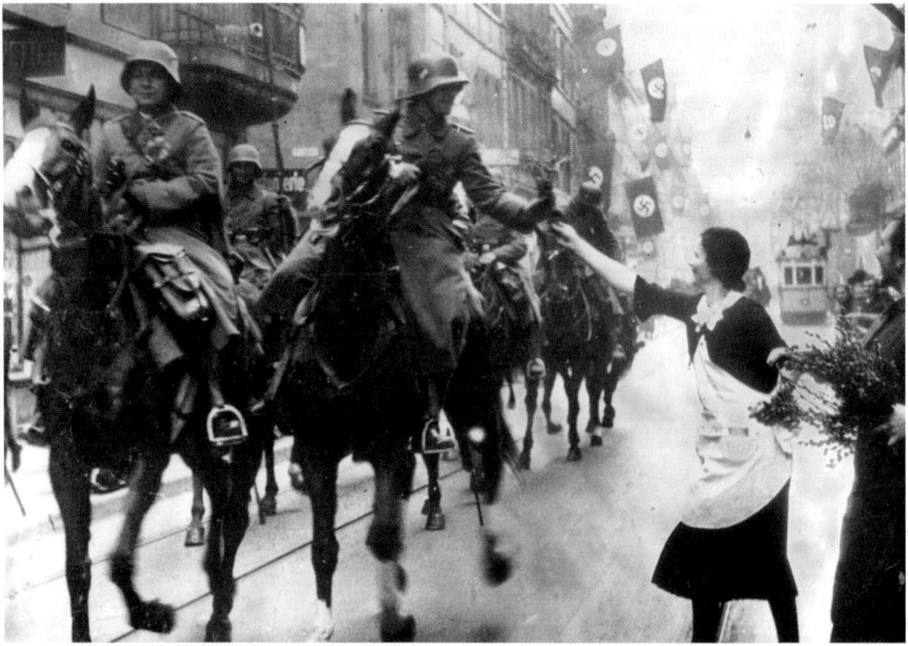

March 1936. German troops reoccupy the Rhineland. The move was a violation of the Locarno Pact, but the League of Nations, and the international community, did nothing.

Marzo de 1936. Las tropas alemanas ocupan Renania. Este hecho era una violación del Pacto de Locarno, pero la Liga de Naciones y la comunidad internacional no hicieron nada para evitarlo.

Marzo 1936. I soldati tedeschi rioccupano la Renania. Questa azione era una violazione del patto di Locarno, ma né la Società delle Nazioni né la comunità internazionale insorse.

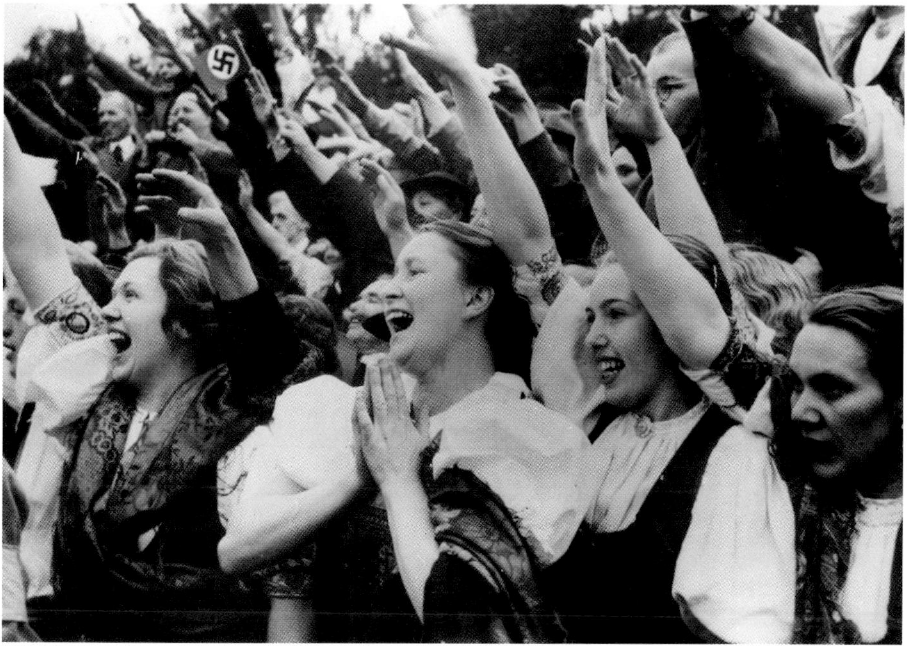

October 1938. Sudeten Germans cheer Adolf Hitler's entry into Carlsbad (now Karlovy Vary, Czech Republic). 'In that case,' said Churchill, 'we shall have war.' But Chamberlain disappointed him, and Churchill had to wait another year.

Octubre de 1938. Alemanes de los Sudetes celebran la entrada de Adolf Hitler en Carlsbad (actualmente, Karlovy Vary, República Checa). "En ese caso", dijo Churchill, "la guerra es inevitable". Pero Chamberlain le decepcionó y Churchill tuvo que esperar un año más.

Ottobre 1938. Sudeti tedeschi salutano l'ingresso di Adolf Hitler a Karlsbad (oggi Karlovy Vary, Repubblica Ceca). "A questo punto", dichiarò Churchill, "la guerra è inevitabile". Ma Chamberlain non gli diede retta e Churchill dovette aspettare un altro anno.

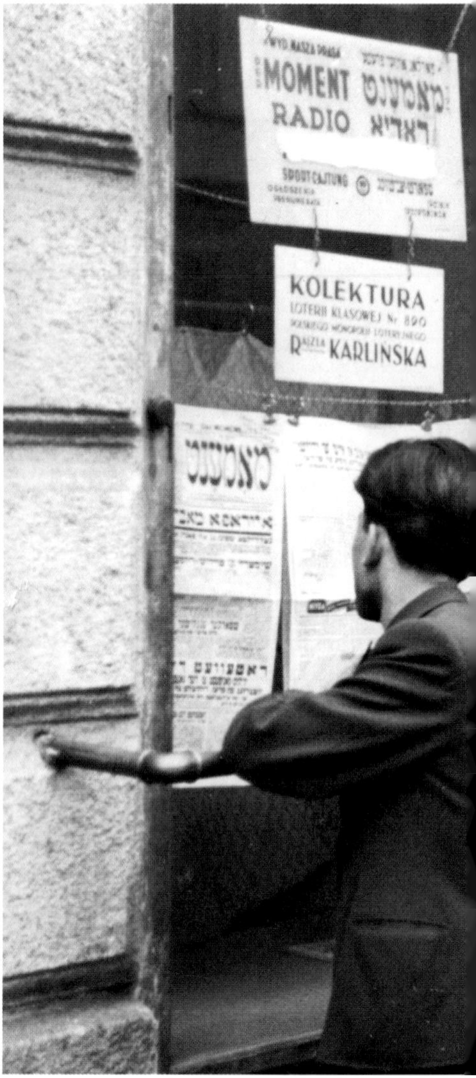

1 September 1939. Inhabitants of Warsaw read Hitler's ultimatum, posted all over the city. The choice offered to the Poles was capitulation or invasion. The next day the city was bombed by the Luftwaffe.

1 de septiembre de 1939. Habitantes de Varsovia leyendo el ultimátum de Hitler, colgado por toda la ciudad. Ofrecía a los polacos elegir entre la capitulación o la invasión. Al día siguiente, la ciudad fue bombardeada por la Luftwaffe.

1° settembre 1939. Alcuni abitanti di Varsavia leggono l'ultimatum di Hitler, affisso su tutti i muri della città, che proponeva ai polacchi la capitolazione o l'invasione. L'indomani la città fu bombardata dalla Luftwaffe.

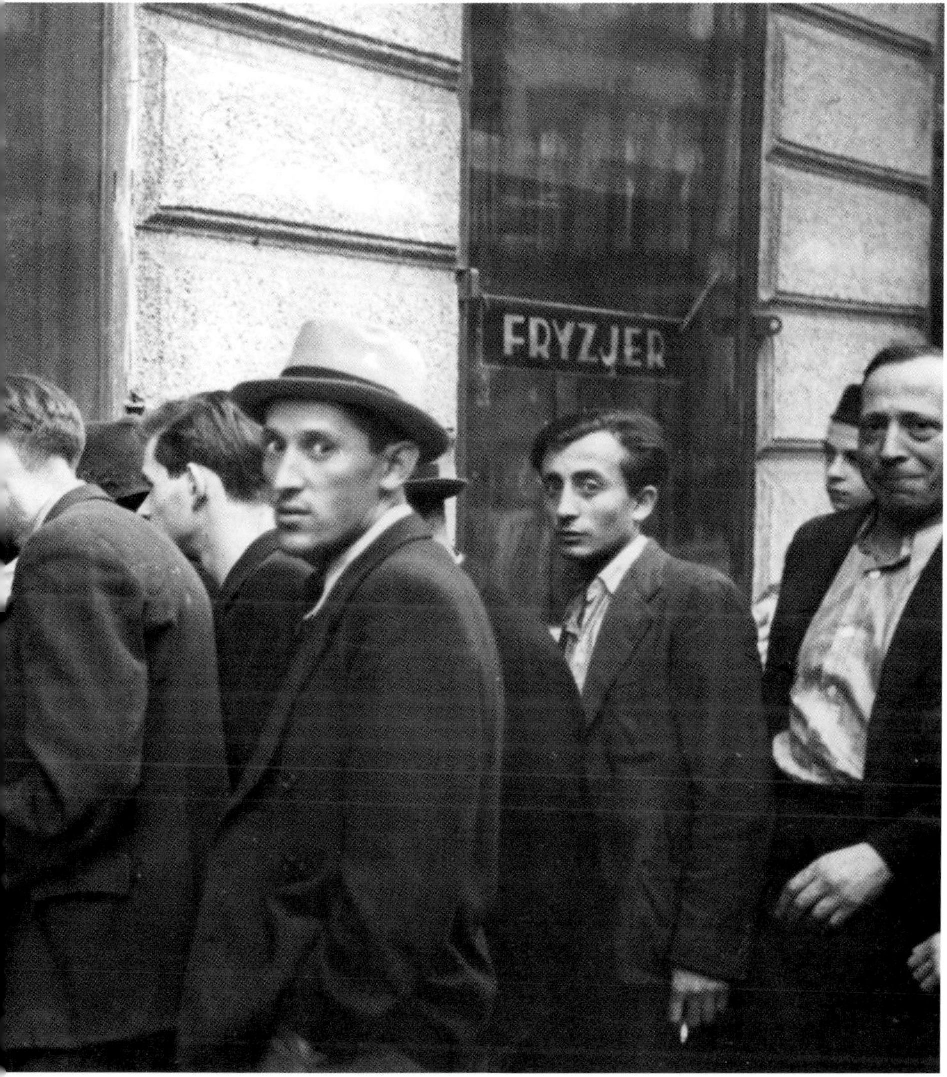
FRYZJER

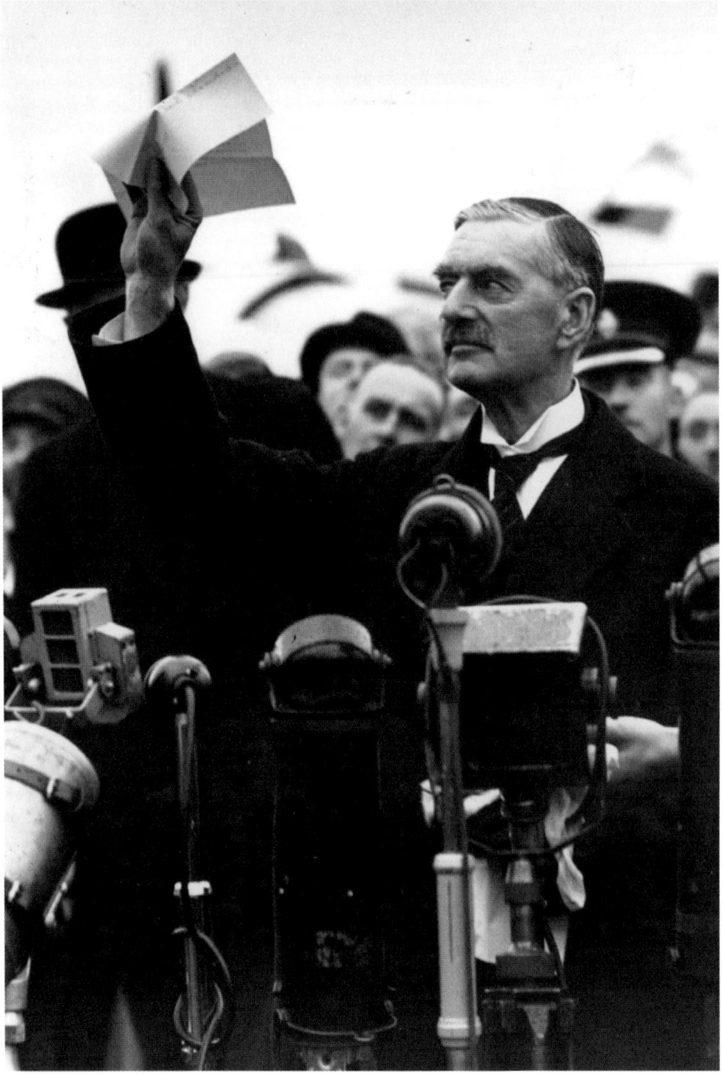

September 1938. Chamberlain arrives at Heston airport on his return from Munich. He believed it was 'peace in our time'. 'Our time' lasted 12 months.

Septiembre de 1938. Chamberlain llega al aeropuerto de Heston desde Múnich. Creía que habría "paz para rato", pero ese "rato" duró sólo doce meses.

Settembre 1938. L'arrivo di Chamberlain all'aereoporto di Heston, di ritorno da Monaco. Era convinto di avere ottenuto una "pace duratura". Durò dodici mesi.

Paris newspapers announce the outbreak of World War II. Unlike its predecessor, it was greeted with resignation rather than enthusiasm.

Los periódicos parisinos anuncian el estallido de la Segunda Guerra Mundial. A diferencia de su antecesora, fue seguida con más resignación que entusiasmo.

I giornali parigini danno l'annuncio dell'inizio della seconda guerra mondiale. Contrariamente a quella precedente, questa guerra fu accolta più con rassegnazione che con entusiasmo.

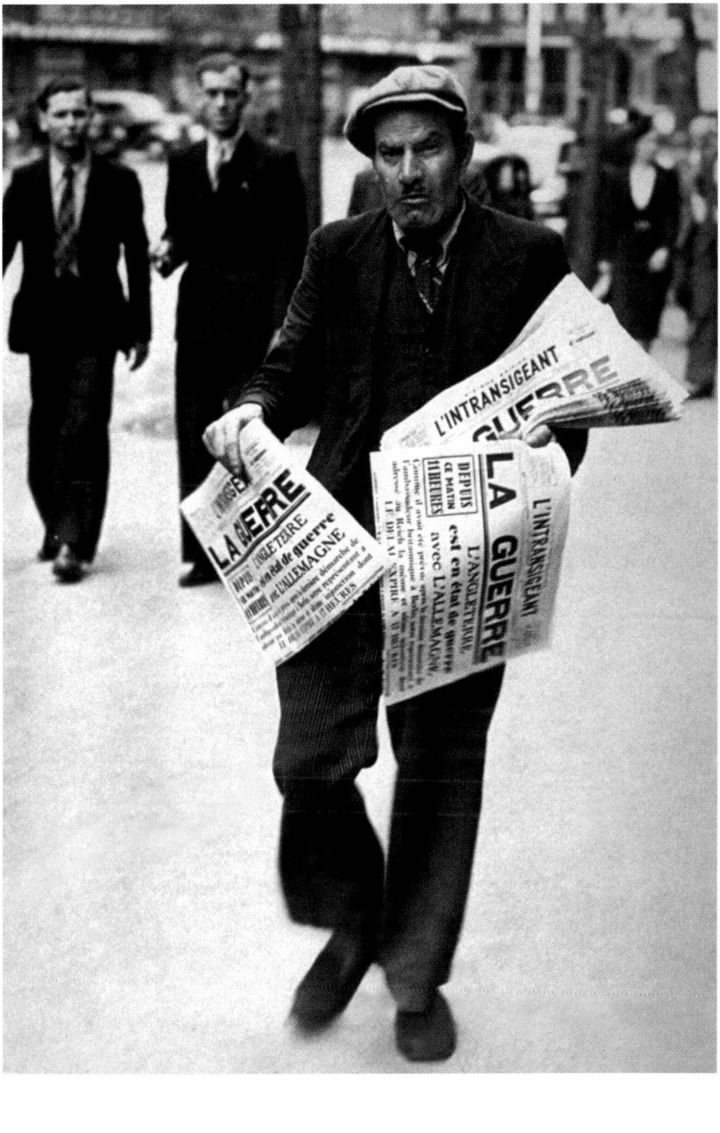

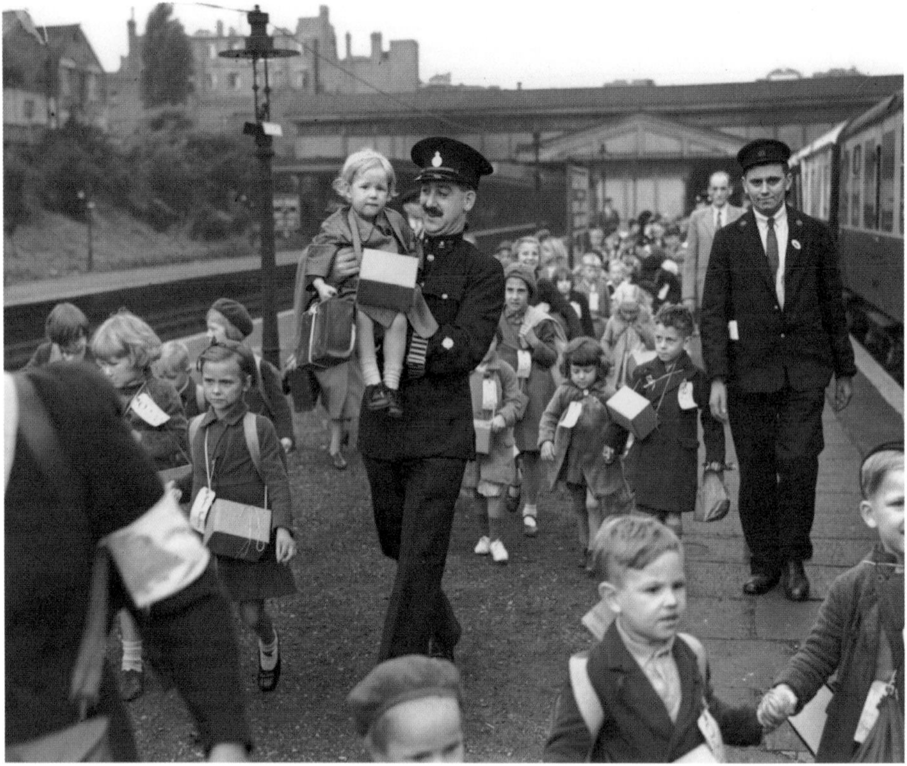

Eight hundred evacuee children gather on Ealing Broadway station, West London, 1939. They were on their way to the country, where they would be safe from bombing raids. After the comparative inactivity of the 'Phoney War', many of them returned to London in time for the Blitz.

Ochocientos niños evacuados reunidos en la estación de Ealing Broadway, oeste de Londres, 1939. Los llevaban al campo, donde estarían a salvo de los bombardeos. Como la guerra transcurría con cierta tranquilidad, muchos de ellos volvieron a Londres, justo antes del *Blitz*.

Raduno di ottocento bambini alla stazione di Ealing Broadway, nella parte occidentale di Londra, 1939. Evacuati in campagna per proteggerli dai bombardamenti, dopo la calma apparente della "guerra fasulla", molti bambini ritornarono a Londra, giusto in tempo per il Blitz.

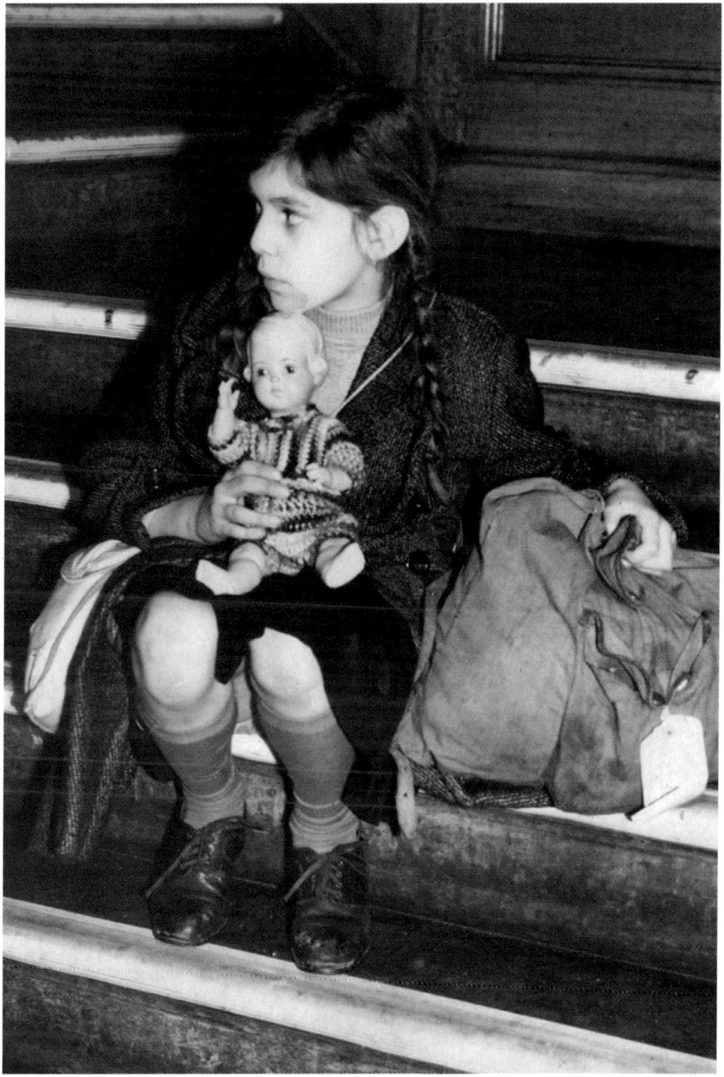

December 1938.
The first of 5,000 Jewish and non-Aryan refugees from Germany arrive at the port of Harwich.

Diciembre de 1938.
Los primeros de los 5.000 judíos y no arios llegan desde Alemania al puerto de Harwich.

Dicembre 1938.
Arrivo al porto di Harwich, Inghilterra, di una ragazzina; la prima dei 5000 rifugiati ebrei e non ariani provenienti dalla Germania.

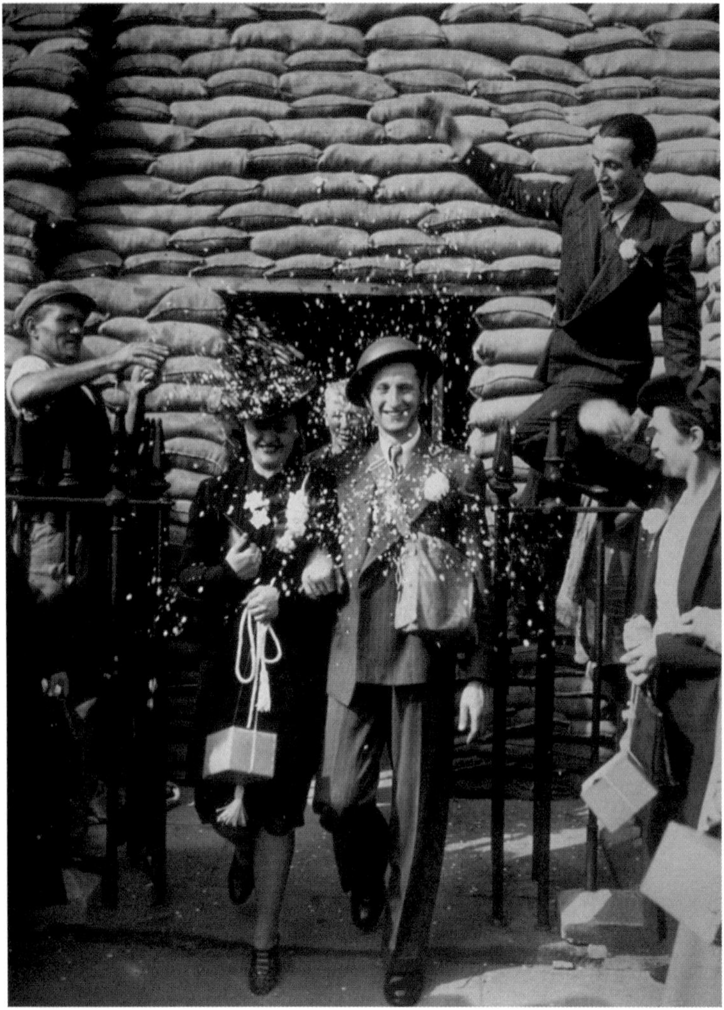

Corporal White, of the 1st City of London Regiment, marries Miss A Nock at a sandbagged Islington Registry Office, 1939.

El cabo White, del Primer Regimiento de la ciudad de Londres, se casa con Miss A. Nock en el juzgado de Islington, cubierto de sacos de arena, 1939.

Il caporale White del I Reggimento della Città di Londra sposa Miss Nock nel municipio di Islington, completamente rivestito di sacchi di sabbia, 1939.

September 1939. Nurses stand on sandbags that cover a London hospital. The photograph was taken by Frederick Ramage.

Septiembre de 1939. Unas enfermeras cubren un hospital de Londres con sacos de arena. Esta fotografía es de Frederick Ramage.

Settembre 1939. Infermiere in piedi sui sacchi di sabbia che ricoprivano un ospedale di Londra. Foto di Frederick Ramage.

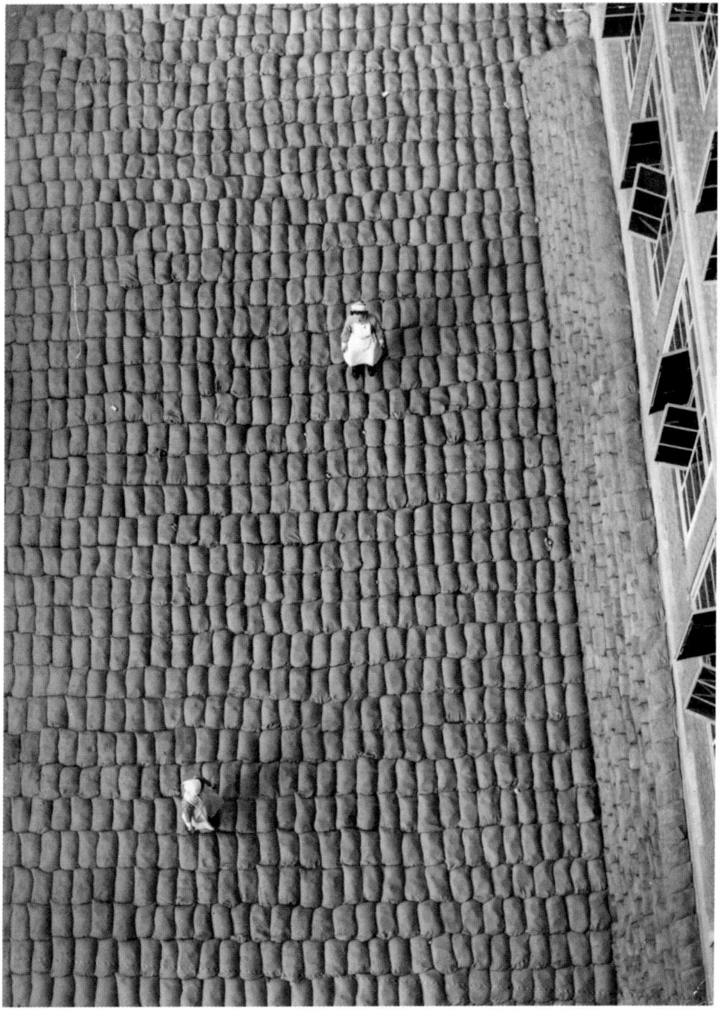

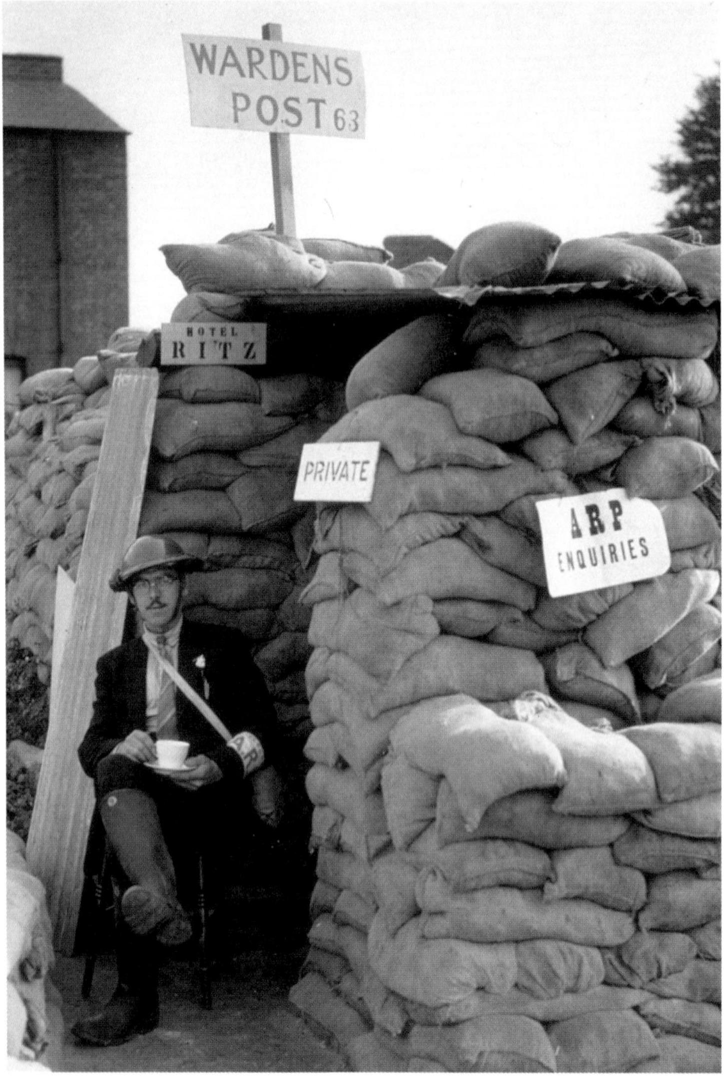

A London ARP (Air Raid Precautions) warden, off duty, 1939. Wardens were often seen as figures of fun, the butt of many comedians' humour.

Un cuartel de protección contra bombardeos (ARP), Londres 1939. Muchos humoristas utilizaban estos cuarteles como tema para sus chistes.

Un momento di pausa per un addetto della ARP (Precauzioni contro i raid aerei), Londra, 1939. Questi addetti erano spesso oggetto di scherzi e battute umoristiche.

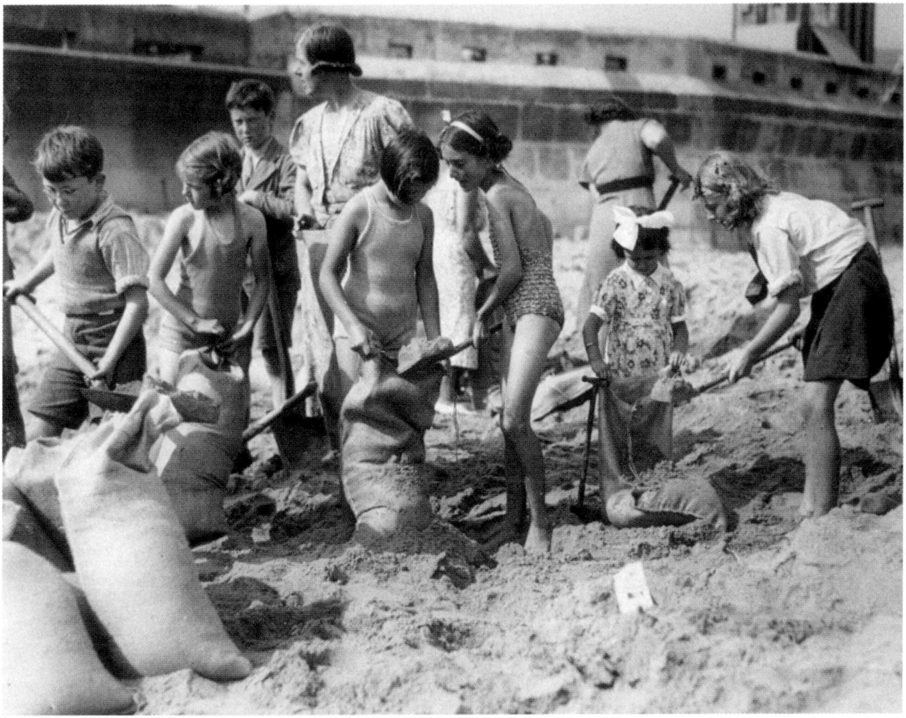

Sandbags at the seashore – Whitley Bay, Northumberland, 1939. Sandbags were needed all over Britain, and soldiers, civilians, Boy Scouts and schoolchildren were all recruited to fill the bags with sand and meet the demand.

Sacos de arena en la playa. Whitley Bay, Northumberland, 1939. Todo el Reino Unido necesitaba sacos de arena. Para cubrir la demanda se reclutaron soldados, civiles, *boy scouts* y estudiantes.

Sacchi di sabbia sulla spiaggia di Whitley Bay, Northumberland, 1939. Occorrevano sacchi di sabbia in tutta la Gran Bretagna. Per far fronte alla domanda vennero reclutati soldati, civili, boy-scout e studenti.

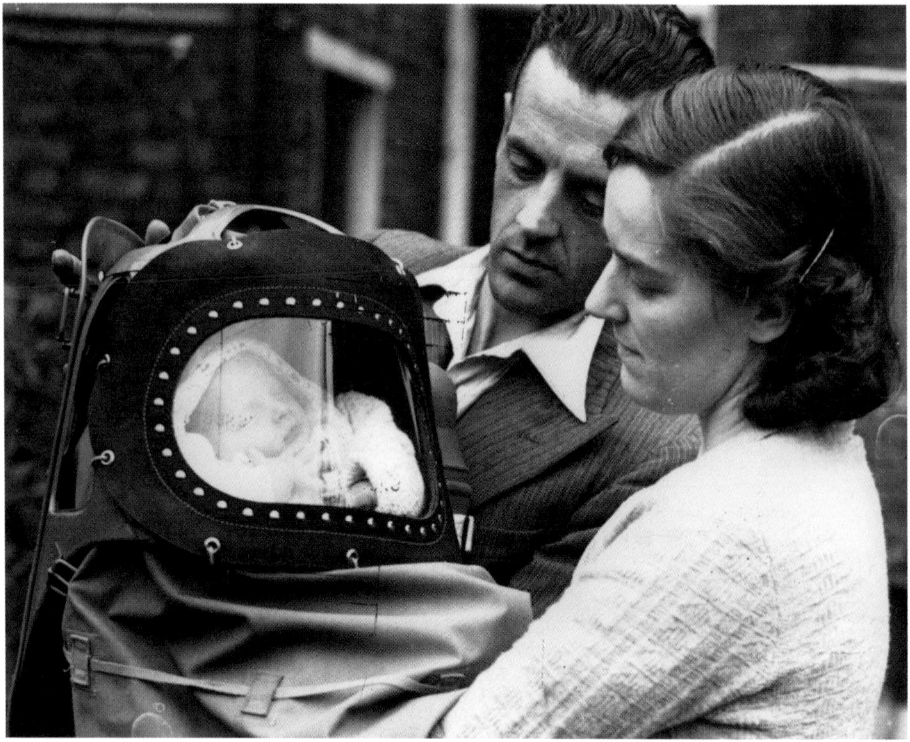

14 September 1939. Neville Mooney, the first baby to be born in London after the declaration of war, arrives home from hospital. His gas mask was the special baby model.

14 de septiembre de 1939. Neville Mooney, el primer niño nacido en Londres después de la declaración de guerra, llega a casa desde el hospital. Su máscara antigás era un nuevo modelo especial para bebés.

14 settembre 1939. Neville Mooney, il primo bambino nato a Londra dopo la dichiarazione di guerra, arriva casa dopo l'uscita dall'ospedale. La sua maschera antigas era un modello ideato appositamente per i neonati.

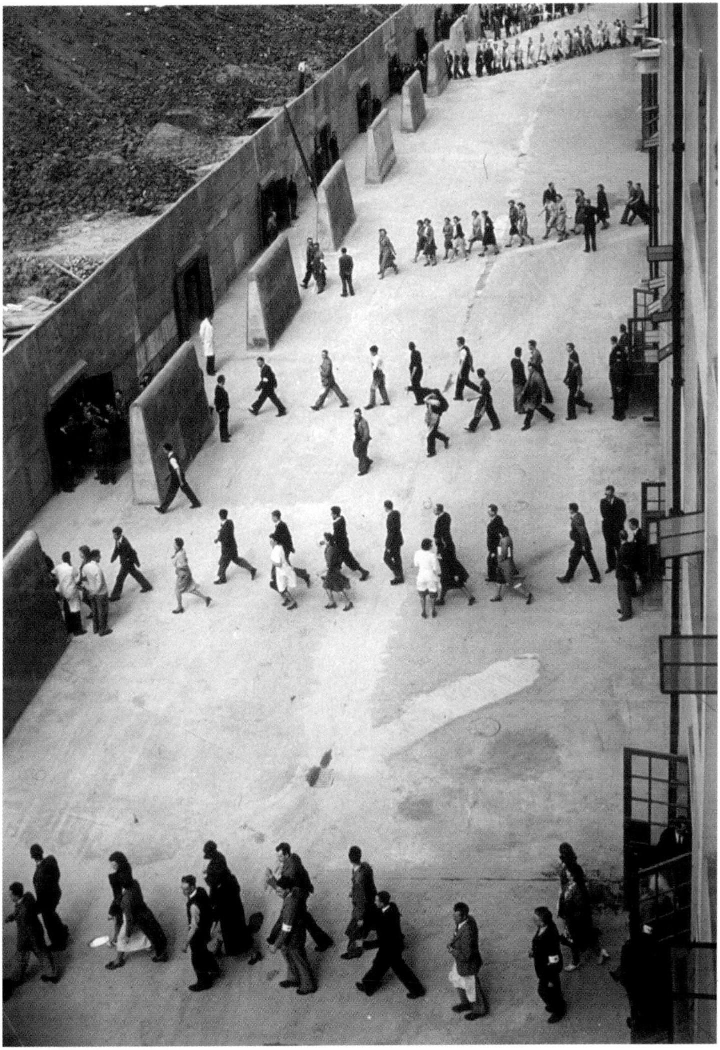

An orderly evacuation of office workers on their way to the shelters, 1939. Drills like this were frequent, and intended to boost morale.

Evacuación en orden de empleados en dirección a los refugios, 1939. Los simulacros de este tipo eran frecuentes e intentaban elevar la moral.

Ordinata evacuazione di impegati di concetto verso i rifugi, 1939. Simili esercitazioni erano frequenti e destinate a rialzare il morale della popolazione.

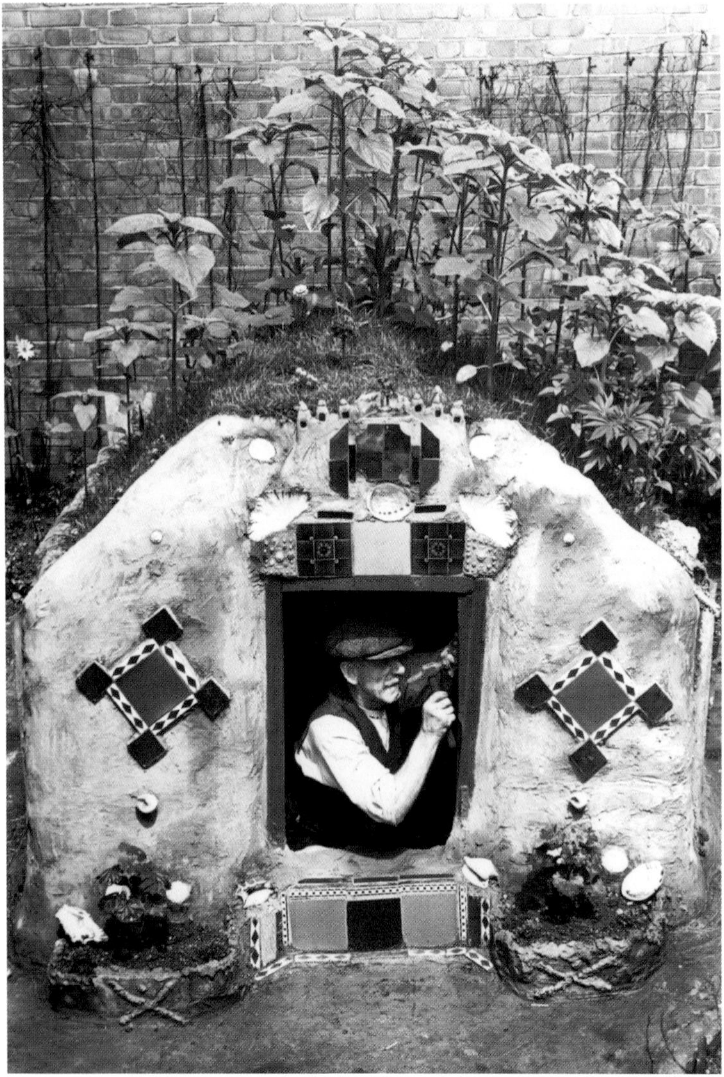

July 1939. Interior decoration – Mr Barlow, a marine store dealer, puts some finishing touches to his air-raid shelter.

Julio de 1939. Decoración interior: Mr Barlow, comerciante de artículos de pesca, da los últimos toques a su refugio antiaéreo.

Luglio 1939. Decorazione d'interni – Mr Barlow, un commerciante di articoli per la pesca, dà gli ultimi ritocchi al suo rifugio antiaereo.

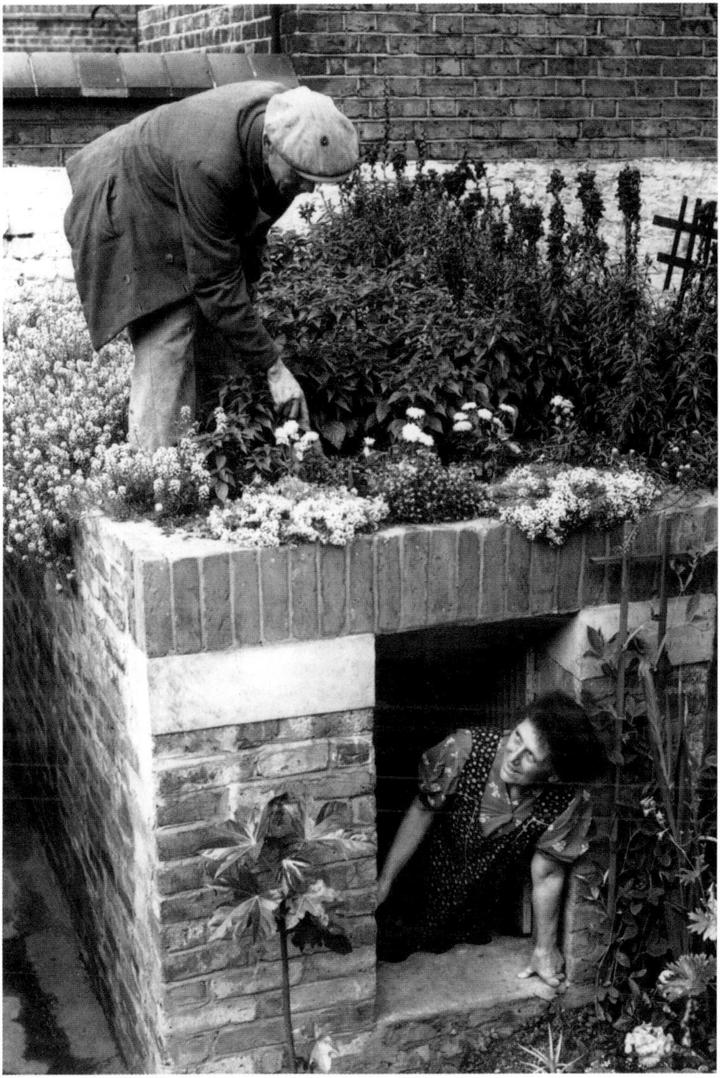

August 1939. External ornamentation – Mr and Mrs Joseph Pigot tend the pots of flowering plants that cover their shelter.

Agosto de 1939. Decoración exterior: Mr Joseph Pigot y su esposa colocan las macetas que cubren su refugio.

Agosto 1939. Decorazione d'esterni – Mr e Mrs Joseph Pigot curano i fiori che orano il tetto del loro rifugio.

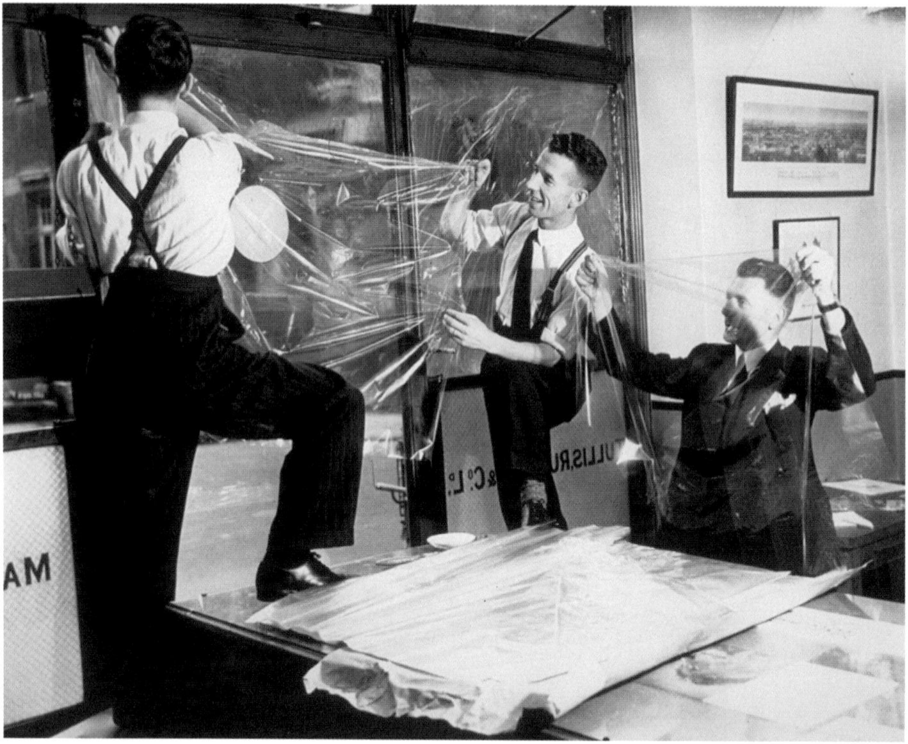

Anti-bomb blast precautions, 1939. Sheets of cellophane are pasted over windows to prevent the glass splintering in an explosion. Cellophane was a new invention, originally intended as a wrapping for food.

Precauciones contra las explosiones, 1939. Se colocan capas de celofán en las ventanas para prevenir la rotura de cristales en caso de explosión. El celofán era un nuevo invento, creado originariamente para envolver alimentos.

Precauzioni antibombardamento, 1939. Posa di un foglio di cellophane per evitare il volo delle schegge di vetro in caso di esplosione. Il cellophane era una nuova invenzione destinata inizialmente all'imballagio degli alimenti.

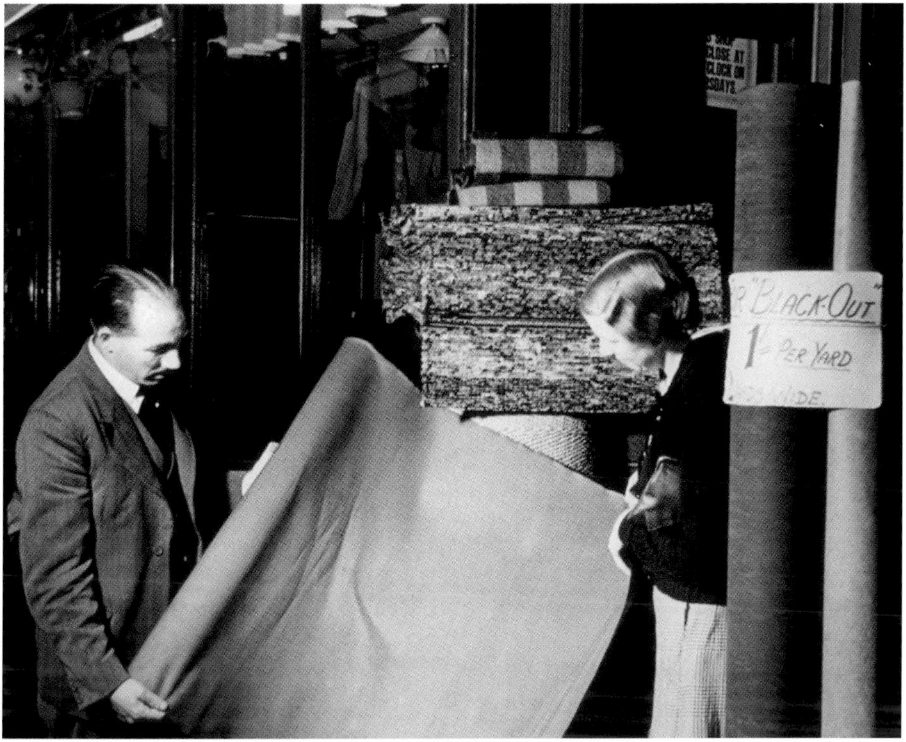

Quality control at a blackout material factory, 1939. The blackout had to be thick and impenetrable. It was said that the merest glow or chink of light would be enough to guide enemy bombers to their target.

Control de calidad en una fábrica, 1939. Los talleres fabrican un tipo de tela gruesa y opaca, pensada para que no produjera ningún tipo de reflejo o luz que pudiera guiar a los bombarderos enemigos hacia sus objetivos.

Controllo di qualità di un tessuto per il coprifuoco, 1939. Il buio doveva essere totale e impenetrabile. Si diceva che il minimo bagliore o luccichio era sufficiente a guidare i bombardieri nemici sul bersaglio.

Index

gettyimages

Over 70 million images and 30,000 hours of film footage are held by the various collections owned by Getty Images. These cover a vast number of subjects from the earliest photojournalism to current press photography, sports, social history and geography. Getty Images' conceptual imagery is renowned amongst creative end users.
www.gettyimages.com

Más de 70 millones de imágenes y 30.000 horas de secuencias filmadas forman parte de las muchas colecciones que pertenecen a Getty Images. Éstas cubren un vasto número de temas desde los principios del periodismo fotográfico hasta la actual fotografía de prensa, deportes, historia social y geografía. Las imágenes conceptuales de Getty Images tienen renombre entre sus creativos consumidores.
www.gettyimages.com

Le varie collezioni di propietà della Getty Images comprendono oltre 70 milioni di immagini e 30.000 ore di filmati che abbracciano un ampio numero di soggetti: il giornalismo fotografico dalle origini ai giorni nostri, lo sport, la storia sociale e la geografia. Le immagini concettuali della Getty images sono rinomate fra gli utenti finali del settore creativo.
www.gettyimages.com

Page/reference number

Description

Acknowledgements

Slava Katamidze 278